中国賃金決定法の構造

社会主義秩序と市場経済秩序の交錯

森下之博
Yukihiro Morishita

早稲田大学エウプラクシス叢書──008

早稲田大学出版部

Structure of Wage Determination Acts in Chinese Labor Law
Legal Analysis of Wage Determination in the Socialist Market Economy
System

MORISHITA Yukihiro, PhD, is an assistant counsellor, Cabinet Secretarist.

First published in 2017 by
Waseda University Press Co., Ltd.
1-9-12 Nishiwaseda
Shinjuku-ku, Tokyo 169-0051
www.waseda-up.co.jp

© 2017 by Yukihiro Morishita

All rights reserved. Except for short extracts used for academic purposes or book
reviews, no part of this publication may be reproduced, stored in a retrieval sys-
tem or transmitted in any form whatsoever—electronic, mechanical, photocopy-
ing or otherwise—without the prior and written permission of the publisher.

ISBN978-4-657-17806-0

Printed in Japan

はしがき

　一口に「賃金決定」といっても，その内容は国家の体制によって様々である。大きな括りでいえば，市場経済体制を採る国家は，市場の需給と労使により賃金が決められ，市場に否定的な価値観をもつ社会主義計画経済体制を採る国家では，政府によって労働者の賃金決定が行われる。もちろん，市場経済体制を採る国家であっても，市場と労使に賃金決定が完全に委ねられているわけではなく，程度の違いこそあれ政府による関与がみられる。

　市場経済国家である日本を例に取れば，団体交渉や労働契約に基づく労使による賃金決定を基本としつつも，最低賃金法に基づく国家の賃金決定への強制的な関与が存在しているし，ここ数年は，法令には基づかないものの，政労使が参加した会議体での合意を通じて賃上げを促す取り組みも行われているところである。ただいずれの国にとっても，賃金は，労働者にとって最も重要な労働条件であるため，必然的に政府にとって重要な政策課題の一つと位置付けられることになる。

　翻って，本書の主題である「中国の賃金決定」について過去の歴史をみると，計画経済期において労使関係は存在せず，政府による一元的な配分が行われていた。しかし，改革開放後は，市場が形成され，労使による賃金決定が認められるようになった。これを踏まえると，従前のいわゆる社会主義的な秩序に基づく賃金決定体系は，跡形もなく消滅してしまったかのようにもみえる。

　事実，関連する先行研究をみていくと，市場化に伴う新たな制度設計に関心が集まるとともに，賃金決定について総論的ないし個々の制度を取り上げて論じるにとどまり，その法構造の全体像を詳細かつ丁寧に明らかにするような研究はないといってよい。

　本書は，こうした先行研究や従前の分析の枠組みを「疑う」ことを出発点とし，あえて「社会主義」的なものに着眼した上で，中国の賃金決定関係法の構造全体を簡明に描き出すことを目的に据えている。

以上の問題意識に基づき，本書は，「現代中国労働法には，社会主義的な秩序に基づく賃金（決定）に対する考え方がアウトラインとして存在し，その枠内において市場経済体制の実施に伴って新たに出現した賃金（決定）に対する考え方が許容されている。そして，賃金決定に係る個別法制度が二つの考え方の交錯地点となっていることで，複雑な法構造を形成しているのではないか」という作業仮説を設定し，これを検証する構成を取っている。

　具体的には，第1編では，本題である中国の賃金決定関係法の分析の前提となる，基礎的な考察を行う。すなわち，歴史的視座と理論的視座から，賃金決定関係法を規定する理念と特質を分析する。第1章では，計画経済期の中国の賃金決定関係法政策の歴史的変遷について検討し，社会主義体制における労働や賃金を規定する理念として，「労働に応じた分配」原則を抽出整理する。第2章では，市場経済導入後の中国の賃金（決定）について，特に社会主義的な特質に着目して，これを理論的側面から検討し，市場による賃金決定の過渡的実施，「労働に応じた分配」原則の継続的実現，工会（労働組合組織）の特殊性等六つの特質を導き出す。

　続く第2編では，第1編で抽出した特質を分析軸に据えながら，制度相互の法的関係性を含め，賃金決定に関する個別制度について，3章に分けて検討する。まず，第3章は，賃金管理制度に対する分析である。ここでは，市場経済体制が導入されてからも，依然として政府による「恒常的な」賃金管理が存在していることを指摘した上で，これと賃金団体交渉の法的関係性を明らかにしていく。そして，第4章および第5章では，改革開放後に改めて制度創設された，最低賃金制度と賃金団体交渉制度（労働協約制度）に対する分析を行う。最後に，第6章の「第2編の総括」および終章の「本書の結語」では，中国の賃金決定関係法体系を形成している根源的な理念と個別の法制度，各制度間の法的な関係性を包括的に整理した上で，法構造全体を俯瞰的かつわかりやすく描き出すため，図示化もしつつ全体を総括する。なお，法構造の分析と併せて，各制度の運用実態についても各章で言及するように努めた。一部データが古い箇所もあるものの，これにより，だいたいの法執行の傾向は摑めるのではないかと思っている。

　本書は専門書ではあるものの，中国の賃金（決定）に少しでも関心のある方に

も読んでいただきたいとの考えから，中国の法や賃金を理解するための基本的な用語について本編に入る前に解説するなど，筆者なりにできる限り内容構成を工夫した。なぜなら，中国において賃金は，政府，企業，労働組合，労働者いずれの主体においても大きな関心事項となっており，特に，中国市場に関わりのある日本企業等にとって，賃金（決定の）問題に適切に対応し，フォローしていくことは大変重要な課題となるからである。この意味で，中国労働法の基本的な概念だけ知りたい方は序論を読んでいただければよいし，端的に中国の現在の賃金決定制度を理解されたい方は第1編を読み飛ばして，直接，第2編に進んでいただいても構わないと考えている。

　本書の刊行が，企業関係者，研究者，公務関係者の知的関心に応え，中国労働法・経済の分析の深化，そして現地企業の政府対策や円滑な労使関係の構築等に少しでも貢献するものとなれば幸いである。

目　次

はしがき……………i

序　章▶問題の所在と前提事項の整理 ………………………… 1

第1節　問題の所在……………1

1　改革開放と賃金制度　1
2　市場経済導入に伴う賃金決定関係法の形成　2
3　市場経済導入後の中国労働法学における賃金（決定）の捉え方　3

第2節　本書において検証を目指す仮説……………4

第3節　検討の視角と本書の射程……………6

1　検討の視角（本書の構成）　6
(1)歴史的視座からの分析（第1編第1章）／(2)理論的視座からの分析（第1編第2章）／(3)個別の関係法制度に対する分析（第2編第3〜6章）／(4)総括（終章「本書の結語」）
2　本書の射程　9

第4節　現代中国法の構造の一般的特徴……………10

1　現代中国法の法体系とその特徴　10
(1)行政法規／(2)地方性法規／(3)規章／(4)法規範相互の効力，適用関係
2　中国における立法プロセスの特徴　12
(1)「漸進主義」と「試点方式」／(2)立法形成過程の不透明性／(3)行政部門中心の立法スタイル
3　いわゆる「党規」の存在とその法源性　15
4　一つの法体系における複数秩序の存在　17

第5節　賃金決定関係法の基本的な用語に関する整理………………19

1　用人単位（使用者）　19
(1)労働法における概念の整理／(2)単位制度と雇用／(3)改革開放と単位制度
2　工会（労働組合組織）　21
3　労働行政部門　22
(1)労働行政部門の変遷と組織体系／(2)労働行政の役割
4　集体協商（団体交渉）　24
5　集体合同（労働協約）　25

目次 v

6 「労働に応じた分配」原則 25
(1)計画経済体制における「労働に応じた分配」／(2)社会主義市場経済体制と「労働に応じた分配」
7 労働契約と賃金 29

第1編
中国労働法の賃金に対する基礎的考察 33

第1章▶中国における計画経済期の賃金決定法政策の史的展開 ……………………………………………… 35

第1節 建国前後の動き(1948〜1949年)と第一次賃金改革(1950〜1953年) ……………35

1 「中国職工運動当面の任務に関する決議」(1948年)と賃金 36
2 「中国人民政治協商会議共同綱領」(1949年)と賃金 38
3 「労資関係に関する暫定処理弁法」(1949年)と賃金 39
4 第一次賃金改革の実施 41
5 「中華人民共和国憲法」(1954年)の制定と賃金 43
6 小括 44

第2節 第二次賃金改革(1956年)………………46

1 第二次賃金改革の実施に至る経緯 46
2 「賃金改革に関する決定」による改革の基本方針の決定 47
3 第二次賃金改革の具体化 49
4 小括 51

第3節 大躍進政策期(1958〜1960年)と調整期(1961〜1965年)………………53

1 第二次5か年計画の修正と人民公社化運動の始まり 53
2 人民公社と賃金(供給制要素の導入) 55
3 出来高払い賃金制から時間給賃金制への方針転換 58
4 大躍進政策後の揺り戻し 60
5 都市と農村の収入格差の是正と労働移動の制限 62
6 小括 64

第4節 文化大革命期(1966〜1976年)………………65

1 文化大革命の発動 65

2 経済主義への徹底批判と自発的な労働の奨励　66

3 1971 年の賃金調整と賃金管理の強化　70

4 小括　72

第5節 計画経済期の賃金決定法政策における「労働」と「賃金」の
位置付け（第1章の総括）………………74

1 「生産主義」と「必要に応じた分配」を見据えた「労働に応じた分配」　74

2 「労働に応じた分配」と賃金決定　76

3 小括　78

第2章▶社会主義市場経済体制における中国の賃金に関する理論的考察
——中国労働法における賃金を捉える視点 ・・・・・・・・・・・・・・・・・・・・ 81

序………………81

第1節 現代中国法における社会主義的法秩序の存在………………82

1 社会主義的視点からみた権利概念（労働権概念の両面性を例に）　82
(1)王旭論文の見解／(2)王旭論文の示唆

2 社会主義政治体制と法令との関係（中国憲法学者の議論状況）　84

3 小括　85
(1)「社会主義」という法秩序の存在／(2)その他の価値観

第2節 社会主義体制と資本主義体制における賃金の比較検討
………………87

1 社会主義体制および資本主義体制における賃金　88
(1)資本主義体制における賃金／(2)社会主義体制における賃金

2 両者の比較　93
(1)外形的類似の存在／(2)本質的差異の所在

3 小括　98

第3節 現代中国における賃金についての検討………………99

1 商品経済の導入と市場形成に向けた理論の再構築の過程　99
(1)市場原理の導入に伴う党の議論／(2)社会主義経済体制における市場形成の理論上の位置付け

2 社会主義市場経済における計画管理の性質　104
(1)社会主義計画経済体制における計画／(2)社会主義市場経済体制の計画管理

目次 vii

　3　現代中国における賃金の理念的特質　108
　　(1)市場による賃金決定の過渡的実施／(2)「労働に応じた分配」原則の継続的実現／(3)市場の「利用」という価値観の存在／(4)国家の主人公としての労働者理念と労使の利益一体化の伝統の存在／(5)「圧力型システム」による命令的手法の維持／(6)工会の特殊性の存在

　第4節　第2章の総括（作業仮説の修正）………………121

第2編
中国労働法における賃金決定関係法の個別分析　123

第3章▶賃金管理制度の構造 ………………………………125

　序………125

　第1節　国家による賃金管理の基本原則（二つの抑制原則）………127
　　1　国務院「国営企業賃金改革問題に関する通知」（1985年）　127
　　2　国務院弁公庁「企業賃金総額のマクロコントロールの強化の意見に関する通知」（1993年）　128
　　3　小括　129

　第2節　地域および企業の賃金総額に対する管理………129
　　1　「弾性賃金計画」制度　130
　　　(1)制度の趣旨目的／(2)実施対象企業の範囲／(3)賃金総額や従業員数と連動させるべき関連経済指標／(4)賃金総額および従業員数の増加幅への制約／(5)「弾性賃金計画」の編成プロセスと国家の関与／(6)地域,部門の裁量の範囲／(7)労働部「弁法改善通知」による賃金総額管理の制度目的の明確化等／(8)地域「弾性賃金計画」への国家関与／(9)北京市の「弾性賃金計画」案の審査項目の例
　　2　賃金総額使用台帳制度による賃金管理　137
　　　(1)「台帳」の使用方法／(2)「台帳」に対する労働行政部門の審査署名／(3)「台帳」に対する監督検査／(4)「台帳」の審査申請手続き方法（福建省アモイ市を例に）
　　3　小括　139

　第3節　労働者の賃金水準に対する管理（「賃金指導ライン」制度）
　　　　　………141
　　1　制度の趣旨目的等　142

⑴趣旨目的／⑵「賃金指導ライン」と「弾性賃金計画」との法的関係性

 2 実施対象企業の範囲 144

 3 「賃金指導ライン」決定時の考慮要素等 144

 4 「賃金指導ライン」の類型とその実施 145

 5 地方政府の「賃金指導ライン」に対する中央政府の審査等 145

 6 賃金総額管理との連携 146

 7 山東省済南市の「賃金指導ライン」の例 146

⑴中央政府労働行政部門との調整／⑵山東省政府から済南市等への「賃金指導ライン」の通知／⑶済南市政府による「賃金指導ライン」の通知／⑷済南市「賃金指導ライン」の法的拘束力／⑸済南市労働行政部門による「賃金指導ライン」の実施状況の審査

 8 小括 150

第4節 賃金団体交渉と「賃金指導ライン」の法的関係性等················153

 1 法的関係性の整理 153

 2 運用実態の具体例（河南省金鉱業における賃金団体交渉） 154

 3 賃金団体交渉における工会の役割 156

 4 小括 157

第5節 賃金等に関する統計情報の提供を通じた管理················157

 1 「賃金総額規定」に基づく賃金範囲の確定 158

 2 労働市場の賃金指導のための価格調査制度 159

⑴制度の趣旨目的／⑵調査対象，方法等／⑶調査結果の公表／⑷地方政府における制度運用状況（青島市の例）

 3 産業別人的コスト情報指導制度 162

⑴制度の趣旨目的等／⑵調査対象，方法等／⑶中央労働行政部門への結果報告，宣伝と企業への警告等／⑷地方政府による制度運用状況（アモイ市の例）

 4 小括 166

第6節 賃金決定関係法における賃金管理制度の位置付け（第3章の総括）
················166

第4章▶最低賃金制度の構造 ·······································169

序················169

第1節 最低賃金制度の形成過程················170

 1 中華人民共和国建国前後から改革開放前までの状況 170

 2 改革開放から「企業最低賃金規定」（1993年）の制定までの状況 171

         3 「最低賃金規定」(2004年)の制定以降の状況　173
         4 小括　175

   第2節　最低賃金制度の構造……………175
         1 最低賃金制度の目的　175
         ⑴「企業最低賃金規定」と「最低賃金規定」の目的規定の比較／⑵政府お
         よび労働法学者の見解／⑶「労働者とその家族を含めた基本的生活の
         保障」の規定趣旨
         2 最低賃金の適用労働者の範囲　179
         3 最低賃金の対象となる賃金の範囲　180
         ⑴正常労働の対象範囲／⑵最低賃金の積算根拠に含まれない賃金
         4 最低賃金の効力　182
         5 最低賃金の類型　182
         ⑴地域別最低賃金の原則／⑵産業別最低賃金の設定の動き
         6 最低賃金の決定方式　184
         ⑴決定プロセス／⑵政府主導の決定と労使の参画／⑶政府による賃金
         管理の一環としての最低賃金額の調整
         7 最低賃金の考慮要素と算定　187
         ⑴最低賃金の考慮要素と算定／⑵最低賃金の上昇水準の目標値設定
         8 違反責任等　189
         ⑴使用者の周知義務違反／⑵最低賃金基準違反／⑶最低賃金制度の執
         行体制

   第3節　最低賃金の実態……………191
         1 最低賃金未満で働く労働者の割合　191
         2 最低賃金制度の執行状況　192
         ⑴最低賃金違反の賃金支払い事案等／⑵労働監督処理件数
         3 平均賃金に占める最低賃金の割合等　193
         4 最低賃金と平均賃金の上昇率の推移　196

   第4節　第4章の総括……………196

第5章▶賃金団体交渉制度と労働協約制度の構造………199

   序……………199

   第1節　賃金団体交渉制度と労働協約制度の形成過程……………200
         1 中華人民共和国建国初期の関係法　200
         ⑴「綱領」および「労資関係暫定処理弁法」の制定／⑵「私営企業労資労
         働協約暫定弁法」の制定による協約締結過程の具体化

2　改革開放と労働協約制度の芽生え　201

3　「労働協約規定」の制定（1994年）と賃金団体交渉の先行実施　202

(1)「労働法」と「工会法」の制定／(2)1994年「労働協約規定」の制定／
(3)賃金団体交渉制度の先行実施／(4)「94年労働協約規定」や賃金団体
交渉の先行実施に付随する関連通知

4　「賃金団体交渉試行弁法」の制定（2000年）と改正「工会法」（2001年）
における労働協約制度　206

(1)「賃金団体交渉試行弁法」の制定／(2)「工会法」の改正（2001年）と労
働協約制度

5　「04年協約規定」の制定（2004年）以降の状況　208

(1)「04年協約規定」の制定／(2)「労働契約法」における労働協約制度／
(3)工会による賃金団体交渉の推進／(4)最近の動向

6　小括　212

第2節　賃金団体交渉制度と労働協約制度の構造 ……………… 212

1　主要法令間の適用関係等の整理　212

(1)「04年協約規定」と「賃金団体交渉試行弁法」の適用関係／(2)団体交
渉および労働協約制度の形成の現状

2　団体交渉の交渉原則　214

(1)対等交渉原則／(2)調和安定保持原則（過激行為の禁止）

3　労働協約の類型　216

(1)包括的な労働協約と専門事項労働協約／(2)産業別および地域別労働
協約

4　賃金団体交渉の交渉事項（一般的内容）等　218

5　賃金団体交渉の当事者　219

(1)労使代表の選出方法／(2)労働者側代表の保護規定

6　賃金団体交渉から効力発生までのプロセス　220

(1)団体交渉の事前準備／(2)団体交渉の要求／(3)団体交渉の実施／(4)労
働協約の草案合意後／(5)労働行政部門の審査等／(6)労働協約の従業員
への周知

7　労働協約の効力　232

8　労働協約の変更・解除・期間　233

9　紛争処理　233

(1)労働協約の締結過程における紛争の解決手続き／(2)労働協約の履行
に関する紛争の解決手続き

10　総工会による団体交渉指導員の派遣　237

(1)指導員の職責, 任務／(2)指導員の採用条件

11　地方政府動き　239

第3節　賃金団体交渉と集団的労働紛争の実態·················240
　　1　賃金労働協約締結件数と賃金団体交渉　240
　　　⑴労働協約締結件数の推移／⑵賃金団体交渉の具体例／⑶公表されて
　　　いる労働協約締結件数に対する疑問の提起
　　2　賃金に起因する労働関係紛争と賃金団体交渉　244
　　3　集団的労働紛争の実態　245
第4節　第5章の総括·················246
　　1　中国賃金決定関係法の基本原則（市場調整と政府管理）　246
　　2　賃金決定関係法における賃金団体交渉制度，労働協約制度の
　　　位置付け　247
　　　⑴個別条文の検討結果／⑵背景分析と考察／⑶その他の社会主義的な
　　　秩序と関係規定等

第6章▶第2編の総括 ·· 251

第1節　制度相互間の法的関係性の整理·················251
　　1　賃金管理制度と賃金団体交渉制度，労働協約制度　251
　　2　賃金管理制度と最低賃金制度　254
　　3　賃金団体交渉制度と最低賃金制度　255
第2節　賃金決定関係法における社会主義的秩序の発現·················255
　　1　「労働に応じた分配」原則と賃金決定関係法　255
　　2　賃金決定関係法の個別条文における発現状況　257
　　　⑴賃金団体交渉における労働行政部門の労働協約に対する事前審査／
　　　⑵賃金団体交渉における賃金マクロコントロール政策への適合規定／
　　　⑶賃金団体交渉における工会の多面的性格（労働者代表，行政機関，企
　　　業協力者）／⑷団体行動権に対する法的保障の不存在／⑸「最低賃金規
　　　定」の目的規定と考慮要素における社会主義的考え方の存在／⑹最低
　　　賃金額の調整における労働行政部門の主導的役割と幅広い裁量権限
第3節　「第十三次計画」期間における賃金決定法政策の重点課題
　　　·················261

結　章▶本書の結語·················263

　序·················263

第1節　中国労働法における賃金決定関係法の複雑性の所在
　　　　　　……………263

　　1　社会主義的な秩序と市場経済的な秩序の存在
　　　　（複数法秩序の存在）　263
　　2　社会主義市場経済体制における賃金決定の複雑性　264

第2節　中国労働法における賃金決定関係法の構造の総括………………266

　　1　市場経済導入の理論的根拠と中国の目指す社会の姿　266
　　2　社会主義市場経済体制における賃金決定の社会主義的特質　267
　　3　「労働に応じた分配」原則と賃金決定関係法の構造　268
　　⑴恒常的な賃金管理の正当化根拠としての「労働に応じた分配」原則／
　　⑵「労働に応じた分配」原則と賃金決定関係法の形成／⑶各制度の構造
　　の総括（賃金管理制度との関係性を中心に据えて）
　　4　その他の社会主義的な秩序から導かれる特質と賃金決定関係法
　　　　の構造　271
　　⑴労働者側代表としての工会の多面的性格／⑵団体行動権の未保障と
　　労使の利益一体化の伝統／⑶最低賃金制度の目的規定と社会主義的考
　　え方の関係

第3節　中国労働法における賃金決定関係法の構造の図示化
　　　　　　………………272

第4節　残された検討課題………………273

図表等一覧……………277

参考文献，参照法令一覧………………279

主要参照条文等抜粋（邦語訳）………………293

あとがき……………307

索　　　引……………311

英文要旨……………315

序　章
問題の所在と前提事項の整理

第1節　問題の所在

1　改革開放と賃金制度

　中華人民共和国成立後，計画経済期においては，労使関係は存在せず，政府による一元的な賃金決定と配分が行われていた。すなわち，企業，労働者が賃金決定に関与する余地はなく，労働関係の調整は政府の労働行政部門によって直接管理・コントロールされていた（いわゆる労働行政関係）。具体的には，この時期における中国の賃金制度は，「労働に応ずる分配」（按労分配）という社会主義分配法則に基づいて，賃金等級制度と賃金支払い形態が定められ，賃金決定の基礎をなす賃金等級制度は，賃金率，賃金等級表および技術等級標準よりなるもので，賃金率は国家行政機関によって工業部門ごとに定められていた[1]。

　しかし，社会主義計画経済は改革開放路線の実施によって幕を閉じ，市場経済が導入された。1993 年には，「中華人民共和国憲法」（以下「82 年憲法」という）[2]改正によって「社会主義市場経済の実施」が中国の経済体制の基本方針として規定されるに至り（15 条 1 項），中国の労働に関する制度は劇的に変化した。これにより，市場経済導入後に形成された中国の賃金決定関係法の構造について，もはや，市場を前提としない単純な社会主義賃金論だけでは論理的に説明することはできなくなった。

1　彭光華・菊池高志「第三章　中国における賃金決定システムに関する調査研究」アジア法研究会『アジア法の諸相——アジア法研究会報告集』名古屋大学法政国際教育協力研究センター（2003 年）1-2 頁（http://www.law.nagoya-u.ac.jp/cale2001/result/reports/asia_ac/2002/chapter3.html〔2014 年 11 月 18 日最終アクセス〕）。

2　「中華人民共和国憲法」（1982 年 12 月 4 日　第五届全国人民代表大会第五次会議通過）

すなわち，社会主義計画経済体制下での賃金は，公的所有を基礎とし，市場ではなく国家による賃金配分と管理を基本に据え，比較的平等な賃金配分を原則としていた。しかし，改革開放後の中国では，長期雇用慣行を中心とし国家が労働力の管理を行う制度から，労働契約制度への移行を内容とする労働関連法制の制定など，労働市場の形成を促進するために必要な環境整備が行われ，労使間の賃金決定が認められるようになっている。

2　市場経済導入に伴う賃金決定関係法の形成

ここで，1994 年に制定された「中華人民共和国労働法」（以下「労働法」という）[3]における賃金決定の位置付けをみると，国家による賃金総量に対するマクロ調整・管理や最低賃金制度による拘束という一定の制約はあるものの（46 条，48 条），企業に賃金自主配分権が認められている（同法 47 条）。

この結果，賃金については，個別労働者単位では労使間の労働契約で決められることとなり（同法 19 条 1 項），一企業や産業単位では団体交渉を経て締結される労働協約の中で，賃金上昇等について約定されるという法制度が採られるようになっている（同法 33 条）。そして，国家による賃金に対するマクロコントロールの観点からは，賃金指導ライン（第 2 編第 5 章で検討）等を中心とする賃金管理制度および最低賃金制度が実施されている。

具体的な法制度の整備状況をみると，「労働法」や「中華人民共和国労働合同法」（以下「労働契約法」という）[4]に若干の規定はあるものの，基本的に労働行政部門の規章（部門規則のこと。後述）や規範性文書（後述）で対応されており，賃金団体交渉については，1994 年の「労働協約規定」[5]，2000 年の「賃金団体交渉試行弁法」[6]，2004 年の新たな「労働協約規定」[7]，賃金管理については，1997 年の「試点地域における賃金指導ライン制度試行弁法」[8]等，最低賃金については，1993 年の「企業最低賃金規定」[9]，2004 年の「最低賃金規定」[10]がそれぞれ制定さ

3　「中華人民共和国労働法」（1994 年　中華人民共和国主席令第 28 号）。
4　「中華人民共和国労働合同法」（2007 年　中華人民共和国主席令第 65 号）。
5　労働部「集体合同規定」（1994 年）【2004 年廃止】。
6　労働和社会保障部「工資集体協商試行弁法」（2000 年）。
7　労働和社会保障部「集体合同規定」（2004 年）。
8　労働部「試点地区工資指導線制度試行弁法」（1997 年）。
9　労働部「企業最低工資規定」（1993 年）【2004 年廃止】。
10　労働和社会保障部「最低工資規定」（2004 年）。

れてきている。要するに，現代中国における賃金決定は，①個別労働契約による決定，②労働協約による集団的労使関係による決定，そして，③賃金管理制度や最低賃金制度など政府の関与による決定，の3類型が予定され，各類型に応じた法制度体系が形成されている。

こうした市場経済導入に伴う，賃金決定に関する法制度の一連の変革を受け，当然ながら賃金に対する考え方も変わることとなった。すなわち，改革開放後において「賃金」とは，少なくとも形式上は，労働市場で決定される「労働の対価」として捉えられることとなり，これに合せて，賃金決定関係法制の構築が推進されてきていることからすると，一見すると社会主義計画経済期の考え方との分断が生じているようにもみえる。

3 市場経済導入後の中国労働法学における賃金（決定）の捉え方

この点，賃金決定に係る法制度の市場経済化に伴い，労働法学における賃金へのアプローチの仕方も，特に実務面を中心に大きく変わってきている。

まず，労働法の基本書の記述をみると，中国労働法学研究会副会長の王全興教授（2017）は，賃金について，「労働関係の中で，従業員が労働義務を履行した結果得られるものであり，使用者が法定の方式をもって支払う各種形式の物質補償である」としている[11]。また，労働部法規処副処長として「労働法」等の法律制定に参画した，中国人民大学法学院の黎建飛教授は，「労働契約法」の解説書において，「労働報酬は労働法の適用対象となる労働者が，労働関係に基づき取得する各種の労働収入」であり，「使用者が労働者に労働報酬を支払うことは，使用者の義務である」としている[12]。次に，実務の観点からみると，上海市労働人事争議仲裁委員会の仲裁員で弁護士の劉斌（2013）は，「賃金とは労働報酬の主要な分配形式であり労働者の提供した労働によって得られる対価のこと」であるとし，「使用者が労働者に支払う労働報酬は，貨幣賃金，福利厚生，社会保険の三つの部分からなる」としている[13]。さらに，「労働法」の逐条解説を内容とする，中国法制出版社の『労働法新解読』(2010) や『労働法律政策解

11　王全興『労働法（第4版）』法律出版社，2017年，335頁。
12　黎建飛主編『「中華人民共和国労働合同法」最新完全釈義』中国人民大学出版社，2008年，104頁。
13　劉斌『労働法律専題精解与実務指引』中国法制出版社，2013年，437頁。

読与実用範本典型案例全書』(2013) では，「労働法」46 条の賃金決定における「労働に応じた分配」原則の遵守規定に関する解説は一切なく条文掲載のみであり，続く 47 条の使用者への賃金配分権の賦与規定に解説が付されているのとは対照的な扱いとなっている[14]。

　このように，労働法学における近年の賃金の性質[15]に関する見解をみると，市場経済に着眼して，賃金を労働者が提供した労務の対価であると定義し，賃金決定を労働市場における労使の決定という枠組みの中だけで整理分析しているものが主流を占めている。

第2節　本書において検証を目指す仮説

　以上を踏まえると，市場経済の導入により，従前のいわゆる社会主義的な賃金決定に対する考え方とそれに基づく制度体系は，消滅してしまったかのようにもみえる。しかしながら，市場経済の存在を前提とする賃金の視点だけで捉えることも不十分といわざるを得ない。なぜなら，現行の「82 年憲法」1 条において「社会主義」国家であるということを明確に規定している以上，中国は単純な市場経済体制ではないと考える必要があるからである[16]。さらに，「労働法」をみても，先に紹介したとおり，同法 46 条 1 項で社会主義計画経済期から継続した概念である「労働に応じた分配」原則の遵守が規定されるとともに，同条 2 項で国家の賃金に対するコントロール権が規定されており，これを考慮に入れる必要がある。

　また，「労働法」制定以前の労働法の基本書をみると，「労働法」や「中華人

14　中国法制出版社『労働法新解読（第 2 版）』2010 年，48-49 頁および『労働法律政策解読与実用範本典型案例全書』2013 年，56-59 頁参照。なお，中国法制出版社は，国務院法制弁公室所属の中央レベルの法律系図書専門の出版社である。

15　中国労働法上の「賃金」は，時間給，出来高給，一時金，手当および補助，時間外労働への賃金報酬等をいい，現物給与，使用者が労働者個人に支払う社会保険福利厚生費等は含まれない。他方，「労働報酬」は，使用者から得る全ての賃金収入とされており，現物給与や，社会保険を含めた各種保険のうち使用者負担部分も含まれる。詳しくは，拙稿「中国における賃金の概念と賃金支払いをめぐる法規制」労働法律旬報 1771 号，2012 年，26-39 頁を参照されたい。

16　伊藤誠（『市場経済と社会主義』平凡社，1995 年，244 頁）は，中国の社会主義市場経済は東欧やロシアの新自由主義による無限定の市場経済化の路線とは異なり，市場経済化が全面的な資本主義化となってはならないことも含意されており，社会主義への道はなお堅持されていると分析している。

民共和国工会法」（以下「工会法」という）[17]等の数々の労働立法の起草に携わった史探径教授は，賃金について，資本主義的賃金は労働力価値の貨幣表現であり，労働力価格であるが，他方で，社会主義的賃金は労働者および職員が獲得する労働報酬の基本形式であって，賃金は労働力価格ではないとした上で，改革開放後においても，「労働に応じた分配」が今なお主体であり，賃金立法はこの原則を遵守し貫徹しなければならないとの見解を示している[18]。加えて，近時の労働法の基本書の中でも，吉林大学法学院の馮文君教授は，現在の中国における賃金の性質は，かなり複雑であって一概にはいえないとしつつ，「第一に，賃金は労働力価値の貨幣表現」であり，「第二に，賃金は社会分配の一種の仲介形式である」として，当該二つの性質はそのときどきの歴史や経済要素によって，重点が変わると解している[19]。

したがって，改革開放後の中国労働法の賃金（決定）に対する考え方を正確に理解するためには，社会主義の理念や体制が継続して存在していることによって，表面的には市場経済であっても賃金（決定）の捉え方は，少なくとも理念上は資本主義のそれとは異なっていることを認識した上で，社会主義的視点と市場経済的視点を併せもって現代の中国の賃金（決定）を捉え直すことが必要不可欠ではないかと考えられる[20]。

この考え方に基づくならば，「現在の中国には，社会主義国家中国に改革開放前から存在している賃金（決定）に対する考え方と，市場経済体制の実施に伴って新たに出現した賃金（決定）に対する考え方とが併存しており，労働法に位置付けられている個別の賃金決定関係法令がその交錯地点として，複雑な法構造を形成しているのではないか」という推論（作業仮説）が可能である[21]。

---

17 「中華人民共和国工会法」（1992年　中華人民共和国主席令第57号）。
18 史探径『労働法』経済科学出版社，1990年，122-123頁参照。
19 馮文君「第十章　工資法」常凱主編『労働法』高等教育出版社，2011年，351-353頁参照。
20 毛里和子（「社会主義とは何だったのか――中国の場合」比較法研究57号（1995年），156頁）は，社会主義国家は理念重視型国家であると指摘するとともに，中国は社会主義だろうか，社会主義だっただろうかという問いに答えるとき，社会主義を抽象的な理念ではなく，実際にあったもの，あるものとして具体的に考察する必要があるとの見解を示している。
21 伊藤（前掲注(16)13頁）は，社会主義市場経済体制をとる中国について，「重要な企業や生産手段を公有化している社会主義社会が市場経済を組み込み，市場経済の作用と共存しつつ発展する可能性」を問題提起している。

しかし，先に紹介した史（1990）と馮（2011）いずれも，総論として二つの考え方が存在している旨を適示するにとどまる等，先行研究は中国労働法における賃金について総論的，抽象的に論じるにとどまり，個々の制度の連関関係や，個別条文を含む賃金決定関係法がどのような理念や特質によって規定されているのかという法構造の全体像を詳細かつ丁寧に明らかにするには至っていない。さらに付け加えるならば，日本国内における現代中国の賃金決定領域を主たる検討対象とする労働法学からの研究としては，わずかに彭・菊池（2003）[22]「中国における賃金決定システムに関する調査研究」があるのみであるが，本研究は市場経済化に合わせた賃金決定システムの変革過程を分析の重点としているため，賃金管理制度を含めた賃金決定関係法を俯瞰的かつ詳細に解き明かすには至っていない。

そこで，前述の推論（作業仮説）の検証を通じて，複雑に入り組む説明変数と被説明変数を解きほどき，中国労働法における賃金決定関係法を立体的構造として，わかりやすく浮かび上がらせることを本研究の主たる目的として設定する。

第3節　検討の視角と本書の射程

1　検討の視角（本書の構成）

本書は，中国労働法領域における賃金決定関係法について，社会主義および市場経済両面から法体系を形成している根源的な理念を説き起こした上で，個別関係法制度とそれらを規定する法理念との連関関係，さらには，個別関係法令相互の連関関係をわかりやすく浮かび上がらせることを通じ，賃金決定関係法の構造全体を立体的に明らかにすることを目的としている。賃金決定関係法の構造を明らかにするためには，個別法制度の分析に入る前段階として，改革開放後の中国労働法における賃金決定関係法を規定する重要な説明変数は何なのかを解き明かさなければならない。すなわち，賃金決定関係法を正確に読み

22　彭・菊池・前掲注（1）。

解く際に必要な理念や特質を前もって明らかにしておく必要があるということである。

　したがって，市場経済の導入に伴う党の方針転換や憲法改正の中で，社会主義体制における賃金およびその決定に対する考え方がどのように変質してきたのか，また，どのような点が現在に至るまで依然として変わっていないのかについて，把握分析する。その上で，抽出した説明変数を用いて個別関係法について詳細に検討していく必要がある。

⑴歴史的視座からの分析（第1編第1章）

　このため，まず，中国の計画経済期における賃金決定法政策の歴史的展開について分析を加える。なぜなら，計画経済期の賃金決定法政策の歴史的変遷を検討することにより，その背後に存在する社会主義体制における労働および賃金を規定する理念を抽出することができるからである。本作業は，改革開放後に形成された賃金決定関係法を分析する際に，社会主義的な理念が，どの法制度にどのような形で存在しているのか見極めるために必要不可欠である。

⑵理論的視座からの分析（第1編第2章）

　次に，改革開放後の中国の賃金決定関係法を規定する理念に，社会主義的秩序と市場経済的秩序という二つの秩序が存在していることを，理論的側面から検討する。なぜなら，中国の賃金決定関係法の構造を根源から明らかにするためには，歴史的視座という動的分析だけでなく，現在の中国労働法における賃金（決定）の特質についての静的分析も不可欠だからである。

　分析にあたっては，まず，現代中国法において，「社会主義」という法秩序がどのような形で法理念の中に存在しているのかについて，先行研究をもとにしつつ検討する。

　その上で，賃金決定関係法における理念的特質を抽出するためには，何が社会主義的なもので何が資本主義的なものなのか峻別する必要があることから，社会主義体制における賃金と資本主義体制における賃金を比較検討する。併せて，計画経済体制における賃金決定には存在しなかった「市場」の形成が，社会主義市場経済体制下で理論的にどのように捉えられることとなり，その結果，

賃金に対する考え方がどのように変容することとなったのか明らかにする。この手法により，社会主義的な観点から捉えた現代中国労働法における賃金（決定）の理念的特質を抽出する。

(3)個別の関係法制度に対する分析（第2編第3～6章）

以上の歴史的視座および理論的視座からの分析を通じて明らかにされた現代中国労働法における賃金（決定）の特質（個別法制度の説明変数）を念頭に置きながら，賃金決定関係の法制度がどのような理念によって形成され，制度相互間の法的関係性がどうなっているのかという点について考察を加え，賃金決定関係法の構造全体を明確化する。ここで，本研究における賃金決定関係法とは，賃金管理制度，最低賃金制度，そして賃金団体交渉制度（労働協約制度を含む）の3領域を指している。

第3章では，中国の賃金管理制度について，当該制度に通底している原則を抽出した上で，地域および企業の賃金総額に対する管理，労働者の賃金水準に対する管理，賃金に関する統計情報の提供を通じた管理の3類型に分けて検討する。第4章から第6章においては，賃金決定関係法の全容を浮かび上がらせるため，賃金管理制度と密接な関係を有する，最低賃金制度，賃金団体交渉制度と労働協約制度ついて，順に考察を加える。なお，各制度の執行状況についても各章の最後で言及していく。

本編の内容を一部先取りする形で，それぞれの法制度を簡単に概観すると，まず，賃金管理制度は，国家の賃金に対するマクロコントロールを実行するための制度であり，社会主義市場経済体制において，計画経済期の国家の直接管理から間接管理への制度体系の再構築が図られた領域である。次に，最低賃金制度と賃金団体交渉制度は，ともに私営経済が存在していた中華人民共和国建国初期に関連規定が存在していたが，計画経済体制への移行に伴い，その存在意義をいったんは失った。その後，市場経済の導入に伴い，最低賃金制度については1993年に，賃金団体交渉制度と労働協約制度については1994年に，初めて全国レベルの法令が整備されて，両制度ともに，市場経済体制下で賦与によって，労使の賃金決定が認められる中で形成された法制度であるといえる。このような制度の成り立ちを踏まえて中国の賃金決定関係法をみると，賃金管

理制度は社会主義計画経済体制的な色彩を色濃く残す制度であることが推察され，最低賃金制度と賃金団体交渉制度は，一見すると，市場経済体制的な色彩が濃い制度と整理することができる。

しかし，社会主義体制を採る現代中国では，最低賃金制度や賃金団体交渉制度の規定においても，賃金管理制度やその他社会主義的な概念と深い関係性を有すると思われる条文が存在している。いわば，市場経済的な秩序からの要請により形成された最低賃金制度や賃金団体交渉制度が，社会主義体制との整合性を担保するために，制度に内在，外在する形で社会主義的な秩序の中に位置付けられる規定が置かれていると考えられる。

そして，こうした社会主義的な秩序が最も具現化している部分が，政府の賃金決定に対するコントロール権の存在や，党の下部組織であり行政機関的役割をも担う工会 (中国の労働組合組織) の法的な役割であると推察されることから，本研究では，これらの点に分析の力点を置きながら，法制度全体の構造を明らかにすべく，個別条文等の検討を進める。

⑷総括（終章「本書の結語」）

最後に，終章「本書の結語」においては，これまでの分析検討を踏まえ，全体について総括を行った上で，中国労働法の賃金決定関係法の構造を図示化するとともに，残された検討課題について整理する。

2 本書の射程

本書では，労働法領域における労使間の賃金決定をめぐる法制度として，政府による賃金管理制度，最低賃金制度，賃金団体交渉制度および労働協約制度を射程としている。したがって，国家による制度的な保障として存在している生活保護や税制措置などの所得再配分については検討の対象としていない。また，公有制企業における賃金決定については，外資系企業や私営企業等よりも厳格な賃金管理制度が別途存在しているが，社会主義体制と市場経済体制の存在により複雑な法制度構造となっているのは，主として非公有企業に適用される法領域である。このため，本書では，国有企業特有の賃金管理制度については，あえて対象外と整理し，論を進める。そして，本書の対象は，基本的には

中央政府レベルで制定された法令とするが，地方政府が制定する法令について
も，中央政府の規定の地方政府における反映状況の確認や個別条文解釈の参考
材料とする範囲で検討の対象に含める。

なお，個別制度の執行状況については，本書の主眼が法構造の明確化にある
ことから，基本的に分析検討の対象外として整理する。ただし，法構造が実際
の社会においてどのように機能しているのかという点も，法政策を検討するに
あたり重要な課題であり，社会的な関心も高いことは間違いないため，詳細な
分析には立ち入らないが，その実態についても，個別制度の構造と併せて，参
考としての位置付けで言及する。

第4節　現代中国法の構造の一般的特徴

本編の検討に入る前に，研究の前提となる，現代中国法の法構造とその一般
的特徴について把握整理する。なぜなら，中国における賃金決定関係法の構造
を研究対象とするならば，現代中国法の構造がもつ一般的特徴を確認しておく
ことは必須といえるからである。

1　現代中国法の法体系とその特徴

現代中国法は，憲法の下，全国人民代表大会および全国人民代表大会常務委
員会が制定する「法律」（中華人民共和国立法法〔以下「立法法」という〕）[23] 7条1
～3項），国務院が制定する「行政法規」（同法56条），地方政府が制定する「地
方性法規」（同法63条），国務院の各部，委員会等が制定する「規章」（同法71条）
で構成されている。以下，中国特有の呼称である行政法規，地方性法規および
規章の法的位置付けならびに各法規範の相互の適用関係について，2000年に制
定施行された「立法法」をもとに概観する。

⑴行政法規

まず，行政法規については，憲法および法律に基づき制定され，法律の規定

---

23 「中華人民共和国立法法」（2000年　中華人民共和国主席令第31号）。

を執行するために必要な事項を定めること等を目的としている（立法法56条1，2項）。法律の未制定事項についても，全国人民代表大会およびその常務委員会の授権により，国務院が実際の必要性に基づき，先行して行政法規を制定することができるとされている（同法9条）。すなわち，上位規範である法律に先行して，下位の法規範である行政法規を制定できる。そして，行政法規を法律に先立って制定した場合であって，その実践検証を経て，法律制定の条件が熟したときには，国務院は，法律の制定について全国人民代表大会および全国人民代表大会常務委員会に直ちに提案しなければならない（同法56条3項）。制定された行政法規は国務院令として公布される（同法61条）。

(2)地方性法規

　地方性法規は，当該行政区域の具体的状況および実際の必要性に基づき，憲法，法律，行政法規と抵触しないとの前提において，制定することが認められている（立法法63条1項）。制定主体は，省，自治区，直轄市，省および自治区人民政府の所在地の市，経済特区所在市および国務院が批准する比較的大きな規模の都市の人民代表大会および人民代表大会常務委員会とされている（同法63条4項）。地方性法規を規定することができるのは，法律および行政法規の執行のために，当該行政区域の実情に基づき具体的規定を策定する必要がある事項等である（同法64条1項）。また，法律および行政法規が未制定であるが，当該地方の具体的状況および実際の必要性がある場合には，一定の限定はあるものの，地方性法規を先行的に制定できるものとされており（同法64条2項），「立法法」56条3項にある行政法規の先行制定と同趣旨の規定が存在している。

(3)規章

　国務院の各部等は，法律ならびに国務院の行政法規，決定および命令に基づき，当該部門の権限の範囲内で規章を制定することができる（立法法71条）（いわゆる部門規則）[24]。したがって，法律，行政法規等を執行するために必要な事項については，規章で定められることとなる（同法72条）。省，自治区，直轄市

24　日本でいう府省令に相当するもの。

012

表序 - 1 「立法法」における現代中国法の法体系[25]

法体系	制定主体
法律	・全国人民代表大会および全国人民代表大会常務委員会
行政法規	・国務院
地方性法規	・省，自治区，直轄市，省および自治区人民政府の所在地の市ならびに経済特区所在市および国務院が批准する比較的大きな規模の都市の人民代表大会および人民代表大会常務委員会
規章	・国務院の各部等（部門規章〔部門規則〕） ・省，自治区，直轄市および比較的大きな規模の都市の人民政府（地方政府規章〔地方政府規則〕）

および比較的大きな規模の都市の人民政府についても，法律，行政法規ならびに当該省，自治区および直轄市の地方性法規に基づき，規章を制定することができる（同法 73 条）（いわゆる地方政府規則）。

⑷法規範相互の効力，適用関係

　いうまでもなく，憲法が最も上位の法規範として位置付けられている（立法法 78 条）。そして，法律，行政法規，地方性法規，規章の順に上位規範から下位規範として位置付けられ（同法 79 条），上級の地方政府の地方性法規や規章は，下級政府の地方性法規や規章より上位に位置付けられている（同法 80 条）。ただし，地方政府ではなく，国務院等中央行政機関が定める部門規章と地方性法規との関係については，「立法法」では示されていない点に留意が必要である。そして，「立法法」83 条では，特別規定は一般規定に優先し，新規定は旧規定に優先する旨定められている。

2　中国における立法プロセスの特徴

⑴「漸進主義」と「試点方式」

　中国における立法手法の特徴としては，まず，「漸進主義」や「試点方式」と

25　筆者作成。

いう概念を見逃すことはできない。國谷知史や高見澤麿は中国の立法パターンとして，「Ａ 共産党の一定の基本的な方針，路線，政策といったものがあり，それに則った，いくつかの地域，部門での成果が，先進事例として報告される。Ｂ こうした先進事例が中央で認知されると，方針，政策がさらに具体化し，いくつかの地域，部門を指定する（試点）なり，条件の整った地域，部門に限るなりして，さらに実験的に行われる。このためとりあえず必要な法令は，地方性法規，地方の行政規章といった地方の法令や国務院の関係部局の行政規則的な法令（行政規章）の形式によって出される。Ｃ この成果がさらに中央で認知されると，方針，政策もさらに具体化し，国務院が行政法規を制定して，全国的に施行される。Ｄ 全国的に施行された成果により，全人大または全人大常委会で立法が行われるがこれにも詳細には定められない部分，規定の無い部分があり，Ｅ さらに施行する過程を経て，より完全な法典となるか，いくつかの法令群がセットとなって，ある分野についての法体系ができる。実際には，以上のある部分がとんでいたり，幾度か繰り返されたりもする」とし，漸進的・実験的な立法方式の存在を指摘した[26]。

　季衛東も，現代中国の法継受の観点からその実践的原則として，「一方では，ある範囲内に外国法要素を導入することによって法深化のテンポの加速効果をねらい，他方では，あくまで内発的発展を中心として，体制の急激な変容による法秩序の生態系の破壊を避ける」という漸進主義が採られているとした[27]。また，山下昇は，「漸進主義」について，「政策と立法の展開において，政策を事実上先行して実施し，一定の成果が見られれば，これを全人代において立法化し，追認するという現象が見られる。さらに，具体的政策の実施にあたって，地方→中央→地方の立法の流れが看取できる」[28]と表わしている。さらに，彭光華も中国の立法パターンについて，山下と同様のプロセスの存在を指摘している[29]。

　以上を踏まえれば，中国の立法手法には，日本の制度であえてたとえるなら

26　高見澤磨「中華人民共和國における法源」法制史研究 40 号（1992 年），106 頁。國谷知史「最近の中国における企業関連立法とその問題点」比較法研究 51 号（1989 年），140 頁参照。
27　季衛東『現代中国の法変動』日本評論社，2001 年，112-113 頁参照。
28　山下昇『中国労働契約法の形成』信山社，2003 年，9-10 頁。

ば，国家戦略特区のような形で特定の地域をトップダウンで指定する形で実験的，特例的に政策を先行実施し，その結果をみて最終的に全国実施していくという特色が存在しているといえよう[30]。

(2)立法形成過程の不透明性

中国の立法プロセスは，日本に比して公開が進んでいないため，法令の制定経緯や趣旨，立法者意思を読み解くにあたっては，困難が伴うことが多い。この点，近時，全国人民代表大会の立法過程で，公開と参加が叫ばれるようになっているものの，重要法案でも草案が採択されるまで公表されないことは珍しくないし，「立法法」34条1項による公聴会が開かれることもほとんどない[31]。

他方，例えば「労働契約法」の立法過程で，中国人民大学の常凱教授（チーム長），彭光華副教授，深圳大学法学院の侯玲玲講師らからなる法案起草のための専門家チームが組織され検討が進められたように，重要立法では「学者に最初のドラフトを起草させる」[32]ケースがみられるとともに，立案過程において意見公募手続き（パブリックコメント）の手法が用いられる場合も散見され始めている。このように，学者によるドラフトやパブリックコメントが採用されている立法については，当然ながら，立法形成過程が他の法令に比して公開されることとなる。

このような状況を踏まえると，中国法を研究するにあたっては，そのプロセスの不透明性を念頭に置きながら，中国の政治経済体制の特殊性，現代中国法に通底する価値観，研究対象の法令等の適用関係，中央と地方政府の規定の関係性を含めた相互の連関関係の中で，総合的に理解する必要がある。

---

29 彭光華（「中国の労働協約制度における労働行政」九大法学80号〔2000年〕，107頁）は，中国の立法パターンについて，「中国共産党の政策に基づいて，一定地域・部門の限定的実験の成果を全国に広めるために行政法規（または規則）を定め，全国的に成果を挙げた場合はそれを立法化し，さらに施行の過程で徐々に細則を定めていき，これを繰り返すことによりある分野の法体系を形成していくという立法プロセスが看取できる」としている。

30 このほか，董璠輿（「中国の立法とその手続について」外国の立法32号（1994年），194頁）も「行政的な性質を有する行政法規に明確な限界が存在するわけではない。法律を制定する条件がなお未熟である場合に限って，先に暫定条例を制定して経験を積み，その経験を総括してから法律として制定される可能性がある（例えば，私営企業条例）」と漸進主義の立法方式の存在を指摘している。

31 高見澤磨・鈴木賢『中国にとって法とは何か――統治の道具から市民の権利へ』岩波書店，2010年，129頁参照。

32 高見澤・鈴木・前掲注(31)107頁参照。

⑶行政部門中心の立法スタイル

　中国の法案は，国務院による法案提出がほとんどであるとされており[33]，日本と同様，行政部門の考えが強く立法内容に反映される形になっている。しかしながら，草案の起草は国務院の各部門において行われることから，「一面的な，部門的な視角が強く，常に当該部門の業務から出発し，当該部門の権力が強調される[34]」という問題が存在している。

　このように，行政部門主導による立法スタイルは，先に述べた「漸進主義」や「試点方式」という中国の立法スタイルと相まって，まず行政部門の規章や規範性文書による制度の先行的実施を経た上で，国務院の行政法規やさらに上位規範である法律へと段階的に移行することによって，制度を定着させていくという手法を生み出しているといえる。すなわち，中国的立法スタイルとして，「政策——行政法規（又は行政規章）——法律という漸進モデルが多く採用されて」おり，「まず，中国共産党または中央政府の政策に基づき，限定的に一部地域または部門で実験を行う（試点），その後，試点の成果を全国に拡げるために行政法規（または規章）を制定する。さらに，仮に全国範囲で成果が挙げられた場合には，立法を行い，その実施過程において必要な規章制度を制定し，最終的にこれを反復することで一つの部門の法律体系を形成していく」という流れが存在しているのである[35]。

3　いわゆる「党規」の存在とその法源性

　社会主義法が「土地および生産財の国有，計画経済，一党支配に基礎づけられた法体系を指す」[36]とすると，市場経済化後に実際上継続しているのは土地の国有以外は政治体制としての一党支配のみである。したがって，執政党を中国共産党（以下「党」という）に限定する事実上の一党独裁の政治体制が採られていることと，法令との関係性が問題となる。この点について，先行研究をみると，党が発出する通知ないし決定文書（いわゆる「党規」）には法源性があり，と

33　董・前掲注(30)190-192頁参照。
34　董・前掲注(30)192頁。
35　彭光華「第１章　政府」常凱主編『労働関係学』中国労働社会保障出版社，2005年　224頁。
36　五十嵐清「旧社会主義諸国における「西欧法」原理の導入　比較法学者からみた社会主義法の崩壊」比較法研究 55 号（1993 年），71 頁。

きとして法律に優先するものであると整理されている。

　まず，高見澤（1992）は，共産党が発出する文書の法源性について，「法源としての政策は，今日に至るまで國家の公文に示されるものに限られず，共産黨の文献（發言，講演等で印刷，配布されるもの，新聞で公表されるものを含む）で示されるものも含まれるのが原則であると考えるのが實情にあっているであろう。一般の人々には，國家の政策と共産黨の政策とは區別されていないと思われる」とし，国家の公文で示される政策と同様に，原則として法源性があるとしている[37]。また，小口彦太・田中信行は，「中国の法体系では，国家機関において制定された法律の上位に，党機関において決定されたさまざまな決議，命令，通知，規則などが存在し，法律の執行に影響力を行使して」おり，「近代的法治国家において，たとえ支配政党のものであるにせよ，政党の決定が法律として扱われることはないが，社会主義の国家では党の決定は法律に優先する存在であり，中国の法律は社会主義国として現在もこの法体系を維持している」と「党規」の法令に対する優先性の存在を肯定している[38]。

　さらに，季（2001）は，「現代中国の国家的秩序は，固有の律令制に対する否定と西欧型近代法システムに対する否定という二重の意味の社会革命のうえに成り立って」いるとし，その出発点として1949年2月の「国民党の六法全書を廃棄し，解放区の司法原則を確定することに関する共産党中央委員会の指示」の存在を指摘している[39]。当該指示の内容には「斬新な社会主義型の法体系が整う前に，中国共産党の政策を法源として位置付けて，法律規範の不備を補うこと」という政策法源論の考え方が記載されており[40]，党の政策が法令の補充機能を果たすことが認められている。そして，党の優越をはじめとする「中国の政治・社会にかかわる諸制度は1950年代半ばにできたものが多く，54年憲法と50年代半ばの公有制への移行が今日までの体制の屋台骨であ」り，「党・国家（立法・行政・司法機関）・軍隊の三位一体の政治体制は50年代半ばに制度化され」，「これらは今日まで揺」らいでいない[41]。

37　高見澤・前掲注(26)104頁。
38　小口彦太・田中信行『現代中国法（第2版）』成文堂，2012年，27頁。
39　季・前掲注(27)26頁。
40　季・前掲注(27)26頁。
41　毛里和子『現代中国政治——グローバル・パワーの肖像（第3版）』名古屋大学出版会，2012年，14頁。

以上の検討を踏まえると、「中国共産党が領導する多党合作と政治協商制度」[42]の下、党の決定が法律に優先する存在である中国では、前述のとおり「党規」も法令・通知等の解釈にあたり非常に重要な位置を占めるとともに、施政上の方針を誘導する内容となる。したがって、中国の法構造を正確に理解し解釈するためには、単に「立法法」上の法令や行政部門から出される通知等を参照するだけでは足りず、重要な法政策の検討に際しては、「党規」についても分析対象とする必要があろう。特に、関連法令がないまたは整備されていない場合においては、党から出される政策文書を検討することは必須である。

まとめると、改革開放後、「党政分離」が進められ、党は形式的には法体系の外に置かれているが、今なお「実態として党の政策や決定が法体系上の重要な構成要素であることに変化はな」[43]く、「党規」が法律に優先している。また、重要な政策が党の決定で行われる場合があるため、立法上読み取れないようなことが突如として政策として実施されるような状況も生じ得るのである。ただし、このように重要な位置を占める「党規」の全てが一般に公開されているわけではないことには留意が必要である。

4　一つの法体系における複数秩序の存在

現代中国法の一般的な特徴を挙げるときに論点になるのが、「法秩序の複数性」となる。これは、本研究で解き明かそうとする内容の前提となる概念といえる。このため、そもそも現代中国法において「法秩序の複数性」が存在しているのかについて、本論に入る前に、これまでの議論の状況を確認しておく必要がある。この点、あらかじめ結論を述べると、後述する日本国内および中国の研究者の議論を踏まえれば、研究者により表現は多少異なっているものの、方向性の異なる法令ないし法秩序が存在しているという見解がほとんどである。したがって、中国の法令を検討する際には、一つの原理原則に基づき一貫した法体系が構築されているという見方は、少なくとも全ての法領域に所与のものとして、当然に適用されるべきものとして認識すべきではないといえる。

以下、先行研究者の議論をみていくと、まず、一つの法体系の中に異なる方

42　「中華人民共和国憲法」（1982年）前文。
43　小口・田中・前掲注(38)28頁。

向性を有する法律が存在することを指摘したものとして，小口・田中 (2012) がある。「物権法」等の例を挙げて言及している小口・田中 (2012) は，WTO 加盟前後に成立した法律について，「WTO 加盟にあたって交わした対外的な約束」に基づく，「いわば大きな外圧」が消滅したことにより，今世紀に入ってからの立法は 90 年代にはみられなかった特徴を備えており，「法体系的に見れば，形式的には一元的な法体系が形成されたとはいえ，内容的には方向性の異なる法律が共存する状況となっている」とし，そのときどきの経済社会情勢により，「立法に対する政府の姿勢に微妙な変化が表れている」と分析している[44]。

　次に，「法秩序の複数性」という表現を用いて，現代中国法秩序が一つの価値観によって理解できるものではないことを指摘したものとして，季 (2001) がある。季 (2001) は，現在の中国政治や法秩序には，現代の「大民主」と一元化した「強権力」や，最近の経済政策における「統制」と「放任」のアンビバレンスというように両極に短絡化した光景がみられることを指摘した上で[45]，中国社会での法治秩序はカオス状を呈しているとし，「何らかの価値判断を求められるならば，あえて価値の多元主義を掲げる」とした[46]。そして，「中国共産党の革命根拠地において樹立された社会主義的法システム」は，現代中国の法秩序に「最も大きな影響力を及ぼした」と判断している[47]。さらに，中国法について，「ランダムな相互作用から生じる具体的規範を容認し評価する意味で複雑系として捉えられ」，「異質的要素を組み合わせたり，自己組織化させたりする」中で「超近代性を生み出しつつある」と評価している[48]。

　このように日本における現代中国法の先行研究を踏まえると，一つの法領域において，異なる価値観を帯びた法令ないし条文が存在することはほぼ間違い無く，このことは，賃金決定に係る法領域においても，同様の考え方が当てはまる可能性を示唆するものと捉えてよいだろう。

44　小口・田中（前掲注(38)26-27 頁）は，1990 年代の立法にはみられなかった特徴を備えているものの代表例として，2007 年の「物権法」，「独占禁止法」，2008 年の「企業国有資産法」，「特許法」改正を挙げている。

45　季・前掲注(27)352 頁。

46　季・前掲注(27)267 頁。

47　季・前掲注(27)17 頁。

48　季・前掲注(27)19 頁。

序　章　問題の所在と前提事項の整理 ｜ 019

第5節　賃金決定関係法の基本的な用語に関する整理

　続いて，中国労働法における賃金決定関係法を論じる上で重要かつ，中国の
特殊性を踏まえた理解が必須であると考えられる基本的な用語についても，前
もって概括的な整理を行っておく。具体的には，①「用人単位」（使用者），②工
会（労働組合組織），③「労働行政部門」，④「集体協商」（団体交渉），⑤「集体
合同」（労働協約），⑥「労働に応じた分配」原則，⑦「労働契約」，の意味内容
について整理する。

1　用人単位（使用者）

(1)労働法における概念の整理

　「用人単位」は，「労働法」において，中華人民共和国内の企業，個体経済組
織（被雇用者が7人以下の個人経営企業体のこと[49]）のことを指し，労働者と労働
関係を形成する主体として位置付けられている（2条1項）。さらに，2008年に
施行された「労働契約法」でも，「用人単位」とは，中華人民共和国内の企業，
個体経済組織，民営非企業単位等の組織のことを指し，労働者との間に労働関
係を打ち立て，労働契約を締結，履行，変更，解除又は終了する主体として位
置付けられている（2条1項）。このように，中国労働法において，「用人単位」
は労働力の使用者を表すものとして用いられている[50]。したがって，本書では，
「用人単位」を「使用者」と訳すこととしたい。

(2)単位制度と雇用

　ここで，「用人単位」という用語は，労働法学において，計画経済時代の労働
関係の反映の結果であり，計画経済の労働雇用制度と一致する概念である[51]。
さらにいえば，「単位」とは，計画経済期に形成された，雇用，住宅，医療，社
会保障や福利に関するサービス（託児所，幼稚園，食堂，公衆浴場等）を提供する

49　労働部「関於貫徹執行『中華人民共和国労働法』若干問題的意見」（1995年）1。
50　陳歩雷「第三章　労働法律関係」常凱主編『労動法』高等教育出版社，2011年，112頁。
51　陳・前掲注(50)112頁。

とともに,「単位」に所属する構成員に社会的身分と政治的地位を付与する社会組織のことである[52]。

このほか,「単位」の特徴としては,「単位」の指導者は党領導機関や政府部門に直接任命管轄され国家政権に従属していること, 上級部門または上級部門の政府に従属していること, 構成員は「単位」に所属すると, 仕事を得ると同時に, 厳格な人事管理の下,「単位」を離れることが困難になり, 非流動性があることといった点が挙げられる[53]。一言でいえば,「単位」は, その構成員の発展の機会と社会, 政治, 経済, 文化生活に必要な資源を全面的に占有かつコントロールしていた存在だった[54]。

そして,「単位」制度の雇用面に着目すると, 国家により一元的に配置されることで「単位」に属した個人は, 労働への従事を通じて「単位」から賃金が支払われ,「単位」を離れない限り, 仕事, 住宅や医療なども含めた生活が「単位」の中で終身保障されることとなる(ただし, 都市戸籍でなく農村戸籍をもつ農民や農村部からの出稼ぎ労働者は除かれる)[55]。このような終身の雇用保障のことを「固定工」制度といい, 計画経済期の国家による都市部における労働資源配置を管理する重要な手段ともなっていた。このような「単位」や「固定工」制度は, 人民公社化により賃金に供給制要素が導入された大躍進政策期に急速に普及していった。

(3)改革開放と単位制度

しかし, 改革開放政策に伴う市場経済化により,「単位」が担っていた社会的機能の多くが市場機能に委ねられ, 社会全体で担う方向に変化するとともに, 国家の「単位」や「単位」の個人に対するコントロール機能は低下し,「単位」

---

52 李漢林・王奮宇・李路路「中国城市社区的整合机制与単位現象」管理世界双月刊2期(1994年), 192頁参照。

53 周平「中国単位体制の演変与城市社会政治控制方式的調整」思想戦線3期26巻(2000年), 104-105頁参照。

54 李漢林「変遷中的中国単位制度 回顧中的思考」社会28巻(2008年), 32頁。

55 山本恒人(『現代中国の労働経済1949〜2000──「合理的低賃金制」から現代労働市場へ』創土社, 2000年, 374頁)は, 単位に所属する労働者の待遇について,「都市戸籍とは分離された農村戸籍をもち, 都市への流入を阻まれ, 貧しく, また特別の国家保障を与えられることのない一般農民, あるいは一時的国有企業に就労する農村出身の臨時工や季節工の状態と対比されるとき際立ったものとな」り,「終身雇用は一国有企業への終身帰属と, 都市居住者としての身分的終身帰属との二重の意味をもっていた」と指摘している。

の国家への依存の程度は弱体化が進んでいる[56]。そして,「単位」の構成員も,「単位」をもはや生活共同体とは看做さなくなり,自身の仕事は職位と職場に所属していると捉えるようになっている[57]。このような変化の中で,労働の領域において,「固定工」制度は解体され,「労働法」や「労働契約法」にあるように,労働契約制度を主体とする枠組みへと移行していったのである[58]。

以上の社会制度の情勢変化を踏まえれば,労働法領域において,「用人単位」という用語が今後とも使用し続けられるのかという点については,中国国内の議論を注視していく必要があるといえる。この点,「労働契約法」の起草過程において,最終的に採用には至っていないものの,「用人単位」ではなく,新たに「雇主」の概念を採用することが提案されたという事実[59]は,中国労働法が,労働力の使用者としての側面に重きを置いて企業等を捉える方向に変化しつつあることを示しているのではないだろうか。

2 工会（労働組合組織）

中国における労働組合に相当する組織として工会がある。ただし,中国では,工会以外の労働組合が認められていないことや,その組織全体が党の指導下に置かれているといった特徴を有しており[60],日本における労働組合とは性格が大きく異なることから,本書では,工会という原語のまま使用する。

工会は,日本の労働組合とはその機能において大きな違いがある。すなわち,「工会法」5条において,工会の職能は,「国家事務の管理,経済および文化事業の管理,社会事務の管理に参画するとともに,人民政府の展開する業務に協力して,労働者階級が領導し,労農同盟を基礎とする人民民主主義独裁の社会主義国家政権を維持保護する」と規定されている。したがって,工会は,労働

---

56 李・前掲注(54)33頁参照。
57 李・前掲注(54)33頁参照。
58 「固定工」制度から労働契約制度への移行をめぐる動きに関する国内の研究としては,山下昇「中国における『下崗』――国有企業の人員合理化策に関する研究」日本労働研究雑誌469号（1999年）,46-57頁が詳しい。
59 陳・前掲注(50)112頁参照。なお,陳歩雷（前掲注(50)112頁）は,「雇主」という呼称を採用しなかったのは,立法機関が当時の社会認知の程度が足りないと判断したからである旨指摘している。
60 中国の工会の歴史的変遷やその特質については,彭光華「工会論考」九大法学82号（2001年）,413-516頁が詳しい。

者が自主的に結成，組織した労働者代表の側面のみをもつ組織ではなく，国家や政府の側に立って，その施策の旗振り役を担い，政府の事務の執行にあたっては，その管理に参画する組織でもあるといえる（行政機関的役割）。これを賃金決定関係法という中で捉えれば，賃金団体交渉や紛争処理等の際に工会が政府の意向を忖度して，交渉や調整にあたる仕組みとなっていることに現れている（第2編において検討）。

　そして，全国の工会を束ねる組織として「中華全国総工会」（以下「総工会」という）があり，「工会法」10条5項において，中国の統一的なナショナルセンターとして位置付けられている。具体的には，内部規則である「中国工会章程」11条2項において，総工会は各級地方総工会および各産業単位の工会を組織する領導機関として位置付けられている。また，上級工会組織は下級工会組織を領導することとされており（工会法9条5項），工会は全体として上意下達の組織体系を採っていることがわかる。

3　労働行政部門

⑴労働行政部門の変遷と組織体系

　中国において労働行政を主管する部門は，中央政府レベルでは人力資源・社会保障部（原語：人力資源和社会保障部）であり，地方政府レベルでは，人力資源・社会保障局（庁）となっている[61]。賃金については，国務院弁公庁が2008年に発出した「人力資源・社会保障部の主要職責内部機構および人員編成規定」（以下「人社部職責等編成規定」という）[62]に基づき，人力資源・社会保障部の労働関係局（原語：労働関係司）が所掌している（三（十二））[63]。

　現在の組織形態になったのは，国務院「機構設置に関する通知」[64]が発出された2008年からであり，中華人民共和国建国後，組織形態は幾度となく変わって

61　「労働法」9条では，「国務院労働行政部門が全国の労働業務を主管する。県級以上の地方人民政府の労働行政部門は当該行政区域の労働業務を主管する」と規定されている。
62　国務院弁公庁発「人力資源和社会保障部主要職責内設機構和人員編制規定」（2008年）。
63　労働関係局の具体的な所掌事務は，労働関係政策の策定，労働契約および労働協約制度の実施規範の策定，企業従業員の賃金収入配分のマクロ調整コントロール政策の策定，国有企業賃金総額管理および企業責任者の賃金収入配分の指導および監督，企業従業員の退休職や定年政策の確立，労働基準の制定業務の指導，非法な児童労働政策の排除政策の策定，女性労働者，未成年労働者といった特殊労働保護政策の策定である。
64　国務院「関於機構設置的通知」（2008年）。

いる。以下，概観すると，まず，1949 年 10 月の建国時点では，現在の国務院に相当する政務院の所属組織として労働部（原語：労動部）が置かれた。1954 年には政務院が国務院に改組されたものの労働部は存続したが，1970 年の文化大革命期に国務院の 79 部門のうち 32 部門が撤廃された結果，労働部は国家計画委員会労働局に格下げされた。文化大革命末期の 1975 年に国務院の直属機関として国家労働総局となり，1982 年に国務院のスリム化[65]の実施に伴い労働人事部（原語：労動人事部）が創設された。1988 年に再び労働部に呼称が戻った後，1998 年に国務院所属部門を 40 から 29 に整理統合する改革が行われ，労働・社会保障部（原語：労動和社会保障部）が発足し，2008 年には従来の人事部の所掌は国家公務員局を創設して対応することとされ，既述のとおり人力資源・社会保障部が創設されている。

　以上のように，労働行政を所管する部門の名称は，相当に目まぐるしく変わっていることから，労働関係法令の制定時期によって，制定主体の労働行政部門の名称が異なる場面がみられるが，中国においては，日本のように組織の名称変更に伴い，都度関係法令を改正するような作業は通常行われていない。したがって，「労働行政部門」として一律に読み替えてしまうという手法もあり得るが，本書においては，各規定を尊重することとし，基本的には規定原文をそのまま用いることとする。

(2)労働行政の役割

　人力資源・社会保障部の設置法に相当する「人社部職責等編成規定」二において，その主要職責の最初に，「人力資源・社会保障事業発展計画および政策の策定，人力資源・社会保障法律法規体系の起草，部門規章の制定，組織的な実施と監督検査」が挙げられている。そして，「労働法」では，「国務院労働行政部門が全国の労働業務を主管する。県級以上の地方人民政府の労働行政部門は当該行政区域の労働業務を主管する」と規定されている（9 条）。したがって，中央労働行政部門は，労働に関する法律法規の起草を担うとともに，それらを

65　魏娜，呉愛明著『当代中国政府与行政（修訂版）』中国人民大学出版社，2009 年，50 頁参照。魏・呉（前掲注(65)50 頁）によれば，1982〜1985 年の 3 年間で国務院の 61 の下部機関が整理統合され，国務院の各部門の人員は 5.1 万人から 3 万人にまで削減されたとされている。

施行するために必要な事項を部門規章の策定等により，推進していくことが求められているといえる。

先に述べたように，本研究の対象である賃金決定関係法においても，「労働法」や「労働契約法」の中に原則的な規定はあるものの[66]，法制度の具体的な趣旨目的や実施方法等の詳細については，労働行政部門が制定する規章や規範性文書によって定められており，法律として制定されているものはないのが現状である[67]。このため，中国賃金決定関係法の形成過程や実施過程を検討するにあたっては，中央および地方の労働行政部門が制定する法規や規章が個別法制度の核となっていることを理解しながら，各種法規定を補足するために発出する通知や意見（いわゆる「部門規範性文書（原語：部門規範性文件）」），そして，部門が策定する重点政策や施策方針，目標について定めた計画についても，丁寧に参照する必要がある。なぜなら，これらを各種規定と併せて分析することにより，立法者意思（労働行政部門の意思）をより正確に汲み取ることができると考えられるからである。なお，部門規範性文書の適用関係について簡単に触れておくと，労働部が1995年に発出した「『中華人民共和国労働法』の貫徹執行における若干の問題に関する意見」（以下「労働法若干問題意見」という）において，部門規範性文書は部門規章と地方政府規章の効力に劣るものとされており，規章の下位規範として位置付けられている[68]。

4　集体協商（団体交渉）

中国では，労働協約締結の前段階としての労使代表間の交渉を「団体交渉」ではなく「集体協商」と呼称している。この点，中国労働法学においては，「団体交渉」と「集体協商」をほぼ同一の概念として扱いつつも，あえて「厳格に区別するとすれば，『団体交渉』は利益の差異性が強調され，団体行動をもって交渉の手段とされる。他方，『集体協商』は利益の一致性が強調され，政府の調

66　彭（前掲注(29)139-143頁）は，「『労働法』は目的先行的に極めて簡素な条文しか用意せず，労働協約制度の確立には，労働行政が極めて大きな役割を果たしている」としている。

67　山下（前掲注(28)9頁）も，「法律や行政法規では，原則や基本的枠組みを提示することが多く，実際の労働政策の執行にあたっては，地方ごとの実情に合わせて，地方の人民代表大会や地方政府が定める地方法規や地方規章に具体的な定めを委ねることが一般的である」としている。

68　労働部「関於貫徹執行『中華人民共和国労働法』若干問題的意見」（1995年）98。

整処理を後ろ盾としている」[69]と解されている。

このように，確かに「集体協商」は，日本語に直訳すれば「団体協議」であり，争議権の保障はなく，社会主義的な理念の影響により労使間の対抗的色彩が薄められ協調的色彩が強いといった差異があるものの，労働行政部門が制定した「集体協商」に関する制度（賃金団体交渉試行弁法〔2000年〕等〔第2編第5章で検討〕）において，交渉主体，交渉対象事項，交渉手続き等について規定されるとともに，労使双方に交渉応諾義務を課す等その内容および機能は「団体交渉」のそれと類似している。よって，本書では，わかりやすさの観点も踏まえ，「集体協商」を「団体交渉」と訳して使用することとしたい[70]。したがって，本書で用いている「団体交渉」という用語は，日本労働法における「団体交渉」と，その性質が全ての面で同じではないことに留意が必要である。

5　集体合同（労働協約）

中国における「労働協約」に相当する用語として「集体合同」がある。「集体合同」とは，「使用者と所属する従業員が，法律，法規，規章の規定に基づき，労働報酬，労働時間，休憩休暇，労働安全衛生，職業訓練，保険福利等の事項について，団体交渉を通じて締結する書面協定」として定義されており（労働協約規定3条），市場経済体制を採る国における「労働協約」の定義と基本的に異なるところはない。事実，中国労働法においても，「集体合同」は「集団協定」，「団体協約」，「労働協約」といった用語と同義であるとされている[71]。また，日本国内における先行研究においても，「労働協約」という訳語が一般的にあてられていることも踏まえ[72]，本書においても，「集体合同」を「労働協約」と訳すこととする。

6　「労働に応じた分配」原則

「労働に応じた分配（原語：按労分配）」は社会主義における賃金決定の基本的

69　劉誠「第15章　集体合同法」常凱主編『労働法』高等教育出版社，2011年，490頁。
70　中国における団体交渉の意味については，彭光華「中国労働法下の労働協約制度——労働協約の締結過程を中心に」九大法学77号（1999年），208頁を参照されたい。
71　劉・前掲注(69)492頁。
72　例えば，彭・前掲注(29)や彭・前掲注(70)が「集体合同」を「労働協約」と訳している。

な原則として位置付けられるものであり、「労働法」46条1項で明記され、現代中国労働法における賃金決定の根本原則となっている。このため、「労働に応じた分配」原則の歴史的な形成過程や、社会主義市場経済体制への移行に伴う実現手法の変容の詳細について、第1編および第2編で詳細に検討していくが、本研究において最も重要な用語であることから、本編に入る前にその概念をここで簡単に整理しておくこととする。

(1)計画経済体制における「労働に応じた分配」

「労働に応じた分配」原則とは、各人が能力に応じて働き、多く働いた者は多くの配分を、少ししか働かない者は少ない配分を得て、働かない者は配分を得ることができないという、共産主義社会に移行するまでの過渡期（社会主義社会）における賃金決定の原則である（原語：各尽所能，多労多得，少労少得，不労不得）。本原則は、各人が必要とする消費品の全てを生産する能力を有する社会（「必要に応じた分配」が実現した社会）への移行に向けて、国家の生産力向上のため、労働者に労働へのインセンティブを働かせることを目的として採用されたものであり、物質的な奨励としての性質を有している。

　物質的な奨励という意味において、「労働に応じた分配」原則での労働者への配分は、貨幣による賃金の支払いによって行われる。つまり、社会主義体制の賃金は、労働者が必要な消費品を得るための一時的な媒介物として捉えられている。したがって、「必要に応じた分配」が実現した社会では、生産した消費品がそのまま各人に分配されるため、貨幣による賃金支払いは不要となるが、その前段階（過渡期）では、生産力を向上させる観点から賃金支払いが認められる。

　次に、賃金の配分方法については、「労働に応じた分配」原則では、労働の質と量に応じた分配が行われる。一方、これを市場経済における労働の対価としての賃金支払いと比較すると、①貨幣による賃金支払い、②労働の質と量の評価による賃金決定、③国家による市場への関与の存在、の点で、外形的類似性が存在している。しかし、本質的な部分にまで踏み込むと、社会主義体制における賃金については、賃金支払いは過渡的なものであること、市場の存在を前提としていないこと（市場原理の排除と政府による管理と配分）、市場に対して否

表序 – 2　社会主義社会における賃金決定の基本原則とその他の社会との対比

社会の名称	賃金決定の基本原則	労働者への配分方法	備考
共産主義社会	「必要に応じた分配」 （原語：按需分配）	国家が必要な消費品を配分	各人に必要な全ての消費品を配分可能な社会
社会主義社会 （計画経済期）	「労働に応じた分配」 （原語：按労分配）	国家が労働者の提供した労働の質と量に応じて，等価値の賃金決定（市場の影響を基本的に受けない）	共産主義社会移行までの過渡的段階であり，生産力の向上を目的とする社会
市場経済社会	「市場による決定」	使用者が市場の需給，労使交渉，労働者の提供した労働の質と量に応じて，賃金を決定	

定的な評価があることにおいて，違いがある。

　ここまでで言及した三つの概念について，細かい部分はひとまず捨象して，わかりやすく対比的に整理するとすれば，表序 – 2のとおりとなる。

　すなわち，①社会主義体制の最終的な到達点である共産主義社会では，「必要に応じた分配」原則の下，生産した消費品がそのまま国家から労働者に配分されるため，賃金支払いという概念は存在しない。②共産主義社会移行までの過渡的段階にある社会主義社会では，「労働に応じた分配」原則の下，生産力向上のため，労働を奨励することを目的として，提供した労働に対する等価値の賃金支払いが行われる。そして，③市場経済社会では，市場による需給や労使交渉の影響を受けながら，労働者の提供した労働の対価としての賃金が支払われる。

⑵社会主義市場経済体制と「労働に応じた分配」

　このように，市場経済による賃金決定とは異なる賃金決定制度を有した計画経済期の中国だったが，改革開放による市場経済の導入により，これまでの賃金決定制度とどのように整合を取るかが大きな課題となった。

　この点，中国において，「労働に応じた分配」原則の実現は，資本主義と社会

主義を区別する際のメルクマールとされており，社会主義の優位性を示すものとして，社会主義市場経済体制を採用後も現在に至るまでこの原則は一貫して維持され続けている[73]。しかし，社会主義計画経済体制下では，労働者は公有制企業において労働し，国家が直接的なコントロールの下で，賃金の形式によって労働者に消費品を分配することで，「労働に応じた分配」は直接的に実現されるが，社会主義市場経済体制における「労働に応じた分配」は市場システムの影響を受けるため間接的にしか実現することができず，労働者の労働は直接，社会的労働になることはなく（公有制企業における協同的労働とは異なるとの意味），市場の需給状況の変化やそれに伴う価格の変動により，価格と本来の価値に乖離が生じることとなった[74]。

この労働の価格と価値との間の乖離が（理想としては）生じない社会をつくるべく，市場経済導入後においても，社会主義計画経済体制に根源を有する「労働に応じた分配」原則の実現のため，政府による恒常的な賃金管理が正当化されている（第1編第2章および第2編第3章で改めて詳細に検討）。要するに，社会主義計画経済体制への市場の導入後，「計画と市場配分の複線運行」を経て，「社会安定と効率性の向上の観点から」，現在は「市場による決定配分と政府による間接コントロール」を特徴とするモデルとなっている[75]。このため，「企業は，片方の眼で市場を，もう一方の眼で政府を見」[76]ながら，労働者への賃金配分を決めることになる。

以上，計画経済期および社会主義市場経済体制のいずれにおいても，通底する賃金決定の基本原則となっている「労働に応じた分配」を中心に中国の賃金決定の基本的概念について概観した。

73　例えば，鄧小平は，国務院政治研究室が起草した「労働に応じた分配という社会主義原則の徹底実施」という1978年5月5日に『人民日報』（第1版）に掲載された文章を高く評価し，「労働に応じた分配」は社会主義のものであって，資本主義的なものではないと述べた。当該文章では「社会主義の歴史的段階において，労働に応じた分配原則を必ず堅持しなければならない」としている（中国共産党新聞「為『按労分配』正名」〔http://cpc.people.com.cn/GB/85037/8209350.html（2015年12月13日最終アクセス）〕）。
74　沈衛平「社会主義市場経済中的収入分配問題」労働経済与人事管理9期（1993年），61頁参照。
75　沈・前掲注(74)64頁。
76　沈・前掲注(74)61頁。

7 労働契約と賃金

1986 年 7 月に国務院が公布した「国営企業労働契約制度実施暫定規定」[77]によって，常用性を有する業務に係る部署の新規採用労働者への労働契約制度の導入が決定された（2条）。その後，余剰労働力の削減による経営合理化のため，国営企業全体に労働契約制度は拡大されていくこととなり，前述のとおり，国家によって統一的かつ一元的に労働者の就職先が決められ賃金が決定されるという制度から，労働市場における労使間での賃金決定へと順次移行していくこととなった。ここにおいて，労使間の労働契約による決定が新たに位置付けられることとなった。

そこで，以下，中国労働法における労働契約の特徴と賃金との法的関係性について概観する。まず，中国の労働契約は書面形式で締結されなければならない（労働契約法 10 条 1 項）。これは中国労働契約法の最大の特徴となっている[78]。労働契約を変更する際にも書面形式によらなければならない（同法 35 条 1 項）。このような書面の労働契約の義務付けがなされているのは，「国家の関与をより積極的に行う」ためであり，具体的には，「労働契約の厳粛性，慎重性により，契約内容を明確化かつ信頼性のあるものとし，検査の際にはこれを証拠とすることをもって，当事者の権利行使と義務の履行および主管部門や労働契約管理機関の監督検査を容易にすることに資する」趣旨があるとされている[79]。また，「中国では，法律だけでなく，慣習的にも書面契約の有無が非常に重要とされており，書面契約に書かれていることなら，法令違反や極めて不合理な場合を除けば，それが当事者の権利・義務の絶対的な根拠として，契約文言のままに当事者を拘束すると理解される傾向がある」[80]ことも，労働契約が書面形式を採る背景の一つといえよう。このように，労働契約の書面形式については，国家による積極的な関与の要請と伝統的な慣習の尊重という二つの側面から説明することができる。

77　国務院「国営企業実行労動合同制暫行規定」（1986 年）。
78　龔敏「労働契約における権利規制と義務創設」日本労働法学会誌 118 号（2011 年），107 頁参照。
79　黎・前掲注(12)33 頁。
80　龔・前掲注(78)108 頁。

そして，労働契約に規定すべき事項として，①使用者の名称，住所，法定代表者または主たる責任者，②労働者の姓名，住所，住民身分証またはその他有効な身分証明書番号，③労働契約の期限，④業務内容，業務場所，⑤労働時間，休息休暇，⑥労働報酬，⑦社会保険，⑧労働保護，労働条件，職業危害防護，⑨法律，法規規定において労働契約に記載すべきとされているその他事項，の9項目が義務付けられている（同法17条1項）。

　以下，参考として，中国の書面労働契約書の見本の賃金関連部分の抜粋を示す。まず，労働契約には期間の定めのあるもの，期間の定めのないもの，一定の業務を完成させることを期限とするものの三つの類型がある。次に，賃金については，額，支払い方法や支払い日，一時金，補助や手当の支給基準等が契約書に盛り込むべき事項として示されている。そして，本研究との関係で特に着目すべきなのは，企業内の賃金配分制度の確立にあたり，企業の経営状況や物価水準に加えて，「政府の賃金上昇指導ラインに基づく」旨の記載を求めていることである。すなわち，労働者の賃金は市場の作用によって単純に決定されるのではなく，政府の賃金管理制度に基づく賃金指導ラインが，実際に影響を及ぼすものとされていることが窺える。

　次に，賃金決定に関する紛争への対応については，労働契約上の労働報酬の基準に関する約定の不明確を理由に争議が発生した場合[81]，使用者は労働者と再度協議しなければなりならず，協議が整わない場合は労働協約の規定を適用し，労働協約が締結されていないまたは労働協約に規定のない基準については，国家の関連規定が適用される（同法18条）。ここで，労働報酬に関する国家の関連規定とは，「労働法」46条の同一労働同一報酬の実施規定を指し，当該条項に基づき，使用者は同様のまたは類似の職場の労働者への支払い額と概ね同様の額の労働報酬を支払うものと解されている[82]。

　最後に，労働契約の履行の場面においては，使用者に労働報酬の未払いないし支払い額に不足があった場合，労働者は法律に基づき当地の人民法院に支払い命令の申請を出すことができる（同法30条）。これを受けた人民法院は支払

81　黎（前掲注(12)65頁）によれば，ここでいう不明確な場合とは，使用者が労働報酬について曖昧に処理したり，口頭で約定したりするような場合をいうとしている。
82　黎・前掲注(12)65頁。

序 章 問題の所在と前提事項の整理｜031

参考序 - 1 労働契約書（参考様式）（抜粋）[83]

一．労働契約期限
（一）契約期間
　双方は以下の第＿＿＿種方式に基づき本契約期限を確定することに同意する。
　1．期間の定めがある場合：＿＿＿＿＿年＿月＿日から＿＿＿＿＿年＿月＿日まで
　2．期間の定めのない場合：＿＿＿＿＿年＿月＿日から法定終了条件が生じるときまで
　3．一定の業務の完成をもって期限とする場合：＿＿＿＿＿＿＿＿から＿＿＿＿＿＿業務が完
　　成するときまで。当該業務は＿＿＿＿＿＿＿＿をもって完成とする。
〈中略〉
四．労働報酬
（一）乙の正常な労働時間に対する賃金は以下の第＿＿＿種の形式に基づき執行する。当地
　　の最低賃金額を下回ってはならない。
　1．時間払い賃金：
　　(1)乙の正常な労働時間に対する賃金は＿＿＿＿＿＿に基づき執行する。初任給は＿＿＿元／
　　　月または＿＿＿＿＿元／時とする。
　　(2)乙の試用期間中の賃金は＿＿＿元／月（試用期間中の賃金は甲の同様の職場における
　　　最も低い賃金額または本契約に約定した賃金の80％を下回ってはならず，甲の所在
　　　地の最低賃金を下回ってはならない）
　2．出来高払い賃金
　　(1)出来高払いの単価＿＿＿＿＿＿
　　(2)労働ノルマ＿＿＿＿＿＿（労働ノルマは原則として当該単位の同様の部門の70％以上の
　　　労働者が法定労働時間内に達成可能なものでなければならない）
　3．その他形式（例えば，年棒制や，評価の周期に基づく賃金支払い）：＿＿＿＿＿＿。
　4．甲は当該単位の生産経営状況，物価水準，政府の賃金上昇指導ライン等の状況に基
　　づき，法に基づいて賃金配分制度を確定する。甲乙双方の協議または団体交渉の形式
　　を経て，法に基づき賃金の正常な上昇の具体的な方法と上昇幅を確定する。
（二）乙の実績評価報酬または一時金の計算支給方法は，＿＿＿＿＿＿＿。
（三）乙の補助，手当の支給基準および方法は，＿＿＿＿＿＿＿。
（四）賃金は貨幣の形式をもって支払い，現物および有価証券をもって貨幣支払いに代え
　　てはならない。
（五）甲は毎月＿＿＿日に＿＿＿＿＿＿（当月／前月）の賃金を支給する。賃金支払いの日が法定
　　休日または休息日にあたる場合，直近の出勤日に賃金を支払う。
（六）甲は法に基づき乙に労働時間または休息日，法定休暇日に時間外労働を求める。そ
　　の場合，「労働法」の規定に基づき割増賃金を支払う。ただし，乙が休息日に時間外労
　　働し代休を取得する場合を除く。

（注）波線は筆者追記。

83　『実用版　中華人民共和国労動合同法』中国法制出版社，2009 年，136-142 頁より抜粋し，
　　筆者和訳の上，掲載。

い命令を発出しなければならない（同法同条）。当該条項の制定趣旨は，近年，使用者による労働者への賃金未払いの頻発が社会問題化する中で，特に問題となっている，農村部から都市部への出稼ぎ労働者として建設施工や飲食業等で働いている，いわゆる「農民工」[84]の保護のため，迅速な司法救済を図る目的で，「労働契約法」30条において特に規定したものと解されている[85]。

84　国務院の見解によれば，農民工とは，農村戸籍を有したまま非農業産業に従事し，農閑期に季節労働者として出稼ぎ労働をする，産業労働者と農業従事者の両側面をもち，流動性が高い者および都市に長期就業し産業労働者の重要な担い手である者をいう（国務院「関於解決農民工問題的若干意見」〔2006年〕前文）。
85　黎・前掲注(12)104頁。

第 1 編

▼

中国労働法の賃金に対する
基礎的考察

第1章

中国における計画経済期の賃金決定法政策の史的展開

　本章では，計画経済期の中国における賃金決定法政策の歴史的形成過程に対する考察を行う。具体的には，計画経済期の賃金決定法政策の歴史的変遷を検討し，その背景にある労働および賃金を規定する理念を整理，抽出することを目的とする。

　なお，本章の名称をあえて「賃金決定法」ではなく「賃金決定法政策」としているのは，序章で検討したとおり，中国の立法の特徴として，政策に法源性があるとされていることを意識していることによるものである。本章での検討過程でおのずから明らかとなるが，特に，社会主義計画経済期においては，党の政策文書によって各種施策が実行に移されていくことが多かった。

第1節　建国前後の動き（1948～1949 年）と第一次賃金改革 （1950～1953 年）

　1949 年の中華人民共和国建国前後は社会の混乱期であり，賃金制度は地域によってバラつきが生じていたし，そもそも現物支給を行っている地域も数多くあり，統一的な制度はなかった。このような状況を改善するため，賃金を含めた政策の基本方針を定めたものとして，「中国職工運動当面の任務に関する決議」[1]（1948 年）および「中国人民政治協商会議共同綱領」[2]（1949 年）が定められることとなった。

1　中国第六次全国労働大会「関於中国職工運動当前任務的決議」（1948 年）。

2　「中国人民政治協商会議共同綱領」（1949 年 9 月 29 日　中国人民政治協商会議第一届全体会議通過）。なお，中国人民政治協商会議とは，国家，地方の大方針および政治，文化，社会生活の重要問題に関する政策を決定する前や執行過程での問題について，共産党，人民代表大会常務委員，人民政府，民主党派，人民団体の提案に基づき，党派や団体の責任者や各族，各界の代表が集まって協議を行い，調査報告，提案，建議案その他の方式により，共産党および国家機関に意見提出する組織として位置付けられている（「中国人民政治協商会議章程」2 条）。

036

1 「中国職工運動当面の任務に関する決議」（1948年）と賃金

　社会主義国家体制の構築に向けた労働法領域の基本方針を定めるべく，1948年8月，中国第6回全国労働大会[3]が開催された。本大会は労働法の大綱，宣言，章程を制定することを目的とし[4]，「中国職工運動当面の任務に関する決議」（以下「職工運動決議」という）および「中華全国総工会章程」を決定した。したがって，「職工運動決議」は，その後整備されていく労働関係法令策定の大綱（基本方針）を定めたものと位置付けられている。

　「職工運動決議」では，3章「解放区の職工運動に関する任務」の4節において，解放区の工業を健全に発展させるために体系的に解決しなければならない問題として，賃金に関する規定が挙げられている。すなわち，普通従業員の最低生活水準（従業員の最低賃金）は本人を含めて2人の生活が維持し得る水準であるだけでなく，同時に，従業員の労働への情熱と技術の進歩を保障するため，等級賃金制，時間払い，出来高払い賃金制を採用しなければならないとされた（職工運動決議3章4節5項）。ただし，戦時賃金の期間において，従業員の最低生活水準を保障するためには，物価の上昇により最低賃金を増額せざるを得ない一方で，等級賃金について，物価の高騰に合わせて賃金を上昇させることができないため，両者の関連性を考慮せざるを得ないことを踏まえつつ，賃金等級の各級間の差を相当程度縮小させるという原則の下，従業員の賃金の調整を行うこととした（同決議同節同項）。

　具体的には，まず，賃金等級制度として，工場労働者の賃金について生産過

3　全国労働大会は，中華人民共和国建国前に，中国共産党が国内の労働組合の代表を召集して開催したものであり，工会組織規則案やストライキ援助案等の決議を行った組織である（第1回〔広州〕は1922年5月に開催）。中華人民共和国建国前の大会ではあるが，例えば，1950年の「工会法」は「工会は，全国労働大会および各産業別工会の代表大会で採択した章程および決議によって組成された大衆団体であって，独立した全国統一の組織系統を有し，中華全国総工会をもって最高領導機関とする」（3条）と規定され，全国労働大会の決議内容は建国後にも受け継がれているため，当該決議には法規範性があるといえる。

4　劉少奇は第6回全国労働大会開会に先立つ談話（1948年4月28日）で，「本大会は労働代表大会と呼ぶことができる。本来最も科学的な名称は従業員代表大会であろう。しかし，労働大会は歴史上機能したことがあり，労働者の皆さんはこの名称に慣れ親しんでいるため，我々はやはり労働代表大会と呼ぶのがよいと考えた。労働大会は執行委員会という総会を設置し，委員数は多過ぎてはいけない，5，60人がよいだろう。総会の下に分会として各種産業総工会を設置する。例えば石炭業総工会，兵器総工会等である。大会では労働法の大綱，宣言，規定をつくる。労働法大綱は（中共）中央で準備し，宣言と章程は（中共中央）東北（局）が準備する。…（後略）…」と述べている。

程の分業および技術の程度に応じて等級を規定する交叉累進等級賃金制度を採用し，等級の数は3級に限らず，多くすべきとされた。次に，賃金計算にあたっては，数種類の必需品・現物を賃金計算の基礎とするとともに（工資分〔賃金分〕[5]），貨幣と現物の混合支給方式を採用した（同決議同項4号）。この点，国民党との内戦が続く状況で物資が不足し，物価が高騰していたため，貨幣による賃金支払いを実施することは時期尚早だったことが背景にあったと解される[6]。

　他方で，当時，社会主義初級段階とされていた中国では，まずは，貨幣による賃金支払いへと移行する必要性も存在していた。ここで「まずは」としているのは，社会主義国家として，究極的には，賃金を媒介とせず，国家が人民の必要とするものを全て統一的に生産・分配することが理想とされているからである。このため，同じく同項4号で，従業員の実質賃金のさらなる保障のため，新たな現物配給制度を採用し，これを国営・公営の工場で試行し好事例と位置付けた上で，順次普及拡大を図っていくことを方針として規定したものと推察される。

　続いて，最低賃金に関する条項が盛り込まれたことに言及しておく必要がある。本条項の趣旨について，小嶋正己[7]は，「労働力商品化廃絶の第一歩，その再生産費を上限としてそれよりも下回ろうとする資本主義的賃金鉄則からの脱却の第一歩として，最低賃金は，本人を含めて2人が生活できるものであることという原則が確立された」と評価した。市場経済における労働市場では，原則として，当該労働者本人の能力および提供した労働量により賃金が決定され，扶養家族がいる場合の付加的な手当の支給額は，第一義的には使用者の判断に委ねられることとなる。こうしたことに鑑みると，労働者本人以外の扶養者も

5　「工資分」とは，一定の種類の現物を基礎として貨幣をもって支払う賃金計算単位をいう。「工資」は賃金であり，「分」はこの賃金計算単位に附せられた名称である（宮下忠雄『中国の賃金制度と賃金政策』財団法人アジア政経学会，1978年，97頁）。

6　例えば，当時の北京（北平）市では，物価の高騰により，名目賃金と実質賃金との差額が過大になる現象が発生し，労働者の生活が影響を大きく受けていた。こうした状況を改革するため，1949年1月，貨幣による賃金支払いから粟を計算基礎にした現物給付による賃金支払いへと移行されたが，粟の価格だけが高騰せず，それ以外の物価が上がるといった状況が生じ，根本的な対応策とはならなかった。そこで，市の賃金委員会は，労働者の実質収入が工業品・農業品価格の上下や不均衡の影響を受けないようにするため，数種の工業品・農業品を計算の基礎とし，この単位を「分」とする制度を策定し，対応にあたった（後述する第一次賃金改革における賃金分制度の導入）（邵新春・宋湛「北京市的第一次従業員工資改革」北京党史2010.3〔2010年〕，40-42頁参照）。

含めた形で生活が維持できる金額を最低賃金として規定したことは，市場の対
価性を有する賃金決定との決別を宣言し，社会主義・共産主義国家における賃
金とは何かを示すという意味で象徴的な条項として捉えられていたと整理でき
るだろう。

そして，生産性向上に向けて，従業員への労働インセンティブをどのように
与えるかについても，大きな課題となった。このため，出来高払い賃金制には
労働者の生産性向上へのインセンティブがあるという観点から，その積極的な
推進が謳われ，作業場，商店，私営企業等の奨励金，贈物，表彰等の習慣につ
いても，それが従業員の労働への積極性を高め，技術進歩にとって有益である
場合にはそれを維持し，従業員全体に普及しなければならないと定めた（同決
議同項2号，6号）。中国の工業化を図っていくためには，労働生産性の向上と
技術進歩が最重要課題であり，それに応じた賃金制度を推進していく方針を掲
げたのである。すなわち，平均主義は従業員の生産に対する積極性，特に技術
の向上努力に対する積極性を著しく妨害するため，迅速にこれを是正する必要
があるとした（同決議同項1号）。

なお，「職工運動決議」4章「全国総工会の復活」では，本決議の実行を保障
し，中国労働者階級が革命の最先鋒を担えるようにするため，中国労働者階級
の統一的な全国組織の設立が必要である旨を述べた上で，総工会を復活させる
ことを決定した。これにより，党の指導の下，一元的な労働者組織である工会
が発足することとなった。

2 「中国人民政治協商会議共同綱領」（1949年）と賃金

翌1949年には，臨時憲法としての性格を有する「中国人民政治協商会議共同
綱領」（以下「綱領」という）が制定された。「綱領」4章「経済政策」では，「中
華人民共和国の経済建設の根本方針は公私兼顧，労資両利，都市地方の互助，

7　さらに，小嶋（『中国社会主義賃金の展開』千倉書房，1988年，81頁）は，最低賃金条
　項の規範性について，「最低賃金に含まれる労働者本人の生活を維持するに足る金額は，…
　（中略）…抽象的な規範規定ではなく，その時点・その場所に応じて一労働力を維持するの
　に必要な生活費用を現実に具体的に計算されていた。さらに，最低賃金に含まれるもう一
　人（被扶養者）の生活費は，当然一人でも二人でも同額かほとんど同額という費目（たと
　えば家賃や高熱水道費等）もあるから，本人より低く算定されたが，それでも人間の最低
　生存費を下回ってはならないとされた。わが国の賃金制度における単身者賃金プラス扶養
　家族手当とは，本質的に発想が異なる労働力商品化廃絶の証しであった」と解した。

内外交流の政策であり，生産発展と経済繁栄の目的を達することである。国家
は，経営範囲，原料供給，販売市場，労働条件，技術設備，財政政策，金融政
策等の分野で，国営経済，協同組合経済，農民および手工業者の個人経済，民
間資本主義経済および国家資本主義経済を調整し，各種社会経済の構成要素が
国営経済主導の下で分担協力し，各者全てが満足を得られるよう，社会経済全
体の発展を促進しなければならない」（綱領26条）とし，「労資両利」という表
現に象徴されるように，過渡期の経済体制として，資本主義経済の存在は認め
つつ，経済建設の方針は国営経済を基本とする旨を宣言した。

　そして，「綱領」32条で，労働者保護に関する一条を置いた。賃金について
は，「私営企業では労資双方が利益を得るという原則実現のために，工会が労働
者および職員を代表して使用者側と労働協約を締結する」ことや，「人民政府は
各地域の企業の状況に照らして，最低賃金を定めなければならない」とし，労
使関係が存在している現状を踏まえた規定を中華人民共和国建国とともに直ち
に置いて，労働者階級が領導する国家としての立ち位置を明らかにした。

　したがって，建国間もない時期における労働者は，一方で国家の主人公とし
て位置付けられつつも，他方で雇用される労働者であり，労働力価格としての
賃金支払いが行われるという二面性を有していたといえる[8]。

3　「労資関係に関する暫定処理弁法」（1949年）と賃金

　1949年11月には，総工会において，私営の工商企業を対象にした「労資関係
に関する暫定処理弁法」（以下「労資関係暫定処理弁法」という）[9]が制定された。
「労資関係暫定処理弁法」は，目的条項に，「綱領」にも規定されている「生産
発展，経済繁栄，公私兼顧，労資両利」の経済政策と労働政策の徹底を謳って
おり（1条），賃金，労働時間，休暇，解雇，労働協約等に関する規定を設けて
いることから，「綱領」や「職工運動決議」の内容を具体化するものとして位置
付けることができる。「労資関係暫定処理弁法」における賃金に関する規定は，
次のとおりである。

　新しく解放された年において，使用者側は従業員の解放前3か月の実質平均

8　庄啓東・袁倫渠・李建立『新中国工資史稿』中国財政経済出版社，1986年，4頁参照。

賃金の水準を確保し，引き下げてはならず，目下，生産または営業が不振であって利潤が少ない企業は基本的に実質賃金を増加すべきではない。解放前の賃金が低過ぎるまたは高過ぎる場合は，労使双方で労働協約を締結する際に協議して，賃金を増加または減少させることができる。ただし，当該労働協約は当地人民政府労働局の批准を経て有効になると規定され，労働協約の有効性判断に労働行政部門の批准を要件としている点は特徴的である。なお，本弁法にいう実質賃金とは，使用者側が与える食事，補助およびその他の待遇を含めて，現物を用いて計算した従業員の総収入をいう（以上につき同法 15 条，同条付注）。

賃金は月 2 回の支払いが適当である（同法 16 条）。従業員の実質賃金が物価変動の影響を受けないよう保障するため，当地人民政府は物価指数または数種の現物価格によって賃金計算のための基準を統一的に公表しなければならない（同法 17 条）。規定の労働時間以外の割増賃金は通常の 1 時間当たりの賃金額より高くしなければならない（同法 18 条）。男女の従業員が同等の技術を有し，同等の仕事をし，効率が同じ場合には，同等の報酬を得なければならない（同法 19 条）。各企業が従前より従業員に食事，宿舎および賞与や贈物その他の奨励等を与える習慣を有している場合，全て旧例を維持できるが，もし不合理なものがある場合には，労使双方の協議によって労働協約を改正し改める（同法 20 条）。

このように，悪性インフレが続く中での労働者の実質賃金の引き下げを禁止し，残業に対する割増賃金の支払いを求めるとともに，労働協約による労使交

9　中華全国総工会「関於労資関係暫行処理弁法」（1949 年）。弁法とは，日本でいう行政組織が制定する省令に相当する。この点，なぜ労働組合の定めた規則が法源性を有するのかが問題になるが，まず，組織の観点からみれば，中華全国総工会は，党の下部組織であり，党の指導下にある（2014 年 8 月現在の全国総工会主席は党の中央政治局委員が兼任）。また，法令上も，工会は，人民政府の政策を推進し，設備や福利厚生の面で同級政府と同等の待遇が与えられる旨規定され（1950 年「工会法」9 条，10 条），1992 年「工会法」も，引き続き工会の基本任務として各種の形式や経路を通じて国家事務の管理，経済事務の管理，社会事務の管理に参与すると定めている（5 条）。こうした組織上および法令上の位置付けをみると，工会は，労働者階級が領導する国家を実現するための党の下部組織として枢要な位置を占めるとともに，政府の政策推進機関として，国家管理的機能を担う行政機関としての役割が要請されている。この特殊性から，必要な範囲で全国総工会が労働関係に関する通知等を発出するほか，労働行政部門と同列で通知等の発出主体として名を連ねるといった行為が正当化されているといえる。
　また，王全興（『労働法（第 4 版）』法律出版社，2017 年，11 頁）も，中華人民共和国建国時の労働立法として，総工会の労資関係の処理に関する規範性文書に言及し，法源性を認めている。

渉を通じた賃金決定も認める[10]など，労働者階級が領導する国家として，私営経済における労働者保護を強化する方針を具体化しながらも，旧来の慣習も維持しつつ漸進的に生産性の向上と賃金の安定を図ろうと考えていたことがわかる。

　以上のとおり，「職工運動決議」および「綱領」を通じて，社会主義国家建設の端緒についた中国の賃金決定法政策の基本的方向性が規定され，特に私営企業については「労資関係暫定処理弁法」を通じて実態への適用が一歩ずつ始まっていくこととなった。

　そして，1950 年からは，社会主義計画経済体制への本格的移行を進める第一段階として，国家による賃金制度の整備統一が，政府にとっての喫緊の課題となっていたことを踏まえ，第一次賃金改革が実施されることとなった。

4　第一次賃金改革の実施

　1950 年 8 から 9 月にかけて，賃金改革に関する政策を検討するため，労働部と総工会は共同して全国賃金準備会議を開催し，「賃金条例草案」[11]や「賃金条例説明書」等を制定した。会議においては，以下の方針が示された[12]。

①「工資分」を全国統一の計算単位とする。「工資分」は一単位ごとに食糧，綿布，油，塩，石炭の 5 種類の一定量を含み，これは全国一致の基準とする。

②会議は，草案にある賃金基準の産業の順序，各産業の賃金基準の分類および具体的基準に基本的に同意する。

③労働者には 8 級賃金制を実施し，職員には職務等級制を実施する。

④技術者には技術手当を別に支給する。これは本人の賃金の 30％の額を上限とする。

10　このほか，総工会「私営工商企業の労資による労働協約締結暫定弁法」（中華全国総工会「関於私営工商企業労資双方訂立集体合同的暫行弁法」）（1949 年）にも，全 9 条からなる，賃金を含めた労働協約の締結手続きに関する規定が整備されている。また，1950 年の「工会法」5 条および 6 条においても，国営企業や私営企業において工会が労働者代表として使用者との労働協約締結権を有する旨の規定がある。

11　工資条例草案。

12　李思慎・劉之昆「第 1 章　在従業員工資問題上的初探索」『李立三之謎』人民出版社，2005 年（http://read.jd.com/9683/468075.html〔2014 年 7 月 26 日最終アクセス〕）。

⑤国家は特に発展が必要な辺境地区に対し，実情を踏まえ，10〜30％の地域手当を支給する。

あわせて，会議の司会者であった李立三[13]は会議の締めくくり報告の際に，賃金政策の3原則を示した[14]。

①可能な範囲で，相当程度合理的な調整が可能な，全国統一の合理的な賃金制度の基礎をつくる。
②現実を踏まえ，できるだけ大多数の労働者・職員が支持するものとする。
③国家の財政経済力を踏まえ，国家負担を過大にしてはならない。

そして，本会議の後，1952年11月に党中央は「全国の賃金問題の統一的な調整に関するいくつかの原則に関する指示」[15]を発した。本指示では，各地域各企業各単位（所属部門）の賃金は一律ではなく，その多くに不公平不合理な状況が生じているため，生産や団結に大きな影響を与えており，早急に調整する必要があることや，賃金調整の目的は現在の賃金を公平かつ合理的にし，生産の向上や団結を強めることにあることが示され，賃金調整の手法は，高い賃金はそれ以上に高くせず，低い賃金は高い賃金に少しずつ揃えていくべきであって，折中的な基準に合わせる（高い賃金と低い賃金の中間に揃える）ことではないとされた[16]。生産性向上による賃金上昇を党の政策文書の発出によって後押しするとともに，労働者間，労働者と農民間の公平性に配慮する意図がうかがえる。

さらに，第一次賃金改革では，出来高払い賃金制および奨励制度の改革を実施した。具体的には，集団的な出来高払い賃金制の下で大多数の企業が平均配分法を採用していたが，これを廃止し，賃金基準と労働ノルマに基づく出来高払いの単価設定を普及推進することとし，奨励制度については，対象労働者の範囲拡大や勤務評定一時金の廃止等の改革を行うとともに，1952年には「奨励賃金制における若干の問題に関する指示（草案）」[17]を出し，奨励目的，条件，支

13　当時，全国総工会第一副主席兼賃金部部長，中央人民政府労働部部長兼賃金司司長。
14　李・劉前掲注(12)第十章。
15　中国共産党中央委員会「関於統一調整全国工資問題的几個原則的指示」（1952年）。
16　李・劉前掲注(12)第十章参照。

給率等に規定を置き，生産超過額一時金，安全無事故一時金，質一時金，節約一時金等の社会主義的観点に基づく新たな一時金を設定した[18]。

5 「中華人民共和国憲法」（1954年）の制定と賃金

建国以来「綱領」が臨時憲法として位置付けられてきたが，1954年に「中華人民共和国憲法」（以下「54年憲法」という）[19]が制定された。「54年憲法」では，まず前文において，現在の中国が社会主義社会建設の過渡期にあり，計画的な経済建設によって，社会主義社会への必要条件の準備を進める必要があることや，過渡期においては，社会主義工業化を実現し，農業，手工業や資本主義工商業の社会主義改造を漸進的に完成することが国家の任務であるという現状認識と今後の方向性が示されている。

「54年憲法」前文にある社会主義工業化や社会主義改造といった点を，賃金決定法政策との関係で捉えるならば，2年後の第二次賃金改革における賃金等級制度の徹底や，賃金上昇の上限数値の設定等による国家の統一的な計画管理の強化として表出することになったと解してよいだろう。

また，中華人民共和国は労働者階級が領導し，労農連盟を基礎とする人民民主国家であり（54年憲法1条），国家機関と社会の力による社会主義工業化と社会主義改造を通じて搾取制度を消滅させ，社会主義社会を建設することを明記した（同法4条）。

そして，「労働」の概念についても，「労働とは，中華人民共和国の労働能力を有する全ての公民にとって光栄なことである。国家は，公民の労働の中の積極性と創造性を促す」という一条を置いた（同法16条）。いうまでもなく，社会主義国家では労働者が国家の主人公である。使用者からの搾取が排除された社会では，労働者が積極的な意思をもって労働に参加し，生産量の増加と生産性の向上に励むことが求められる。そこに，市場経済における使用者と労働者の従属関係は存在しないため，労働者の保護という観点から賃金や労働時間といった労働条件規制を行うという考え方は通用しない。

17　全国人民代表大会財政経済委員会「関於奨励工資制中若干問題的指示（草案）」（1952年）。
18　庄・袁・李・前掲注（8）54-55頁，79頁参照。
19　「中華人民共和国憲法」（1954年9月20日　第　届全国人民代表大会第一次会議通過）。

すなわち，労働条件の管理の必要性は，共産主義における「必要に応じた分配（原語：按需分配）」の実現や，社会主義における「労働に応じた分配」の実現に向けた生産性向上を目的として，労働者の労働意欲の刺激や再生産のために労働力を回復させるとの観点から導かれる。この考え方は，例えば，「54年憲法」91条で「中華人民共和国公民は労働の権利を有」し，「国家は国民経済の計画的な発展を通じ，徐々に労働就業を拡大し，労働条件と賃金待遇を改善し，もって公民にこの種の権利を保障する」と規定し，経済発展の結果として附随的に保障される権利として労働条件と賃金待遇の改善を位置付けていることからもうかがえる[20]。

6　小括

中華人民共和国建国初期の段階の賃金については，差しあたって，悪性のインフレ等の建国初期の混乱を収束させるため，現物支給や現物を賃金計算の基礎とすることを奨励する等の賃金政策を重視していたことがわかる。また，私営経済も広く存在している現状を認め，最低賃金や労使交渉を通じた労働協約の締結による賃金決定等の規定を置いていることからも，理念よりも現実に生じている問題への対応を重視した上で，どのようにすれば労働者の生計を確保でき得るかという観点から政策を考えていたことがうかがえる。

他方で，ソ連に学んだ賃金等級制度に始まる統一的な社会主義賃金制度を打ち立てるという，社会主義国の到達点としての理念は掲げられたが[21]，1956年以前は基本方針・理念として芽出しされるにとどまり，全国的な実施は56年の第二次賃金改革に先送りされた。

20　このほか，ソ連法との関係性については，向山寛夫（『中国労働法の研究』中央経済研究所，1968年，436頁）は，1954年憲法について，「新民主主義労働法の社会主義労働法化，それもソ連労働法への傾斜を基本的特徴としている。ソ連労働法への傾斜は，例えば中華人民共和国憲法の労働条項が何れも一九三六年一二月五日制定のソ連憲法の労働条項」の「模倣である」と評している。

21　宮下（前掲注（5）73-74頁）では，ソ連から学んだ賃金制度の特徴として，「①悪性インフレに対処するために実物賃金計算単位を採用したこと。②労働に応じる分配の原則の実現に努力したこと。このことに関連して，（1）賃金における均等主義より等級賃金制へ，多等級賃金制より8級賃金制（ないし7級賃金制）へと移行したこと，（2）出来高払賃金制の積極的普及をはかるとともに物質的奨励を重視し，各種の物質的奨励制を採用したことを指摘する。③生産新記録創造運動を通じて，旧社会における生産ノルマよりの脱出をはかったこと。④労働生産率の上昇にしたがって賃金を引き上げる方針を採用したこと」の4点を指摘している。

このように，建国初期は，足下に存在している市場経済に対応するための労働者保護と，社会主義国家として今後目指すべき賃金制度に漸進的に移行していく作業とが混在していた状態だったといえる。すなわち，労働者の法的性質も，社会主義的理念を受けた国家や企業の主人公の側面と，資本主義的な実態を反映した使用者に雇用される労働者の側面とが混在していた。このような法的な意味での労働者像の二面性は，逆に計画経済から市場化への移行という改革開放後における労働者像と同様の状態として捉えることが可能であるように考えられる。

そして，臨時憲法である「綱領」26条にあるように，「生産発展と経済繁栄」が経済政策の目標とされたため，従業員の生産性向上と労働意欲を引き出すべく，賃金決定における平均主義は否定され，物質的な利益により労働や技術向上へのインセンティブを与える手法が採用された（ただし，労働者間で10倍，20倍の大きな賃金差が付くことは想定されていない）[22]。これはマルクス主義によれば，需要ではなく生産が分配を決定するとされたため，社会主義公有制経済の下，「必要に応じた分配」を国全体に行き渡らせるためには，それに応じた生産力が必要とされるということから導かれるものである。このため，生産性の向上は最重要課題であり，多く労働した者が多く報酬を得て，労働量が少ない者は少ない報酬しか得られないという「多労多得，少労少得」という「労働に応じた分配」に基づいた賃金制度の構築が目指されたのである[23]。

このため，一刻も早い生産性の向上が待たれたことから，出来高払い制や加給や一時金の支給，表彰の奨励が行われたといえる。

22　なお，後の歴史にあるような政治的態度の如何については，賃金評定の項目には入っておらず，提供した労働量や技術に応じた評価が行われていた。

23　李立三は，1948年7月10日の東北局「接収した敵偽および蒋占領下の企業の改造管理および工会工作方針に関する決議」において，「新賃金制度は労働に応じた報酬原則すなわち，個人の労働の社会への貢献が大きいほど得られる報酬が多くなるようなものでなければならない」，「平均主義的な賃金制度は必然的に労働者の労働を阻害する」とし，各企業は出来高払い賃金制や超額奨励制等により労働者の労働意欲を高めなければならないとした（李・劉・前掲注(12)第十章参照）。

第2節　第二次賃金改革（1956年）

1　第二次賃金改革の実施に至る経緯

　第一次賃金改革は主に華北，西北，東北といった大行政区[24]で実施された。しかし，賃金改革は各地区が各地域の状況に応じて実施したため，一部の賃金基準は地区間で一致しないという事態が生じるとともに，国民経済の全面的な回復に伴い，生産性の急速な向上がみられたものの，企業の賃金水準の伸びは遅れていた[25,26]。このため，従業員の業務に関する技術水準の向上を促し，労働に対する情熱を確かなものかつ一層強化し，労働生産性を高めることにより，「第一次5か年計画」（以下「第一次計画」という）の目標の前倒し達成・超過達成を実現すべく，適切な分だけ賃金水準を引き上げることが必要とされていた[27]。

　また，1953〜57年を対象期間とする第一次計画は，本格的な社会主義化に向けた過渡期における計画として，「ソ連の援助を受けて156の建設プロジェクトを設計し，694の大中規模の建設プロジェクトからなる工業建設を進めることにより，社会主義工業化の初歩的基礎を固め，一部の集団所有制の農業生産合作社を発展させて農業と手工業の社会主義改造の基礎を打ち立てるとともに，基本的に資本主義商工業を各種形式の国家資本主義の軌道にのせて私営商工業に対する社会主義改造の基礎を打ち立てることを基本任務とし」[28]，工業化を急務と位置付け，計画に基づく建設，工業生産等の各分野の数値目標を前倒し，超過達成することを求めていた。

24　大行政区とは，1949〜1954年までの間に設置された省よりも大きな行政区域であり，華北，西北，東北，華東，中南，西南の六大行政区があった。
25　王学力主編『工資与工資争議処理実務』人民法院出版社，1997年，8頁。
26　例えば，1955年は1954年比べて，工業部門（私営工業は除く）の労働生産性は約10％上昇したが，従業員の平均賃金は0.6％しか上昇せず，他の部門においても類似の状況がみられた（中国共産党新聞網「周恩来『関於発展国民経済的第二個五年計劃的建議的報告』一　第一個五年計劃執行的状況」〔1956年9月16日　中国共産党第8回全国代表大会：http://cpc.people.com.cn/GB/64184/64186/66663/4493134.html（2014年12月15日最終アクセス）〕）。
27　国務院「関於賃金改革的決定」（1956年）第一章。
28　中国共産党新聞網「李富春『関於発展国民経済的第一個五年計劃的報告（節録）』（1955年7月5日，6日，第一回全国人民代表大会第二次会議）」（http://dangshi.people.com.cn/GB/151935/204121/204122/12924897.html〔2014年12月15日最終アクセス〕）。

こうした諸課題に対応するため，1956年6月の国務院の「賃金改革に関する決定」（以下「賃金改革決定」という）[29]により正式に改革が実行に移されていくこととなった。なお，1956年6月末時点では，資本主義工業について，総生産のうち99%，従業員のうち98%の企業で公私合営が実現し，私営の商業や飲食業のうち，公私合営商店，合作商店，合作グループは既に全戸数の68%，従業員総数の74%を占めており，国有化の条件が着実に整備されつつあったことも[30]，改革をこのタイミングで実行に移した背景にあったといえるだろう。

2 「賃金改革に関する決定」による改革の基本方針の決定

「賃金改革決定」では，まず，賃金改革の必要性について述べた上で，賃金上昇にあたっての基本方針として，従業員賃金の上昇を労働生産性の伸びと対応させ，労働生産性の上昇速度は賃金上昇を上回らなければならないことを定めた。そして，「労働に応じた分配」と国家工業化政策および現在の賃金状況に基づき，今次の賃金改革においては，重工業部門，重点建設地区，高度技術労働者および高度科学者，技術者の賃金を比較的大きく上昇させるとともに，現行の賃金待遇が比較的低い小学校教職員や生産・供給・販売合作社の従業員および地方幹部の賃金も，比較的大きく上昇させることとされた。同時に，現行の賃金水準がかなり高い沿海部の都市やその他地区の若干の「単位」の賃金も，一般的に多少上昇させなければならないこととした。

このように，労働生産性の伸びに合わせた賃金上昇の実現を求めるとともに，「第一次計画」に基づく工業化重視策を意識したものとなっている。そして，この方針を実現するために実行されるべき具体的措置が「賃金改革決定」3章1項から6項に列挙されている。そのポイントをまとめると，以下のとおりである。

①「工資分」制度と物価手当制度のもたらす不合理な現象を取り除き，賃金計算手続きを簡素化するため，直接貨幣を用いて賃金基準を規定する制度を実施する（「工資分」制度と物価手当制度の廃止）。各地区は生産発

29　国務院「関於賃金改革的決定」（1956年）。
30　周・前掲注(26)。

展の必要，物価生活水準と現実の賃金の状況に応じて，異なる貨幣賃金
基準を規定する。物価が高い地区では，賃金基準とは別に物価の調整に
応じて額を調整する生活費手当を支給するための方法を採用できる。

②労働者の賃金等級制度を改善し，賃金基準において，熟練労働と不熟練
労働，複雑労働と軽易労働を比較的明確に区別する。高い等級の労働者
と低い等級の労働者の間の賃金基準の差額を適当に拡大するとともに，
賃金待遇における平均主義を克服すべく，出来高払い制の賃金基準を時
間給の賃金基準よりも高くする。

③企業職員および技術者の賃金制度を改善する。企業職員および技術者の
賃金基準は，担当する職務に基づき統一的に規定しなければならない。
担当する職務に応じた賃金評定以外にも，技術水準が比較的高い者や企
業に重要な貢献がある高度技術者に対しては，技術手当や特定の手当を
追加支給しなければならない。なお，職務に応じた統一的な賃金基準を
規定することが困難な場合には，技術者の賃金基準を単独で規定するこ
とができる。ただし，職務賃金を実施する同類の技術者との間の賃金水
準が適当に均衡し，差が過大でないように注意しなければならない。

④出来高払い賃金制を普及し，改善する。およそ出来高払いを行い得る作
業は，1957年に全部または大部分の産業で出来高払い賃金制を実施しな
ければならない。その際には，定期的に（一般的には1年）ノルマの審査，
改定制度を制定し健全なものとし，ノルマが技術的根拠と比較的先進的
なレベルを有することを保証しなければならない。出来高払い賃金を実
施する場合，低いところから高いところへと漸次増加させ，併せて，時
代遅れになったノルマを改定しなければならない。

⑤企業奨励賃金制度を改善する。各主管部門は生産の必要に応じて奨励弁
法を制定し，新製品の試作，原材料や燃料あるいは電力の節約，製品の
質の向上，任務の超過達成などの奨励制度を積極的に定め，改善しなけ
ればならない。

⑥手当制度を改善する。現行の各種手当制度を審査し，混乱を克服し，生
産上必須の手当制度を定め，健全化する。各部門，各地区は主管の業務
範囲に照らして，1956年内に手当制度の改善策を国務院に報告し許可を

得て実施する。

　併せて，「賃金改革決定」4章では，今次の改革による賃金上昇後も実質収入が増加するよう，企業奨励基金，医薬費，従業員の福利厚生費，労働保険基金の合理的な使用に言及するとともに，各産業，各地区は労働生産性向上計画を達成または超過達成し，コスト削減計画や利潤上納計画を達成するよう努力し，もって国家の蓄積の不断の増加を保証し，再生産の拡大，国家の経済力の強化と従業員の生活のさらなる改善に向けて，確実な物質的な基礎を創造しなければならないと規定し，生産設備などの物的資本および労働者の生産性向上を通じた人的資本の蓄積が重要であることを示した。

　最後に「賃金改革決定」6章では，賃金問題は国民経済の発展および労働者・職員の物質福利の拡大にとって関連性のある重大な問題であると位置付けた上で，国務院の各部門，各級人民委員会は，特に重視して，賃金関係業務への日常的な領導を強化し，賃金工作機関を健全化しなければならないと定めた。また，当面の最重要任務は，今次の賃金改革を通じて，賃金の物質的な奨励機能をさらに発揮させ，国民経済の不断の向上および従業員の生活の漸進的な改善を促進することとした。

3　第二次賃金改革の具体化

　第二次賃金改革では，「賃金改革決定」とともに，「賃金改革における若干の具体的問題に関する規定」（以下「賃金改革若干問題規定」という）[31]および「賃金改革の方策の実施手順に関する通知」（以下「賃金改革実施手順通知」という）[32]も出され，賃金改革の推進を後押しした[33]。

　まず，「賃金改革若干問題規定」は，新賃金基準との差額の支払い時期や昇級時期など手続き的規定を中心的な内容としている。具体的には，新しい賃金基準に基づく賃金の追給問題として，例えば，新基準と旧基準の差額の支払い開

31　国務院「関於工資改革中若干具体問題的規定」（1956年）。
32　国務院「関於工資改革方案実施程序的通知」（1956年）。
33　「賃金改革若干問題規定」12条では，「企業，事業，国家機関が以前有する賃金関連規定で「国務院の賃金改革に関する決定」や本規定に抵触するものは一律無効である」と規定されており，これらの規定が第二次賃金改革における中核的規定として位置付けられていることがわかる。

始日を一律4月1日にすること等を定めている（賃金改革若干問題規定1条2項）。

　また，賃金改革において，新しい賃金基準が現行の賃金よりも低くなってしまう少数の従業員は，引き続き当該部分の支給を受けることができる旨（原語：保留工資）等が規定され，現給保障による賃下げにつながらないような配慮がみられる（同規定3条1項）。さらに，企業労働者の賃金等級の昇級にあたっては，技術基準に基づき厳格に評定しなければならないとし，政治思想面での貢献は引き続き考慮の対象とはなっていない（同規定4条1項）。

　「賃金改革若干問題規定」8条では，現行賃金基準が正規労働者・職員よりも低い臨時工や職員について，同一労働同一報酬原則（原語：同工同酬）に基づき調整しなければならないとしている。このことを素直に捉えれば，中国は労働者階級が領導する国家であることを理念としている以上，同じ労働を提供した者が同じ額の報酬を得られない状況は，労働者間の不満を惹起するとともに，生産性向上を阻害することにもつながることから，本原則の徹底が規定されたものと解すべきであろう。

　そして，国務院各部門，各省，自治区および直轄市人民委員会に対し，既に確定した賃金基準および賃金総額の上昇制御数値に基づいて今次の改革を行うことを求めた（同規定10条1項）。当該賃金上昇のコントロールにあたっては，生産計画や利潤上納計画を超過達成するとともに，当地の物価変動が発生しないことを必要条件とした上で，賃金上昇制御数値（原語：工資増長控制数字）を相応に増加させてよいが，他方で，生産計画や利潤上納計画を達成できない場合には，賃金上昇の速度を適当に低下しなければならないこととされた（同条同項）。その上で，賃金上昇指標について，賃金上昇制御数値を超えない範囲内で，省，自治区および直轄市人民委員会は必要なバランスを取り，調整を行うことができるとされた（同条2項）。このように，賃金上昇にあたっては，計画達成と物価安定を前提とした賃金上昇の上限値を設け，中央政府が統一的な方針を設定し，厳しく管理していくこととした。

　次に，「賃金改革実施手順通知」では，中央各部門，各省，自治区および直轄市における賃金改革方策の具体的実施計画等の国務院への期日までの報告義務，賃金改革を推進する組織体制や地方政府等の責務に係る規定が置かれ，中

央政府のコントロールの下での実施体制が敷かれるとともに，中央各部門および各地区に対し，1956 年 7 月 10 日以前における賃金改革方策の下達と国務院への提出，そして 9 月末までの約 2 か月間という短期間の中で，所属企業や国家機関の賃金改革に係る作業結果を国務院に報告するよう求めており，本改革が上から下へと急進的に進められたことがわかる[34]。トップダウンでかつ国務院の通知という法令によらない形でスピード感をもって方針を決定推進する手法は，中国の政策実施手段全般における特色といえよう。

　このほか，1956 年 10 月には，国務院より「新公私合営企業の賃金改革の若干の問題に関する規定」(以下「公私合営若干問題規定」という)[35]が施行された。これにより，新公私合営企業は，同じ地区の性質を同じくする規模の近い国営企業に漸進的に賃金基準と賃金制度を合わせることとされ (公私合営若干問題規定 1 条)，生産性のさらなる向上と社会主義経営管理の徹底に向けて，社会主義的な統一的な賃金制度への移行が進められることとなった。これらの一連の賃金改革は 1956 年末までの 2 か月間で達成することとされた (同規定 8 条)。

4　小括

　第二次賃金改革は，改革開放までの約 30 年間の賃金制度の基礎を築き，全国規模で行われた初の改革として位置付けることができる[36]。第二次賃金改革では，第一次賃金改革で示した社会主義賃金制度の方向性を具体化すべく，賃金等級制度の実施と出来高払い賃金制の奨励だけでなく，賃金基準に基づき支給する賃金以外の付加的賃金の支給も奨励するなど，平均主義を否定して，労働者への物質的奨励に重点を置き，生産性向上と労働投入量の増大を目指した。すなわち，この時期に「労働に応じた分配」原則および全国統一の賃金制度が初歩的に確立されたものと評価することができる[37]。

34　通知に規定されている改革の工程表は次のとおり：①7 月 10 日以前に賃金改革の方策の下達と国務院への提出→②7 月 20 日以前に賃金改革方策の具体的計画の国務院への報告→③8 月末以前に基層単位への伝達，新賃金基準による賃金の補足支給等の作業の完成→④9 月末以前に所属企業や国家機関の賃金改革に係る作業結果を国務院に報告。

35　国務院「関於新公私合営企業工資改革中若干問題的規定」(1956 年)。

36　袁倫渠「労働工作基本知識介紹 (十五) 第十二講　従業員的賃金等級制度」労働工作 1981 年 5 期 (1981 年)，29 頁および陳煜「中国第一次全国性的工資改革」現代審計与経済 2010 第 1 期 (2010 年)，43 頁参照。

37　庄・袁・李 (前掲注(8)) 2 頁参照。

他方で，党および政府は，賃金が大きく上昇することに対し警戒感をもっていたことがうかがえる。すなわち，第一次賃金改革後，労働生産性の伸びを賃金の上昇が大幅に下回る状況が生じたため，政府は賃金の引き上げを図ったものの[38]，「賃金改革決定」が発表された翌々日の人民日報の社論では，「賃金上昇の速度を労働生産性の伸びより低く抑えなければならないのは，社会主義建設には一定の蓄積が必要であり，再生産の拡大を保証し，国家の予備能力の増加を保証するためである」とし，「このようにしなければ，『坐して食らえば山も空し（原語：坐吃山空）』に陥ってしまい，社会主義の建設は達成することができない」と評価している[39]。実際，前述のように，国務院は賃金上昇制御数値を設定することで，中央政府が統一的に監督管理を行っていくことを明確化し，労使間交渉や決定によらない社会主義国家としての賃金決定システムの確立を指向した。

このようにみてくると，計画経済期の中国は，労働者が生産した分を人民に分配するという社会主義社会であり，最終的には，「必要に応じた分配」の達成，必要な分を生み出せる生産力の達成が目標とされ，この前提として計画的な生産力の拡大・向上が要請されていたことがわかる。

このほか，社会主義的な賃金の考え方が表出しているものとして，賃金の支払い方法がある。この点，第二次賃金改革において，「工資分」から貨幣による支払いを採用した。ただし，労働市場での評価で金額が決まる労働の対価としての報酬ではなく，政府が設定した賃金等級基準に基づき，提供した労働の質・量を評定して賃金を支払うという，市場を介さない評価を行うこととしている。なお，賃金評定の際の考慮要素については，第一次および第二次改革を通じて，労働者は技術や作業量により評価されることになっており，政治思想面の態度は考慮対象とされていない。

---

38 1956年の従業員の平均賃金は1952年と比べて33.5%の上昇となり，計画4年目にして第一次5か年計画に掲げられていた5年以内の33%の賃金上昇率目標を上回った。労働生産性についても，例えば，国営工業部門では，1956年は1952年と比較して70.4%の上昇となり，5か年計画の64%目標値を上回った。ただし，いずれも，計画実行期の初期段階では各数値に伸び悩みがみられたため，計画終了2年前の1955年頃から一気に取り組みを加速させ，目標達成にこぎつけている。

39 「進行工資改革」『人民日報』（1956年7月6日第1版）。

第3節 大躍進政策期（1958〜1960年）と調整期（1961〜1965年）

1 第二次5か年計画の修正と人民公社化運動の始まり

1957年までを期間とする第一次計画は，目標を超過達成して終了し，翌58年からは「第二次5か年計画」（以下「第二次計画」という）の実行期間に入った。第二次計画は，引き続き重工業の建設を中心として，国民経済の技術改造を推進し，社会主義工業化の基礎を固めることや，社会主義改造の完成を継続し，集団所有制および全民所有制を拡大し強固なものにすること，工・農業生産の発展の基礎の上に，国防力を増強し，人民の物質的な生活と文化的な生活の水準を引き上げること等5項目を基本的任務として掲げた[40]。このように当初の計画の任務は，「第一次計画」と同様，過渡期の経済建設路線を継続するものであった。

しかし，1958年1月1日に，人民日報が，漸進的に社会主義社会から共産主義社会に移行するため，15年程度以内に鉄鋼およびその他主要工業製品の生産量についてイギリスと肩を並べて追い越し，さらに20〜30年かけてアメリカに追いつき，追い越す旨の記事を掲載するなど[41]世論の喚起が行われるとともに，同年夏季の農作物が豊作となったことで，指導層に経済に対する楽観的な姿勢，農業発展に関する過信が醸成されたこと等により，大躍進政策を推進する流れが形成された。

その後，1958年5月5日から開催された，中国共産党第8回党大会第二次会議（八大二次会議）では，「大いに意気込み，高い目標を目指し，より早く立派に無駄なく社会主義総路線の建設する（原語：鼓足干勁，力争上遊，多快好省地建設社会主義）」ことがスローガンとされるに至った。そして，同年8月28日，党中央政治局[42]拡大会議において，国家計画委員会および国家経済委員会の「党グループ（原語：党組）」が「1959年計画および第二次5か年計画問題に関する決定」[43]を提出し，方針転換を打ち出した。本決定における第二次計画の基本目標

---

40 周・前掲注(26)二 第二個五年計劃的基本任務。
41 「乗凤破浪」『人民日報』（1958年1月1日第1版）。

には，「我が国の社会主義建設を完成し，現代工業，現代農業，現代科学文化を有する社会主義国家の建設を前倒しで行い，第三次5か年計画期間の経済，技術，文化を高度に発展させるために，共産主義の実現に向けた過渡的な動きを開始し，条件を創造する」ことが掲げられ，従前の「第二次計画」で目指されていた社会主義化の推進よりもさらに一歩進んで，共産主義への移行を目指すための環境整備が推進されることとなった。

　併せて，第二次計画の具体的な数値目標も修正された。例えば，鉄鋼やその他重要工業製品の生産量はアメリカと比べても遜色ないレベルを目標とすることとされ，この場合，1962年の鉄鋼の生産量は8,000万トンになるとして，従前の1,050万トンから1,200万トンの数値目標を大幅に上回る設定を行った。

　そして，これらの目標を達成するための大躍進政策の推進組織としての人民公社化運動は1958年夏にまず農村部から開始された。都市部では，1960年3月以降，党の「都市人民公社問題に関する指示」[44]を踏まえ，国営の鉱業関係の工場，機関，学校を中心に，街道住民または都市部地区に農村を加えた形を主体組織とする人民公社の試験実施が進められた。人民公社の設立は，急進的な共産主義思想の後押しを受けて，農村を中心に食事等の提供など供給制を実行に移す役割を担い，労働者の生活に大きな影響を与えることとなった。

　そこで，続いて，党から発表された1958年8月の「農村における人民公社の設立問題に関する決議」（以下「農村の人民公社設立問題決議」という）[45]および同年12月の「人民公社の若干の問題に関する決議」（以下「人民公社問題決議」という）[46]を中心に，大躍進政策期における賃金制度への供給制要素導入の試みをみていく。

42　党の最高指導組織とされる全国代表大会が閉会期間中の最高指導機関が中央委員会であり，中央政治局は中央委員会全体会議の閉会期間中，中央委員会の職権を行使する。中央委員会全体会議は年に1回，数日程度しか開催されないため，中央委員会の実態は中央政治局にあるとされる。（小口彦太・田中信行『現代中国法（第2版）』成文堂，2012年，49頁参照）。

43　中国共産党中央委員会「一九五九年計劃和第二個五年計劃問題的決定」（1958年8月28日中共中央政治局北戴河拡大会議批准）。

44　中国共産党中央委員会「城市人民公社問題的批示」（1960年）。

45　中国共産党中央委員会「関於在農村建立人民公社問題的決議」（1958年）。

46　中国共産党中央委員会「関於人民公社若干問題的決議」（1958年）。

2 人民公社と賃金（供給制要素の導入）

　人民公社は，「工農商学兵[47]が相互に結合した，政社合一の」新しい社会組織であり，「党の社会主義整風運動，社会主義建設総路線および1958年の社会主義建設大躍進の産物」とされている（人民公社問題決議1章）。また，思想的な観点からみれば，人民公社は「社会主義を建設・完成させ，逐次共産主義に移行するための最良の組織形態であり，未来の共産主義の基層単位に発展していく」ものとして位置付けられた（農村の人民公社設立問題決議5章）。

　そして，人民公社に属する社員の観点からは，人民公社とは，「人民の生産と生活の組織者であり，生産発展の根本的な目的は，恒常的に伸長する，社会成員全体の物質的および文化生活の需要[48]を最大限満足させること」と定義されている（人民公社問題決議5章）。

　こうした観点を総合すると，人民公社は，共産主義社会への移行を見据えた組織として，まず社会主義化を完成させた上で，次いで，社員の「必要に応じた分配」を満たすだけの生産の質・量の向上の実現を目指した組織だったといえよう。

　この目的を達成するための賃金制度として，公共食堂，託児所，幼稚園，敬老院などの集団福利事業の実施や，農村を中心に人民公社による「賃金制と供給制を相互結合した分配制度（原語：半供給半工資制）」（以下「半供給半賃金制」という）が採用された[49]。すなわち，「食事にお金がかからない（原語：吃飯不要銭）」状況が生まれ，これは「最重要かつ最も信頼のある社会保険」と位置付けられた（同決議1章）。そして，「社会主義社会と共産主義社会は経済上の発展程度が異なる二つの段階」であり，「社会主義の原則は『各人が能力に応じて働き，労働に応じて分配すること』であり，共産主義の原則は『各人が能力に応

47　1958年7月1日，陳伯達は，北京大学の中共建党37周年記念大会の講話の中で，「毛沢東同志は，我々の方向は，工（工業），農（農業），商（交換），学（文化教育），兵（民兵，すなわち全民武装）を漸進的に秩序ある形で大公社を組織し，我が国社会の基本単位として構成しなければならない」と発言している（鄧智旺「人民公社早期分配制度的前因後果」湖南農業大学学報（社会科学版）11巻2期〔2010年〕，97-98頁）。

48　具体的には，公共食堂，託児所・幼稚園，敬老院，小学校・中学校・成人教育，住宅といった福利厚生全般の整備のほか，作業員の思想政治工作強化も担う。

49　賃金制と供給制度を相互に結合した分配制度は共産主義の萌芽であるとしている（人民公社問題決議4章）。

じて働き，必要に応じて分配すること』である」と謳っている（同決議 2 章）。すなわち，共産主義的な「必要に応じた分配」原則が「労働に応じた分配」に，出来高払い賃金や一時金制度が供給制に取って代わることとなった[50]。

ただし，社会に十分な製品を生産・供給できていない現状で「労働に応じた分配」を否定すれば労働の積極性を妨害し，生産発展や製品の増加に悪影響を与えることは認識されており，条件が整わないまま，人民公社が早々に「必要に応じた分配」原則と共産主義段階に無理やり移行することは不可能な空想であると注意を促している（同決議 2 章）。また，農業だけでなく，工業を取り込んだ形での人民公社の推進も呼びかけている（同決議 2 章）。

社員への分配のうち，賃金部分と供給部分の比率は，人民公社の生産発展の状況をみて決定されるとしつつ，現段階では，肉体労働に要する労力は大きいものの，構成人数が少ない世帯の収入をできる限り減少させないよう注意するとともに，一般的には 90％以上の社員の収入が前年より増加し，その他の社員も前年より減少しないように注意しなければならないとしている（同決議 4 章）。また，都市と農村の賃金格差については，現在は必要なものだが，将来的には，賃金等級の差別は必須のものでなくなり，漸進的に消失していく傾向が生まれ，共産主義社会に近づいていくと述べている（同決議 4 章）。

なお，党は，人民公社は自給自足の生産に加えて，社員に消費物資を供給し賃金を支払うため，商品性生産を行い，国家や他社，公社間で商品交換を行うことも求めている（同決議 3 章）。

ここで，まず，農業労働者の半供給半賃金制について，具体的な例をみてみると，山東省莒県愛国人民公社における供給制は，食事・子育て・治療・住宅・文化娯楽・教育・結婚・養老・葬祭等を対象とする，いわゆる「九包」[51]が実施され，当該部分は共産主義的性質を有するものと位置付けられ，賃金部分は，基本賃金に奨励賃金を加えた賃金制が採られ，当該部分は「労働に応じた分配」に相当し，社会主義的性質を有するものとされた[52]。

50　庄・袁・李・前掲注（8）5 頁。
51　供給制の範囲により，「七包」，「十包」，「十五包」など地域によって様々な形態が採られた。
52　莒県愛国人民公社の賃金制については，莒県愛国人民公社通訊組，農業局会計輔導組「'九包'加工資奨励——莒県愛国人民公社実行了半供給半工資制」労働 21 期（1958 年），24-25 頁参照。

次に，農業だけでなく工業部門も有する河南省遂平県衛星人民公社は，供給制部分として労働者の家族を含めて糧食証を支給し公共食堂内で無料で食事を提供している（油，塩，副食等は除く）。賃金部分は労働力等級に応じて賃金を決定し，80％を基本賃金，20％を奨励金として毎月支払う[53]。そして，農業に従事する社員が，工場で作業に従事する社員と比べて賃金に過大な差が生じないよう配慮し，公社内で不公平感が生じるのを防いでいる[54]。

さらに，国営企業を含めた都市人民公社の先進例として，ハルビン市香坊人民公社がある。ここでは，住民用の公共食堂のほか，託児所，幼稚園，掃除・洗濯等の家事サービスを行う集団福利・サービス事業を実施し，女性を家事労働から解放して潜在的労働力を活用するとともに，工場間の協力も進み，工・農業生産ともに大躍進の成果を上げていると紹介されている[55]。党は，都市人民公社を1960年前半に全国で試行実施し，同年後半に全国に普及したいとしたが，一方で都市人民公社の実施方法は現段階で統一的に規定できないとし，ハルビン等の先進事例を視察するよう指示した（都市人民公社問題に関する指示回答[56]）。都市人民公社には1960年に都市人口の77％，約5,500万人が参加したとされている[57]。

最後に，賃金決定に関して，これまでの労働量や技術力による評定だけでなく，政治思想についても大衆に評定された上で賃金が決定されることとなった。例えば，前述の河南省遂平県衛星人民公社では，労働力等級は思想覚悟，労働態度，生産技術，労働力の強弱等によって決定されるが，社員で意見を交換しての賃金評定が行われた。事実，30歳前後で身体も強壮で労働等級が6級の労働に従事する能力をもつ飼育員でも，公社内の財物や家畜を大事にせず，出勤時間が遅く退勤時間が早い等の場合に，大衆は彼を3級の評価にしたと紹介されている[58]。

53　趙光「基本工資加奨励──遂平県衛星人民公社的分配制度」労働18期（1958年），7-10頁参照。
54　趙・前掲注(53)7-10頁参照。
55　中華全国総工会党組「哈尓濱市香坊人民公社的発展状況」（1960年2月23日）。
56　中国共産党中央委員会「関於城市人民公社問題的批示」（1960年）。
57　李端祥「対城市人民公社化運動的反思」湘潭大学社会科学学報24巻1期（2000年），94頁参照。
58　趙・前掲注(53)10頁参照。

3　出来高払い賃金制から時間給賃金制への方針転換

　大躍進政策という，いわゆる「共産風」（原語：整風運動）が吹き，共産主義精神の発揚が問われる中で，第二次賃金改革で推進された出来高払い賃金制は，大躍進を阻むものという認識が主流となった。

　例えば，1958年9月には江南造船所が労働者の要請を受けて出来高払い賃金制を廃止し，武漢の工作機械製造工場でも，大衆討論や古参の労働者の意見を聴いた後，同年6月に出来高払い賃金制を廃止するなど各地で同様の動きが拡がっていった[59]。彼らの工場に対する要求行動の動機は，「共産主義のためであって，お金のためではない（原語：為共産主義，不是為銭）」，「生産は倍にしなければならないが，賃金は倍にすることはできない（原語：生産要翻番，工資不能翻番）」，「辛抱強く努力して苦しい戦いを行い，報酬を計算しない（原語：苦鉆苦戦不計報酬）」といった当時の模範的な労働者の言葉に強く表れている[60]。

　併せて，現場レベルの動きを確認すると，国営の建華機械工場，慶華工具工場，華安機械工場の労働者は，報酬を計算しない滅私の労働を行う観点から，割増賃金や奨励金を受け取らなかったという記録があり[61]，まさに社会主義国家，共産主義国家を建設するために働くのだという精神の牽引による生産力の向上に取り組んでいた。

　このような状況の下，1960年3月の李富春[62]が，「1960年国民経済計画草案に関する報告」（以下「60年報告」という）において，「社会主義建設の総路線，大躍進および人民公社を堅持し，反右傾，大いなる意気込みをもって，増産節約を行う大衆運動を展開する」と宣言したことにより，精神的な側面からの労働への積極参加の呼びかけは，国家の継続的な方針として位置付けられること

59　「共産主義的光芒——上海解放日報9月20日社論（摘要）」『人民日報』（1958年9月25日第5版）参照。「我們取消工資了計件工資」『人民日報』（1958年10月18日第2版）参照。

60　「要共産主義，不要計件工資」『人民日報』（1958年10月23日第7版）より抜粋。1958年10月23日に中共天津市委宣伝部と人民日報理論宣伝部が共催して天津市の14名の労働者を集め，資産階級法権思想の打破と共産主義労働態度の樹立問題をテーマに座談会を開催した際の労働者の発言概要。

61　「愛労動不計報酬　重協作宿己為人新人新事多　建華慶華等工廠」『人民日報』（1958年11月21日第2版）。

62　当時，国務院副総理兼国家計画委員会主任。

となった。そして、「60年報告」は賃金について、「政治思想教育と物質的奨励を相互に結合して、政治思想教育を主とする原則を実行し、集団福利の増加と個人収入の増加を相互に結合して、漸進的に集団福利の比率を上昇させるという原則を実行し、時間給賃金制を主とし、出来高払い賃金制と奨励賃金を従とする原則を実行した」[63]とし、出来高払い賃金制からの転換が進められている現状を公に追認した。

　その上で、李富春は「60年報告」の最後を、賃金制度の転換等の取り組みを通じ、労働者が「上も下もなく一枚岩となり、完全平等の兄弟のような関係をつくり、従業員が自らの手で社会主義を建設するという情熱と自覚をさらに刺激した」と結んでいる[64]。

　以上の人民公社化運動に代表される大躍進政策の到達点が、一刻も早い共産主義社会への移行にあることに鑑みると、出来高賃金払い制からの転換の本質的な要因は、労働者の自発的な労働を通じた生産力の向上が在るべき姿とされたことにあると想定できる。すなわち、物質的なインセンティブが相対的に強い出来高払い賃金制による労働意欲の増進ではなく、労働者の思想的な部分から生まれる労働意欲の増進を目指すことが正しいとされた結果、時間給賃金制を主とする方針が選択されたと考えるのが自然な解釈といえよう。

　最後に、当時の出来高払い賃金制に対する批判の理由を整理しておくと、おおよそ以下の3点に集約できる[65]。

①出来高払い賃金は行き過ぎた物質的刺激をもたらし、労働者を選り好みさせ、質を軽視させる。作業ノルマを決める際に、労働者と工場が往々にして対立し、一部の労働者は嘘をついて製品を多く数え、賃金を多く受け取ろうとする。

②新人と古参の労働者との間や、時間給賃金制の労働者との間で矛盾が生

63　中国人大網「李富春『関於 1960 年国民経済計劃草案的報告』(1960 年 3 月 30 日在第二届全国人民代表大会第二次会議)」1 章 (http://www.npc.gov.cn/wxzl/gongbao/2000-12/23/content_5328346.htm〔2015 年 12 月 1 日最終アクセス〕)。

64　李・前掲注(62)1 章。

65　人民日報「我們取消了計件工資」(1958 年 10 月 18 日第 2 版)、「用共産主義精神労動生産北京上海広大従業員自覚自愿抛棄計件工資」(1958 年 10 月 24 日第 3 版) および「計件工資害処多」(1958 年 10 月 24 日第 3 版) 参照。

じる。例えば，熟練工にはより難しく時間もかかる作業が割り当てられるが，新人はそうではなく，結果として熟練工より多くの賃金を新人が受け取ることになる。出来高払い賃金制を止めることは労働者階級の内部団結を強化し，相互協力や相互支援の精神を大きく高める。

③ただ金銭のみに囚われ，政治を考えず，労働者の個人主義，経済主義思想を助長する。多くの者は賃金を多く得ようとして，節約に留意しなくなり，あまり労力をかけずに多くの賃金をもらおうとし，努力して働こうとしない。これは，社会主義総路線を迅速かつ節約的に建設しようとする党の方針に反する。

このほか，まず出来高払い賃金制を放棄し，人民公社を設立して順次供給制を実施すべきで，そもそも賃金制自体が資産階級の残滓だとする論調もみられた[66]。

以上のような時間給賃金制への方針転換の結果，1960年末には，国営企業で出来高払い賃金制を適用されている労働者は全体の5％に満たない状況になるとともに，各企業における各種一時金の大部分が廃止されることとなった[67]。

4　大躍進政策後の揺り戻し

前述のとおり，非常に高い非現実的な目標設定と，その達成に向けた鉄鋼等の重工業を中心とする工業部門への重点的な資源配分は，結果的に農業生産の減少をもたらし，数千万人ともいわれる餓死者を出すという悲惨な結果をもたらした[68]。1958年夏の農産物の生産量は増加したものの，1959年に始まり第二次計画の達成を挫折させた農業不振は，1962年に至るまでの3年間，中国を極めて深刻な状況に陥らせた。

このため，賃金の領域においても，人民公社を中心とする供給制要素の導入

66　「要共産主義，不要計件工資」『人民日報』（1958年10月23日第7版）参照。
67　庄・袁・李・前掲注（8）87頁参照。
68　林毅夫・蔡昉・李周は，大躍進政策について，「1958年に実施された大躍進により，…（中略）…重工業とりわけ鉄鋼業の重要性が大いに強調された。現実とかけ離れた高い指標の提示であった。その結果，基本建設の規模は急激に拡大し，全人民所有制機構の在職従業員の人数は1年間に85％もふえ，蓄積と消費の比率がアンバランスとなり，農業増産のスピードが農産物に対する需要の増加に追いつくことができなくなった」と述べている（林毅夫・蔡昉・李周著，杜進訳『中国の経済発展』日本評論社，1997年，39頁）。

と，時間給賃金制を主とする制度の再調整が行われることとなり，1961 年 9 月，党の中央工作会議が廬山において開催され，「国営工業企業工作条例（草案）」（以下「工業七十条」という）[69]が提出された。「工業七十条」では，総則で「労働に応じた分配という社会主義原則を実行する」と規定し，「必要に応じた分配」という共産主義原則を謳う文言はなかった。

　そして，「工業七十条」4 章の「賃金，奨励，生活福利」では，「労働に応じた分配」の実現と平均主義の克服が謳われ，賃金の多寡は本人の技術業務の習熟の程度と労働の量と質で決定されるべきであり，その他の基準に照らしてはならないと規定された（25 条 1 項，2 項）。つまり，大躍進政策期にみられた賃金評定の際の政治思想に係る評価の排除を行い，思想の賃金への反映を防ぐとともに，時間給賃金制や奨励金の一律支給の弊害（平均主義）への対応を求めることとした。賃金形式については，労働生産性向上という目的の範囲で，業務内容の必要に応じて時間給賃金制と出来高払い賃金制を使い分けることとしたが，出来高払い賃金制については，当該制度を実行「できる」[70]場合にもこれを採用しなければならないとしていることからすれば，基本的には出来高払い賃金制を主として採用する方針に戻ったと考えることが適当だろう（同条例 26 条 1 項）。

　また，平均主義を排除するため，例えば，時間給賃金制において，ノルマの超過達成や節約等を行った場合に賃金に上乗せして奨励金を支給することができるが，その場合には平均的分配は許されないと規定するとともに（同条例 26 条 2 項），集団に対する表彰を行う場合にも，賃金等級に応じて表彰金を分配するのではなく，個々人の貢献状況を評価して分配するよう規定した（同条例 27 条 3 項）。このように，労働者の思想的な情熱のみに頼った生産力の増強には無理があったことを反省し，第二次賃金改革時の賃金によって労働インセンティブの喚起を行う手法を復活させた。

　さらに，企業が暫時工場を停止または部分的に停止した場合，国家が規定する基準に照らして賃金を支払うことも定めており，企業の帰責性に関わらず，

69　中国共産党中央委員会「国営工業企業工作条例（草案）」（1961 年）。
70　「工業七十条」26 条 1 項（原語）：工人的工資形式，凡是需要実行計時工資制的，就應当実行計時工資制；凡是需要和可能実行計件工資制的，就應当実行計件工資制；目的是為了提高労働生産率。技術人員和職員，実行計時工資制。

賃金を支給する義務が課されていることも定められている（同条例28条3項）。この規定は，ノーワーク・ノーペイの原則とは異なり，労働意欲があるにもかかわらず，働けなかった場合の対応に関する社会主義的な考え方に基づくものと解されよう。

加えて，大躍進政策期の象徴であった供給制導入の象徴としての公共食堂での食事提供についても，「従業員のための食堂は必ず用意しなければならないが，従業員が食堂に参加するかどうかは完全に従業員の自己決定による」として，労働に対する報酬の一部として，労働者に対し一律に食事の提供を奨励することは取りやめることとなった（同条例31条2項）。

このほか，「工業七十条」と前後するが，大躍進政策末期の1959年12月に労働部は「総合性奨励制度の創設と改善に関する意見」[71]を発出し，奨励制度を復活させている。本意見の中で，恒常性を有する奨励の条件（生産量，質，節約，安全などの生産性条件等）や労働競争一時金，創造発明一時金，合理化建議一時金といった社会主義的な考え方に基づく一時金支給の考え方，一時金の支給率等について詳細に規定している。

5　都市と農村の収入格差の是正と労働移動の制限

大躍進政策期に象徴される工業化の推進に伴い，農村部から都市部への労働力移動が問題視されるようになった。すなわち，簡単な体力労働に従事する普通工[72]や勤雑工[73]の賃金待遇が高いことが，農民の都市部への大量流入をもたらし，農業生産に悪影響を与えるだけでなく，都市部の就業配置や住民への生活面の供給等において困難を増大させていることが問題視されるようになったのである[74]。

こうした状況の中で，1958年1月制定の「戸籍登記条例」[75]等の一連の戸籍管理関係規定の整備により，住民は都市戸籍と農村戸籍の別に管理され，自由な

71　労働部「関於建立和改進総合性奨励制度的意見」（1959年）。
72　ここでいう「普通工」とは，建設業における正規および臨時の普通労働者ならびに企業，事業単位および国家機関の臨時の普通労働者をいう。
73　ここにいう「勤雑工」とは，企業，事業単位および国家機関の勤務員，服務員および一般通信員（ただし機密通信員は除く）をいう。
74　国務院「企業，事業単位和国家機関中普通工和勤雑工的工資待遇的暫行規定」（1957年）前文参照。
75　「中華人民共和国戸口登記条例」（1958年　中華人民共和国主席令）。

移動が制限されることとなった。すなわち，農村から都市への移動には，都市労働部門の採用証明，学校の入学許可証明，都市戸籍登記機関の移入許可証明のいずれかをもって，常住地戸籍登記機関に転出手続きの処理申請をしなければならないこととされた（戸籍登記条例10条2項）。

　さらに，1958年2月に，国務院より「企業，事業単位および国家機関における普通工や勤雑工の賃金待遇に関する暫定規定」（以下「賃金待遇暫定規定」という）が，4月には労働部から「企業，事業単位および国家機関における普通工や勤雑工の賃金待遇に関する暫定規定実施細則における若干の問題に対する意見」[76]が公布され，都市部の企業で働く労働者の賃金待遇が農民の収入よりも過度に高い状況を是正すべきとの方針が明らかにされた。

　具体的には，普通工と勤雑工の賃金基準については，「今後採用する建設業の普通工の賃金は当地の一般的な農民の収入を大幅に超えてはならないが，都市と農村の生活レベルの差も考慮しなければならない」とし，「当地の普通工の流入元の地区の一般的な中等の農業社において，労働能力が比較的高い農民の収入に，都市と農村の生活費用の差額を加えた賃金基準を原則」とした（賃金待遇暫定規定1条）。また，「その他企業，事業単位および国家機関が今後新たに採用する臨時普通工の賃金基準は，概ね当地の建設業の普通工の賃金基準と同等かそれより低くくし」，決定した具体的な賃金基準を労働部に報告することとされた（同規定1条）。なお，規定の公布前に採用された者は，昇級する場合を除き，現行の賃金基準のままとされている（同規定2条）。

　加えて，1962年6月には，国務院から「従業員を削減し安定的に配置することに関する若干の規定」[77]が，1963年11月には，労働部から「都市必要とする就業の労働力の安定的な配置に関する意見」[78]が発出された。これらの規定および意見においても，農村から流入した労働者を故郷に戻し農業生産に従事するよう促すとともに，都市部で育った従業員で希望する者は農村の生産隊や公社に移って農業生産に従事することを認め，その場合の支援を行うこととしつつ，都市部の労働需要を満たすため農村から労働者を採用することを一般的に

76　労働部「企業，事業単位和国家機関中普通工和勤雑工的工資待遇的暫行規定実施細則中若干問題的意見」（1958年）。
77　国務院「関於精減従業員安置的若干規定」（1962年）。
78　労働部「関於城市需要就業的労動力的安置意見」（1963年）。

禁止し，都市部内で解決することを求めた。これらの政策を通じ，当時，都市人口比率は 1957 年末の 10.9％から 1961 年には 15.4％にまで急上昇していたが，1962 年には 12.2％にまで低下した[79]。

このように，都市と農村の賃金格差の原因に労働移動があると捉え，都市部労働者の賃金を農村並みに抑制することで，都市への過剰な労働移動による農業生産への影響を防ぐとともに，農村の不満を解消することを目的とする法政策を採用したことがわかる。これを理念的な観点から解釈すれば，「54 年憲法」1 条にあるように，中華人民共和国は「労働者と農民の連盟を基礎とする人民民主国家（原語：以工農連盟為基礎的人民民主国家）」であり，労働者と農民との間の団結に亀裂が生じるような事態は断じて避ける必要があった。

したがって，都市と農村の賃金格差を生じさせないことは，社会主義の国家理念とその形態の維持という意味からも非常に重要な課題であったといえる。ただし，このような都市部と農村部との厳格な分離は，先に述べた「固定工」や「単位」制度による終身雇用や社会保障が，都市部に居住する者のみに与えられるものとして，ある種の特権のように位置付けられる状況を生んだ。

6　小括

大躍進政策は，第二次賃金改革で推進された過渡的段階における賃金と労働のあり方である「労働に応じた分配」を，共産主義社会としての理想を実現し得るに足る生産力を身に付けないままに，外形的部分のみ「必要に応じた分配」への移行を急いだものとして位置付けられる。

この点，人民公社は必ずしも賃金制度の急進的な共産主義化を目指すものではなく，共産主義段階への移行を順次図るものであったが，一方で，生産力が伴わないまま共産主義社会への移行の基礎となる供給制を農村中心に半ば実施しつつ，他方で，労働者の思想的な情熱をもって，必要な物資の生産を同時並行的に短期間で実現すべく促すことは達成困難な目標だったといえよう。さらに，この時期における賃金制の転換については，国務院ではなく，党の文書に

79　中華人民共和国中央人民政府「新中国 60 年：城市社会経済発展日新月異」（2009 年 9 月 22 日：http://www.gov.cn/test/2009-09/22/content_1423371.htm〔2014 年 8 月 9 日最終アクセス〕）。

基づき実行していることを踏まえても，実態面での準備不足を考慮せず，思想や理念の側面が先行して制度改革が行われていったことがうかがえる。

　ただし，そうであるからこそ，我々は，この一連の賃金制度の転換と揺り戻しを通じて，社会主義国家として誕生した中国が到達点として描いていた理念を如実にうかがい知ることができる。すなわち，階級闘争に打ち勝った結果としての労働は，資本主義社会における労働とは本質的に異なるとの立場に立脚し，労働者への賃金によるインセンティブ（物質的刺激）はできる限り限定的なものとして，一般大衆を思想的に刺激することで，労働者の無償労働や積極的な労働意欲を引き出し，生産の拡大を実現するという方向に純化させていくことを理想形としていたといえる。この理念は，例えば，「利潤よる統帥や紙幣による統帥は必要なく，政治による統帥が必要だ（原語：不要利潤掛帥，不要鈔票掛帥，要政治掛帥）」という当時のスローガンによく表れている。

　なお，大躍進政策期における賃金制度の変革が党の文書によるものだったことを踏まえれば，労働立法の範疇ではなく，より広い概念である労働法政策といった方がより正確な表現であるとの留保はあるものの，向山寛夫博士の言を借りれば，社会主義国家としての中国労働法は，「第二次・五ヵ年計画を契機として一九六〇年前後に生産主義と大衆路線（群衆路綫）を基調とする社会主義労働法として独自の内容と形式をもつ」[80]ものとして「一応，完成した」[81]と判断してよいだろう。

第4節　文化大革命期（1966〜1976年）

1　文化大革命の発動

　大躍進政策の失敗により，1959年に国家主席の地位を劉少奇に譲った毛沢東は，大衆路線による思想闘争を通じた政権奪回を目指した。すなわち，1966年5月16日，毛沢東が起草した，文化大革命（以下「文革」という）の全面的発動の起点と位置付けられる「中国共産党中央委員会通知」（いわゆる「五一六通知」）[82]

80　向山・前掲注(20)449頁。
81　向山・前掲注(20)449頁。

が発出され，翌6月1日の人民日報では，「無産階級（プロレタリア）文化大革命の高まりが，…（中略）…社会主義中国で起こりつつある」との記事が掲載された[83]。そして，毛沢東自身，同年8月5日に「司令部を砲撃せよ」と銘打った壁新聞（原語：大字報）を掲げて，現行の政策を資本階級反動路線と批判し，これが1年後の人民日報で喧伝された[84]。ここでいう「司令部」とは資産階級司令部（走資派／当権派）を意味しており，時の指導者であった劉少奇を暗に指していたことは一目瞭然だった。

　そして，3日後の8月8日，文化大革命の綱領と位置付けられる「プロレタリア文化大革命に関する決定」（いわゆる「十六条」）[85]が決定された。文革運動の重点は，党内に存在する資産階級右派分子，反革命修正主義分子に攻撃を加え，反党反社会主義反毛沢東主義の罪行を批判し，最大限彼らを孤立させることにあった。革命の手法としては，思想闘争，思想改造を大衆路線で進めていく手法が採られることとなった。また，文革における生産力向上の手段として大衆の思想革命が位置付けられ，革命と生産発展を対立するものとして捉えることは誤りだとされた結果（十六条14条），思想教育による生産への大衆の動員が叫ばれるようになった。

2　経済主義への徹底批判と自発的な労働の奨励

　1966年に始まった文革は「革命を摑み取り，生産を促進する（原語：抓革命，促生産）」のスローガンの下，展開されていくこととなった。まず，1967年1月に党の「経済主義に反対することに関する通知」[86]において，資本主義路線に走る者を経済主義と断じ，彼らは，各種の経済的売買という手段を用いて，大衆を経済主義の邪路に引き込もうとし，国家や集団の利益，長期的利益を顧みず，個人の一時的な利益を追い求めていると規定した。そして，経済主義者は過去の賃金や福利制度の誤った措置の回復と拡充を求め，大衆を扇動して昇級や昇

82　中国共産党中央委員会「中国共産党中央委員会通知」（1966年）。
83　「横掃一切牛鬼蛇神」『人民日報』（1966年6月1日第1版）。
84　「記念毛主席的大字報──「炮打司令部」発表一周年」，「掀起革命大批判的新高潮　徹底砸爛資産階級司令部」および「堅決捍衛毛主席的革命司令部」『人民日報』（1967年8月5日第2版）参照。
85　中国共産党中央委員会「関於無産階級文化大革命的決定」（1966年）。
86　中国共産党中央委員会「関於反対経済主義的通知」（1967年）。

給を求めさせるようにし，国家に対して金銭や物品を要求していると評価し[87]，大躍進後に劉少奇が進めた出来高払い賃金制の復活や奨励金の支給を通じた，賃金による労働インセンティブの付与を否定した。こうして経済主義は，文革を阻み，破壊する行為として認定され，大衆運動と教育によって打破されることが要請されることとなった。

　1年後の1968年1月には，前記通知の趣旨および内容をさらに徹底するため，党は「反革命経済主義および投機・空取引活動にさらに打撃を与えることに関する通知」（以下「反革命経済主義通知」という）[88]を出した。「反革命経済主義通知」の前文では，革命運動の進捗について，「従業員は毛沢東思想の偉大な紅旗を高く掲げ，…（中略）…階級の敵が反革命経済主義という歪んだ風を吹かせようとするのを撃退し，毛主席の『革命を摑み取り，生産を促進する』という偉大な方針を徹底的に実施し，革命と生産に大いなる勝利を勝ち取った」と高く評価しつつも，いまだいくつかの地区には，当権派や経済主義を扇動しようとする者がいるため，革命の全面的な勝利のために闘争を続けていく旨が宣言されている。

　そして，「反革命経済主義通知」2条で，賃金に関する規定が置かれている。具体的には，「賃金，福利，奨励金，付加的賃金，手当，労働保護用品および保健食品などの制度に関する改革は，文革運動の中で，広く大衆による闘争と結合して批判，改革し，調査研究を経て，運動の後期に統一的に処理」し（反革命経済主義通知2条1項），「上述の制度について，現在，改革を行っていない単位は暫時実施せず，勝手に基準を引き上げるまたは範囲を拡大した場合には，厳格に修正しなければならない」（同通知2条2項）とされた。すなわち，賃金についても，まずは大衆による批判を経た後に改革していくこととされ，大衆運動の経過に改革を委ねていることがわかる。また，賃金の引き上げなど物質的なインセンティブに頼った生産力の向上は禁止されたことから，労働者への思想教育を通じた積極的な労働参加による生産力向上を理念としていたといえる。

87　中国共産党中央委員会「関於反対経済主義的通知」通知前文参照。
88　中共中央，国務院，中央軍委，中央文革小組「関於進一歩打撃反革命経済主義和投機倒把活動的通知」（1968年）。

事実，国営企業における従業員賃金水準をみると，平均賃金は 1965 年の年間
652 元から 1976 年には 605 元と低下している[89]。なお，文革期と同様に精神的
な奨励を重視した大躍進政策期にも同様に賃金が低下しており[90]，これは双方
の時期ともに，賃金上昇が抑制されるとともに，無償労働が奨励された結果で
あると推察できる。

加えて，1968 年 12 月の人民日報[91]では，「彼ら（走資派）は，様々な出来高払
い賃金制，奨励金，手当制度を規定した。我々労働者に金銭のことだけ考えさ
せるようにして，政権を忘却させ，『社会主義から資本主義に平和的に転化する』
（原語：和平演変）ことを企図している」とし，出来高払い賃金制を明確に批判し
ていることを踏まえても，文革期において，賃金に関する方針転換が再度起こっ
たことは明白である。

このように，文革期は前述のとおり，大衆路線の中で賃金改革が行われたこ
とから，現場の企業や労働者の意識が非常に重視されていたことがわかる。そ
こで，当時の企業や工場の例を通じて，いわゆる模範的な企業や労働者の労働
や賃金に対する考え方を読み取ることとしたい。

まず，冶金業の河北省宣化鋼鉄公司龍烟礦の馬万水工程隊の例を紹介する[92]。

> 馬万水工程隊は，…（中略）…全炭坑に対して「社会主義を実践し，出来
> 高払い賃金はいらない」と提唱し，無産階級の硬い精神を用いて鉱山建設
> に従事することを決心した。祖国の社会主義建設を加速させるために，生
> 活が苦しくても，頑強に闘っている…（中略）…。
> …（前略）…彼らは，主人公として高度な責任感を持っており，右傾保守
> の誤った思想と闘（っている）…（中略）…。隊長の馬明の下，全ての隊の
> 従業員が，このような革命に必死の精神を加えて，掘削の速度をさらに速
> めている。全グループの労働者は…（中略）…辛く苦しい中で奮闘する革
> 命精神を発揮し，生産記録を不断に更新し，毎月の生産任務を達成してい
> る。

89 兪樹芳「我国労動工資問題（六）」中国労動 1984 年第 1 期（1984 年），31 頁。
90 兪・前掲注(89)31 頁参照。
91 「搞社会主義靠工人階級領導」『人民日報』（1968 年 12 月 9 日第 5 版）。
92 「百煉成鋼——記馬万水工程隊在闘争中成長」『人民日報』（1975 年 5 月 22 日第 3 版）。

…（前略）…新しい労働者が隊に入ると，まず階級闘争と路線闘争の教育を行い，革命伝統教育を行って，遠大な革命の理想を彼らの中に樹立させ，誰のために鉱山を開発しているのか理解させる。

　…（前略）…李樹森は，お金を稼ぎ，家を養うという思想をもって，農村から鉱山に来た。…（中略）…（馬隊長が李樹森に無産階級専制を確固たるものにするために，いかに鉱山が重要かをひざを突き合わせて説いた結果）彼は，自分の家庭だけをみているだけではだめで，…（中略）…祖国の鉄鋼事業の発展のために，私は鉱山で一生闘う！…（中略）…と妻への手紙に書いた。…（後略）…

続いて，河南省安陽のマッチ工場の例を紹介する[93]。

　（河南省安陽のマッチ工場で働く，）趙素花同志は20年間無欠勤であり，これは彼女が自覚して「私」と闘っていることによっている。彼女は常に「自分のことは大事であっても小事で，国家の事は小事であっても大事だ」といっている。公私に矛盾が生じたときには，彼女は自己の一切を投げ打って，革命の利益に服従する。

　彼女が結婚するとき，……お互いの年寄が決めた期日を彼女に伝えた。素花は，結婚は個人からすれば大事だけれど，社会主義革命全体と社会主義建設事業と比べれば，どうってことない。自分のことで生産を遅らせることはできないと考えて，彼女は辛抱強く双方の年寄と親族を説得し，春節の休みの時期に結婚式を挙げることにし，1日も生産を遅らせることはなかった。

　…（前略）…趙素花は「私はお金のためではなく，誠心誠意人民のために働いている」…（中略）…「社会主義生産は一つの有機的な総体であり，もし自発的という認識に立った労働規律を打ち立てることができないなら，秩序をもってかつ生産任務を達成することはできない」と考えている。毛主席は我々に「革命を摑み取り，生産を促進する」とおっしゃっており，

---

93 「一心為革命　永遠干革命——記安陽火芝廠工人趙素花堅守労動崗位，不欠勤的生動事迹」『人民日報』（1969年9月11日第2版）。

私は必ず，自分の実際の行動で毛主席の偉大な号令に応えていく。…（後略）…

以上のとおり，当時模範とされた労働者の姿をみると，自分自身の家族を養ったり，お金を稼いでよい暮らしをしたりするために働くといった考えは批判され，いわゆる「破私立公」という，自分たちの労働は国全体の社会主義建設に貢献するのであり，全人民のために働くという精神が賞賛，奨励されていることがわかる。

したがって，多く労働すればそれに応じた賃金が貰えるという制度や考え方は否定され，生産現場では，物質的な奨励によって労働に参加するのではなく，思想を正し，自発的な労働を行いうる労働者を育成するための教育が積極的に行われた。このように，文革期における労働と賃金は徹底した唯心主義に立って進められたといえよう。

3　1971年の賃金調整と賃金管理の強化

文革期では，劉少奇時代に進められた，出来高払い賃金制への転換等を趣旨とした「工業七十条」等は，修正主義とみなされ，批判を受けるとともに，「労働に応じた分配」や利潤指標等についても，資産階級のものとみなされて，破棄されることとなった[94]。このため，中国全体に混乱が生じ，国民経済は，文革初期の1967，68年と不調低下傾向が続く結果となり，さらに，68年は年度計画がない1年となった。1969年からようやく経済回復が始まったものの，引き続き成長は低調な状態に陥っていた。

こうした国民生活の疲弊を踏まえ，1971年11月，国務院の「一部の労働者および作業人員の賃金の調整に関する通知」（以下「賃金調整通知」という）[95]により，賃金の引き上げが実施された。ただし，この賃金引き上げは，あくまで毛沢東（主席）の労働者大衆に対する親切・心遣いによるものであり，引き続き大衆路線を突き進み，思想政治工作を推進することが通知に明記されており，生

94　趙徳碧「『文革』時期至上世紀末工資改革的回顧」湖南工程学院学報第12巻4期（2002年），12頁参照。
95　国務院「関於調整部分工人和工作人員工資的通知」（1971年）。

産性の向上を背景とする賃上げというよりは，むしろ，労働者の生活水準が低下していることを踏まえ，一律に賃金等級を昇級させる趣旨だったといえる。

具体的には，全民所有制企業，事業単位および国家機関において1957年末以前に作業に参加従事した3級労働者，60年末以前に作業に参加従事した2級労働者，66年末以前に作業に参加従事した1級労働者および1級より低い労働者，並びに上述の労働者と作業従事年数が同じであって，賃金等級が類似している作業人員を対象として賃金調整が行われた[96]（賃金調整通知3条1項）。そして，調整範囲内の労働者および作業人員は，大衆の評議と幹部の許可を得て，原則として1等級昇級することとなった（同通知3条2項，5項）。

ただし，1957年末以前に作業に参加従事した2級労働者および60年末以前に作業に参加従事した1級労働者および1級より低い労働者であって，大衆の十分な討論と同意と幹部の許可を経た少数の者は2等級昇級することが許された（同通知3条2項）。賃金等級の引き上げにあたり，大衆による批評が必要とされているという点は，労働者の思想的な内面が重視されることを意味しており，いくら技術や能力があっても，政治思想が社会主義的ではないと評価されれば，賃金は上がらないというように，「労働に応じた分配」が適用されていないことがわかる。

この賃金調整により，賃金上昇が実現した労働者および作業員は約1,340万人，全国の従業員総数の28％に及び，賃金基金を1年で約11億元増加させ，一部の低賃金従業員の生産に対する積極性を高めたものの，大多数の従業員の賃金は依然として上がっておらず，低賃金の状況が継続したため，大部分の従業員の生活水準は向上しなかったと評価されている[97]。

さらに，翌72年6月，前年の賃金上昇のフォローアップを行うためには，賃金管理の強化が重要との認識に立ち，国務院から「賃金基金管理の強化に関する通知」（以下「賃金基金管理強化通知」という）[98]が発出された。「賃金基金管理強化通知」は，従業員数および賃金総額の増加の厳格なコントロールを実現す

96　鉱山の坑内労働者については，対象範囲を1等級広げることとし，1957年末以前に作業に参加従事した4級労働者，1960年末以前に作業に参加従事した3級労働者，1966年末以前に作業に参加従事した2級労働者とした。
97　趙・前掲注(94)13頁。
98　国務院「関於加強工資基金管理的通知」（1972年）。

るため，統一的な計画の強化とバランスをとることを目的とするものであり，本通知以降，各地区および各部門は従業員計画の下達と同時に，従業員の賃金総額計画を一律に下達し，併せて，人民銀行に同報することを義務付けられ，賃金面での管理監督が一層強化された（1条）。そして，許可を得ず計画数を超えて従業員を募集・採用し，国家の政策および規定に違反して賃金を増加した場合，銀行は賃金支払い拒否権を有し，その結果は，労働部門と主管部門にフィードバックされることが規定された。各地区，各単位は，国家労働賃金計画の厳格な執行とそれを担保するため，銀行の監督を受けることとなった（同通知3条）。

こうした賃金調整から賃金管理強化を目的とする一連の通知により，中国の「高度かつ集中的な賃金管理体制はピークを迎えることとな」り，「従業員の昇級時期」，「昇級基準や昇級範囲，昇級幅も含めて国家が統一的に決定」し，「地方，各部門および企業は実際上いかなる賃金分配権ももたない状態になった」のである[99]。

4 小括

1966〜76年の文革期における労働に対する意識は，「抓革命，促生産」や「破私立公，堅守崗位」というスローガンに明確に表れている。すなわち，生活するために働くのではなく，革命を達成し，社会主義建設を加速するために働くのであり，まさに，私事を後回しにしてでも，公を優先して職場に出勤し，生産に貢献することが労働の在るべき姿として掲げられた。このため，思想教育によって労働者の意識を変え，賃金などの物質的インセンティブがなくとも，労働に励むようにし，その結果，生産力を向上させることを目指した。したがって，労働者は自分自身が国家，企業の主人公であるとの自覚をもって積極的に生産に参加することが要請され，賃金という見返りを求めないことがよしとされた。

このような思想は，賃金決定においても表出している。つまり，賃金を労働者の技術や能力で評価するのではなく，大衆の評議を通じて，社会主義思想や

99　王学力編『中華人民共和国労働法実務叢書　工資与工資争議処理実務』人民法院出版社，1997年，9頁参照。

模範的な労働者といった観点も合わせて，昇級の可否が審議されている。さらに，賃金計算の観点からみると，この時期，物質的インセンティブを労働者に与える出来高払い賃金制は，「四人組（原語：四人帮）」から量による統帥（原語：吨位挂帅），復古主義，回顧主義といった批判に遭い，基本的に停止させられた[100]。彼らは，出来高払い賃金制を時間給賃金制と対立するものとして捉えた上で，経済主義を助長し，労働者間の団結にも影響を与えるものとして整理した。

そして，1971 年の賃金調整以降は，新たに，従業員の賃金総額計画の下達を義務付け，計画を超えた額を支払うようなケースに対しては，賃金支払いを止めるといった，強制的な措置を採ることとし，賃金の計画管理に一層厳しい姿勢で臨むこととした。そこには，賃金調整の結果，賃金が総額としてどれだけ上昇したかを把握し，国家が定める以上に過度な賃上げが行われることを防ぐという，社会主義計画経済国家として至極当然の要請に応える意図があったと解される。すなわち，このような賃金総額へのコントロールは，5 年および 1年ごとの計画を策定して生産に関する各種数値目標を定め，この達成に向けて生産資源の配分と工程管理を適切に行うためには，不可欠な政策手段だったと位置付けることができる。

なお，賃金に係る政策の企画立案という観点では，大躍進政策期と同様，文革期においても，党が各種通知等を出して，政策を推し進めるという手法が採用されており，やはり思想闘争を通じて目的を実現するような場合には，行政機関は表に出ず，党が前面に出てリードし，法令によらない迅速な意思決定と政策実施が行われている点が特徴的といえる。すなわち，「54 年憲法」の前文で，「我が国人民は中華人民共和国建国の偉大なる闘争の中で，中国共産党が領導する人民民主統一戦線を結成した」と規定しているとおり，党が領導する国家として中華人民共和国が建国された。したがって，党が発出する通知は，序

100　史探径（史探径『労動法』経済科学出版社，1990 年，131 頁参照）は，文革期に賃金制度について，出来高払い賃金制度や奨励賃金制は順次取りやめられ，これら二つの制度は基本的に実行を停止した。そして，賃金制度は大きく破壊され，平均主義が日ごとに厳しさを増し，企業は国家の「大鍋飯」を食べ，従業員は企業の「大鍋飯」を食べるという深刻な状況が形成されたと否定的に評価している。

　　なお，「大鍋飯」とは，労働量の多い少ないや，質の良し悪しにかかわらず，待遇が一律で平均主義的であることをたとえていった単語である。

章で検討したように，国務院等の行政部門が出す法令と同様に，法源性を有するものとして位置付けられており，党の考えはそのときどきの法制度に多大な影響を与えているとみることができよう。

第5節　計画経済期の賃金決定法政策における「労働」と「賃金」の位置付け（第1章の総括）

　第1章では，計画経済期の賃金決定をめぐる法政策に対する史的考察を行った。本節では，ここまでの分析結果を踏まえ，改革開放前の賃金決定関係法政策において「労働」と「賃金」がどのように捉えられてきたのか，一貫した理念は何だったのか。そして，両者がどのような基本原則の下で，具体の立法および政策として発現してきたのかについて分析する。

1　「生産主義」と「必要に応じた分配」を見据えた「労働に応じた分配」

　計画経済期の中国における労働および賃金の一貫した根本原則を一言で表せば，「必要に応じた分配」への移行を見据えた，「労働に応じた分配」である。もちろん，この原則は，中国が社会主義国家として誕生している以上，自明のことということもできる[101]。すなわち，社会主義国家においては，労働者を搾取する対象として使用者を捉え，労働力を商品として捉えることを否定する。この前提に立って，企業は全人民ないし集団による所有となる。

　したがって，労働者は生産手段を自ら所有し，生産活動を行うことができるため，そこには従属的な労働は存在せず，労働者が国家，社会，企業の主人公の地位にあるとされる[102]。このことから，計画経済期の中国では，生産力の向

---

[101]　庄・袁・李（前掲注（8）・2頁）は，建国以来，新中国は「労働に応じた分配」原則をいかにして正確に徹底実施できるかを探ってきたとし，社会主義賃金発展史は実質上「労働に応じた分配」原則の賃金配分における実現と発展の歴史であると旨主張している。

[102]　大躍進政策期に作成された社会主義と共産主義教育のための参考資料では，共産主義労働とは，労働について報酬を計算せず，仕事の条件をあれこれいわないことが重要なメルクマールであるとし，共産主義の労働態度をもつ者は，個人の金銭，地位，利益の得失のためではなく，社会主義と共産主義のため，皆が共同に豊かになり，永久に幸福になるために，仕事や労働をすると解説されている。また，労働において，辛さの前に楽しさが先に来て，社会のためにできる限り多く貢献するにはどのようにすればよいのかを考えるとされている（周歩欧・胡凡・張蘭「社会主義――共産主義教育参考材料　談談社会主義和共産主義的労動」江西教育 1959 年 7 期〔1959 年〕，12-13 頁）。

上を国家の第一目標として設定し，国家は労働者の積極的な労働を促しつつ，再生産目的で労働力の回復を助けるための法政策を立案するという，いわゆる「生産主義」に立脚していることを導くことができる[103]。

「生産主義」の条文等への具体的発現として，例えば，先に引用した「54年憲法」16条で，労働は公民の誉れであり，国家は労働の積極性と創造性を奨励する旨規定されている点や，1958年の「人民公社問題決議」5章でも，共産主義社会において，労働を「重い負担から愉快なことへと変化させ」，「生活に第一番目に必要なこと」として位置付けられると定義している点が指摘できる[104]。労働について，使用者から搾取される辛く苦しいという否定的な存在から，楽しく愉快なものであるという肯定的な理解がなされている。

以上の理念の下で形成された社会では，労働市場において，労働需給の影響も受けつつ，労働者に対して労働の対価として使用者から支払われる意味での賃金は存在せず，（ときに政治思想も含まれた時期もあるものの）労働者が提供した労働の質と量に応じた完全に等価の報酬が国家から支払われるものとされる。そして，「必要に応じた分配」が実現できる社会（共産主義社会）への移行が実現するまでの間，労働者は，暫時，報酬として支払われた貨幣という交換ツールを用いて，消費を行う[105]。

なお，このような内容をもつ「労働に応じた分配」と，私営経済が依然として広く存在していた建国直前の1948年の「職工運動決議」で最低賃金として労働者本人と扶養者1名を含む2名分の生計費が規定されていたこととの関係をどのように整理すべきかが問題となるが，本条項は，人民が必要な消費を満た

103　なお，中国社会主義労働法の「生産主義」の説明については，向山・前掲注(20)449頁が詳しい。向山は，「中華人民共和国労働法は，社会主義労働法として国家の主人公である労働者が労働意欲を発揮して生産性が向上すれば或いは生産の向上を条件として労働者ないし労働力に対する保護を充実するという立場すなわち生産主義が当然に保護主義を豫想して期待する立場に立っている。こうした因果関係の倒置は，資本主義国における国家が原則として生産を直接に管理することなく労働者が生産を直接管理する資本家に圧迫，搾取されているのであるから先ず労働者を保護する必要があるという立場と社会主義国における国家が直接に生産を管理し，労働者は，も早，資本家によって圧迫，搾取されず，しかも国家の主人公であるために先ず国家の生産活動に積極的に参加するべきであるという立場の相違によるものであると思われる」と分析している。

104　「人民公社問題決議」5章。

105　兪樹芳（「我国労働工資問題（五）」中国労働1983年18期〔1983年〕，30頁）は，「それぞれが能力に応じて働き，労働に応じた分配を行う」というのは，社会主義制度の下で個人の消費品を分配するための基本原則であると定義している。

す生産配分を行うという「必要に応じた分配」原則および「生産主義」の考え方に照らして考えれば，労働者の家族が最低限暮らせるだけの生計費を支払うことは当然といえ，相互に矛盾するものではないと理解するべきだろう。

　重ねて言及すると，「必要に応じた分配」とは，全人民の物質的な必要を満たすということであり，国家から人民に対する供給制の実現を意味している。したがって，このような社会への移行のため，まずは，生産力を向上させることが必要不可欠の国家的な大目標として位置付けられ，その下で，「労働に応じた分配」を徹底して実施することが基本原則となる。そして，「労働に応じた分配」には，労働を多く提供した労働者が多くの報酬を得るという，物質的な奨励が内在しており，その実現手段として，出来高払い賃金制や奨励賃金制が位置付けられる。

　他方で，「必要に応じた分配」実現のための生産力向上へのもう一つのアプローチの仕方として，従属性のない労働が実現しているとされる計画経済期の中国においては，もはや物質的な奨励を基礎とする賃金制に頼らなくとも，精神的な奨励を通じて，能動的・主体的に労働に参加する状況を生み出し，生産力向上を実現するという，提供した労働に対して報酬を求めない手法が提唱された時期もあった。

　ただし，後者が優位に立った大躍進政策期においても，供給制要素の導入が試みられながらも，賃金等級制や奨励賃金制自体は併用されていたし，文革期で「四人組」に徹底批判されながら，出来高払い賃金制を続けるところも存在していたのであり[106]，「生産主義」という理念の下での「必要に応じた分配」を見据えた「労働に応じた分配」は，計画経済期における中国の労働および賃金の根本原則として一貫して存在していたといえる。

2　「労働に応じた分配」と賃金決定

　改革開放前の中国において，賃金とは，市場で決定される労働力の対価としての貨幣表現ではなく，提供された労働に対する等価の報酬として，消費に充

106　広州黄埔港では，1973年から荷役工に出来高払い賃金制を適用し，生産効率が上がり，利潤が増加していた。これに対して，四人組は反対キャンペーンをはったが，屈しなかった（「堅決頂住『四人帮』圧力　堅持貫徹按労分配原則　広州黄埔港在闘争中堅持計件工資制」『人民日報』（1978年4月14日第1版参照）。

てるための交換手段として活用されるものであった（社会主義社会における賃金）。さらに付け加えれば，「必要に応じた分配」が実現できるだけの生産力が備われば，国家が人民に必要な消費品を直接供給すればよく，究極的には報酬としての賃金の支払いは不要となる社会が目指されていた（共産主義社会における賃金）。すなわち，賃金は，「必要に応じた分配」の実現に向けて一国の生産力を上げるための，あくまで過渡的な道具として位置付けられていたといえる[107]。

したがって，賃金は労働市場では決定されず，マクロにおいては賃金総額計画で，ミクロにおいては賃金等級制度を通じて，国家が統一的に賃金を管理監督するシステムが形成されることとなった。そして，大躍進政策期や文革期を除き，基本的には生産性に応じた賃金上昇を担保しつつ，資源配分と生産力の向上を適切に進める観点から，国家が，5か年計画や年度計画で目標設定を行い，一元的に賃金決定を行うこととされた[108]。賃金決定の具体的手段としては，既に何度も言及しているとおり，賃金によるインセンティブの付与により積極的な労働の提供を促進する手法が基本的に採用された。

しかしながら，①国家理念として労農同盟を掲げている以上，都市部労働者と農民との報酬格差が拡大することによる対立惹起を回避する必要があったこと，②「必要に応じた分配」の実現に向けた，計画的な生産力向上のためには，食糧生産の観点から，農村に労働力を確保しなければならないという人員配分上の要請があり，農村から都市への人口移動は制限する必要があったこと，③大躍進政策期や文革期においては，無償労働といった報酬をもらわない労働が奨励されたこと，といった理由から，賃金決定法政策として労働者の低賃金状態を許容する立場が採られたため[109]，実際には，継続的かつ普遍的に生産性の向上に対応した賃金上昇を実現するのは困難な状況にあったことに留意が必要である。

107　宮下（前掲注（5）169頁）は，「社会主義社会における賃金は，社会的総生産物のなかで個人の消費に用いられる部分であり，社会主義国家が各従業員の質と量にもとづいて，かれらに労働の報酬として分配する部分の社会的総生産物の貨幣的表現である」と定義している。

108　向山（前掲注（20）420頁）は，中華人民共和国の賃金政策の基本原則は，「賃金は，労働に応じて支払い（按労付酬），生産の発展と労働生産性の向上に従って増加する」と評価している。

3 小括

　見返りを求めない社会主義国家建設のための労働を称賛し，物質的なインセンティブの否定を賃金決定の理念に掲げた時期はあったものの，いずれも継続的な徹底には至らず，挫折していることを踏まえれば，中華人民共和国建国後から改革開放前までの間の賃金構造には，「生産主義」という社会主義国家中国の理念の下，将来的な「必要に応じた分配」への移行を最終目標とする「労働に応じた分配」という根本原則が存在し，この大目標を実現するための手段として，賃金総額管理，賃金等級制，出来高払い賃金制や基本的賃金に奨励金を付加した賃金制が実施されるという，一連の賃金政策の体系が形成されていたと整理することができる。なお，これらの賃金制による賃金配分方式以外に，国が創設した労働保険福利制度にも，一定の共産主義的な「必要に応じた分配」の要素が含まれているとされている[110]。

　つまり，計画経済期における賃金は，住宅や食事など生活に必要なものは全て国家から支給されるという，「必要に応じた分配」の実現を担保するだけの生産力を確保するためには，社会主義国家建設に向けた意欲と情熱といった精神面のみで労働への積極性を牽引するには限界があるとの考え方に基づき，消費品との交換の道具として，労働者にインセンティブを与えるための一時的な存在として位置付けられていた。

　ただし，出来高払い賃金制や基本賃金に奨励金を付加する賃金制を採ったとしても，実際には，都市と農村の格差に配慮したり，ほぼ全員の労働者に奨励金が支給されたり，国家によって一律に賃金調整が行われたりした例が多かったという歴史的過程を踏まえれば，いわゆる「平均主義」や「鉄鍋飯」が基本とされ，報酬に差はつきにくかったといえる。これは，「労働に応じた分配」を掲げつつも，その先には「必要に応じた分配」への移行を究極目的としている以上，労働者の必要を満たす消費額を大幅に上回るまたは大幅に下回る賃金額

109　関連事項として付言すれば，1956年の第二次賃金改革の際に，国務院「賃金改革における若干の具体的問題に関する規定」8条において，契約形態による労働者間における同一労働同一賃金原則が規定されたものの，翌57年には，国務院「賃金待遇暫定規定」第1条で，農村からの過度の人口流入を回避するため，臨時工については普通工（正規雇用労働者等）よりも低い賃金額にすることが容認された。

110　庄・袁・李・前掲注(8)14頁。

になるような賃金制度は導入し得なかったことが背景にあると考えられる[111]。

111　事実，改革開放前に実施されていた賃金等級制度は，一般的に，最も低い等級の1級と最も高い等級の8級との賃金差は3倍前後だった。例えば，1956年の北京石景山鉄鋼工場では時間給制の月額賃金は1級が38元，8級が113.6元と2.99倍となっていた（石景山の賃金等級制度部分につき，劉毅「第五講　工人的工資等級制度（続）」労働11期（1957年），26頁参照）。

第2章
社会主義市場経済体制における
中国の賃金に関する理論的考察
——中国労働法における賃金を捉える視点

序

　第1章の検討により, 計画経済期の賃金決定においては,「必要に応じた分配」が実現した共産主義社会に移行するだけの生産力を確保する前段階として, まず,「労働に応じた分配」を実現し, 労働者が社会のために提供した労働の量および質に応じた報酬を得るようにすることを原則的考え方としていたことを明らかにした[1]。そして,「労働に応じた分配」原則による生産力向上の具体的な実現方法として, 労働への精神面の奨励により労働の積極性を引き出すことだけでは限界があるとの観点から, 労働者にインセンティブを与えるため, 消費品との交換の道具として, 賃金が一時的な存在として位置付けられていたことを確認した。

　他方, 残された課題として, 市場経済体制導入後の中国において, 計画経済体制の社会主義賃金では存在しなかった「市場」の形成が理論的にどのように捉えられているのか, そして, 資本主義市場経済諸国の賃金決定とはどのような点で差異が存在していると整理すべきなのか, ということがある。これらは, 中国労働法の賃金決定関係法に基づき実施されている個別の施策を説明するための重要な変数といえる。

　本章では, このような問題意識の下, 基礎的考察の二つ目として, 社会主義市場経済体制における中国の賃金に対する理論的な分析を行う。分析の進め方としては, まず, 大前提として, 現代中国法における社会主義的な秩序の存在

　1　庄啓東・袁倫渠・李建立『新中国工資史稿』中国財政経済出版社, 1986年, 10頁。庄・袁・李（前掲汪（1）9頁）は,「労働に応じた分配」は, 資本主義社会が共産主義社会に移行する際の普遍的な規律であると指摘している。

を確認した上で，社会主義体制の賃金の特徴を抽出するため，資本主義体制の賃金との比較検討を行う。その上で，社会主義体制下での市場形成によって生じた社会主義計画経済期の賃金に対する考え方の変容について検討するとともに，現代中国労働法の賃金に対する考え方における社会主義的な特質の所在について明らかにする。

第1節　現代中国法における社会主義的法秩序の存在

　中国の賃金決定関係法における法秩序の複数性を検討するためには，そもそも現代中国法全体として法令の中に複数の方向性が存在しているのかという点を検討しておく必要があるが，この点については，既に序章での検討を経て，現代中国法には一つの法体系の中に異なる法秩序が存在し，また，「党規」が法源性を有するものとして位置付けられていることを確認している。したがって，本節では，社会主義体制に根源を有する理念が現代中国法に継続的に存在しているのかについて，中国国内の先行研究をもとに，より具体的に検討を加えることとする。

1　社会主義的視点からみた権利概念（労働権概念の両面性を例に）

(1)王旭論文（2010）の見解

　社会主義的法秩序の存在を導き出した中国国内研究者の研究状況として，王論文[2]による中国憲法における労働権概念に関する考察を紹介する。王旭（2010）は，「労働権は中国憲法において，生存論の意義における自由権，社会功利主義，そして福祉国家モデルを基礎とする社会権ではなく，中国の革命と建国の意識形態と政治技術の表現であり，中国自体の政治論証方式および（中国独自の）発展変化を踏まえたロジックを有している」とし，労働権は「生存権と政治権の両方に対する承認であ」って，「『82 年憲法』はまさにこの種の承認を実現し，国家倫理精神の自己実現を完成するものである」と結論付けており[3]，

　2　王旭「労働，政治承認与国家倫理──対我国《憲法》労動権規範的一種闡釈」中国法学2010 年 3 期（2010 年），76-89 頁。
　3　王・前掲注（2）88 頁。

「労働権規範の内容は，その言葉の背後にある真実の含意が完全には同じではないため，西側自由主義的立場での基本な権利体系における自由権または社会権によって捉えることできない」[4]と指摘した。権利概念を西洋のいうような個人が生まれながらに有する普遍的価値観としてではなく，資本家との闘争の結果，労働者階級が勝ち取ったものとして整理していることがわかる。すなわち，労働者階級が領導する国家における基本的権利とは，中華人民共和国という共同体の中で保障されている権利であって，社会主義体制による制約が存在していると解している[5]。

　この点，中国憲法学における通説的な考え方によれば，労働権は労働就業権（職業選択の自由や国家による就職支援等）と報酬取得権（国家による最低生活水準の保障）を内容としていると解されているが[6]，その背後にある権利概念のなり立ちまで踏み込んだ研究は十分行われていない。このため，通説は，一見すると西洋的な人権概念と同様の自由権と社会権の性質を有するものとして労働権を捉えているようにもみえてしまう。王旭論文は，こうした研究の現状を批判し，これまで表層的な文言の解釈にとどまっていた労働権の解釈研究を深度化し，社会主義国家の理念が表れている他の関係条文も踏まえて，総合的に解釈する必要性を提示したことに大きな意義がある。

　つまり，「82 年憲法」42 条 1 項の「中華人民共和国公民は労働の権利を有し義務を負う」という規定のみをもって労働権を解釈するのではなく，社会主義的な政治概念を踏まえた形で解釈する必要性を示し，自由主義的権利概念とは異なる価値観の存在を明示した一例といえる。

4　王・前掲注（2）77 頁。
5　小森田秋夫（「旧社会主義諸国における「西欧法」原理の導入　人権」比較法研究 55 号〔1993 年〕，35-36 頁）は，社会主義国における人権は，個人の権利を謳ったフランス人権宣言とは対照的に，階級的・集団的に捉えた「人民」を主体として表現され，人権の範疇は基本権が何よりも社会体制によって保障される以上，この体制を支えるための義務の履行が権利の行使と不可分の関係に立ち，社会体制を否定するような権利の行使は認められない（表現の自由などの制約原理としての社会体制）と整理している。
6　韓大元「第 3 編　基本権利与基本義務」董和平・韓大元・李樹忠『憲法学』法律出版社，2000 年，402-403 頁参照。なお，王旭（前掲注（2）76 頁）論文においても，憲法学界の労働権の性質の主流的考え方は，労働権を自由権と社会権の二重性を兼ね備えているものと解していると紹介している。

(2)王旭論文の示唆

以上の王旭 (2010) の見解は，現代中国の労働関係をはじめとする法令を個別条文レベルで解釈検討する際の有益な示唆を与えている。つまり，条文解釈にあたっては，個人に基づく人権思想による解釈だけで捉えるのではなく，社会主義的概念からの解釈も踏まえて中国における権利を検討すべきという考え方の必要性を指摘している。併せて，個別条文の規定ぶりをみるだけでは，基本的人権や自由といった先進諸国と共通の価値観がそこに表現されているようにみえるが，決してそうではなく，その他関係条文や社会主義政治理念および体制の特殊性も含めて解釈しなければミスリードに陥る危険性もあるということも王旭論文から抽出することができる。

なお，こうした論拠の補足としては，「82年憲法」1条2項において，社会主義制度は中華人民共和国の基本となる制度であって，変更できないものとして規定されている点を挙げることができる。すなわち，あくまで社会主義という政治的概念の制約の範囲内で，市場経済体制を円滑に動かすための法システムが整備されていると指摘できる。中国において，国家の社会主義的性質は改変できない，何人も破壊することができないものとして位置付けられている[7,8]。

2　社会主義政治体制と法令との関係（中国憲法学者の議論状況）

次に，社会主義体制の大きな特徴である党による領導と法との関係性について，中国国内の議論を整理分析する。まず，「82年憲法」1条が規定する「労働者階級の領導」や「人民民主主義独裁（原語：人民民主専政）」という国家体制について，西北政法学院教授の董和平は，我が国の人民民主主義独裁の領導権は党の領導を経て実現されるものであり，実態をみても党の領導によって，国家が無産階級路線，方針および政策を執行することを保証し，労働者階級の領導の下で広く人民の意志を体現し，社会主義路線を堅持できることは明らかとの見解を示している[9]。

また，朱鋒も，労働者階級はその先鋒隊である党によって領導され，中国共

7　肖蔚雲『論憲法』北京大学出版社，2004年，98頁。
8　季衛東『現代中国の法変動』日本評論社，2001年，352頁も，「社会主義という国家体制を変更することはできず，その範囲内での権利が認められている」と指摘している。
9　董和平「第二編　憲法基本制度」董ら・前掲注（6）197頁。

産党が国家の執政党であり，人民民主主義独裁を領導する核心的役割を果たす
ものと解している[10]。さらに，北京大学法学院教授の肖蔚雲は，こうした中国
共産党による労働者階級や国家に対する領導について憲法上規定されていると
いう点を踏まえ，法制作業も党の領導の下に置かれる必要があり，仮に党の領
導から離れることになれば，法制建設は方向を見失うとしている[11]。このよう
に，共産党が固定化された執政党として存在し，国家を領導すべき存在の労働
者階級をさらに領導するものとして位置付けられていることがわかる。

　ここでの検討と序章での整理を踏まえれば，党による一党独裁体制は，法令
を超越した権力システムとして機能しているといえる[12]。すなわち，「党の指
導」規定（82年憲法 序言）は，社会主義的法秩序の統一を基礎付ける根本規範で
あり，憲法の基本権規定をも制約する上位規範と解されている[13]。

3　小括

(1)「社会主義」という法秩序の存在

　本節では，中国における賃金決定関係法令の構造を明らかにするにあたって
前提となる，現代中国法における異なる価値観の存否とその内容の確認を行っ
た。結論から述べれば，現代中国法には自由主義や市場化とは異なる価値観が
確かに存在している。この異なる価値観の柱の一つが「社会主義」であり，そ
の政治理念や国家体制にその源流を求めることができる。社会主義における政
治理念とは端的にいえば，マルクス主義思想（市場不信や階級闘争論），労働者階
級領導の国家理念，政労使の利益一体化論の伝統に基づく価値観である。そし
て，社会主義国家体制とは，共産党一党独裁体制であり，例えば，「党規」の優
位性，市場に対する計画や管理が前提条件として予定されているということで
ある。

　もちろん，現代中国法に社会主義理念や政治体制に基づく価値観が存在して
いるとしても，現状において，市場経済を円滑に機能させるための法令整備の

10　朱鋒主編・王磊副主編『「中華人民共和国憲法」釈義』人民出版社，1993年，9-10頁。
11　肖・前掲注（7）17頁。
12　高見澤磨・鈴木賢（『中国にとって法とは何か──統治の道具から市民の権利へ』岩波書
　　店，2010年，229頁）は，共産党は今後も法を権力維持のための有力な道具として動員し
　　続けるだろうと指摘している。
13　浅井敦「中国憲法保障の問題点」比較法研究55号（1993年），165頁参照。

目的の下，賃金の労使間の個別決定や労働協約を通じた集団的決定，最低賃金制度といった市場経済体制に対応した条文整備が行われていることはいうまでもない。賃金決定についてみれば，法体系の基本的枠組みは市場の存在を前提として構築されており，例えば，私人間の賃金支払いの法規制は，労使間の契約を前提とした規定内容となっている。

　しかし，中国の賃金決定関係法を検討する際には，現に生じている市場経済に対応するための価値観と，国家理念である社会主義的価値観の双方が，法秩序として存在していることを踏まえることが求められることとなる。

(2)その他の価値観

　①分権化による価値観の多元化

　このほか，本研究の直接の射程からは外れるが，中央政府から地方政府への分権化による価値観の多元化も存在しているとされる。例えば，季（2001）は，「分権の結果，地方政府の権限は大きくなり，中央のコントロール能力は相対的に弱体化した。『上には政策があれば，下にも対策がある』といわれるように，中央の法規・政令に対する面従腹背が広く見られ始めた。法秩序の複数性も強化してきた」[14]との見解を示している。具体的事例として「最低賃金規定」の制定過程をみれば，中央法令の施行から全ての省および自治区での地方法規の整備まで 11 年間という相当の時間がかかっており[15]，また，地方法規制定に影響力を有する地方政府幹部の発言内容をみても[16]，中央が制定した最低賃金規定の趣旨に合致しないような現象が生じていることを指摘できる。

　②伝統的な価値観の存在

　さらに，中国の伝統的な関係主義的概念（相互承認による権利承認や国家という強力な第三者による承認）の存在[17]も考慮に入れる必要はあるものの，そもそ

14　季・前掲注（8）349 頁。
15　労働部が 1993 年に「企業最低賃金規定」を制定してから，チベット自治区で最低賃金が定められ，中国国内全ての省，自治区，直轄市で最低賃金制度が実施されるに至る 2004 年まで 11 年間を要した。
16　例えば，広東省では中小企業の人手不足を緩和するための手段として珠江デルタ地域の最低賃金を引き上げていくことに政府幹部が言及しており，高い最低賃金を誘因に他省から出稼ぎ労働者を確保しようとする意図がうかがえる（広東省財政庁「珠三角将提高最低工資標準」〔2010 年 3 月 6 日：http://www.gdczt.gov.cn/topco/2010lh/201004/t20100415_21413.htm（2014 年 9 月 10 日最終アクセス）〕）。

もインフォーマルな概念であるから，果たして制定法ないし個々の条文が伝統的な価値観によるものなのかどうか材料が乏しく判断し難いことが大いに予想される[18]。

このため，中華人民共和国成立以前より古くから存在するこうした伝統的価値観については，検討にあたって一定の注意は払いながらも，基本的には検討の射程の対象外として整理し，自由主義や市場経済の視点とは異なる価値観として最も重要な社会主義的特質からの賃金へのアプローチを中心に据えて，本研究の論を進めることとする。

第2節　社会主義体制と資本主義体制における賃金の比較検討

社会主義市場経済体制における賃金決定について考察するためには，そもそも資本主義体制における賃金と社会主義体制における賃金とは何なのかを明らかにした上で比較検討し，両者の違いを整理しておくことが不可欠といえることから，この点について本節で検討を行う。

17　関係主義的法概念については，季・前掲注（8）や，季衛東「中国の市場秩序における関係と法律」小口彦太編『中国の経済発展と法』早稲田大学比較法研究所叢書25号（1998年），1-32頁が詳しい。季（前掲注・（17））は，関係（主義）的社会について，「関係とは，個人の間に存在する特殊で持続的な絆である。かかる関係を規定する規範が極めて重要な作用を有し，ひいては主導的地位を占める社会」（10頁）と定義し，「関係の規範性の基礎は状況的倫理である。これに対して，法律は普遍に適用すべきフォーマルなルールの体系である」（17頁）としている。

18　中国では制定法の制定背景等は公開されておらず，属人的に蓄積されており，法条文の立法者意思が記録として残されていることはほとんどない。この点，季（前掲注（8）104頁）は，「中国では，立法関係資料がほとんど公にされていないので，継受過程は『ブラック・ボックス』としての性格がより著しい。したがって，過程分析を行う際に特に多大な困難に直面する。このような条件の下に，法発展の諸結果の中で中間的形態を捜して，関わる媒介項を見付け出す手法を採りたい。幸いにしてこのような中間的法形態は，実施細則，暫定条例，最高裁の司法解釈，内部規範群などの形で散らばっており，それらを発掘・整理して，個々の連結環を手掛かりとしながら，継受過程をある程度明らかにすることは十分に可能であると考えられる」としている。

1 社会主義体制および資本主義体制における賃金

⑴資本主義体制における賃金

①労使による賃金決定原則

資本主義体制における賃金について，まず，ILO は「世界賃金報告（Global Wage Report）」で，「被用者と使用者が互いに影響し合って賃金決定する」[19]と述べており，労働市場における労使の賃金決定を原則的な考え方としていることがわかる。そして，賃金水準の決定要因として，「生産性の伸び」と「教育」を挙げ，このうち特に生産性を賃金水準の重要な決定要因と指摘し[20]，「労働生産性の伸びと労働者報酬の伸びとの間の密接な連動を促す方針をより一層重視すべき」[21]と結論付けている。

また，我が国の戦時および戦後の賃金立法および賃金政策の形成に深く関わった金子美雄は，賃金の性格は基本的に「労働力の使用価値」[22]であり，賃金決定について，「正常な経済状態においては，事業間の競争や雇傭の移動がこの（賃金）不均衡の自然的調節をなし，経営者自身も，利潤の一部は，設備の改善や拡充や研究に留保するであろう」[23]との見解を示すとともに，「労働生産性と賃金水準との関連性は，企業における賃金問題として，すこぶる重要な問題である」[24]とし，直接的ではないものの，賃金決定における労働者の労働の質と量の重要性を指摘している。

そして，賃金論に関する著作を多数残している舟橋尚道は，賃金とは労働の価格であり，労働力の価値あるいは価格の転化形態であり，現象形態であると定義し，労働時間の長短や労働者がよく働いたかどうか，すなわち労働力の使用価値（価値を生む力能）に比例して決定されることになるとの見解を示している[25]。さらに，内閣府経済の好循環実現検討専門チーム中間報告（2013）では，

---

19 ILO. *Global Wage Report 2008/09 Minimum wages and collective bargaining: Towards policy coherence.* p. 33.
20 ILO. *Global Wage Report 2010/11 Wage policies in times of crisis.* p. 54.
21 ILO. *Global Wage Report 2012/13 Wages and equitable growth.* p. 62.
22 金子美雄『賃金論ノート』労働法令協会，1952 年，230 頁。
23 金子美雄・前掲注(22)93 頁。
24 金子美雄・前掲注(22)81 頁。金子（前掲注(22)181 頁）は，「一国の経済政策において，労働生産性の向上と賃金水準の向上とが目的的に結びつくと共に，これが具体的に企業における賃金決定の場において実践されなければならない」としている。

賃金決定について，「資本主義経済において賃金は市場の需給調整あるいは労使間の個別の交渉を通じて決定するものである」[26]とされている。

　これらの見解を勘案すると，資本主義体制における賃金は，労働市場の供給側（労働者）と需要側（使用者）との間での賃金決定を基本形態として想定していることは明らかである。つまり，賃金は労働需給の状況，労使交渉，そして労働者の労働の質と量によって評価され，使用者から賃金として支払われることが原則となる。なお，当然ながら私有経済が基本原則となるため，生産設備等の生産手段は使用者によって所有されており，使用者と使用従属関係にある労働者の所有には属していない。

　このように，資本主義体制における賃金決定は，「労働者と使用者間の自由な取引（契約の自由）に委ねられ」ているが，それは「経済情勢や労働市場の状況によっては著しく低額な賃金による労働関係が出現する」ことを意味し，「そのような賃金額は，労働者の生活を困難にするのみならず，経済社会全体に諸種の悪影響を及ぼすこととなる」のである[27]。そこで国家は，労使間の交渉力の格差や低賃金労働の是正を目的として賃金についての労働者保護に関する法政策を実施する（いわゆる保護主義）[28]。こうした「分配の程度は，規範的および経済的理由の両面から極めて重要であり，労働市場の不完全性に対する政策介入が必要と主張されて」[29]おり，この結果，「世界中の全ての政府は，社会的に望ましいか，道徳的に受け入れ可能か，または自国の社会正義の考え方に合致する結果を生み出すために，市場の失敗を是正する賃金政策を実施」[30]することとなる。

　②賃金決定に対する国家規制の手段

　ILO「世界賃金報告」によると，国家による賃金政策の主なものとして，団体

25　舟橋尚道『賃金論研究』時潮社，1965 年，113，118-119 頁参照。
26　内閣府「経済の好循環実現検討専門チーム中間報告」2013 年，11 頁。
27　菅野和夫『労働法（第 10 版）』弘文堂，2012 年，310 頁。
28　向山寛夫（『中国労働法の研究』中央経済研究所，1968 年，449 頁）は，資本主義国における保護主義について，国家が原則として生産を直接に管理することなく労働者が生産を直接に管理する資本家によって圧迫，搾取されているのであるから先ず労働者を保護する必要があるという立場と説明し，社会主義国の生産主義とは因果関係の倒置が存在していると解している。
29　ILO・前掲注(20)p.53。
30　ILO・前掲注(19)p.33。

交渉の促進と最低賃金という二つの手段が特に重視されている[31]。まず，団体交渉については，それが「賃金決定の最も効果的な方法であるという原則を重ねて言及すべきであり」[32]，「団体交渉の役割は弱い立場にある労働者の保護を大きく上回」り，「実際に最低賃金の実施よりも広い範囲の労働者の利益になる」[33]としている。そして，団体交渉の効果を最大化するため，拡張適用や賃金協定の積極的調整により最大範囲の労働者をカバーする制度を設計することが重要であるとしている[34]。

　次に，最低賃金制度については，その水準は「最も弱い立場にある労働者を保護するためにできる限り維持すべき」[35]であり，「最低賃金はほとんど普遍的な政策手段となっており，ILO 加盟国の 90％以上で実施されている」[36]。また，最低賃金は労働組合の補完的な役割を果たすことができるとしている[37]。

　もちろん，資本主義先進諸国において，法令に基づくものと基づかないもの含め，いわゆる所得政策として，労使の賃金交渉に対し，政府が話し合い方式，誘導方式，規制方式といった手法を用いて関与した事例がある[38]。例えば，欧米諸国では，団体交渉制度や最低賃金制度の実施のほか，過度の賃金上昇を抑制し物価安定のため所得政策を採ることがあった。1960 年代に入ると物価安定と高度成長を両立させ，スタグフレーションから脱却するために所得政策を採用する国が次第に多くなったのである[39]。1982 年のオランダにおいて，政労使間で「ワッセナー合意」が締結され，労働組合は賃金抑制に協力し，企業は雇用確保や時短に努力する一方，実質雇用者所得の減少を緩和するため政府が減税等を実施したことはその代表例といえよう[40]。なお，労使の賃金決定に対

31　ILO・前掲注(19) p. 60。
32　ILO・前掲注(19) p. 61。
33　ILO・前掲注(19) p. 46。
34　ILO・前掲注(20) pp. 59-60。
35　ILO・前掲注(19) p. 60。
36　ILO・前掲注(19) p. 34。
37　ILO・前掲注(20) p. 63。
38　日本銀行（「欧米諸国における所得政策」調査月報 3 月号〔1974 年〕，6-7 頁）の分類によれば，①話合い方式とは，政府が全面に出ることなく労使が主体となって自主的に国民経済的見地から賃金・配当・利潤等の規制を行うもの，②誘導方式とは，政府が直接関与して賃金・配当・利潤等にガイドラインを設定し，それを労使に守らせるよう誘導するもの，③規制方式とは，大統領令命令，法律，政令，勅令などによって強制的に賃金・配当・利潤等を抑制するもので，政府は規制を守らない企業，労働組合に対しては罰金等の制裁を加える権利を有する場合が多いとされる。
39　日本銀行・前掲注(38) 1 頁。

する直接介入の目的について，金子（1952）は，「世界各国の例に徴しても，賃金統制の決定的重点はインフレーション対策であり，殊に生産コストとして物価上昇の抑制手段として用いられたことは疑いない事実である」[41]と述べ，低賃金労働者に対象を限定しない賃金決定への直接介入は，物価対策の観点から行われてきたと指摘している。

このように，資本主義国家においても賃金決定への直接的な政府介入が存在していることは確かである。しかし，ここで注意しなければならないのは，賃金の決定過程に対し政府が直接介入することは自由主義の理念からも好ましくないという見方も根強く，特に規制方式は資源の効率的配分を損ない，自由な経済発展そのものを阻害する結果になりやすく過渡的ないし緊急避難的措置としての性格をもつものと捉えられているということである[42]。補足的に，日本についても確認しておくと，団体交渉を賃金政策の一つと捉えないことを前提とした整理となるが，金子良事は「歴史上，日本に賃金政策が存在したのは戦時期から敗戦直後の賃金統制の時期だけであり，今では賃金統計の作成と最低賃金を唯一の例外として存在していない」[43]としている。

したがって，資本主義体制における賃金は，市場の需給および労使の自主的な賃金交渉による賃金決定が大原則とされ，本来的にはこれらに対する政府の関与は抑制的であるべきと考えられていると結論付けられる。

⑵社会主義体制における賃金

①「労働に応じた分配」原則に基づく賃金決定

資本主義体制における賃金に対し，市場における自由競争を完全に排除したものとして社会主義体制における賃金が存在する。そこでは，労働者の提供する労働を市場で評価するのではなく，労働の質と量で評価し，賃金という形を通じて分配する（労働に応じた分配）。すなわち，「労働に応じた分配」規律の定義とは，個々の労働者の労働報酬が彼の提供した社会労働の数量と質量に対応

40　内閣府「世界経済の潮流　2002年春」2002年，43頁参照。本合意は，1992年に今後も維持されることについて再度合意がなされている。
41　金子・前掲注(22)98頁。
42　日本銀行・前掲注(38)2，14頁参照。
43　金子良事『日本の賃金を歴史から考える』旬報社，2013年，140頁。

するものでなければならない[44]。したがって，社会の総生産物は，提供された労働に応じてそのまま労働者に分配され，資本家・使用者の取り分（利潤の配分）は想定されない。労働市場は存在せず，労働者も生産のための設備も国家によって統一的かつ計画的に管理配分されるため，労働需給の変動による労働報酬への影響は生じない。つまり，「労働に応じた分配」は社会主義公有制によって基礎付けられていることがわかる。

　この点，ソ連や中国を中心に社会主義計画経済におけるマルクス主義の果たす重要性を念頭に分析を行った Michael Ellman は，このような社会主義計画経済における労働分配の在り方について，「市場経済では，労働力が仕事の供給可能性に合わせなければならないが，社会主義計画経済では，労働の供給可能性に合わせて仕事が供給されているのではないか」と分析している[45]。換言すれば，資本主義市場経済では，往々にして労働需要側（使用者側）が優位に立って必要な労働者数を雇用するため失業の可能性があるが，社会主義計画経済では労働供給量に応じて仕事が存在することとなり，失業者は存在しないと整理されるのである。

　また，社会主義における「労働に応じた分配」は，生産拡大のための過渡的なものとして位置付けられている。すなわち，社会主義国家は，最終的には「必要に応じた分配」が実現した共産主義社会への移行を目指している。よって，共産主義社会に移行するまでの過渡期においては，労働者が提供した労働の質・量により賃金差が生じることは是認される。これは賃金差によって労働者の生産への積極的参加に関するインセンティブを与える趣旨であるが，あくまで必要な消費品の生産・供給能力を備えるまでの暫定的な原則として位置付けられる。なお，賃金差が生じることが許容されているとはいっても，中国の例でいえば賃金等級の 1 ～ 8 級までの差は 3 倍程度であり[46]，比較的平等な分配が重視され無償労働が奨励されていた[47]。

44　王志平・曹麟章・銭世明・童源軾『工資理論和工資改革』上海社会科学院出版社，1984年，2頁。
45　Michael Ellman（1989）.SOCIALIST PLANNING.Second edition: Cambridge University Press, p. 188.
46　第 1 編第 1 章の注(111)を参照されたい。
47　Michael Ellman（前掲注(45)p. 215）は，国家社会主義諸国の政府において，完全雇用と比較的平均主義な所得分配は所得政策の重要な側面であり，これらの政策の淵源は政府のプロレタリア的性格にあるとしている。

②市場の役割の否定と国家による賃金決定

国家による報酬の統一的な分配とは，市場に対する不信と否定に対する社会主義体制の回答であり[48]，国家が市場に代わって国民経済の計画的な管理・調整を行い，生産力向上を目指すという目的の下で，正当化されている。具体的には，賃金計画の提出義務や賃金上昇ラインの設定等の賃金総額管理というマクロ領域においても，賃金等級制度の設定というミクロ領域においても，国家が賃金を決定し管理する。すなわち，国家が生産資源の配分と生産計画，それに応じた労働者配分および賃金計画を立案する。

また，社会主義計画経済国家における計画とは，一党独裁の下で計画が立案された上で，党に一元的に組織された企業と労働組合という体制において，順次下部組織に伝達命令されていく。このため，資本主義諸国の指示的な計画とは異なり，経済関係者を拘束する指令の形を採る[49]。そして，生産に参加した労働力の回復に関しては，生産主義の立場を採る。すなわち，労働者が必要な消費品を購入するために報酬や休息が与えられるのであって，国家が使用者なのであり，搾取からの保護という考え方は採られない[50]。

2　両者の比較

ここまでの検討結果を踏まえると，一方で，資本主義体制における賃金と社会主義体制における賃金との間には，根本的差異が存在しているのは確かである。他方で，両者には外形的な類似も認められるようにもみえる。そこで続いて，両者について比較を行い，本質的な部分での差異とは何かを整理する。

⑴外形的類似の存在

①貨幣による賃金の支払い

外形的な類似としては，まず，貨幣を用いた賃金の支払いという点が挙げら

48　社会主義賃金論は，資本主義賃金に対する優越性を示し批判的な意味合いを込めて，「生産の無政府性」として表現している（海道進『賃金論原理──資本主義と社会主義の賃金』同文館，1983年，24頁参照）。
49　Michael Ellman・前掲注(45) p. 24。
50　向山寛夫（前掲注(28)449頁）は，社会主義国における生産主義について，国家が直接に生産を管理し，労働者は，もはや，資本家によって圧迫，搾取されず，しかも国家の主人公であるためにまず国家の生産活動に積極的に参加するべきであるという立場に立つものと説明している。

れる。すなわち，労働者が提供した労働に対する報酬を賃金という形態によって支払うという意味で，両者には類似性がある。

②労働の質と量の評価による賃金決定

また，労働の質および量を評価して賃金を決めるという部分についても，両者で一致している。すなわち，社会主義計画経済においては，純然たる労働の質および量の評価であり，資本主義市場経済においては，労働市場の需給調整や労使間の交渉による賃金決定が行われるが，ILO の「世界賃金報告」の記述に象徴されるように，その決定にあたっては生産性と賃金との連動が重視されている。したがって，労働の質（職業能力）および量（労働時間）が賃金決定の重要な考慮要素であるという点において，外形的な類似性が認められる。

③賃金決定への国家に対する関与の存在

さらに，程度の差こそあれ，両者とも市場に対する国家の関与が存在している。すなわち，資本主義体制の賃金では市場の存在を前提としつつ，その失敗を是正するために，最低賃金制や団体交渉の推進といった国家の事前ないし事後の規制や環境整備が行われる。また，賃金決定に際して賃金額の下限を設定したり，所得政策として労使交渉に政府が直接関与したりするケースもみられる。他方，社会主義体制の賃金では，そもそも市場というものに対して否定的な立場に立った上で，政府が市場に代わって賃金配分と管理を行う。ただし，いずれにしても，市場だけに賃金決定を委ねていないという点において，外見上の類似性がある[51]。

④考察

以上のとおり，①貨幣を用いた賃金の支払い，②賃金決定の評価要素，③賃金決定への国家関与，について，外形的には類似性がうかがえる。しかし，社会主義の理念および体制を交えた視点で観察すれば，資本主義体制における賃金とは異なる特質が当然に浮かび上がってくる。端的にいえば，①については

---

51 海道進（前掲注(48)70頁）は，「社会主義のもとにおける最低賃金水準の設定は，労働力の再生産を確保するための社会的・国家的制度であって，資本主義国における最低賃金制度と形式的に外見上類似しているが，それにもかかわらず，社会主義的な独自の性格をもつ。その賃金水準は，労働力再生産の社会的確保の原則を基礎とし，社会全体として統一的に決定され，物質的生産力の発展とともに計画的に上昇する性質を持つ」と述べている。社会主義国家における最低賃金制度の本旨は使用者によって搾取され得る労働者の保護としてではなく，労働力再生産のためのものと整理されていることがわかる。

賃金が過渡的な存在かどうか，②については市場や労使交渉が存在しているかどうか，③については市場に対する評価が否定的かどうかということである。

(2)本質的差異の所在

ここまでの検討を踏まえると，資本主義体制の賃金と社会主義体制の賃金との間の本質的な差異は以下の2点に集約できる。

①生産手段の所有関係の違い

第一に，生産手段の所有関係が異なっている。社会主義制度下の賃金と資本主義体制の賃金は根本的に違っており，前者は生産要素の公有制を基礎としている[52]。

すなわち，社会主義計画経済においては私的所有関係が存在しないため，使用者と労働者との階級対立は存在しない。労使間の利益は対立せず一体化していることから，いわゆる資本家の労働者からの搾取は存在しないものとされる。こうした社会主義の賃金原理について，海道進は「社会主義のもとでは，生産諸手段の社会的所有によって私的資本家は存在せず，したがって労資の対立関係は消滅しており，生産諸手段は資本として機能せず，賃金にたいする資本の圧力は作用しない」と表現している[53]。

他方，資本主義市場経済体制においては，公有・公営・公共的消費といった公的領域は確かに存在するが，使用・収益・処分を自己責任の原則で行う「私的所有」の機能が根本的に重要な位置を占めている[54]。

②市場による調整の有無

第二に，労働需給関係が存在しているかどうかという点である。資本主義経済においては，価格は需要と供給によって決まり，賃金も価格であるため，労働需要より労働供給が多ければ賃金は下がり，逆に，労働供給よりも労働需要が多ければ賃金が上がるということをベースとしている[55]。

他方，社会主義においては，資本主義市場経済では当然存在する労働市場に

52　土ら・前掲注(44) 8 頁参照。
53　海道・前掲注(48) ii 頁。
54　猪木武徳『戦後世界経済史——自由と平等の視点から（第12版）』中公公論新社，2011年，331頁。
55　金子・前掲注(43) 128頁参照。

よる需給調整の代わりに，国家が一元的に生産資源の配分から労働者への賃金配分まで計画的に決定し管理する。資本主義国では大前提となる「労働力の自由市場は存在しない」[56]のである。逆に「生産の無政府性」として，社会主義と資本主義の本質的な差異を示すものとして捉えられることとなる。このため，失業者は社会主義賃金の下では存在しないものとして，概念上は整理される。

③先行研究者の見解と結論

社会主義的貨幣の特性と賃金について，伊藤誠は，「自由な市場経済での貨幣の価値尺度機能はなく，価格体系の決定は，中央計画機関が費用計算にもとづき，費用項目を積み上げて決定」しており，「労働賃金の形態も，自由な労働市場での労働力商品の売買関係を示すものではなく，むしろ社会的な生産物やサービスへの労働に応じた請求権」として，「基本的には国家から受けとり，国家の提供する財やサービスの対価として国家に還流するものとなっていた」と指摘している[57]。また，海道 (1982) も，「社会主義賃金は剰余価値法則や利潤の法則によって支配されず，景気変動，不況，失業の影響をうけない。また，…(中略) …自由競争の外在的共生法則，労働力の需給の法則にも左右されない」との見解を示している[58]。

さらに，Ellman (1989) も，社会主義者たちが伝統的に計画経済の賛成論を唱えてきた理由は，生産の無政府性が存在しないことと階級闘争が存在しないことの2点にあるとしている[59]。そして，猪木 (2011) は，社会主義計画経済の致命的な欠陥として，「努力を評価し報酬に結び付ける『非人格的な』市場のような装置が欠落している」点を指摘するとともに[60]，社会主義計画経済システムの破綻は，経済社会において「私的所有」の機能や，競争をベースにした労働への報酬制度と勤労意欲の関係が生産システムにとって重要であることを認識させたとの見解を示している[61]。

以上を踏まえれば，社会的所有による私的所有関係の排除および生産と配分への国家の直接的な関与による市場原理の排除が，資本主義体制における賃金

56　王ら・前掲注(44)56頁。
57　伊藤誠『市場経済と社会主義』平凡社，1995年，63頁。
58　海道・前掲注(48)ⅱ頁。
59　Ellman・前掲注(45)p.8。
60　猪木・前掲注(54)320頁。
61　猪木・前掲注(54)331頁参照。

と社会主義体制における賃金との本質的違いと結論付けることができる。

④補論：中国労働法学者の見解

さらに，中国の労働法学者が資本主義賃金と社会主義賃金の両者を定義付ける際にも，同様の結論が導かれている。具体的には次のとおりである。

まず，数々の労働立法に携わった史探径教授は，「資本主義の賃金は労働力価値の貨幣表現，すなわち労働力価格である。労働者は資本家に雇用され，自己の労働力を提供し，資本家のために労働し価値を創造する。資本家は労働者に労働者の労働が創造した価値よりとても低い賃金を支払う。労働者の労働は労働力価値を生産する以外にも資本家のために剰余価値を創造する。賃金の見せかけの姿は資本主義の搾取関係を覆い隠してしまう」とし，他方，「社会主義の賃金は労働者と職員が得る労働報酬の基本形式である。社会主義制度の下での賃金は労働力価格ではなく，職員・労働者の提供する労働量・質に応じて貨幣形式で支払われる労働報酬である」と定義している[62]。史 (1990) の見解をみると，純粋な社会主義における賃金は，労働市場によって決定される労働力価格が存在しないことを前提とし，搾取関係の有無も両者の違いとして指摘していることは明らかである。

次に，中国人民大学労働人事学院の常凱教授も，「計画経済の下では，分配は平均主義であり，労働者と経営管理者は経済収入や経済利益の上で大きな差はなかった。しかし，市場経済の下では分配は生産要素の機能と作用によって決定され，労働者の収入は労働報酬となり，経営者の収入は労働報酬のほか一定額の利益配分からなることとなった」[63]とし，計画経済と市場経済における賃金との違いとして，労働者と経営管理者との賃金差の許容を指摘するとともに，「計画経済では，労働者は生産要素の身分で報酬を得ていたのではなく，国家と企業の主人公の身分で報酬を得ていた。市場経済では，労働者は生産要素の身分で労働力市場に入っていくこととなった。市場経済下の労働分配の主要形式は賃金である。賃金基準は多種多様な要素で決まり，主に労働力市場の需給状況，社会と企業の労働生産性および労資双方の力量の対比といった要素があ

62　史探径『労働法』経済科学出版社，1990，122頁。
63　常凱「第1章　導論」常凱主編『労動関係・労動者・労権——当代中国的労動問題』中国労動出版社，1995年，18頁。

る」[64]とし，資本主義市場経済の賃金と社会主義計画経済の賃金との相違を労働市場の有無，所有関係の性質や労働者の性質の違いにあると定義している。

さらに，袁守啓は，社会主義市場経済と資本主義市場経済の違いについて，第一に所有制，すなわち，社会主義市場経済は公有制を主体としている点にあり，第二に公有制を主体としていることに対応した「労働に応じた分配」原則が主で，共同富裕を原則としていることにあるとしている[65]。

3　小括

本節では，社会主義市場経済体制を採用する現代中国労働法における賃金を明らかにする前段階として，資本主義体制における賃金との比較を通じて，社会主義計画経済期における賃金の特質について検討した。検討結果を踏まえると，社会主義計画経済期の賃金論の根底には，私的所有関係の排除と公有制の確立，市場原理の排除と政府の管理といった原則が存在しており，これらが資本主義体制における賃金との本質的な違いであると整理することができる。そして，外形的には類似性がうかがえるものとして，貨幣を用いた賃金の支払い，賃金決定の評価要素，賃金決定への国家関与を指摘した。しかし，これらの外形的類似が認められるものの，資本主義体制におけるそれとは理念上，異なる位置付けとされていることを確認した。

すなわち，社会主義体制において賃金は，あくまで過渡的な存在として位置付けられている。また，賃金決定の評価要素には，使用者の取り分は想定されず，労働需給による影響がなく，純粋に労働に対応した賃金の支払いが目指されている。国家の賃金管理についても市場不信，公有制の優位性の考え方が根底にあり，このため管理が正当化されるというように，資本主義市場経済国家とは原則と例外が倒置された格好となっている。

以上を踏まえれば，「社会主義」という理念と政治体制は維持したまま，「市場経済」という体制を選択した中国の賃金には，資本主義市場経済国家とは異なる特殊性があると推論することが可能である。

64　常凱「第2章　労権保障」常主編・前掲注(63)63頁。
65　袁守啓『中国的労動法制』経済日報出版社，1994年，2-3頁。

第2章　社会主義市場経済体制における中国の賃金に関する理論的考察 | 099

第3節　現代中国における賃金についての検討

　第2節で資本主義体制および社会主義体制における賃金について検討した。そこで，本節では，両体制の賃金の相違を念頭に置きながら，「社会主義市場経済」という特殊な体制を採用した現代中国の賃金をどのように捉え，整理すべきなのかを明らかにすることを目的とする。

　このため，まず，賃金について，社会主義計画経済から社会主義市場経済への移行時に，これまでの社会主義体制の考え方との継続性を理論的にどのように確保し，また，社会主義市場経済体制と資本主義市場経済体制との区別をどのように付けることとしたのかをみていく。その上で，特に社会主義市場経済における計画管理と資本主義市場経済体制における計画管理との間の差異について明らかにする。最後に，社会主義的観点から，社会主義市場経済体制における中国の賃金の理念的特質を抽出する。

1　商品経済の導入と市場形成に向けた理論の再構築の過程

⑴市場原理の導入に伴う党の議論

　市場経済体制への転換に伴い，賃金決定領域での大きな変革が実行に移されたが，これを支える理論，すなわち，社会主義における市場の形成についてどのように整理し，再構築したのかについて，関連規定等に基づき検討する。なお，中国の場合，思想的転換を伴う経済制度の大きな改革にあたっては，過去の賃金改革の歴史をみても，法源性を有する「党規」が先んじて出され，その後，制度の実施，定着の局面で労働行政部門が関連法令や通知を制定するという関係性がある。改革開放期における改革も，同様に党がリードして行っていることから，ここでいう「関連規定等」は党の文書等を主として意味している。

①市場調整機能の補完的導入

　1978年末の党第11期中央委員会第3回全体会議後に鄧小平が，社会主義＝計画経済ではなく市場調整等を重視しなければならないという思想を提出した[66]。その後，1982年9月に開催された党第12回全国代表大会において，胡耀邦（当時党主席）が行った報告（以下「胡報告」という）[67]では，「計画経済を主と

し市場調整がこれを補完する原則の徹底」を基本的な方向性として，「指令性計画，指導性計画，市場調整それぞれの範囲と限界を正確に区別し，…（中略）…労働制度や賃金制度の改革を行う」ことが示され，あくまで公有制を基礎とする計画経済を主体とし，市場による調整は一定の範囲にとどめることとされた。

また，「胡報告」は，今後，市場調整機能の発揮に継続的に注意を払いつつも，国家計画による統一的な領導を軽視し緩和することは絶対に認められないことも指摘している。この段階では，鄧小平の主張はそのまま反映されず，計画経済が主であり，市場調整が従であるとの方針が示された。

②社会主義体制と商品経済の整合性確保のための理論構築

しかし，序章第5節の7で触れた労働契約制度導入の約2年前にあたる1984年10月に，党の正式な決定として，党中央委員会は「経済体制改革に関する決定」（以下「経済体制改革決定」という）[68]を示している。本決定は，過去の社会主義建設の正負両面を総括しつつ，マルクス主義基本原理を中国の実情と結合させ，国内経済の活性化と対外開放方針を徹底して経済体制を改革し，社会主義現代化建設の新局面を創るとの方針を明確化した（同決定前文）。

具体的には，現行の経済体制の問題として，現行体制は生産力発展の要求との関係で適当ではない硬直的なモデルが形成されてしまっており，商品生産や価値法則，市場機能を軽視し，分配における平均主義が甚だしい等の弊害があり，社会主義経済の活力を大きく削いでいる旨指摘し，経済改革の必要性を示した（同決定2章）。その上で，社会主義経済は公有制を基礎とする計画性のある商品経済であると定義し，社会主義商品経済を十分に発展させることで初めて企業の効率性を向上させ，柔軟性に富む経営を実施し，迅速に社会の需要に応えられるとし，行政手段や指令性計画のみではこうした目的は達成できないと結論付けている（同決定4章）。

しかし，商品経済の広範な発展はある種の盲目性（資本主義社会における生産の無政府性状態）を生み出すことが予想されるため，計画的な指導，調整，行政

66　人民網（人民日報）「歴史節点：建立社会主義市場経済体制」（2007年10月11日：http://cpc.people.com.cn/GB/104019/104740/8150356.html〔2014年11月3日最終アクセス〕）。
67　人民網「胡耀邦在中国共産党第十二次全国代表大会上的報告（1982年9月1日）」（http://cpc.people.com.cn/GB/64162/64168/64565/65448/4526430.html〔2014年11月3日最終アクセス〕）。
68　中国共産党中央委員会「関於経済体制改革的決定」（1984年）。

による管理を行わなければならず，これは（公有制を基礎とし搾取制度が消滅している）社会主義条件の下で実行可能であるとした（同章）。すなわち，計画経済と価値法則の実施や商品経済の発展は，相互排他的なものでも，対立的なものでもなく，社会主義現代化のために必要不可欠なものとして整理したのである（同章）。そして，社会主義経済と資本主義経済の区別は，商品経済が存在しているかどうかや価値法則が機能しているかどうかではなく，所有制の違いや搾取階級が存在しているかどうか，労働者が国家の主人公であるかどうか，どのような生産目的のために服務しているのか等にあるとした（同章）。

このように，「経済体制改革決定」は，資本主義と社会主義の市場には違いがあることを理論的に考察して，商品経済を採用するとしても社会主義国家理念と矛盾が生じるものではないと整理したのである。

③生産発展に資する私有経済の許容

1987年10月の党第13回全国代表大会では，「経済体制改革決定」の考え方を踏襲し，党の最高責任者である中央委員会総書記の趙紫陽が報告を行った（以下「趙報告」という）[69]。以下，「趙報告」を要約すると，まず，経済体制の改革の理論的な整理については，「公有制を主体とする多種多様な所有制経済を発展させ，私営経済の存在と発展を許容することは，全て社会主義初級段階の生産力の実情を踏まえて決定されるものであ」り，「このようにすることによって初めて生産力の発展を促進することができる」とし，あくまで社会主義初級段階における生産力の向上という目的をいち早く実現するための手法として私有経済をあくまで一時的に「許容」することとして立論している。また，「金融市場，債券市場，株式市場，労務市場等は社会化大生産と商品経済の発展に伴い必然的に出現するものだが，資本主義のそれではな」く，「社会主義はそれらを利用して自身に服務させることができるし，させなければならず，併せて実践の場面でその消極的な作用を制限する」とし，労働市場を含めた各種市場をあくまで社会主義実現に資するという前提の下で認め，この目的に反するような場合には制限を受けることとしている。

69　人民網「趙紫陽在中国共産党第十三次全国代表大会上的報告（1987年10月25日）」（http://cpc.people.com.cn/GB/64162/64168/64566/65447/4526369.html〔2014年11月3日最終アクセス〕）。

さらに，「趙報告」では，「社会主義計画的商品経済体制とは，計画と市場を内在的に統一した体制」であるとして，以下の基本概念を示した。

①計画調整と市場調整の二つの形式と手段を運用する。ただし，社会主義商品経済の発展には市場の育成と完成が不可欠だが，市場調整手法の活用は資本主義を実施するということと等しくはない。

②指令性計画を主とする直接管理方式では，社会主義商品経済発展の要求に応えることができない。このため，漸進的に指令性計画の範囲を縮小し，国家の企業に対する管理から漸進的に間接管理を主とする方式に転換する。

③新たな経済システムは，国家が市場を調整し，市場が企業を引導するシステムである。国家は経済手段，法律手段と必要な行政手段によって市場の需給関係を調整し，適切な経済社会環境を創造することにより，企業が正しく経営上の決定を行えるよう引導する。

これらの基本概念に則り，社会主義市場体系の形成，間接管理を主とするマクロ経済調整体系への漸進的な移行，公有制主体を前提とする多様な所有制経済の発展，「労働に応じた分配」を主体とした多様な分配方式と正しい分配政策の実行を柱とする経済体制改革が進められることとなった。

④ 1993 年の憲法改正による計画経済条項の削除と社会主義市場経済体制の導入

1992 年には鄧小平が，上海や深圳等を視察した南巡講話において，「計画経済＝社会主義ではなく，資本主義にも計画はあり，市場経済＝資本主義ではなく社会主義にも市場はある。計画と市場はいずれも経済手段である」と指摘し[70]，これを受けて，1992 年 10 月に開催された党第 14 回全国代表大会の江沢民の報告において，中国はいまだ社会主義初級段階にあり，少なくとも 100 年はその段階が続くと前置きした上で，「経済体制改革の目標は社会主義市場経済を打ち立てることにあり，これは生産力のさらなる解放と発展に有益であ

70　人民網・前掲注(66)。

り」，「社会主義市場経済は社会主義基本制度と結合するものである」と表明した[71]。すなわち，過渡的位置付けである社会主義初級段階において，生産力の発展のために市場経済体制を採用することを明示している。

そして，これらの結果として，1993 年の「82 年憲法」改正により，「国家が社会主義市場経済を実施する」ことが中国の経済体制の基本方針とされ，それまで規定されていた「社会主義公有制を基礎とする計画経済を実施する」との明文がなくなることとなった（15 条）。

⑵社会主義経済体制における市場形成の理論上の位置付け

①過渡期としての市場経済の導入

ここまでの検討を踏まえると，まず，社会主義における市場の導入をめぐる理論の再構築については，マルクス主義の目指す「必要に応じた分配」を満たすだけの生産力を社会全体で備えるため，あくまで過渡期における手法として市場経済を導入したと整理したことがわかる。すなわち，労働市場を含めた市場は，少なくとも理論上，あくまで社会主義の理想実現のための手段として許容されているのであって，資本主義経済体制のように所与の存在ではなく，社会主義初級段階から次のステップに移行するために必要な範囲内で，市場機能の発揮が求められているといえる。

このことは，前述のいずれの党の文書も公有制を主体とする経済を採用する旨記載していることや，「82 年憲法」6 条 1 項で「社会主義経済制度の基礎は生産手段の社会主義公有制」であり，同条 2 項で「国家は社会主義初級段階において，公有制を主体とする」と規定[72]していることからも裏付けられ，中華人民共和国にとって市場は過渡期における一時的な存在として理論的に整理されていると考えられる。このような考え方は，董（2000）が「82 年憲法」に規定する公有制と非公有制経済の関係について，非公有制経済の存在と発展は，社会主義公有制にとって有益でなければならないという大前提の下で許容されるので

71　人民網「江沢民在中国共産党第十四回全国代表大会上的報告（1992 年 10 月 12 日）」（http://cpc.people.com.cn/GB/64162/64168/64567/65446/4526311.html〔2014 年 12 月 23 日最終アクセス〕）。

72　中華人民共和国国家統計局『中国統計年鑑　2013』中国統計出版社，2014 年によれば，2012 年の都市部就業人口 3 億 7,102 万人のうち，国有単位は 6,839 万人と全体の約 2 割にとどまっており，実態上は私営経済が主体の経済構造となっているといえる。

あり，非公有制は社会主義公有制を補充するものとしてのみ存在し，その発展
程度と範囲は制限されるのであって，自由な発展，無限定の拡大，そして社会
主義公有制の法的な主導的地位との衝突は絶対に許されないとしていることか
らもみてとれる[73]。また，肖（2004）も，「82年憲法」6条について，中国が社
会主義公有制を基礎とする経済制度の建設を表明する旨の規定であると解して
いることからも明らかである[74]。

②社会主義市場経済体制下における市場の特質

次に，資本主義経済における市場との差異，すなわち社会主義体制という前
提条件が存在していることによる差異が問題となる。まず，政治理念上の差異
としては，先に述べた主体とする所有制の違いのほか，労働者が国家の主人公
として位置付けられていること，搾取階級の不存在，労働者が「必要に応じた
分配」が実現した社会への移行という目的意識をもって生産に従事しているこ
とを整理できる。

そして，政策手段における差異としては，社会主義政治体制と一体となった
計画管理の存在が挙げられる。この点，指令性計画は漸進的に縮小され，国家
は市場への間接的な管理を主とする体制へ移行する旨の方針が示されているこ
とは先に紹介したとおりだが，政治体制において党が独裁する体制や，共産党
傘下にあり一元的な労働組合組織である工会を通じて党が指導する体制が維持
されていること，そして，賃金決定領域でいえば，「賃金指導ライン（原語：工
資指導線）」の設定等の賃金管理が法制度として継続的に行われていることを踏
まえると，やはり，資本主義経済の市場に対する考え方との違いが政策手段に
も現れていると整理できるのではないか。

以上の点については，次においてさらに深く検討することとしたい。

2　社会主義市場経済における計画管理の性質

⑴社会主義計画経済体制における計画

①計画による市場の代替

社会主義国家における計画は，国家が設定した経済指標の諸数値の目標達成

73　董・前掲注（9）286頁。
74　肖・前掲注（7）570頁。

に向けて，資源の配分を国家が一元的に管理するための手段として立案される
ものである。したがって，計画化は，生産手段を国有化し，国家が市場に代替
する役割を担う社会主義国にとっては必要不可欠なものとなる。具体的には，
Ellman (1989) は，社会主義計画経済の伝統的モデルの主な特徴として，「生産
手段の国家所有，政治的独裁，一元的な階級システム，命令的計画化，物的計
画化」を挙げている[75]。また，董 (2000) は，計画経済とは，「国家が各階層の報
告を通じ，経済発展計画を編制した上で逐次下達し，各種企業と経済組織が厳
格に計画に照らして生産と経営活動を実施する経済運営体制であり」，「国家経
済の運営は厳密な政府の調整・分配とコントロールの下で行われる」ものと定
義している[76]。

　このように，市場が存在しない社会主義計画経済国家にとって，資源の投入
と生産物の分配を統一的に管理する計画は，市場経済に対する優位性を示す象
徴的な手法だった。賃金についていうと，国家の統一的方針に基づき，企業は
賃金や人員に関する計画を策定しなければならなかった。すなわち，賃金決定
を含めた労働関係の調整は，国家が行政手段によって直接管理したのである[77]。

　②計画の指令的，拘束的性格

　そして，このような社会主義体制における計画の特性について，Ellman
(1989) は，「いくつかのモデルにおける計画化は『指示的』な形態をとるか，若
しくは単に政治的または外部的（例えば，援助供与者に印象づける目的）であるに
すぎないとすれば，伝統的な社会主義モデルを採用する国家では，計画化は経
済関係者を拘束する指令の形態をとる」との見解を示した[78]。また，国家社会
主義諸国において極めて重要な意味をもつ党派性原則に基づけば，計画は党の
政策の具体的表現であることを意味し，計画は全ての問題を党の視点から捉え
なければならないと指摘し[79]，資本主義諸国の計画との違いは拘束力の大きさ
と党との関係性にあるとした。

　さらに，猪木 (2011) は，市場経済国家であるフランスを例として指令的計画

75　Ellman・前掲注(45)p.50。
76　董・前掲注(9)290頁。
77　常・前掲注(63)43頁。
78　Ellman・前掲注(45)p.24。
79　Ellman・前掲注(45)p.22。

106

とは異なる指示的計画の特徴を説明している。すなわち，指示的な計画では，計画の目標数値を達成することは「至上命令」ではなく，数量的な目標を投影し経済主体に示す，まさに「指示的」な計画なのであり，精神の核心は「そう信じれば，そうなる」という自己実現的期待とも呼ぶべきメカニズムを通して，国民の協力体制を誘い出すような構造を内包していたと指摘するとともに，日本の高度経済成長期の「所得倍増計画」も同じ精神に基づくものであると整理し，指示的計画と指令的計画との違いを明らかにしている[80]。

以上を踏まえれば，社会主義国家の計画は資本主義国の計画とは異なり，指令性を帯びており，計画内容に関係する全ての組織を規律する拘束力を有する。そして，党派性原則によって，計画は党の政策と表裏一体であるため，計画と矛盾する行動を採ることは，執政党である共産党の政策との関係からも許されないものとされていると整理されよう。

(2)社会主義市場経済体制の計画管理

では，社会主義市場経済体制導入後の中国における計画管理は，資本主義国家の計画管理との差異を依然として残しているだろうか。

①国家による賃金決定に対する関与の外形的類似性

この点，本書の検討対象である賃金を軸に考えると，国家が立案した計画に基づき賃金を管理する手法は，何も社会主義計画経済国家特有のものではない。すなわち，既述のように資本主義市場経済体制と国家による賃金に対する規制ないし管理が結び付かないわけでは決してない。例えば，戦時統制下に行われた国内資源の一元的配分による効果的な生産の実現という日本の事例をみてもわかるように，生産力の発展強化という社会主義国家と同じ目的をもった国家統制が，資本主義国家においても行われていたと整理できる。したがって，賃金への国家による規制は，社会主義特有の政策ではない。

②社会主義国家の賃金決定に対する関与の理念とその必要性の論拠

しかし，欧米諸国や日本と，中国が依って立つ理念は異なっている。つまり，社会主義体制においては，市場に対する否定的な価値観（マルクス主義思想〔「生

80　猪木・前掲注(54)138頁。

産の無政府性」への批判〕）が前提として存在しており，労働者階級が領導する国家として，労働者の利益代表としての国家が市場に介入し，賃金を常時管理することは是とされる。このため，国家による賃金への計画管理は正当化されることとなり，資本主義市場経済国家において市場への統制は抑制的であるべきとの考え方とは，異なる理念によって根拠付けられていることがわかる。

　具体的に，改革開放後において，政府による賃金に対するコントロールの必要性を訴えたものとしては，まず，1992年12月に開催された全国労働庁局長会議での阮崇武労働部部長の報告（以下「阮報告」という）[81]がある。同報告は，社会主義市場経済体制の改革目標が決定されたことを踏まえた，今後の労働行政部門が担うべき役割について言及している。その中で，賃金については，賃金総量のコントロール手法を試験的に探究していくことを表明し，健全な市場運営のための労働賃金のマクロ（あるいは地域単位の）コントロール体系を打ち立てることを重要任務とするとともに，計画の全体性，長期性，前置性を用いて市場手段の不足を埋めなければならないとしている。次に，賃金マクロコントロールの体系として，①賃金統計の整備による情報提供の強化，②弾性労働賃金計画（原語：弾性労働工資計劃）を通じた賃金管理，③社会主義社会における分配形式である「労働に応じた分配」を実現するための賃金マクロコントロールの強化改善，を求めている。

　また，郭飛も，企業が労働に基づく賃金の分配主体となったことは，国家が手を引いて管理しないということを意味するものではなく，社会主義市場経済と資本主義市場経済との差異は，所有制の基礎だけでなく，社会主義国家が計画と市場の双方の手段の長所をより発揮できるということにもあるとして，国家の企業に対するマクロコントロールは堅持すべきであるとの見解を示している[82]。さらに，袁（1994）は労働行政部門の労働力市場における地位と役割について，特に賃金マクロコントロールの強化が必要であるとしている[83]。

　このほか，市場経済の導入後，Ellman（1989）のいう指令性計画は縮小化が

81　阮崇武「按照建立社会主義市場経済体制的要求転変労動部門職能深化労動領域改革——阮崇武部長在全国労動庁局長会議上的報告」労動経済与人事管理1993年1期（1993年），3-10頁参照。

82　郭飛「試論社会主義市場経済中按労分配的特点」労動経済与人事管理1993年5期（1993年），47-48頁参照。

83　袁・前掲注(65)16，60頁。

進められたものの，共産党一党独裁[84]と党の指導の下にある工会のみを労働組合組織として存在させるという体制[85]が維持されている現状においては，党や国家が決定した計画の実施は，資本主義先進諸国のそれとは意味合いが異なり，実質的に上から下への実施命令としての色彩が強いものとして位置付けることができる。ここでいう「実質的に」とは，計画で課せられた目標数値の達成状況は地方政府，党組織，工会それぞれの幹部への評価に直結するため，その達成が至上命題となるということである（いわゆる「圧力型システム」〔圧力型体制〕[86]の存在）。こうした政治体制や構造は，計画経済期における計画目標達成のための構造から根本的な変化は生じていない[87]。

③結論

以上の内容をまとめると，社会主義市場経済体制下における計画管理は，生産面では公有制主体，分配面では「労働に応じた分配」原則の実現を理念としており，市場不信を前提に据えている点で資本主義市場経済におけるそれとは異なっていることは明らかである。また，政治体制から捉えれば，計画管理は党や工会の組織体制の特殊性と一体となる形で，事実上の強制的色彩が強い点で資本主義先進諸国のそれとは異なるものとして理解することができる。

3　現代中国における賃金の理念的特質

ここまでの検討結果を総合すると，現代中国の賃金は，市場経済的価値観やそれに基づく仕組みが外形として存在しているが，これらは社会主義的な理念および体制に基づく考え方に内包され，一つの理論が形成されていることがわかる。あくまで社会主義という枠内での市場経済であり，労使の賃金決定と

84　憲法は中国共産党が国家政権を領導する核心的地位にあることを明確に規定している（袁曙宏・楊偉東「我国法治建設三十年回顧与前瞻」中国法学 2009 年 1 期〔2009 年〕，24 頁）。

85　中国の工会は党が領導する職工が自主的に結成した労働者階級の大衆組織であり（中国工会章程総則），中華全国総工会およびその各工会組織が従業員の利益を代表するものとして位置付けられ（工会法 2 条 2 項），上級工会は下級工会を領導するものとされている（同法 9 条 5 項）。

86　角崎信也（「第 7 章　中国の政治体制と『群体性事件』」鈴木隆・田中周編『転換期中国の政治と社会集団（早稲田現代中国研究叢書 2）』早稲田大学出版部，2013 年，218 頁）によれば，「圧力型システム」とは，上級から付された任務の達成程度を幹部任用に関わる行政業績評価の指標とすることによって，下級幹部にその任務の遂行を事実上強制するシステムのことであり，中国における地方幹部の行動管理のありようについて論ずる場合に，第一に組上に上げられるべきものとされる。

なっている[88]。つまり，形式上，純粋な社会主義賃金論は適用できなくなっているとしても，理念として存在し続けている。以上を念頭に置いて，現行体制下の賃金の理念的特質をまとめると，以下のとおり整理することができる。

(1)市場による賃金決定の過渡的実施

　社会主義初級段階とは，「必要に応じた分配」への移行のために必要な生産力を備えることを目的とする過渡的期間のことであり，将来的には社会主義社会，共産主義社会へ移行していくことが目指されている[89]。このことは，先に紹介した，社会主義市場経済体制の導入について初めて言及している1992年の江沢民報告において，中国は少なくとも今後100年間続く社会主義初級段階にある旨記載されていることからも明らかである。したがって，理念上は，現行の市場による賃金決定はあくまで一時的なものであり，かつ公有経済の補助的な手段として位置付けられているといえる。この点，肖（2004）も，「社会主義段階においては，労働に応じた分配原則の巨大な進歩と積極的な機能を肯定しなければならない」と述べ[90]，共産主義段階に移行するまでの段階において，貨幣賃金を媒介として労働報酬を支払う「労働に応じた分配」原則の実現が求められるとしている。

　すなわち，改革開放前の中国において，賃金とは，市場で決定される労働力の対価としての貨幣表現ではなく，提供された労働に対する等価の報酬として，消費に充てるための交換手段として一時的に用いられるものであった（社会主義社会における賃金）[91]。補足すれば，「必要に応じた分配」が実現できるだけの生産力が備われば，究極的には報酬としての賃金の支払いは不要となる社会が

87　毛里和子（『現代中国政治――グローバル・パワーの肖像（第3版）』名古屋大学出版会，2012年，14頁）は，「国家機関・社会団体・大企業その他の指導部に作られている党グループ，党機関内に設置されている，行政・司法立法に対応した対口部，党中央組織部が掌握しているトップエリート人事」は「今日まで揺るがない」としている。党と国家の関係については，毛里・前掲注(87) 5章164-200頁が詳しい。

88　「82年憲法」1条2項は，「社会主義制度は中華人民共和国の根本制度である。いかなる組織または個人も社会主義制度を破壊することを禁止する」とし，社会主義の枠内で制度，権利が保障されている。

89　マルクス主義の立場からは，資本主義から社会主義への移行の必然性は歴史法則であるとされる（森下敏男「旧社会主義諸国における『西欧法』原理の導入　序論：社会主義法の総括と現状」比較法研究55号〔1993年〕，8頁）。

90　肖・前掲注(7)342頁。

目指されていた（共産主義社会における賃金）。

　そうであるとすれば，現行の社会主義市場経済体制における労使の賃金決定は，形式的な位置付けはどうであれ，理論上は，「必要に応じた分配」を実現できるだけの生産力を備えるための過渡的なシステムとして位置付けられているのである。

(2)「労働に応じた分配」原則の継続的実現

①労働市場の出現と「労働に応じた分配」原則

　改革開放以前の賃金制度は，剰余価値のない純粋な労働の質と量に応じた報酬の支払いとしての「労働に応じた分配」原則を実現する仕組み（賃金等級制等）が構築されていた[92]。すなわち，労働者それぞれが能力に応じて国家および企業の主人公としての態度をもって国家の繁栄富強のために労働を行い，その結果を国家ないしは集団が個々の労働者の労働の量と質に照らして成果を分配することにより，労働者の生産への積極性を引き出し，国家の主人公としての労働への情熱を刺激することが社会主義労働における分配であるとされていた[93]。

　確かに，文革期においては「労働に応じた分配」が破棄されたが，改革開放政策が始まると，再び「労働に応じた分配」原則の徹底が賃金制度の基本原則に位置付けられるようになった。具体的には，鄧小平の指導の下，国務院政治研究室が「『労働に応じた分配』という社会主義原則の徹底実施」[94]に関する文章を執筆し，1978年5月の「人民日報」に特約評論員の名前で掲載されたことにより，「労働に応じた分配」の名誉が正式に回復された[95]。鄧小平は，「労働に応じた分配」原則を堅持し，労働の量および質に応じた配分が重要であり，政

91　宮下忠雄（『中国の賃金制度と賃金政策（現代中国叢書16）』アジア政経学会，1978年，169頁）は，「社会主義社会における賃金は，社会的総生産物のなかで個人の消費に用いられる部分であり，社会主義国家が各職工の質と量にもとづいて，かれらに労働の報酬として分配する部分の社会的総生産物の貨幣的表現である」と定義している。

92　もちろん，前章で検討したとおり，計画経済期においても，労働者の思想を含めて評価し報酬を決定する時期もあったことには留意が必要である。

93　朱主編・前掲注(10)19-20頁参照。

94　「貫徹執行按労分配的社会主義原則（特約評論員）」『人民日報』（1978年5月5日第1版）。

95　「為『按労分配』正名」『中国共産党新聞』（http://cpc.people.com.cn/GB/85037/8209350.html〔2015年10月17日アクセス〕）。

治態度をみて配分を決めるのは「労働に応じた分配」ではないと指摘した[96]。

このような流れの中で，一方で「労働に応じた分配」が，これを長期的に実施していくことによって社会全体の生産力の発展を促進し（労働生産性を向上させ），最終的には「必要に応じた分配」に到達することを目指すものとして，再度，社会主義国家における重要な原則と位置付けられた[97]。他方で，「労働に応じた分配」が国家の計画に基づく分配を通じて直接実現されていた計画経済体制とは異なり，市場による賃金決定システムへの転換が図られた[98]。このため，現代中国の経済体制において，「労働に応じた分配」原則をどのように実現していくべきかが課題となった。

②中国人研究者の議論状況

この点，王全興は，「労働に応じた分配」とは，「労働者が提供する労働量（数量および質）に応じて個人消費品を分配し，多く労働する者が多くを得るという原則を実施することであ」り，「賃金立法において，労働の量と質を賃金分配の主要又は唯一の尺度とし，非労働要素が賃金分配に与える影響を漸進的に減少ないし消滅させていくことを堅持しなければならない」としている[99]。王（2017）は，市場や私営企業の存在を前提としつつも，労働の質および量による賃金決定の実現を堅持していく必要があり，できる限り「労働に応じた分配」原則に沿う賃金決定の必要性を指摘しているといえる。

また，史（1990）は，「労働に応じた分配」方式以外の分配形式は，その存在を許されているというだけに過ぎず，多種多様な分配方式の存在は合理的で有益な現象だが，「労働に応じた分配」方式が今なお主体であり，「82年憲法」6条2項で「労働に応じた分配を主体とする多様な分配方式が並存する分配制度を堅持する」と規定されていると指摘した上で，中国の賃金は「労働に応じた分配」規律を体現する一つの形式であって，賃金立法はこの原則を遵守し徹底

---

96 「為『按労分配』正名」『中国共産党新聞』（http://cpc.people.com.cn/GB/85037/8209350.html〔2015年10月17日アクセス〕）。
97 「貫徹執行按労分配的社会主義原則（特約評論員）」『人民日報』（1978年5月5日第1版）参照。
98 例えば，沈衛半（「社会主義市場経済中的収入分配問題」労働経済与人事管理1993第9期〔1993年〕，60-61頁）は，市場システムの導入によって，賃金の分配は，個人が投入した労働の有効性の評価が市場の評価を基礎に行われることとなり，賃金の執行は主に市場の分配機能によることとなったと指摘している。
99 王全興『労働法（第4版）』法律出版社，2017年，336頁。

しなければならず，これはわが国労働法の重要任務の一つと解している[100]。このように，史（1994）は，「労働に応じた分配」原則の実施を国家理念としていることは，社会主義市場経済と資本主義市場経済とを区別する重要なメルクマールの一つであるとし，特に，全民所有制企業（国有企業）は「労働に応じた分配」原則を徹底執行するため，健全な賃金総額の調整システムを創設し，国家はマクロコントロールを強化し，賃金管理を規範化しなければならず，非公有制企業に対しては，必要な監督と指導を行い，合理的な労働報酬制度の創設を促さなければならないとの見解を示した[101]。

さらに，袁（1994）も，労働部の最近の研究および議論によれば，将来的に企業の賃金は最低賃金法等の国家立法を経て調整コントロールすべきであり，さらに定期的に国家が「賃金指導ライン」を発表し，企業が団体交渉を通じて賃金の伸び率を確定することで最終的に「労働に応じた分配」を実現できるとし[102]，「労働に応じた分配」は計画経済，市場経済問わず実現すべきで，その手段として最低賃金法だけでなく，「賃金指導ライン」等の国家による賃金のマクロコントロールが必要だと整理している。なお，改革開放後の企業従業員が法律とは何かを学ぶために出版された『職工法律常識読本』（1983）においても，「労働に応じた分配」は我が国の分配原則であり，社会主義制度の優越性を表わすものであるとされている[103]。

③考察

現代中国では，既に市場による賃金決定が基本となっているため，賃金は労働需給や企業の利潤追求による影響を受けることとなる。このため，純粋に労働者の労働の質および量を評価するという意味での「労働に応じた分配」原則の徹底は難しくなっているという現状が当然に存在している。

しかし，「82 年憲法」6 条 1 項および 2 項[104]や「労働法」46 条[105]で，賃金決定における「労働に応じた分配」原則の堅持を掲げていることや，中国の労働

100 史・前掲注(62)122-123 頁参照。
101 史探径「社会主義市場経済下与労働立法」法学研究 1994 第 1 期（1994 年），60-61 頁参照。
102 袁・前掲注(65)199 頁。
103 「職工法律常識読本」編写編組『職工法律常識読本』法律出版社，1983 年，20-21 頁。
104 「82 年憲法」6 条 1 項後段は，「社会主義公有制は搾取制度を消滅し，それぞれが能力に応じて働き，労働に応じた分配原則を実行する」とし，同条 2 項では労働に応じた分配を主体とする分配制度を堅持する旨規定している。

法研究者も，社会主義国家として「労働に応じた分配」原則を引き続き実現していくことが重要との立場に立って，政府の賃金コントロールの必要性を論じていることからすれば，「労働に応じた分配」原則を規定している「82年憲法」や「労働法」の条文は，国家が市場経済導入後も継続的な賃金コントロールの実施を正当化する根拠を賦与していると解される。

　また，現代中国は社会主義初級段階にあると整理している以上，過渡期論の考え方に基づき，「労働に応じた分配」は，将来的な「必要に応じた分配」が実現する社会を見据えた一時的なものであるという理念上の整理は，市場経済前後で基本的な変化は生じていない。

(3)市場の「利用」という価値観の存在

①市場に対する批判的理解

　市場による賃金決定が所与のものであって，市場の失敗を防ぐために国家の介入が許容される資本主義市場経済とは異なり，社会主義国家は，そもそも市場への不信を前提とする立場に立っていることは既に何度か言及してきたとおりであり[106]，生産力向上のために，市場経済を利用するという立場に立っている。例えば，「82年憲法」が施行された翌年の中国法学会の憲法論文集をみると，周方は，外資の進出などの経済における柔軟性は社会主義事業の発展促進に有益であるが，国家の社会主義的性質を害しないことが前提であると解している[107]。また，「82年憲法」制定当時は，その後改正を経た現行の憲法条文と異なり，計画経済が主，市場経済が従として規定されていた（93年改正前の82年憲法15条）という留保はあるものの，薛暮橋は改革期の経済管理体制について，「計画指導の下でうまく市場調整機能を利用しなければならない」[108]と解し

105　「労働法」46条は「賃金分配は労働に応じた分配原則を遵守し，同一労働同一報酬原則を実施しなければならない。」と規定している。
106　「82年憲法」は，「中華人民共和国の社会主義経済制度の基礎は生産資料の社会主義公有制，すなわち全民所有制と労働大衆の集団所有制である。」（6条1項前段），「国家は社会主義初級段階において，公有制を主体とし，多様な所有制経済の共同発展を基本的経済制度とすることを堅持する。…〈後略〉…」（6条2項）として，理念上は公有制を主体とする体制を採用していることを明確にしている。
107　周方「論新憲法的社会主義性質」中国法学会編『憲法論文選』法律出版社，1983年，27頁。
108　薛暮橋「論社会主義経済制度的優越性」中国人民大学政治経済学系資料室編『中国社会主義経済問題』地質出版社，1983年，12頁。

ており、「82 年憲法」の根底には市場を利用するという理念が存在していることがうかがえる。

さらに、「82 年憲法」制定から 10 年後においても、例えば、朱鋒（1993）は「私営経済には雇用搾取関係という経済成分がある…（中略）…ここ数年の経済発展状況は私営経済の一定程度の発展は生産促進や市場活性化に貢献することを明らかにしている」[109]としており、いずれも生産の発展と拡大という社会主義的目的に資するという条件付きで私営経済を利活用するという理念に憲法が立っていると解している。また、史（1990）も、賃金配分における「企業の自主配分権を許容するが、同時に依然として賃金管理の強化が必要」との見解を示している[110]。

この点、確かに 1999 年の「82 年憲法」改正により、「法律の範囲内において、私経済、私営経済など非公有制経済は、社会主義市場経済の重要な構成要素である」（82 年憲法 11 条）とされ、非公有制経済は社会主義公有制経済を補うものであるとの従前の規定が削除されており、これは非公有制経済の重要性が市場において増してきていることを反映したものだといえる[111]。

しかし、市場の無政府性への批判の現れとしての公有制（国有経済）は、依然として国民経済を主導する力であると規定されるとともに（82 年憲法 7 条）、経済制度についても社会主義公有制が主体であることを堅持する旨が引き続き位置付けられている（82 年憲法 6 条 2 項）ことと併せて考えれば、市場の無政府性に対するものとして、公有制やそれを具体化した国有経済を主とする経済体制こそが、社会主義の資本主義に対する優越性が存する所以なのだとする考え方が現在でも妥当するものと捉えられているとみるのが適当である。加えて、人力資源・社会保障部の直接的な指導の下に労働関係局と労働賃金研究所が共同編集した最近の賃金立法に関する研究書『中国工資支付保障立法研究』でも、市場経済条件下の賃金管理について、「十分に市場調整機能を発揮させながらも、完全に国家のマクロコントロール機能を無視することはできず、『神の見えざる手』と『見える手』双方の管理の下で行われる」とし、そのような手法が

109　朱主編・前掲注(10)31 頁。
110　史・前掲注(62)128 頁。
111　許崇德『中華人民共和国憲法史下巻（第 2 版）』福建人民出版社，2005 年，542 頁参照。

円滑かつ有効な賃金管理であるとしている[112]。

これらの見解を踏まえると，私営経済を認め市場の存在を許容しつつも，公有制を主体とする経済体制を標榜し続けている現代中国において，少なくとも憲法理念として，生産の無政府性は基本的に排除されるべきものとして捉えられているといえる。

②賃金コントロールの恒常的実施とその具体的手段

こうした市場に対する批判的な理解を基礎として，労使の賃金決定に対する継続的な国家関与が当然に正当化され，賃金マクロコントロールが恒常的に実施されることとなる。すなわち，「労働に応じた分配」を実現するため，「市場経済体制完成後であっても，国家が賃金総量に対して適当なマクロコントロールを行うことが必要」[113]であり，「マクロ領域で労働に応じた分配を実現するため，賃金立法において，国家が賃金分配をマクロ調整・コントロールする賃金比例関係の実行を求め，非労働要素が決定する異職業，異部門，異地区，異単位間の賃金収入の差を調整し，各職業，部門（業種），地区，単位の賃金水準をそれぞれの労働生産性によって決定するようにさせる」[114]のである。

そして，賃金コントロールの具体的手段としては，地区，部門（業種）の賃金水準をコントロールするものとして，政府が賃金上昇率とその水準を決定指導する「賃金指導ライン」，地区や業種の賃金総額や従業員数に対するコントロールのための「弾性労働賃金計画」といった手法が存在し，個別企業のレベルにおいては，「賃金総額使用台帳（原語：工資総額使用手冊）」による管理や賃金労働協約への労働行政部門の審査等の手法が存在している。

このように，「市場」は，あくまでその先にある目標を実現するための手段に過ぎないという社会主義的考え方から，中国における賃金を捉えると，賃金水準およびその上昇幅について，国家が「臨時に，必要に応じて」ではなく，「恒常的に」賃金をコントロールすることは当然のことになる[115,116]。ここに，資本主義市場経済国家と異なる社会主義国家の特質が存在している[117]。

112　劉軍勝『中国工資支付保障立法研究』法律出版社，2014年，48頁。
113　王全興『労働法（第3版）』法律出版社，2008年，286頁。
114　王・前掲注(99)336-337頁。

⑷国家の主人公としての労働者理念と労使の利益一体化の伝統の存在

労働者は使用者に従属する労働者としての側面だけではなく，国家の主人公として憲法上の位置付けも有しており[118]，二面性をもっている[119]。この労働者の二面性について，常（1995）は，「政治上からみれば，労働者は我が国において国家の主人であり，その地位と権利は労働問題において体現されなければならない。そうでなければ，労働者はいわゆる国家の主人であるというのは虚言のスローガンになったと感じるだろう」とし，さらに，「我が国は人民民主主義独裁の社会主義国家であり，労働者階級の領導と全心全意労働者階級の立場に立つことが我が国の立国の根源である」[120]としている。

また，彭真は，「労働者階級の領導」を規定する「82年憲法」1条は，我が国の国体を規定したものであって，憲法における公民の基本的な権利および義務についての規定は，「総則」の中の人民民主主義独裁の国家制度と社会主義の社会制度についての原則的規定から導き出されたものであるとの見解を述べている[121]。さらに，董（2000）も，労働者階級のみが国家領導権を有することは，「82年憲法」1条が規定する無産階級専政の根本のメルクマールであると述べている[122]。先に紹介した改革開放後の従業員の法律学習用の読本（1983）でも，社会主義法の本質について記述されている一節において，「我々の社会主義国家においては，人民民主主義独裁政権を掌握した労働者階級と多数の労働人民が国家の主人になった」とされている[123]。

したがって，社会主義制度下での労働者は，国家および企業の主人公であり，

115　王（前掲注(99)356頁）は，中国における国家の賃金に対するコントロールについて，「賃金総量マクロコントロールの目的は資源を合理的に配分し国民経済の協調発展を実現することにある。社会主義市場経済において，賃金総量のマクロコントロールは，マクロ経済コントロールの体系とマクロ労働管理体系として重要な一部を構成しており，企業自主配分や市場決定賃金というミクロを基礎としつつ，賃金水準およびその上昇速度のコントロールに重点を置き，間接コントロールと直接管理の双方を並行して用いながら，事前と事後のコントロールを相互結合させ，分級コントロールと分類管理を実行する体制をとっている」と説明している。

116　「労働法」46条2項は「賃金水準は経済発展を基礎として漸進的に引き上げる。国家は賃金総量に対するマクロコントロールを実施する」とし，国家の賃金への介入に根拠を与えている。

117　伊藤（前掲注(57)45頁）は，市場の機能を組み込んで利用する市場社会主義について，全面的な自由放任の市場経済体制とは異なる面があり，そこでの貨幣の性質や機能も制約され，社会的管理に服する側面をもつに違いないとの見解を示している。

118　「82年憲法」1条1項は，「中華人民共和国は労働者階級が領導し，労農同盟を基礎とする人民民主主義独裁の社会主義国家である」と規定している。

自己および社会のために労働を行う[124]。このため，労働者階級は中国において指導階級であるということを十分念頭において，中国労働法における賃金決定に関する権利義務を読み解く必要があるといえる。

以上を踏まえれば，中国において，現に市場で生じている労使関係という事象を捉える際の労働者と，労働者階級が領導する国家の主人公としての社会主義的な理念上の労働者の位置付けの二面性が存在していることは，賃金決定を含む労働問題への国家の対応方針や法令における労働者重視の姿勢を説明する論拠となって現れる[125]。

加えて，労働者が国家および企業の主人公であった計画経済期の公有制企業においては，使用者と労働者の利益は一体として捉えられていたという点も重要な特質といえる[126]。なぜなら，労使の利益一体化は，従前の計画経済下の行政化かつ政治化された労働関係の基本的な目的かつ要請だったからである[127]。もちろん，市場経済の導入に伴い，現代中国では労使の分化が進んだものの，労使の利益一体化という伝統や労使を問わず社会全体の団結を重視する社会主義的な考え方が，個別制度において依然として表出している可能性は高いと考えられる。なお，この労使の利益一体化の伝統の存在という観点は，工会の特殊性（後述）を説明する変数としても位置付けられる概念といえる。

(5)「圧力型システム」による命令的手法の維持

国家による賃金に対するコントロールは，形式的には資本主義のそれとは変

119　常（前掲注(63)19-20頁）は，市場経済導入後の中国の労働者について，「中国の労働者階層の社会における役割は二重性を有している。一つが領導階級であり，もう一つが実際の労働過程において領導される直接生産者としての労働者である。この種の二重性は社会的役割において『主人公』と『労働者』の役割との間の衝突を生む。どのようにこの二つの役割を一致させるかが，重大な理論問題と実践問題である」と指摘した。
120　常・前掲注(63)21，29頁。
121　杉田憲治『中華人民共和国憲法の研究』広島修道大学研究叢書第27号（1984年），58-60頁参照。
122　董・前掲注（9）197頁。
123　「職工法律常識読本」編写編組・前掲注(104) 2頁。
124　王ら・前掲注(63)56頁。
125　常（前掲注(82)66頁）は，「我が国は労働者の国家であり，労働者の保護は政府の絶対不変の責任である」と解している。
126　常凱「第一章　労働法的一般理論」常凱主編『労動法』高等教育出版社，2011年，15頁参照。
127　常凱「第二章　労権保障」常主編・前掲注(63)45頁。

わらないような指導的なコントロールであるようにみえても，党組織と政府部門が一体となった社会主義政治体制の下では，事実上の強制力を有する。前述したとおり，中国においては，上級政府ないしは党組織から下達された指令や任務の達成度合いを幹部任用の業績評価の指標とし，下級政府ないし党組織幹部に目標達成を事実上強制する圧力型システム[128]が存在している。この圧力型システムの実施手段として目標責任制が実施されており，GDP 成長率，都市部住民収入，都市部就業，産児制限，省エネ等の重要指標が幹部の業績評価項目として組み込まれ，設定された年度数値目標に照らして分析評価が行われる[129]。

したがって，所属する当該政府等が定めた中長期発展計画や年度任務目標，そして上級統計部門や関係主管部門が設定した経済発展水準，都市部住民収入等の数値目標[130]の達成は幹部にとって最優先の任務となり，地方政府（党組織）幹部にとって数値目標は，自身の昇進のため，是が非でも達成しなければならないものとして位置付けられることとなる[131]。すなわち，「指示・指標を達成できないと予算の配分が少なくなるし，幹部の昇進や表彰ができない」ため，「中国の地方には自治はなく，あくまで上から下への圧力体系」が存在し，上級が下級に課す重要指標は絶対的」なものとなる[132]。

このように，幹部の評価管理制度を通じて上級部門の下級部門に対する強制力が生じることにより[133]，上級部門の指導が実質的に命令に置き換えられる[134]。賃金との関係で捉えると，評価指標の一つとして明示的に組み込まれている「都市部住民の収入」指標によって，中央政府が実施する賃金コントロー

---

128 角崎・前掲注(86)218 頁参照。
129 中共中央組織部「地方党政領導班子和領導干部総合考核評価弁法（試行）」(2009 年) 附表 3。同附表には，実績分析の観点からの評価のほか，民意調査を通じた大衆評価の基準も定められているが，その中の「民生改善」項目に「収入水準の向上」が位置付けられている。
130 中共中央組織部「地方党政領導班子和領導干部総合考核評価弁法（試行）」29 条は，地方幹部の実績分析の対象として，「本級党代表大会および人民代表大会が設定した中長期発展計画および年度任務目標，上級統計部門および関係主管部門が総合的に提供する経済発展水準，経済発展の総合便益ならびに都市部住民収入，地区経済発展の差異，発展価額，基礎教育，都市就業，医療衛生，都市文化生活，社会安全，省エネと環境保護，生態建設および耕地等資源保護，人口および産児制限，科学技術投資およびイノベーション等の分野における統計データおよび評価意見」を列挙した上で，具体的な指標は各地の実績分析評価の要点と実情を踏まえ，指導性，代表性，比較可能性，を十分に考慮しつつ，民主・公開の方法により設定するものと規定している。

ルに関する数値目標[135]に対し，強制力・拘束力が賦与されているものと推測される。さらに具体的にいえば，国務院が批准し，国家発展改革委員会，財政部，人力資源・社会保障部が2013年に出した「収入分配制度改革に関する若干の意見」[136]では，主要目標の第一番目に，2010年を基準とした2020年までの都市部住民収入の倍増が掲げられている（二，1）。したがって，政治体制や幹部評価制度と併せて政府による賃金コントロールの性質を捉えることも重要である。

⑹工会の特殊性の存在

序章で検討したとおり，中国における労働組合組織として工会があり，その特質は計画経済時代から根本的に変わっていない。工会は社会主義体制を維持する重要な制度として位置付けられている[137]。

すなわち，中国では，資本主義市場経済国家では一般的な労働組合組織の多元化は存在せず，工会は一元的に組織化されており，労働者代表性および執政党である共産党からの独立性に問題が存在している。なぜなら，工会の系統は党組織に属するとともに，国家公務員管理規定に照らして，県級以上の工会組織の業務従事者の管理は公務員の編成の中に組み込まれ，国家公務員の待遇を受けているからである[138]。要するに，工会は組織全体が共産党の指導下にあり，工会活動も党および行政（政府または企業行政）に統括されているために外部関係において大衆団体としての独立性を有していないという特徴をもってお

131　李惠民・馬麗・斉曄（「中国"十一五"節能目標責任制的評価与分析」生態経済総243期〔2011年〕，31頁）は，目標責任制が地方政府の省エネ行動に対する拘束力を生じさせているのは昇進システムにあると述べ，上級部門の数値目標と幹部昇進との関係性に言及している。

132　毛里・前掲注(87)290頁。

133　唐海華「"圧力型体制"与中国的政治発展」寧波党校学報2006年1期（2006年），25頁参照。

134　曽凡軍「GDP崇拝，圧力型体制与整体治理研究」広西社会科学総216期（2013年），101頁参照。

135　人力資源・社会保障部が2011年6月に発表した「人力資源・社会保障事業発展第12次5カ年計画要綱に関する通知」（関於印発人力資源和社会保障事業発展第十二五規劃綱要的通知）では，最低賃金を年平均13%以上の伸びとし，大部分の最低賃金水準を当地の都市労働者平均賃金の40%以上とすることが2015年までの目標として掲げられている。

136　国務院転批発展改革委，財政部，人力資源和社会保障部「関於深化収入分配制度改革的若干意見」（2013年）。

137　香川孝三「中国労働法の理解を深めるために」日本労働法学会誌92号（1998年），32頁。

り[139]，運営面においては上級工会から下級工会へ幹部が派遣されたり，企業管理者側が工会幹部を指名したりする例も見受けられている。近年広東省，浙江省等の工会で幹部の直接選挙が進み[140]，徐々に改善が図られているものの，民主性の程度は依然不十分な状況にある。このように工会には，労働組合の組織率の低迷に直面している日本を含めた先進国とは異質の，中国特有の問題が存在している。

　したがって，工会は現段階においては，まだ自主性，民主性を有する労働組合となっていない状況にある[141]。つまり，「工会法」では，工会は「中国共産党の領導を堅持する」（4条）と共産党の指導を受けることが明確に規定され，「党の下部組織」としての側面をもつとともに，企業等に対する労働関係法令違反行為の是正要求や職工の権利侵害問題に関する調査権等を賦与されており行政機関的性格をも有している（工会法22条，25条）。また，経営者，従業員の利害が基本的に一致するという計画経済時代のイデオロギーという伝統を受けて「企業内の福利厚生機関」としての顔も依然として有している[142]。

　このような多面的性格を有する工会の顔の一つとして，労働者代表組織としての側面がある。具体的には，「労働協約規定」や「賃金団体交渉試行弁法」といった賃金を含む団体交渉制度の中において，工会は労働者代表として企業側と交渉にあたる地位を与えられている。したがって，中国の賃金決定関係法令にアプローチする際には，工会の特殊性を念頭に置いた検討が求められる[143]。

138　劉泰洪「労資冲突与工会転型」天津社会科学2期（2011年），88頁。

139　彭光華「中国における労働紛争処理システムの現状と課題」日本労働学会誌116号（2010年），45頁および彭光華「工会論考」九大法学82号（2001年），438頁。

140　陶文忠「第4章　中国工会的市場化転型及現状」常凱主編『中国労働関係報告──当代中国労働関係的特点和趨向』，中国労働社会保障出版社，2009年，200-202頁参照。

141　彭（前掲注(139)〔2001年〕437頁）は，従業員代表大会および団体交渉制度の中で，工会は建前上の労働者の利益団体に近い役割を果たすようになったが，現段階においては，まだ自主性，民主性を有する労働組合となっていない状況にあるとしている。

142　戴秋娟『中国の労働事情』社会経済生産性本部生産性労働情報センター，2009年，16-17頁参照。

143　香川（前掲注(138)33頁）は，賃金決定への工会の関わり方について，「工会トップは経営側と従業員側とのパイプ役で経営の決定に協力するよう従業員を誘導する。これは団体交渉といえるのであろうか。労使協議に近いのではないか。したがって団体交渉（集体協商）が法制上認められているが，今後団体交渉，さらに労働協約によって労働条件を設定することがどの程度普及するかが疑問である」と述べている。

第4節　第2章の総括（作業仮説の修正）

　本節では，複雑な構造を有する中国労働法の賃金決定関係法令を規定している理念とそれを説明する変数の連関関係を立体的に明らかにするための基礎的考察の一つとして，社会主義市場経済体制下の中国における賃金の特質について理論的な分析を行った[144]。ここまでの検討結果を踏まえると，社会主義市場経済体制の中国における賃金決定の理念的特質として，①市場による賃金決定の過渡的実施，②「労働に応じた分配」原則の継続的実現，③市場「利用」という価値観の存在，④国家の主人公としての労働者理念と労使の利益一体化の伝統の存在，⑤圧力型システムによる命令的手法の維持，⑥工会の特殊性の存在，を指摘することができる。いずれも，中国の社会主義的な理念および体制の特殊性から派生した特質であり，中国労働法における賃金決定関係法の構造を規定する説明変数として位置付けることができる。

　したがって，市場経済の導入によって再構築された現代中国の賃金論は，表面的には資本主義市場経済国家の賃金決定と大差がないようにも見えるが，単一の価値観によって説明できるものではなく，社会主義に根源を有する特質と併せた視点で捉えることによって，初めて正確な理解が可能になると考えるべきであることは確実である。つまり，現代中国の賃金論は，一見すると対立する概念が同時に存在して一つの理論を形成している。端的にいえば，法を規定する理論に社会主義的秩序と市場秩序の二つの秩序が内在している状態にある[145]。そして，先に指摘した「82年憲法」1条2項によって，中国の国家秩序として，社会主義の枠内で制度が形成され権利行使が許容されていることを踏まえると，前述の六つの社会主義的な特質の制約の中で，使用者の賃金配分権，市場および労使での賃金決定の自由が認められていると捉えることができる。

144　毛里（前掲注(88)11頁）は，対象の変化が激し過ぎる場合，かえって「変わらない部分」に着目した方が本質に迫れるようであるとの見解を示している。

145　馮文君（「第10章　工資法」常主編・前掲注(127)351-353頁）は，現在の中国における賃金の性質は，かなり複雑であって一概にはいえないとしつつ，「第一に，賃金は労働力価値の貨幣的表現」であり，「第二に，賃金は社会分配の一種の仲介形式である」として，当該二つの性質はそのときどきの歴史や経済要素によって，重点が変わると解し，中国の賃金には，市場経済的な賃金と社会主義的な賃金という二つの性質が存在していることを示唆している。

要するに，社会主義的秩序と市場経済秩序が賃金決定関係法令において対等な関係で併存しているのではないことから，本研究の序章で提示した当初の作業仮説は，一部修正する必要がある。すなわち，修正後の推論（仮説）は，「現代中国労働法には，社会主義的な秩序に基づく賃金（決定）に対する考え方がアウトラインとして存在し，その枠内において，市場経済体制の実施に伴って新たに出現した賃金（決定）に対する考え方が許容されている。そして，個別の賃金決定関係法が両者の交錯地点となって，複雑な法構造を形成しているのではないか」ということになる。

　したがって，市場による賃金決定システムへの転換を大目的として整備されてきた一連の賃金決定関係法を含む現代中国の労働法制を研究，検討する際には，労働および賃金に対する社会主義的な考え方がその構造の説明変数として，現在まで継続して存在していることを認識することが必要不可欠となる。

　もちろん，社会主義計画経済期の賃金論の根底に存在していた，私的所有関係の排除，公有制の確立および市場原理の排除と，これらを実現するための国家による賃金決定に対する管理の実施という原則は，賃金決定の市場化とともに現代中国の賃金を語る際の唯一の理念や理論としては用いることができない。しかし，このような理念や理論を全く捨象して現代中国の賃金決定関係法令を検討すると不十分な結果になる。したがって，中国労働法における賃金決定関係法令を正確に捉えるためには，市場化を追求する視点とともに，社会主義体制下の中国における賃金の理念的特質として先に列挙した六つの特質を検討の視角に据える必要がある。

　そして，果たして社会主義市場経済体制の賃金決定における社会主義的特質が個別法制度においてどのような形で表出しているのかという点については，第2編で論じていくこととしたい。

　なお，現代中国の賃金決定関係法の解釈にあたっては，賃金決定関係法を一時点で捉えることの危うさを認識しておかなければならない。すなわち，外形的には資本主義市場経済諸国と変わらない賃金決定の法政策が中国においても実施されているようにもみえてしまうが，中国の賃金決定関係法令の構造を正確に捉えるためには，点ではなく，歴史的な時間軸とともに，縦軸と横軸に市場経済の導入と社会主義的な視点を置いた上で説明する必要がある。

第 2 編

中国労働法における
賃金決定関係法の個別分析

第 3 章

賃金管理制度の構造

序

　「労働に応じた分配」は，中国の計画経済期における賃金決定の基本原則であり，市場経済体制を導入した現在においても引き継がれるとともに，国家のマクロコントロール（賃金管理）制度に対し法的根拠を付与している（労働法46条1項，2項）。ただし，社会主義市場経済体制における「労働に応じた分配」の実現は，市場の存在を前提としていることから，当該理念の実現手段として形成される法制度は，計画経済期とは異なる性質をもっていることに留意しなければならない。

　すなわち，一方で，計画経済期では国家が市場に代わって賃金基準等の決定を直接行っていたが，市場による賃金決定を許容する場合，これに対する国家の関与の程度は従前のような直接的な管理ではなく，相対的に弱いものとならざるを得ない。他方で，第1編第2章で検討したとおり，市場不信という社会主義的理念に立脚しつつ，「労働に応じた分配」を継続的に実現するため，市場と労使による賃金決定に対する国家の関与は正当化され，かつ必要不可欠なものとして位置付けられている。

　具体的には，先に言及した1992年の「阮報告」は，市場には盲目性（資本主義社会における生産の無政府性状態），自発性（効率を重視して強者を後押しすること），停滞性（時代遅れであること）等の先天的な弱点が存在していると指摘し，これに対応するため，市場に適合した健全な労働賃金マクロ（地域性）コントロール体系の構築は重要な任務であり，市場を労働力資源配置の基礎的手段としつつ，同時に計画の全体性，長期性，前置性により市場手段の不足を埋める必要があるとしている[1]。「阮報告」は，まさに，市場不信を思考の出発点とし

て位置付けるとともに，「労働に応じた分配」を引き続き実現するために，労使の賃金決定に対する国家の恒常的な賃金マクロコントロールの必要性を指摘したものといえる。

その後，2000 年に労働・社会保障部が発出した「企業内部分配制度改革のさらなる深化に関する指導意見」（以下「企業内部分配指導意見」という）[2]において，現代における企業賃金収入分配制度の総合的な目標が明らかにされている。具体的には，「労働に応じた分配」原則を主体とすることの堅持，国家のマクロ指導の下での賃金収入分配制度の規範化，労働市場価格の調整機能の十分な発揮等が目標として設定された（同意見一）。そして，これらの目標の実現のため，労働行政部門は，企業の自主配分権を尊重しつつ，企業の内部分配に対する指導業務を強化することとし，賃金団体交渉等の政策指導の強化，賃金指導ライン制度，労働市場の賃金指導のための価格調査，人的コスト早期警戒制度の創設とその組織的実施を通じた企業賃金水準に対する指導，さらには，最低賃金制度の厳格な執行に取り組んでいくことを明らかにした（同意見五）。

また，吉林大学法学院の馮彦君教授は，中国における賃金立法の原則の一つとして賃金水準上昇原則を掲げ，これを徹底するために，法制度上，①国家が最低賃金水準を確立・保障し，正常な賃金上昇システムを確定すること，②国家が賃金総量のマクロ調整コントロールシステムを確立し，賃金水準と企業の経済利益との連動を確保すること，が必要である旨指摘しており[3]，法制度を通じて，国家が賃金に関与することを必要視している[4]。

こうした趣旨を具現化したものとして，現代中国においては，労働行政部門の制定する法令や通知を中心として，①地域および企業の賃金総額に対する管理，②労働者の賃金水準に対する管理，③賃金等に関する統計情報の提供，の三つの制度的手法を通じた賃金管理が行われている。すなわち，市場経済が導

1　阮崇武「按照建立社会主義市場経済体制的要求転変労動部門職能深化労動領域改革——阮崇武部長在全国労動庁局長会議上的報告」労動経済与人事管理 1993 年 1 期，1993 年，4 頁参照。

2　労働和社会保障部「関於印発進一歩深化企業内部分配制度改革指導意見的通知」（2000 年）。

3　馮文君「第十章　工資法」常凱主編『労動法』高等教育出版社，2011 年，362 頁。

4　王全興（『労動法（第 4 版）』法律出版社，2017 年，336 頁）も，「労働法」46 条に規定する「労働に応じた分配原則」や国家による賃金総量に対するマクロコントロールは，中国賃金立法が堅持すべき原則であると解している。

入され，最低賃金制度や団体交渉制度といった市場化に向けた関連制度の整備が推進される一方で，関係法令や通知に基づき，「労働に応じた分配」の実現を制度的に担保するための，賃金水準と賃金総額に対する国家のコントロール（賃金管理制度）が存在している。

　そこで，本章では，まず，個々の賃金管理制度を検討する前提として，そもそも，中国における賃金管理制度に通底している基本原則とは何なのかを明らかにする。続いて，前述の3類型に沿って賃金管理制度について分析検討していく。このうち，「労働者の賃金水準に対する管理」部分では，現在の賃金管理制度の中核的存在となっている「賃金指導ライン」と賃金団体交渉との法的関係性と運用実態についても，補足的に考察することで，実際の賃金団体交渉の中での「賃金指導ライン」の役割を浮かび上がらせていく。最後に，これらの検討結果を踏まえ，賃金決定関係法における賃金管理制度の位置付けについて整理する。

第1節　国家による賃金管理の基本原則（二つの抑制原則）

1　国務院「国営企業賃金改革問題に関する通知」（1985年）

　改革開放以前は公有制経済のみ認められていたが，1984年に党中央委員会の「経済体制改革決定」により，対外開放方針が打ち出されることとなった。これを踏まえ，その翌年には，国務院から「国営企業賃金改革問題に関する通知」（以下「国営企業賃金改革通知」という）[5]が発出され，これまでの企業における賃金配分の平均主義や「吃大鍋飯」（いわゆる，親方日の丸）の弊害を克服し，企業従業員の賃金と企業の経済利益とを連動させ，「労働に応じた分配」原則をさらに徹底する方向性が示された（前文）。従前から重視されてきた，「労働に応じた分配」原則を再度徹底するという社会主義的な目的の達成を根拠とし，賃金と企業利益との連動を重視する方針を賃金配分の基本原則と位置付けたのである。

5　国務院「関於国営企業工資改革問題的通知」（1985年）。

具体的には，企業賃金総額と経済利益との比例的な連動が想定されており，企業の税金と利潤の納付総額の伸びが1％のとき，賃金総額の伸びは0.3～0.7％とするのが基本とされた（国営企業賃金改革通知五）。このような企業利益と賃金総額との関係性が，後述する賃金管理制度の規定の中で見られる「二つの抑制原則（原語：両低於原則）」である。すなわち，「二つの抑制原則」とは，賃金総額の伸びを付加価値額（企業の経済利益）の伸びより低く抑え，従業員の平均賃金の伸びを当該企業の労働生産性より低くするという原則を意味しているのである[6]。

2　国務院弁公庁「企業賃金総額のマクロコントロールの強化の意見に関する通知」（1993年）

次に，国家による賃金総額管理に対する政府の基本的姿勢を明らかにしたものとして，国務院弁公庁の「企業賃金総額のマクロコントロールの強化の意見に関する通知」（以下「企業賃金総額管理の強化に関する通知」という）[7]がある。本通知では，社会主義市場経済の要請に適合した労働賃金マクロコントロール体系を一刻も早く構築するため，企業賃金総額の伸びと国民経済の発展との間に合理的かつ協調的な比例関係を保つという，先に述べた賃金総額と企業利益（国家全体の付加価値総額）との連動を重視することを示している（企業賃金総額管理の強化に関する通知前文）。

また，「国家がマクロコントロールを行い，行政単位の階層ごとに分類して管理するとともに，企業の自主的な配分を実施する（原語：国家宏視調控，分級分類管理，企業自主分配）」との原則に基づき，企業の賃金総額に対するマクロコントロールの強化を行うと謳っている（同通知一）。企業の自主的な賃金配分は，あくまで，国家による賃金管理を前提に許容されているという，賃金決定体系が構築されていることがよくわかる。このほか，企業賃金総額の計画策定や賃金総額管理の監督の際の原則として，「二つの抑制原則」に依ることを求め（同

6　「二つの抑制原則」について，例えば，労働部，国家計委，国家体改委，国家経貿委「国有企業工資総額同経済効益挂鈎規定」（1993年）2条で，賃金総額と経済利益との連動手法は，賃金総額の伸び幅が企業の経済利益の伸び幅より低く，従業員の実質平均賃金の伸び幅が企業労働生産性の伸び幅よりも低くなるという原則を堅持しなければならないと規定している。

7　国務院弁公庁転発労働部「関於加強企業工資総額宏観調控意見的通知」（1993年）。

通知三，七），賃金総額管理制度が当該原則に基づいて運用されていくものであることを明らかにしている。

3　小括

　両通知に対する検討を踏まえると，まず，改革開放後の賃金分配の基本原則として，「労働に応じた分配」原則が継続して存在していることがわかる。これは，先に述べた「労働法」46条1項に，賃金決定における「労働に応じた分配」原則の徹底が規定されていることからも理解することができる。その上で，中国の社会主義市場経済体制において，「労働に応じた分配」原則の実現に資するものとして，賃金総額管理をはじめとする賃金管理制度が位置付けられているのである。そして，賃金管理制度の基本原則としての賃金総額と企業の経済利益との比例的連動関係の保持を具体化したものとして「二つの抑制原則」が存在し，その下に，各種の賃金管理制度が位置付けられるという，マクロからミクロへの賃金管理に関する体系的な流れが浮かび上がってくる。

　以上の中国における賃金管理制度の基本原則および体系を念頭に置きながら，次節以降，中国における個々の賃金管理制度の内容について分析検討を加えていく。

第2節　地域および企業の賃金総額に対する管理

　賃金総額に対するマクロコントロールの全体像を把握するためには，前節で検討した1993年の国務院弁公庁「企業賃金総額管理の強化に関する通知」を再度みておく必要がある。ここで，「企業賃金総額管理の強化に関する通知」では，賃金総額と主要な経済発展指標との連動を基本原則とする旨規定しつつ，賃金総額管理の実施手法については，①地域および部門ごとの弾性賃金総額計画(以下「弾性賃金計画」という)による管理の実施（同通知二）と，②個別企業単位での賃金総額使用台帳による賃金総額管理の実施（同通知六）を柱とする旨が規定されている。

　したがって，以下，「弾性賃金計画」制度と賃金総額使用台帳制度についてそれぞれ検討し，分析を加えることとする。ただし，詳細は後述するが，1997年

の「賃金指導ライン」制度の実施以降，中国の賃金管理制度の主たる手段は「弾性賃金計画」制度から「賃金指導ライン」制度に移行していることに注意が必要である。なお，国務院弁公庁の「企業賃金総額管理の強化に関する通知」の実施を徹底するため，同年翌月に労働部から「企業賃金総額管理のマクロコントロールの強化の実施意見に関する通知」[8]が発出されている。

1 「弾性賃金計画」制度

「弾性賃金計画」は，1992年9月に国家計画委員会[9]が発出した「労働賃金計画管理の改善のための試行弁法（草案）に関する通知」（以下「弾性賃金計画試行弁法」という）[10]に基づき，1993年から試行された。「弾性賃金計画」は，賃金総額（従業員数）弾性計画とも呼ばれており，地域別の賃金総額および部門別（産業別）賃金総額に対して，従業員人数を含めて調整管理するための指導性計画と解されている[11]。

「弾性賃金計画」は1993年の試行当初から全国の省，自治区，直轄市等において普遍的に実施されることになり，これによって，従来行われていた，年度ごとの国有企業の従業員数や賃金総額等に関する指令性の計画指標が上級部門から下達されるようなことはなくなり，指導性計画へと改められた[12]。すなわち，市場の無政府性批判を理念とする中で市場の存在を許容するという，ともすれば論理矛盾をきたしてもおかしくない体制において，「弾性賃金計画」制度を通じて，国家が，地域ないし企業の賃金総額および従業員数と経済成長との比例的連動関係を保つためにコントロールを行う手法が新たに採用されたのである[13]。

なお，「弾性賃金計画」は指導性計画・間接的コントロールであると法的に位

8　国務院転発労働部「関於加強企業工資総額宏観調控的実施意見的通知」(1993年)。

9　国家計画委員会は，国家発展改革委員会の前身組織で1954〜1998年まで中国全体のマクロ経済計画を担い，改革開放期には経済体制改革を指導した組織。

10　国家計画委員会「改進労働工資計画管理試行弁法（草案）的通知」(1992年)。

11　王・前掲注(4)357頁。

12　労働部「関於従一九九三年起普遍実行動態調控的弾性労働工資計画的通知」(1992年)前文および一参照。

13　労働部「関於従一九九三年起普遍実行動態調控的弾性労働工資計画的通知」(1992年)二で『『弾性賃金計画』実施後，国家は，投入産出の総合的な利益指標に照らして，地域企業の賃金総額を調整コントロールする。賃金総額の調整コントロールを通じ，従業員数を間接的に調整コントロールする」と規定している。

置付けられてはいるが，「計画期間内に人員を増やしても賃金総額を増やすことはできず，逆に，人員を削減しても賃金総額を減らすことはできないという原則」[14]が存在している。このように，法令により賃金の増減の自由が制約されることによって，結果的に，企業の人員計画が制約されていることがわかる。こうした点も含め，以下，詳細に検討していく。

(1)制度の趣旨目的

　「弾性賃金計画」は，国家と省市によるコントロール，（地域や企業の）階層・類型ごとの管理，企業の自主的な労働者採用や自主配分という新しい計画管理体制を漸進的に打ち立てるために，従業員数および賃金総額を主要経済発展指標と比例的連動関係をもたせることを目的として創設された制度である（弾性賃金計画試行弁法1条）。具体的には，賃金総額の伸びを国民総生産の伸びよりも低く抑え，従業員の平均賃金の伸びを労働生産性の伸びより低く抑えるとともに，国民総生産の伸びが主として労働生産性の向上によって達成されるという，マクロ調整コントロール目標の実現が目指されている（同法1条）。

(2)実施対象企業の範囲

　「弾性賃金計画試行弁法」3条では，「各地域の全ての従業員数および賃金総額(全民所有制，集団所有およびその他所有制)は全て国家のマクロ調整コントロールの範囲に含まれる」と規定しており，全ての企業が国家の計画管理の対象となることが明らかにされている。ただし，国有企業とその他企業では制度の適用開始やその内容に違いが存在している。

　まず，国有企業の従業員数および賃金総額については，各企業単独で審査，監督される（弾性賃金計画試行弁法4条）。次に，その他企業については，制度創設当初は実施対象には含まれていなかったが，1995年の労働部「弾性労働賃金計画弁法の改善と完成に関する通知」（以下「弁法改善通知」という）に基づき，地域単位での「弾性賃金計画」の調整コントロールの対象範囲について，国有企業だけでなく，私営企業や外資系企業を含むその他の経済類型の企業へも拡

14　呂琳「第12章　工資」王全興・呂琳・候玲玲『労働法習題集』法律出版社，2000年，249頁。

大されることとなった[15]。

このように，政府の関与が強い国有企業において試験的に制度を適用し，その結果を踏まえ，郷鎮企業等その他の企業にも適用範囲を拡げる政策手法を採用するとともに，地域単位での賃金管理という国有企業よりは緩やかな管理の仕組みとし，国有企業とその他企業と管理の程度に差をつけていることがわかる。

(3)賃金総額や従業員数と連動させるべき関連経済指標

国は各地域に対し国民総生産を関連する連動経済指標として設定し，部門および企業グループに対しては付加価値額（原語：増加値〔または純産値〕）を関連する連動経済指標と設定している。併せて，「資金利税率」[16]，「賃金利税率（原語：工資利税率）」[17]および労働生産性を補助的な経済指標として用い，地域間の経済発展の不均衡問題の調整のために用いることとしている（弾性賃金計画試行弁法5条）。

経済指標と連動させる「弾性賃金計画」における従業員数，賃金総額，国民総生産等の指標の基数の審査決定にあたっては，初年度は原則として前年度の統計の実質データを基数とし，次年度からは前年末の数値を用い，当年の決算により数値の変動を審査する（原語：滚動考核）（同法6条）。

(4)賃金総額および従業員数の増加幅への制約

地域および部門の賃金総額の伸びは国民総生産の伸びを超えてはならず，平均賃金の伸びは労働生産性の伸びを超えてはならないという原則に基づき，歴史回帰法を採用し，賃金利税率，資金利税率の水準を参照した上で，各地域（部門）の伸び率を確定しなければならない（弾性賃金計画試行弁法7条）。

そして，従業員数の伸びについては，国民総生産または付加価値額の伸びに連動するものとされ，直近10年の全国のデータを踏まえると，国民総生産また

15　労働部「関於改進完善弾性労働工資計画弁法的通知」（1995年）一参照。
16　「資金利税率」とは，一定期間における企業等の利益および税の総額の和と，資産との比率のことをいう。
17　「賃金利税率」とは，一定期間における企業等の利益および税の総額の和と，賃金総額との比率のことをいう。

は付加価値額の伸びと従業員数の伸びは，一般的に 1 対 0.25〜0.32 の間と把握されていると，具体的な伸び率まで規定している（同法 8 条）。その上で，労働生産性や技術経済構造の状況も参考に，各地域，各部門で具体的に確定する旨規定されている（同法同条）。

⑸「弾性賃金計画」の編成プロセスと国家の関与

「弾性賃金計画」の編成プロセスについては，まず，各地域，各部門が前年の執行状況を検査し総括した上で，当該地域ないし部門の社会経済発展計画の見込みおよび国家が規定する比率を結び付け，当該地域ないし部門の提案する計画数を国家計画委員会に報告するとともに，労働部および人事部にも転送する（弾性賃金計画試行弁法 10 条）[18]。国家計画委員会，労働部および人事部は，地域，部門ごとの計画に対する意見を踏まえて，地域および部門ごとに総合的なバランスを考慮して計画（草案）を編成し，国務院に報告し，審査下達する（同法同条）。計画期間終了後，各地域および主管部門は丁寧に検査および精算を行うこととされている（同法同条）。国家は地域，部門の計画の執行状況について，前年の執行結果を次年度の審査で考慮する（同法 11 条）。

⑹地域，部門の裁量の範囲

計画を執行している過程で，経済発展の速度や利益指標が予定していた速度を上回る場合には，地域（部門）は，規定の比率に基づいて，従業員数および賃金総量を増やし，計画に定める増加数を減らす権限を有する（弾性賃金計画試行弁法 10 条）。もし当年に（計画に定める数値に達せず）余裕のある指標がある場合には，翌年度に繰り越して使用できるが，当年に（計画に定める数値を）超過した指標がある場合には，翌年度から差し引かれることとなる[19]（同法 11 条）。計画は 2 年に一度変更し，5 年で総査定を行うこととされ，試行後に比例係数が確定された後は，5 年の計画期間内は原則として連動比率は調整されない（同

18　なお，国務院弁公庁転発労働部「企業賃金総額マクロコントロールの強化に関する通知」（1993年）八において，前年度「弾性賃金計画」の執行状況は財政部にも転送することとされている。

19　例えば，計画に定める従業員数を超過して雇用している場合には，翌年度はその超過分が計画人数から差し引かれることとなる。

法 11 条)。

(7)労働部「弁法改善通知」による賃金総額管理の制度目的の明確化等

1995 年に労働部から出された「弁法改善通知」では，先に述べたとおり，地域単位の「弾性賃金計画」の調整コントロールの適用範囲が国有企業からその他企業にも拡大されたほか，「弾性賃金計画」の調整に関する経済指標の改定や計画の決定原則の明確化が図られた。まず，「弾性賃金計画」の調整に関する経済指標については，従前使われていた国民総生産 (GNP) から国内総生産 (GDP) へと変更が行われている（弁法改善通知二）。これにより，例えば，主要経済指標として用いられていた非農業部門の国民収入は非農業部門の国内総生産 (GDP) へと変更されている。

次に，「弾性賃金計画」の決定原則が，「二つの抑制原則」であることを明記し，その定義付けを行った。すなわち，「二つの抑制原則」の堅持を謳った上で，当該原則は，賃金総額の伸びを国内総生産の伸びより低く抑え，平均賃金の伸びを労働生産性より低くすることによって，賃金総額およびその水準の伸びと経済成長が合理的な比例関係を保持するようにさせる原則であると定義した（同通知三（一））。併せて，企業の人的コストの早過ぎる上昇をコントロールし，企業の市場競争力を向上させること，賃金総額の調整コントロールを通じて間接的に従業員数を調整コントロールして就業を促進し，社会安定を維持すること等も「弾性賃金計画」の決定原則として示された（同通知三（一））。

(8)地域「弾性賃金計画」への国家関与

1995 年の「弁法改善通知」では，適用企業の範囲が拡大された地域「弾性賃金計画」の審査プロセス等についても詳細に規定を置いている。まず，地域単位の「弾性賃金計画」における「賃金増加量」の割合[20]（原語：工資増量含量）は，毎年審査決定される（弁法改善通知三（三））。この審査決定にあたっては，前年の非農業部門の国内総生産に占める基準値となる賃金総額の割合（原語：工資総

20　審査決定された「賃金増加量」の割合（原語：核定工資増量含量）＝前年の非農業部門の国内総生産に占める基準値となる賃金総額の割合（原語：工資総量含量）×「賃金含量」調整係数＋特殊調整係数（弁法改善通知三（三）具体弁法 1）。

量含量）を基礎とし，計画年度の非農業部門の国内総生産の計画伸び率に基づいて「賃金含量」調整係数を設定するとともに，地域の総合的な経済利益，就業状況，住民消費者物価指数および地域間の賃金関係，人的コスト，国内外貿易状況を総合考慮する（同通知三（三））。その際，通常，審査決定された計画年度における「弾性賃金計画」の「賃金増加量」の割合は，前年度の非農業部門の国内総生産に占める基準値となる賃金総額の割合（原語：工資総量含量）を上回ってはならないと規定されている（同通知三（三））。

　次に，国家の関与についてみていくと，各地域が採用した各種企業の賃金調整コントロール方式によって確定させる賃金総額は，全て「弾性賃金計画」の範囲内におさめなければならない（同通知四）。地域は，国家が下達した「弾性賃金計画」を地域に属する各地，市に徹底しなければならず，また，国家が下達した「弾性賃金計画」において確定されている賃金総額の範囲で，企業の賃金と利益の連動計画の案等を審査しなければならない（同通知四）。そして，各地域は，毎年2月10日前に年度の「弾性賃金計画」案を労働部に報告し審査を受け，当該計画案の批准後に執行にあたるものとされている（同通知五（二））。なお，期日までに報告がない場合，労働部は関連する状況に基づき，直接「弾性賃金計画」の指標を当該地域に下達するものとされている（同通知五（二））。

　さらに，国家は，地域「弾性賃金計画」の執行状況について毎年審査認定しなければならないとされている（同通知七）。そして，特殊要因なく，年度における賃金の実際の支給額が国家の精算する賃金総額を超えている地域は，中央財政への納付額を増額させるまたは中央財政からの補助を減少させるとともに，次年度の「弾性賃金計画」の調整時に減額査定し，さらに具体的措置の実施を求めることにより，厳格に賃金総額を調整コントロールし，次年度の賃金を適切な伸びに調整させられることになる（同通知七）。

　確かに，非国有企業は国有企業とは異なり，企業単位で直接中央政府のコントロールは受けない。しかし，地域単位の「弾性賃金計画」の策定にあたっては，国家の審査や批准が必要であり，計画の範囲内に賃金総額を抑えることが求められる。さらに，各地域は，策定した「弾性賃金計画」に基づき，企業の賃金と利益の連動計画を審査することが義務付けられていることを踏まえれば，国家の直接的管理ではないにしても，政府による管理は継続しており，こ

136

表 3-1：当年の「弾性賃金計画」審査精算表[21]

---

1. 非農業部門 GDP（付加価値額）（万元）
2. 非農業部門 GDP（付加価値額）の対前年比増分（万元）
3. 所属する全ての企業の賃金総額とそのうちの国有企業（万元）
4. 全ての企業の（付加価値額に占める）賃金の割合（原語：工資含量）とそのうちの国有企業（％）
5. 非農業部門の GDP の伸びと賃金の伸びの比率（1 対）
6. 年末時点の企業従業員数とそのうちの国有企業（人）
7. 企業従業員の平均人数とそのうちの国有企業（人）
8. 企業従業員の平均賃金とそのうちの国有企業（元）
9. 1 人当たり労働生産性（元／人）
10. 「賃金利税率」（％）
11. 計画年度において審査決定された「賃金増加量」の割合[22]（％）
    （原語：計画年度核定工資増量含量）
12. その他の要因により審査の結果，増加された「賃金増加量」の割合（％）
13. その他の要因により審査の結果，削減された「賃金増加量」の割合（％）[23]
14. 「弾性賃金計画」において精算された基準値となる賃金総額[24]の（非農業部門の付加価値額に占める）割合（％）（原語：弾性計画結算工資総量含量）
15. 「弾性賃金計画」において精算された賃金総額（万元）
    （原語：弾性計画結算工資総額）
16. 精算された賃金（総額）と実際に支給した賃金の差額（万元）
    （差額が生じた場合はその原因を明確に精算報告で説明する必要がある）

（注）前年および当年それぞれについて記入する。

れは，企業の賃金決定や採用の自由に対する相当強い規制といえるのではないだろうか。

21　波線部分は，わかりやすさの観点から筆者において加筆。
22　ここでいう審査決定された「賃金増加量（原語：工資増量含量）」とは，前年の非農業部門の付加価値額に占める基準値となる賃金総額の割合に調整係数を乗じ，特殊調整係数を加えたものをいう。通常，審査決定された計画年度の「弾性賃金計画」の「賃金増加量」の割合は，前年度の非農業部門の付加価値額に占める基準値となる賃金総額の割合（原語：工資総量含量）より大きくなるべきではないとされている（弁法改善通知三）。
23　その他の要因とは，例えば，経済利益の下降や失業率の上昇をいう。
24　基準値となる賃金総額とは，通常前年の賃金総額の年報の数値を基礎とするが，当該数値が「弾性賃金計画」において精算された賃金総額を超える場合は，当該精算された賃金総額が計画年度の基準値となる賃金総額となる。

第3章 賃金管理制度の構造 137

表3-2：次年度の「弾性賃金計画」案の申告項目

1．非農業部門 GDP（付加価値額）（万元）
2．年末時点の企業従業員数（人）
3．企業従業員の平均人数（人）
4．企業賃金総額（万元）
5．企業従業員の平均賃金（元／人）
6．賃金利税率（％）

（注）1〜6の各項目について，当年の実績と次年度の計画数を記入する。

⑼北京市の「弾性賃金計画」案の審査項目の例

　「弾性賃金計画」の地域における運用を確認するため，北京市を例として，市労働局が区，県，国有企業等の「弾性賃金計画」の執行状況を把握するための精算表および，市に属する区等が市労働局に対して提出する次年度の「弾性賃金計画」案の申告表の項目を表3-1，表3-2に示す[25]。これらの項目をみると一目瞭然だが，市は区，県等に賃金総額と平均賃金，従業員数について次年度の計画数を記載させている。これらの項目を取りまとめた上で，中央政府に「弾性賃金計画」として提出し，当該計画が適切かどうか，国家が事前および事後に審査する体制となっていることがわかる。

2　賃金総額使用台帳制度による賃金管理

　賃金総額使用台帳（以下「台帳」という）制度は，賃金と経済利益との連動関係を形成するための賃金総額管理を強化するという目的の下，1995年から全ての企業[26]を対象に実施され，外資系企業の外国人従業員を除く全ての従業員が対象となっている。以下，制度の実施にあたり，1994年に労働部および中国人民銀行から発出された「各種企業の『賃金総額使用台帳』制度の全面実施に関する通知」（以下「台帳制度の全面実施通知」という）を中心に据えて本制度をみ

25　各項目については，北京市労働局「関於申報1997年弾性工資計劃的通知」（1997年）を参照して作成。
26　労動部，中国人民銀行「関於各類企業全面実行『工資総額使用手冊』制度的通知」（1994年）一において，全ての企業とは，国有企業，集団所有制企業，その他経済類型所有制企業および機関，事業ないし企業単位で独立して精算を行っている各類型の企業，第三次産業の単位を含むものと定義されている。

ていくこととする。

(1)「台帳」の使用方法

　企業は，国家が規定する賃金総額の調整コントロール方式に照らして，使用が許されている賃金総額の範囲内で，賃金総額使用計画を策定し，その内容を「台帳」に記入することとされている（台帳制度の全面実施通知四）。「台帳」は，当地の労働行政部門および人民銀行により審査発行され，企業にとって銀行から賃金支払い用の現金を引き出す唯一の証明書として位置付けられており，「台帳」に基づいてのみ，基本口座を開設している銀行から賃金支払い用の現金を引き出すことができる（同通知四）。

　企業が規定に違反して「台帳」を使用したり，記入内容が不明確であったり，審査批准手続きが不完全であったりしたときは，銀行窓口は賃金支払いを拒否する権限を有する（同通知四）。

(2)「台帳」に対する労働行政部門の審査署名

　「台帳」は，労働行政部門または企業主管部門が，（地域や産業等の）階層・類型別管理の原則に照らして，審査し（記録した）署名捺印するとともに，審査後の企業賃金総額使用計画を当地の人民銀行および企業が基本口座を開設している銀行に転送する（台帳制度の全面実施通知五）。例えば，地方企業の「台帳」は地方各級の労働行政部門または企業主管部門が審査署名捺印し，主管部門がない企業の「台帳」は当地労働行政部門が審査の上，署名捺印することとなる（同通知五）。そして，「台帳」について，規定に基づく審査ないし署名捺印が行われていないときは，当然ながら，銀行窓口は企業への賃金の支払いを拒否することとされている（同通知五）。

(3)「台帳」に対する監督検査

　各級労働行政部門は，企業が使用する「台帳」の状況を労働監督の内容の一つとし，毎年定期的に検査監督を実施しなければならないとされている。そして，各級銀行は，企業が審査決定された金額を超えて賃金支払い部分を引き出そうとした場合，銀行は支払い拒否をすることを規定している（台帳制度の全面

実施通知六）。このほか，各級労働行政部門は賃金総額のマクロコントロールを確実なものとする有効な手段として「台帳」を位置付け，積極的に企業の賃金総額使用計画の策定を指導し，規定に基づき「台帳」に審査の上，署名し，随時企業の賃金支払い状況を把握することを通じて，「台帳」の企業賃金使用状況に対する監督機能を十分に発揮しなければならないとしている（同通知六）。

⑷「台帳」の審査申請手続き方法（福建省アモイ市を例に）[27]

「台帳」の審査申請手続きについて，福建省アモイ市を例に取ると，「台帳」は毎年第一四半期に新しい「台帳」と交換しなければならないとされ，毎年4月1日から全ての企業は新しい「台帳」を使用することとされている。申請にあたり，非公有制企業については，審査申請表を記入し捺印した後，人力資源・社会保障部門（以下「人社部門」という）で手続きを行えば済むが，公有制企業については，主管部門の署名捺印の同意後に，人社部門で手続きを行うこととなる。なお，賃金総額使用計画に追加や変更がある場合には，理由書を用意しなければならない。

次表3-3に示している審査申請表の記入項目に，賃金総額と従業員数欄があることからすると，「二つの抑制原則」の実効性確保のため，企業単位の賃金総額と従業員数について，行政部門が本審査表を通じて把握管理できる構造になっていることがわかる。この意味において，「台帳」制度は中国における賃金管理の根幹を支えている重要な制度であるといえよう。

3　小括

本節では，政府による賃金総額に対する管理制度として，「弾性賃金計画」制度と「台帳」制度について検討を行った。まず，「弾性賃金計画」制度は，賃金総額の上昇率をGDP成長率より低くし，平均賃金の上昇率を労働生産性の上昇率よりも低く抑えるという「二つの抑制原則」の達成を目的とするものであり，その手段として，地域単位で賃金総額の増加をコントロールすることによっ

27　アモイ市人力資源和社会保障部「企業賃金総額手冊」備案（2012年5月14日）参照（http://www.xmhrss.gov.cn/fwzn/ldgz/gzsc/201308/t20130814_202659.htm〔2015年6月22日最終アクセス〕）。

140

表3-3：アモイ市企業賃金総額使用台帳審査申請表（2015年）

企業名称（印）：＿＿＿＿＿＿＿＿＿＿＿

企業所在地住所：＿＿＿＿＿＿＿＿＿＿＿

記入日：　　年　　月　　日

<table>
<tr><td rowspan="8">企業記入欄</td><td>登録類型</td><td></td><td>組織機関番号</td><td></td></tr>
<tr><td>口座開設銀行</td><td></td><td>銀行口座番号</td><td></td></tr>
<tr><td>企業連絡担当者</td><td></td><td>企業連絡先</td><td></td></tr>
<tr><td colspan="2">前年度の労働賃金状況</td><td colspan="2">本年度の賃金総額の申告状況</td></tr>
<tr><td>従業員平均人数</td><td>実際に使用した賃金総額
（万元）</td><td>従業員数</td><td>使用する賃金総額
（万元）</td></tr>
<tr><td></td><td></td><td></td><td></td></tr>
<tr><td colspan="2">公有制企業に係る上級主管部門の意見</td><td colspan="2">（署名捺印）
年　　月　　日</td></tr>
<tr><td colspan="2">企業責任者（署名）：</td><td colspan="2">年　　月　　日</td></tr>
</table>

<table>
<tr><td rowspan="8">人社部門記入欄</td><td rowspan="2">月</td><td rowspan="2">日</td><td rowspan="2">項目</td><td>従業員数</td><td colspan="2">賃金総額（万元）</td><td rowspan="2">担当者
（署名）</td></tr>
<tr><td>合計</td><td>大写[28]</td><td>小写</td></tr>
<tr><td></td><td></td><td>当年の総額</td><td></td><td></td><td>¥</td><td></td></tr>
<tr><td></td><td></td><td>調整後の総額</td><td></td><td></td><td>¥</td><td></td></tr>
<tr><td></td><td></td><td>調整後の総額</td><td></td><td></td><td>¥</td><td></td></tr>
<tr><td></td><td></td><td>調整後の総額</td><td></td><td></td><td>¥</td><td></td></tr>
<tr><td colspan="6">人社部門の意見</td><td>（署名捺印）
年　　月　　日</td></tr>
</table>

注：

1．本表は人社部門の記入，署名が必須であり，改ざんまたは無署名のものは無効となる。

2．本表は「アモイ市企業賃金総額使用台帳」の貼付処に添付すること。

3．本表は2部一式。

（注）筆者において和訳。

28　「大写」とは，帳簿や書類等に用いる漢数字をいう（壹，貳，参など）。これに対し，「小写」は，一，二，三などをいう。

て，間接的に企業従業員数をも国家が管理できる仕組みとなっている。「弾性賃金計画」は地域単位で案を策定後，中央労働行政部門の事前審査を受けることとされ，さらに，執行状況のフォローアップの際に，賃金支払い総額が計画に定める額を超過していた場合には，中央政府から当該地域への補助を減額すること等の具体的な制裁措置が定められている。そして，地域「弾性賃金計画」に基づき地方政府は，企業が策定する賃金と利益の連動計画を審査することとなっている。したがって，法制度上は地域単位での間接的かつ指導性計画であるとされているが，関係法令の規定内容を分析すると，国家の「弾性賃金計画」を策定する地方政府に対する，そして，地方政府による企業に対する拘束力は相当強い枠組みとなっていることが確認できる。

　次に，「台帳」制度は，企業の賃金総額と従業員数について，企業ごとに地方労働行政部門に毎年報告させ，審査を受けさせるものである。企業賃金総額使用計画は銀行にも共有されるため，企業は，「台帳」に記載された金額を超えた賃金支払いを一切行うことができない。このように，労働行政部門による審査だけでなく，賃金管理制度の実効性を担保するための措置が併せて規定されていることから，「台帳」にある賃金総額は，単に計画における企業の目標値ないし目指すべき方向性として記載されているといった，拘束力の緩やかな性格にとどまるものではないことが理解できる。

　なお，「台帳制度の全面実施通知」には明記されていないが，「台帳」制度を通じて把握した各企業の賃金総額と従業員数は，地方政府が当該地域における賃金総額等を把握する際の基礎データとして使用されているものと推測される。

第3節　労働者の賃金水準に対する管理（「賃金指導ライン」制度）

　「賃金指導ライン」は，年度における労働者の賃金額の上昇水準の原則について，国家が審査した上で地方政府が示すものであり，賃金マクロコントロールの中でも，特に重要な位置付けにあるといえる。これは例えば，1993年に労働部が発表した「社会主義市場経済体制時期の労働体制改革に関する全体構想」[29]において，全国における「賃金指導ライン」の制定推進目標が打ち出されたこ

と等に表れている。

この労働部の方針を受け，「賃金指導ライン」制度は，まず，1994年に成都市および深圳市で試行実施され，1996年に北京市，1997年に上海市，大連市等7都市が追加的に試行実施対象に加えられた[30]。そして，1997年に労働部において，国家の賃金総量に対するマクロコントロール権を定めた「労働法」46条2項に基づき，「試点地域における賃金指導ライン制度試行弁法」（以下「賃金指導ライン弁法」という）[31]が制定された。現在では，各地方政府において実施されている[32]。

1 制度の趣旨目的等

⑴趣旨目的

既述のとおり「賃金指導ライン」制度は「労働法」46条2項に基づき実施されているものであり，その目的は，「国家のマクロ指導の下，ミクロの企業の賃金配分と国家のマクロ政策との間の協調を促進させ，企業の生産発展を引導し，経済利益の増加を基礎に，合理的な賃金配分を行うことにある」と規定されている（賃金指導ライン弁法一）。したがって，「賃金指導ライン」は，企業の自主的な賃金配分権が法の範囲内で許容されている社会主義市場経済体制において，政府が賃金管理を徹底するための重要な制度として位置付けられていることがわかる。すなわち，市場経済体制において，政府が「賃金指導ライン」制度を制定することによって，企業内の賃金配分と賃金団体交渉によって決定される賃金水準を指導することが必要不可欠と考えられているのである[33]。

また，本制度の具体的な交渉の場面での位置付けをみると，例えば，中国の労働組合である工会系の中国工人出版社から刊行されている『賃金団体交渉代表の作業指南書』の付録に掲載されている，企業締結用の賃金団体交渉協定書の見本では，「賃金指導ライン」が，1人当たりの労働者の賃金上昇水準を決め

---

29 労働部「関於建立社会主義市場経済体制時期労働体制改革総体設想」（1993年）。
30 李明生「工資指導線：宏観調控的新方法」貴州社会科学1998年6期（1998年），36頁参照。
31 労働部「試点地区工資指導線制度試行弁法」（1997年）。
32 1997年の試行地域は，北京市，深圳市，成都市，江蘇省，山東省，広東省，湖南省，山西省，吉林省の10地域とされていたが（賃金指導ライン弁法前文），現在ではそのほかの省，自治区でも実施されている。
33 宋関達「工資指導線：内涵，方法和実施意見」経済研究参考4期（1996年），29頁。

第3章　賃金管理制度の構造　143

参考3-1：賃金団体交渉協定書（抜粋）

（前略）

六，従業員の年度における平均賃金水準は，政府が公布する賃金指導ライン，労働力市場の賃金指導のための価格調査，本地域の都市住民の消費者物価指数，本企業の労働生産性および経済利益などの要因に基づき確定する。協定有効期間における，従業員の年度における平均賃金水準を対前年比＿＿＿＿％増加（減少）させる。

（後略）

る際の根拠の第一番目に列挙されている（参考3-1）[34]。政府により決定された「賃金指導ライン」が，個別企業の賃金交渉や決定の際に大きな影響を与えていることがを目指していることがわかる一例といえよう。

⑵「賃金指導ライン」と「弾性賃金計画」との法的関係性

「賃金指導ライン」は，試行初期においては，「弾性賃金計画」制度および賃金と（企業）利益との間の連動関係等に係る弁法と並行的に実施するものと位置付けつつ，漸進的に「賃金指導ライン」を，企業の賃金配分のマクロコントロールシステムの主要な手段として位置付けていくこととしている（賃金指導ライン弁法前文）[35]。このように，中央政府は，「賃金指導ライン」を，国家の労働者賃金に対する管理制度の中核的存在として位置付けつつ，これまでの「弾性賃金計画」と併存し得る制度として整理している。

この点，当時，労働部賃金研究所に所属していた宋関達によれば，「『賃金指導ライン』と『弾性賃金計画』はともに，政府が賃金総量および賃金水準を調整コントロールするための手法である。『弾性賃金計画』は，地域・産業ごとに賃金総量を調整コントロールし，賃金のマクロコントール目標を出発点として企業に対する賃金上昇を拘束する機能を発揮している。『賃金指導ライン』は，

34　黄任民主編『工資集体協商商代表工作指南』中国工人出版社，2007年，182-183頁。協定書抜粋部分は筆者和訳。

35　本規定内容を踏まえ，「弾性賃金計画」制度については，1997年の「賃金指導ライン」制度の実施以降，国有企業を除き，「賃金指導ライン」制度の中で企業賃金総額を把握管理する方向に一本化されてきていることに留意する必要がある。

賃金上昇の方法，基準，限界および方針を発表し，企業が一定の範囲内で工会および企業法人の代表が団体交渉を通じて自主的に賃金水準を決定することを指導している」とし，したがって，両制度の間には「区別があるが，相互排他的ではなく，一定期間同時に存在可能であり，共同して従業員賃金のマクロコントロールに効果を発揮することができる」と解している[36]。

以上を踏まえれば，地域レベルでの賃金総額の管理を通じて，国家による賃金管理を実現しようとする「弾性賃金計画」制度と，産業および企業内労働者の賃金上昇の具体的な基準を提示し，労使の賃金交渉を指導することにより国家による賃金管理を実現しようとする「賃金指導ライン」とは，賃金管理という大目的を達成するための手法が異なるものとして理解できる。なお，宋（1996）は，「弾性賃金計画」は行政の作用が比較的強く，企業の自主的な賃金配分を本当の意味で徹底するためには不向きであり，団体交渉による賃金水準決定を実施していくにあたっても，「賃金指導ライン」が漸進的に賃金管理の主要手段となるべきであると評価している[37]。確かに，従来型の企業の賃金計画の提出等を通じた賃金管理という観点からは，「弾性賃金計画」の方がより計画経済期に採られていた賃金管理の手法に近いところはある。しかし，賃金上昇のコントロールについても計画経済期から行われてきている手法であるし，また，「賃金指導ライン」による賃金管理が，果たして企業の自主的な賃金配分を促進しているかについては疑問があるようにも思われる（詳細は後述）。

2　実施対象企業の範囲

「賃金指導ライン」制度の適用範囲は，国有企業だけでなく，当該地域における各種企業が一律対象となっており（賃金指導ライン弁法二），各地域，産業，企業の特性を踏まえ，（行政区域の）階層ごとに管理し，（産業の）類型ごとに調整コントロールすることとされている（同法三（二））。

3　「賃金指導ライン」決定時の考慮要素等

「賃金指導ライン」の決定にあたっては，他の賃金管理制度と同様，「二つの

36　宋・前掲注(34)38頁。
37　宋・前掲注(34)38頁参照。

抑制原則」を堅持しなければならないことが明記されている（賃金指導ライン弁法三（二））。そして，この原則に立った上で，「賃金指導ライン」は，当該地域の経済成長率，労働生産性，都市居民消費者物価指数に主に依拠し，併せて，都市部の就業状況，労働市場価格，人的コストおよび対外貿易の状況など関連要素を総合考慮して決定される（同法四）。

4 「賃金指導ライン」の類型とその実施

「賃金指導ライン」は，上昇率によって基準ライン，上限ライン，下限ラインの三類型に分けて設定される（賃金指導ライン弁法五（二））。国有企業は，政府の発表する賃金指導ラインを厳格に執行し，「賃金指導ライン」に規定する基準ラインを中間に挟んだ下限ラインと上限ラインの範囲内で，企業の経済利益に基づき合理的に賃金を配分して，各企業の賃金上昇は上限ラインを超えてはならない（同法五（二））。

私営企業や外資系企業などの非国有企業は，「賃金指導ライン」に依拠（原語：依据）して団体交渉を行い，賃金を確定しなければならない（同法五（二））。また，団体交渉制度が未確立の企業は「賃金指導ライン」に依拠して賃金を配分するとともに，団体交渉制度を積極的に創設することとされている（同法五（二））。生産経営が正常な状況において，賃金上昇は「賃金指導ライン」に規定する基準ラインより低くなってはならず，業績のよい企業は相応の賃金上昇を行うことができるとされている（同法五（二））。このように，非国有企業に対しても，企業業績に応じて守るべきラインを規定し，賃金管理を行っていることがわかる。

5 地方政府の「賃金指導ライン」に対する中央政府の審査等

労働部は地方政府が決定する「賃金指導ライン」に対し審査を行い，意見提出するとともに，実施状況に対し監督検査を行うこととされている（賃金指導ライン弁法六）。具体的には，地方労働行政部門は，労働部の当年の全国賃金上昇についての指導意見[38]に依拠して，当該地域の「賃金指導ライン」を設定し，労働部の審査後，地方政府の批准を経て地方政府（ないしその委託を受けた地方労働行政部門）が発表し，地方労働行政部門が実施する（同法六）。

このように，労働部の賃金上昇に対する考え方に基づき，各地域の「賃金指導ライン」案が作成されるだけでなく，当該案について労働部の審査を経るという制度的枠組みとなっていることがわかる。

6　賃金総額管理との連携

　各企業は，政府の「賃金指導ライン」発表後30日以内に，「賃金指導ライン」に基づき，年度の賃金総額使用計画を編成または調整しなければならない（賃金指導ライン弁法五（三））。国有企業については，企業主管部門および当地の労働行政部門に当該計画を送付し審査を受け，非国有企業については，労働行政部門に計画を報告し記録される（原語：備案）（同法五（三））。全ての企業は，賃金総額使用計画に基づき「台帳」を記入し，当地労働行政部門の審査を受けて署名捺印をもらわなければならない（同法五（三））。なお，「賃金指導ライン」は毎年3月末以前に発表し，執行期間は1月1日から12月31日までとなっており，地域の労働行政部門は，翌年3月に前年度の「賃金指導ライン」の実施状況を労働部に報告する必要がある（同法七）。

　以上のとおり，地域における労働者賃金の上昇水準が，地方政府が示す「賃金指導ライン」の水準と適合しているかどうかについて，個別企業の「台帳」による審査を通じて確認するという管理手法が採られていることがわかる。すなわち，国家によって個々の労働者の賃金上昇水準の具体的なラインを示すだけにとどまらず，それが実際に措置されているか企業単位で審査するという，国家による関与が相当強い管理制度となっていることがわかる。

7　山東省済南市の「賃金指導ライン」の例

　続いて，山東省の省都である済南市を例に，2013年の「賃金指導ライン」の具体的な設定プロセスをみていくこととする。

38　賃金上昇に関し，現状，こうした労働部による統一した指導意見は出されていない。ただし，人力資源・社会保障部の「人力資源・社会保障事業発展『第十二次5か年』計画綱要に関する通知」（人力資源和社会保障部「関於印発人力資源和社会保障事業発展第十二五規劃綱要的通知」〔2011年〕）では，「賃金指導ライン」制度を一層確立するため，全国企業職工賃金上昇指導意見の発布を検討し，企業の合理的な賃金配分を誘導・指導すると規定されており，今後統一した指導意見が出される可能性は残されている（6章3節）。

⑴中央政府労働行政部門との調整

まず，中央政府の労働行政部門である人力資源・社会保障部に対し，山東省人力資源・社会保障庁が省の「賃金指導ライン」について文書でうかがいを立てる（原語：請示）[39]。これを受けて，人力資源・社会保障部は，2013 年の国家発展改革委員会が策定する「国民経済および社会発展計画」[40]の全体的な（資源や労働力等の）配置および企業賃金配分のマクロコントロールの要求に基づきつつ，2013 年のマクロ経済情勢および山東省の経済社会発展の実情を踏まえ，総合的なバランスを考えて，審査意見を回答する。

2013 年については，人力資源・社会保障部から，企業賃金上昇の上限ラインは 22%，基準ラインは 15%，下限ラインは 6 ％との審査意見[41]が山東省に返され，これらの基準が企業の在職従業員の賃金配分に適用されることとなった。また，当該審査意見には，企業賃金配分のマクロコントロールのさらなる強化や賃金団体交渉などを通じた賃金水準の合理的な確定に向けた指導強化を求める意見も附されるとともに，山東省の「賃金指導ライン」発表後，1 か月以内に報告するよう求めている。

⑵山東省政府から済南市等への「賃金指導ライン」の通知

次に，人力資源・社会保障部の審査意見（2013 年 2 月 17 日）から 10 日後の 2 月 27 日に，山東省人力資源・社会保障庁は，省内各市・県政府等に対し，企業「賃金指導ライン」を通知している（以下「山東省 2013 年賃金指導ライン通知」という）[42]。「山東省 2013 年賃金指導ライン通知」は，人力資源・社会保障部の審査を経て決定された，3 類型のラインごとに賃金上昇率が示されるとともに，「賃金指導ライン」制度のさらなる改善，企業賃金の正常な上昇システムの確立と従業員賃金の合理的な上昇の促進の必要性について言及する内容となっている。さらに，「山東省 2013 年賃金指導ライン通知」において，各企業は「賃金

39　山東省人力資源和社会保障庁「関於発布山東省 2013 年企業工資指導線的請示」（2013 年）により，山東省政府から人力資源・社会保障部に対し「賃金指導ライン」についてのうかがいが立てられているが，果たして「賃金指導ライン」を何％に設定してうかがいを立てたのかは文書公開されておらず，明らかでない。

40　国家発展改革委員会が策定する，国全体の経済および社会発展を指導するための年度計画のことをいう。

41　人力資源社会保障部「対山東省 2013 年工資指導線方案的函」（2013 年）。

42　山東省人民政府「関於発布 2013 年企業工資指導線的通知」（2013 年）。

指導ライン」発表から30日以内に，従業員と団体交渉を行い，「賃金指導ライン」貫徹のための実施案を策定し，規定に基づき人力資源・社会保障庁に報告記録するものとされている。

(3)済南市政府による「賃金指導ライン」の通知

　最後に，済南市では，山東省政府の通知を受け，5月10日に，所属する各県・区および市政府の各部門に対して，2013年の市内の「賃金指導ライン」は原則として2012年の市内法人部門の在職従業員の平均賃金である40,179元を計算の基礎として，上限ライン（警戒ライン）を22％，基準ラインを15％，下限ラインを6％の上昇率とする旨通知している（以下「済南市2013年賃金指導ライン通知」という）[43]。また，企業は生産経営状況に基づき，「賃金指導ライン」に照らして賃金上昇を決めることができるとし，企業の年度における従業員の賃金の合理的な上昇がいまだ実現できていない場合，経営者（企業の指導的グループの構成員を含む）の賃金は上昇させてはならないとしている（同通知二）[44]。さらに，山東省政府の通知と同様，各企業は「賃金指導ライン」発表から30日以内に，団体交渉を通じて「賃金指導ライン」貫徹のための実施案[45]を策定し，企業従業員代表大会を経て，同級の人力資源・社会保障行政部門に報告記録するものとしている（同通知三）[46]。

　なお，前述の「賃金指導ライン」の3類型がどのような企業に対し適用されるのかという点については，2012年に済南市人力資源・社会保障局と労使団体が共同で発出した「企業賃金指導ライン制度のさらなる確立に関する通知」（以下「済南市賃金指導ラインの確立に関する通知」という）[47]二（一）において，生産

43　済南市人民政府「関於発布2013年企業工資指導線的通知」（2013年）。
44　なお，済南市の通知では，独占企業や財政補助を受けている国有企業従業員の平均賃金上昇率は基準ラインを超えてはならないとされている。
45　「済南市賃金指導ライン通知」三（一）で本実施案に盛り込むべき主要な内容が示されている。具体的には，①企業の基本状況（生産経営状況，従業員数，前年度賃金水準と前年比増加幅を含むこと），②経済利益状況（利潤，労働生産性等の指標の達成状況を含むこと），③「賃金指導ライン」を確立させるための初歩的意見（企業が策定する賃金上昇幅，1人当たり賃金上昇水準，職種別人員の賃金配分関係，利益予測および民主的プロセスの履行等の状況を含むこと），と規定されている。
46　「済南市賃金指導ライン通知」四において，団体交渉を経た30日以内の「賃金指導ライン」実施案の策定と人力資源・社会保障行政部門への報告記録と，当該行政部門の15日以内の意見提出義務，審査後の企業内の従業員全員への公示義務が定められている。

経営状況が正常で経済利益が上昇している企業は「賃金指導ライン」の基準ラインに合わせて従業員の賃金上昇率を設定しなければならないとしつつ，特に，経済利益の上昇が比較的速く，賃金支払い能力が比較的強い企業は基準ラインから上限ライン（警戒ライン）の間に従業員賃金の上昇率を設定し，生産経営状況が正常で経済利益も並みの企業は，基準ラインから下限ラインの間に賃金上昇率を設定することができるとし，さらに，生産経営状況がかなり悪く，前年に損失があり当年も損失の可能性がある企業は，下限ラインに賃金上昇率を設定するか，暫時賃金上昇を停止することもできるとされている。したがって，賃金上昇率が政府の設定する上限ライン（警戒ライン）（2013年の済南市の場合では22％）を超えた賃金上昇を企業が行うことが許容されていない制度となっていることがわかる。

(4)済南市「賃金指導ライン」の法的拘束力

ここで，「済南市2013年賃金指導ライン通知」では「企業は…（中略）…『賃金指導ライン』に照らして賃金上昇を決めることができる」とされているため，通知の内容を一見すると，「賃金指導ライン」の企業に対する拘束力は弱いようにもみえる。しかし，前述のとおり，「済南市賃金指導ラインの確立に関する通知」二では，企業の経営状況に応じて，「賃金指導ライン」の範囲内での労働者の賃金上昇率の決定を求めている。

さらに，同通知三では，「企業は毎年政府が発表する『賃金指導ライン』に依拠し，…（中略）…賃金団体交渉等の方式を通じ，『賃金指導ライン』を貫徹する具体的実施案を策定しなければならない」と規定していることや，同通知四において，「賃金指導ライン」実施案について期限を過ぎても報告しなかった企業に対して，人力資源社会保障部門は警告を与えた上で期限を限って是正を促し，それでも報告しない場合は2,000元以上10,000元以下の過料に処されるとされていること等を踏まえると，企業の賃金水準の決定において「賃金指導ライン」を踏まえるよう求めていることがわかる。加えて，「済南市賃金指導ラインの確立に関する通知」では，人力資源・社会保障行政部門は，報告のあっ

47 　済南市人力資源和社会保障局，済南市総工会，済南市企業連合会／企業家協会，済南市工商業連合会「関於進一歩落実企業工資指導線制度的通知」（2012年）。

た企業の「賃金指導ライン」実施案を審査し認可する（原語：核准）こととされていることからも[48]，市が示す「賃金指導ライン」に反することはできない仕組みになっているといえる。

(5)済南市労働行政部門による「賃金指導ライン」の実施状況の審査

「賃金指導ライン」の実施状況を監督するため，「済南市賃金指導ライン通知」四（二）に基づき，企業の策定する「賃金指導ライン」実施案とともに人力資源・社会保障行政部門に提出される「企業『賃金指導ライン』状況表」を次頁の表3−4に示す。労働行政部門の審査にあたり，企業が詳細な報告を求められていることがわかる。なお，本論からは逸れるが，工会の所見記入欄が，「賃金指導ライン」の執行監督を担う労働行政部門と同じ並びで存在している点は特徴的である。この背景には，工会が行政機関と同列に扱われているという，社会主義体制を採用する中国ならではの特殊性があるといえる[49]。

このほか，詳細な説明は割愛するが，例えば，北京市では，済南市のような産業横断的な「賃金指導ライン」の設定のほかに，併せて食品製造業，小売業，不動産開発業，道路貨物運輸業など18産業ごとに1人当たりの年間売上収入額に応じた指導ラインと警戒ライン（上限ラインに相当）の設定公表を行い，よりきめ細かな「賃金指導ライン」を設定している[50]

8　小括

ここまでの検討を踏まえると，「賃金指導ライン」制度は，中国の賃金マクロコントロール制度における中心的な位置付けを与えられていることがわかる。すなわち，「二つの抑制原則」に基づき，中央政府の審査を受けて地方政府が設定する賃金上昇率（賃金指導ライン）に依拠した形で各企業で「賃金指導ライン」実施案が作成され行政部門の審査を受けた上で，賃金団体交渉が実施される。

48　「済南市賃金指導ラインの確立に関する通知」四参照。
49　彭光華「中国における労働紛争処理システムの現状と課題」日本労働学会誌116号（2010年）45頁および香川孝三「中国労働法の理解を深めるために」日本労働法学会誌92号（1998年）33頁参照。香川（前掲注(49)33頁）は，「工会は，共産党の下部組織であり，上意下達の行政機関と同様の役割を担っている。その結果共産党の指導に従うことが求められている」と指摘している。
50　北京市人力資源和社会保障局「関於発布2014年北京市行業工資指導線的通知」（2014年）参照。

表3-4：済南市の2013年「企業『賃金指導ライン』状況表」[51]

		2011 年	2012 年
経済利益 （万元）	実現した利益および税金の総額の和		
	うち，利潤	％上昇	％上昇
従業員数 （人）	従業員の平均数		
	在職従業員の平均数		
	うち，工場長級の幹部		
	中間管理職員		
	非管理職従業員 （原語：一線従業員）		
賃金支払い	従業員に実際に支払った賃金総額（万元）		
	在職従業員に実際に支払った賃金総額（万元）		
	うち，工場長級の幹部		
	中間管理職員		
	非管理職従業員		
	うち，割増賃金額		
	実際に支払った1人当たり平均賃金（元）	％上昇	％上昇
	うち，工場長級の幹部	％上昇	％上昇
	中間管理職員	％上昇	％上昇
	非管理職従業員	％上昇	％上昇
（2013）年度			
（2013）年度の「賃金指導ライン」に基づく賃金増加状況	賃金増加の基準額（元）		
	賃金増加率（％）		
	年当たり賃金総額の増加額（万元）		
	1人当たり月額賃金増加額（元）		％上昇
	うち，工場長級の幹部		％上昇

	中間管理職員		％上昇
	非管理職従業員		％上昇
	本年に予測される実際に支払う1人当たり賃金額（元）		
	本年に予測される実際に支払う賃金総額（万元）		
補足資料	前年度に使用した労働者派遣従業員（　　　）人，前年比（　　　）人増加		
	本年度の労務派遣の作業員1人当たり賃金増加（　　　）元，前年比（　　　）％増加		
企業（工会）の意見 　年　　月　　日	主管（監督管理）部門の意見 　年　　月　　日		人力資源・社会保障部門 　年　　月　　日

　そして，その結果を踏まえて，「台帳」に各企業の賃金総額等が記入され，それらが集約されたものが各地域の「弾性賃金計画」となり，一国全体の賃金総額が管理されるという法制度の体系が形成されているといえる[52]。

　そして，各制度において，必ず労働行政部門の事前ないし事後の審査が義務付けられている。このような相互補完的な法構造と労働行政部門の審査制度が存在していることにより，「賃金指導ライン」として示された各年の賃金上昇率が，単に各企業の目安ないし努力目標ではなく，実効性のある賃金管理制度として運用可能な仕組みとしているといえよう。

　さらに，前述のとおり，「賃金指導ライン弁法」では，非国有企業は賃金団体交渉を実施する際に「賃金指導ライン」に依拠することとされている。また，地方政府レベルの規定，すなわち，例示として検討した「済南市賃金指導ライ

51　「済南市賃金指導ラインの確立に関する通知」附属文書2をもとに，筆者において和訳のうえ，2013年用に時点を記入。

52　範韶華（『工資集体協商指導員速査手冊』中国工人出版社，2011年，69頁）は，「賃金指導ライン」は，①企業が決定する賃金水準の重要な根拠，②賃金団体交渉を実施する際の重要な根拠，③各級労働保障部門が制定する賃金総額計画の重要な根拠，という三つの機能を果たしていると指摘している。

ンの確立に関する通知」においても，賃金団体交渉を通じた「賃金指導ライン」
の企業レベルでの具体化を求め，「賃金指導ライン」を実現する手段として賃金
団体交渉を重視している。そこで，次節において，賃金団体交渉と「賃金指導
ライン」の法的関係性と運用実態について補足的に検討することとしたい。

第4節　賃金団体交渉と「賃金指導ライン」の法的関係性等

1　法的関係性の整理

　中国における賃金団体交渉は，2000年に制定された「賃金団体交渉試行弁
法」[53]によって制度化されている。団体交渉制度の側面から賃金管理制度との
関係性をみると，まず，「賃金団体交渉試行弁法」8条において，「団体交渉に
よって従業員の年度当たりの賃金水準を確定するときは，当該水準を国家の賃
金配分に関するマクロコントロール政策に適合させるものとする」とし，企業
の賃金水準を国家の賃金管理制度全体に適合させることを求めている。

　このように，市場経済において賃金は原則として，労使間の（団体）交渉の結
果として確定されるものであるが，中国では，交渉の到達点が政府によって先
に決められており，これと矛盾する結果は認められない制度的仕組みとなって
いると解される。このことは，宋（1996）が，「市場経済体制において，政府が
賃金指導ラインを制定発表し，企業の自主的な配分および団体交渉で決定され
る賃金水準を指導することは十分に必要性があること」[54]と評価していること
からも裏付けられる。さらに，同法8条は，前段に続けて，団体交渉時に参考
とすべき要素を8項目列挙している。当該項目には，当地政府が発表する「賃
金指導ライン」と労働力市場の賃金指導のための価格調査（次節で検討）という，
団体交渉の中で決められる企業内の賃金配分制度や賃金水準[55]に直接的に関わ
る二つの賃金管理制度が明示列挙されている[56]。

　以上を踏まえれば，賃金管理制度そのものだけでなく，賃金団体交渉を規定

53　労働和社会保障部「工資集体協商試行弁法」（2000年）。
54　宋・前掲注(33)29頁。
55　「賃金団体交渉試行弁法」7条に団体交渉の交渉事項が列挙されている。

する制度においても，「賃金指導ライン」をはじめとする賃金管理制度の指導・枠内で団体交渉を実施するよう規定されていることがわかる。加えて，労使間の賃金に関する合意事項を取りまとめた労働協約である賃金協定（原語：工資協議）については，「賃金団体交渉試行弁法」21条および22条に基づき，労働行政部門に報告し審査を受けることが義務付けられている。このように，複数の賃金決定に関連する制度を俯瞰しつつ法的な考察を加えると，中国の賃金団体交渉制度は，ある種，「国家によって管理された団体交渉制度」と結論付けられるのではないか。

2　運用実態の具体例（河南省金鉱業における賃金団体交渉）

　ここまで，中国の賃金団体交渉と「賃金指導ライン」制度との法的関係性について関係規定を検討したが，これを裏付けるべく，具体的事例として，総工会に主管され，中国労働関係学院が主催する中国工人雑誌網（CHINESE WORKERS）に掲載された，2012年の河南省三門峡市の金鉱業の産業単位での賃金団体交渉に関する総工会労働協約部の報告を簡単に紹介することとしたい[57]。この団体交渉は，普通従業員の賃金を上昇させ，人手不足を緩和するとともに，金鉱業の持続的な発展を促進するという観点から，三門峡市の工会の決定によって開始されることとなった。7月5日から三門峡市総工会において必要なデータ等の基礎資料の準備が始められた後，労使間交渉は2012年の9月25日に始まり，3日後の同月28日には賃金に関する労働協約が従業員代表大会を全会一致で承認され，労使首席代表が署名している。

　交渉の結果をみると，年度の経営状況が正常な企業の従業員の賃金上昇率は10％から15％の間とすること，生産経営状況が悪い企業の上昇率は6％を下回らないことが労働協約の中で合意されている。この点，河南省人力資源・社会

56　「賃金団体交渉試行弁法」8条前段ではマクロコントロール政策への適合を求めつつ，後段では，賃金指導ラインは賃金団体交渉で参考とすべき要素として位置付けている。「賃金指導ライン弁法」（1997年）では賃金指導ラインに依拠した団体交渉を求めている（五（二））。地方政府や工会の文書（考慮しなければならない事項），他の賃金管理制度においても，「参考」なのか「依拠」するのか規定振りに違いがある状況にある。この点について，第6章「第2編の総括」において検討を加える。
57　中国工人雑志網「在集体協商中尋求職工工資増長点——河南省三峡市黄金行業工資集体協商案例分析」（2014年12月22日：http://www.chineseworkers.com.cn/d276702444.htm〔2015年8月23日最終アクセス〕）。

保障庁が 2012 年に発表した「賃金指導ライン」の基準ラインは 15％であり，下限ラインは 4 ％となっており，その範囲内で決着している。交渉の過程では，当初，従業員側代表が賃金上昇率を一律 18％とする旨主張したが，企業側からの拒否を受けて再検討し，経営状態が正常な企業は 16％の上昇，経営状態が悪い企業は 6 ％を下回らないことを要求した。これに対し，企業側代表から経営状態の悪い企業について，河南省の「賃金指導ライン」の下限ラインの 4 ％が提示され，交渉が行われた。本交渉過程では，労使双方が河南省の設定した「賃金指導ライン」を明示的に要求根拠ないし背景として用いている。

　このように，既述の関係法令等に基づき行われた賃金団体交渉において，実際に，政府が設定した「賃金指導ライン」の範囲内での交渉と妥結が行われていることがわかる。以上を踏まえれば，政府が毎年設定する「賃金指導ライン」の賃金上昇基準を受けて具体的な上昇率が妥結される枠組みが形成されていることにより，中国の賃金団体交渉は，おのずから交渉が形式化してしまうような法制度になっているといえるのではないか。交渉開始から 3 日間という短期間での交渉の妥結という実態をみてもこれは明らかである。さらにいうならば，例えば，先に検討した「済南市 2013 年賃金指導ライン通知」では，「賃金指導ライン弁法」五（三）の規定を踏まえる形で，政府の「賃金指導ライン」発表後 30 日以内に，これを実施するための具体案の提出を企業に求める仕組みとなっている。このように，1 か月間という短期間で，政府が企業に団体交渉の結果報告を求めていることも，交渉の形骸化に拍車をかけていると考えられる。なお，団体交渉の形式化・形骸化について附言すれば，労使間交渉を担う主体である工会が行政機関的性格を有し，政府から独立した主体となり得ていないという特殊性の存在[58]や，現行の「82 年憲法」上，国家の主人公として労働者が位置付けられている[59]ことによる影響もあるといえよう。

　もちろん，ここで紹介した事例をもって，全ての賃金団体交渉が地方政府の示す「賃金指導ライン」の範囲内で妥結していると断定することはできない。なぜなら，賃金団体交渉の好事例として，政府や工会がインターネット等を通

58　彭・前掲注(49)45 頁，香川・前掲注(49)33 頁参照。
59　「82 年憲法」1 条 1 項は，「中華人民共和国は労働者階級が領導し，労農同盟を基礎とする人民民主主義独裁の社会主義国家である。」と規定している。

じて宣伝するのは，政府の賃金管理制度の趣旨や内容に合致しているものであると考えられるからである。この点，例えば，河南省の省都である鄭州市の中小の不動産業において，その企業のほとんどが「賃金指導ライン」および最低賃金を厳格に遵守できているとの報告もある[60]。しかしながら，実際には「賃金指導ライン」がうまく執行されていない例もみられる。具体的には，同じく鄭州市の上街区について，「賃金指導ライン」に対する認識の偏りや産業への具体的な指導の欠如，企業が実施する賃金と経済利益の配分方式等の原因により，「賃金指導ライン」の参照が困難となっており，また，職場の勤務条件，産業の特徴および情報の不正確性等の原因により一部の企業は労働力市場の賃金指導のための価格調査結果の参照を望まず，さらに，企業の人的コストに対する指導（次節で検討）についても，制度が完全ではなく拘束力にも欠けているため，執行状況は理想形とはいいがたいと報告され，法構造と運用実態にかい離が存在している状況もある[61]。同じ河南省においても業種や地域によって執行状況にバラつきがあることがみてとれる。このように，本書の主眼ではないものの，賃金決定に関する法構造を検討するにあたり，実際の法執行と法制度との間にかい離が生じている部分があることを認識しておくことは重要といえる。

3　賃金団体交渉における工会の役割

総工会が1998年に発出した「工会の賃金団体交渉の参加への指導意見」では，企業内部の賃金配分において「労働に応じた分配」原則を遵守する旨規定されるとともに，交渉にあたって考慮すべき外部要素の一つとして，地方政府の設定する「賃金指導ライン」が列挙されている[62]。本意見では，さらに，団体交渉の際に工会が注意すべきいくつかの比例関係として，「従業員賃金総額の伸びは，企業が実現した税引き前利益，利益または税金の納付額，販売収入または

60　河南省鄭州市房地産商会「鄭州市中小房地産企業発展報告」黄孟復主編『中国中小企業職工工資状況調査』社会科学文献出版社，2011年，132頁。

61　河南省鄭州市上街区工商聯「鄭州市上街区職工収入情況報告」黄主編・前掲注(60)）126頁。このほか，河南省南陽市西峡県においても，県労働行政部門において，省政府が設定した「賃金指導ライン」を根拠に，企業の賃金がラインの範囲になるよう指導しているが，効果は限定的であり，その原因として，企業への徹底は企業自身に委ねられているという運用実態を指摘している（河南省南陽市西峡県工商聯「南陽市西峡県中小型企業員工工資増長及社会保障情況調研報告」黄主編・前掲注(60)148-149頁）。

62　中華全国総工会「工会参加工資協商的指導意見」(1998年) 三1，五（一）5。

主たる経営業務の利潤の伸び等の経済利益指標の伸びと一致させるものとし，両者の間の比例関係は一般的に 0.3〜0.7 対 1 程度が望ましい」こと，「従業員の平均賃金の伸びは，企業の労働生産性の伸びと対応させなければならず，一般的に両者の比例関係は 1 対 1 より高くすることができない」こと等が列挙されている[63]。

このように，従業員代表たる工会は，政府が賃金管理の基本方針としている「二つの抑制原則」を企業等の現場で実現するための機関として交渉にあたることとされており，政府と工会が一体となって賃金管理制度を実施していこうとしていることがわかる。

4 小括

以上の検討を踏まえると，一方で，「賃金団体交渉試行弁法」や「労働協約規定」といった賃金団体交渉制度という労使間交渉のための仕組みは存在しているが，他方で，「賃金指導ライン」制度に代表される国家による賃金管理制度が存在し，法的根拠をもって，政府が恒常的に労使間の賃金団体交渉を指導している（二つの異なる秩序の存在）。すなわち，市場に対する不信の存在や，市場はあくまで暫定的な存在であり，社会主義社会実現のために「利用」し「指導」するものだという価値観，そして「労働に応じた分配」原則の継続的な実現といった社会主義体制に根源を有する思想が，中国における賃金管理制度の主要な説明変数として存在し，当該制度を形づくっているといえる。その上で，従業員側の代表として位置付けられている工会が，国家による賃金管理を企業レベルで実現する組織としても位置付けられていることが確認できる。

第5節 賃金等に関する統計情報の提供を通じた管理

1992 年の「阮報告」では，市場に適合した労働賃金のマクロコントロール体系を構築する手法の一つとして，労働統計と情報ネットワークの整備の強化が掲げられている[64]。具体的には，政府は市場経済の要請に照らして労働賃金統

---

63 中華全国総工会「工会参加工資協商的指導意見」（1998 年）六 1，2。
64 阮・前掲注（1）4 頁参照。

計指標および統計範囲を調整して補うとともに，データ情報を収集し，地域，部門，企業の経済利益を評価するための指標を整備し，地域および全国の労働統計情報のネットワーク化等を加速する必要があると指摘している[65]。そして，労働統計情報を定期的に公表して，そのマクロ監視機能，早期警戒機能および誘導機能を発揮させることにより，情報ネットワークが政府のマクロ計画や政策決定に資するようにするとともに，企業の採用活動や賃金分配，労働者の求職に資するようにしなければならないとしている[66]。

このような考え方の下に実施されたのが1990年の国家統計局「賃金総額の構成に関する規定」（以下「賃金総額規定」という）[67]および1999年の労働・社会保障部「労働力市場の賃金指導のための価格調査制度の創設に関する通知」[68]（以下「価格調査通知」という）である。さらに，2004年には，労働・社会保障部「産業別人的コスト情報指導制度の創設に関する通知」（以下「人的コスト指導制度創設意見」という）[69]が新たに関連制度に加わった。以下，検討する。

1 「賃金総額規定」に基づく賃金範囲の確定

「賃金総額規定」は賃金総額の計算範囲を統一し，賃金における統一的な統計上の計算や会計上の計算を国家が保証し，計画の編成，検査および賃金管理を円滑に実施し，従業員の賃金収入を正確に把握することを目的としている（賃金総額規定1条）。「賃金総額規定」における賃金総額は，時間給，出来高給，賞与，補助・手当，割増賃金，特殊な状況で支払われる賃金からなり（同規定4条），その5条から12条で賃金総額に対象範囲が細かく規定されている。なお，統計上の定義であるため，通貨形式であるか現物給与であるかは問われない（「賃金総額規定」の若干の具体的範囲についての解釈[70] 1条）[71]。

「賃金総額規定」の適用範囲については，国有企業，事業単位，国家機関等は，

65　阮・前掲注（1）4頁参照。
66　阮・前掲注（1）4頁参照。
67　国家統計局「関於工資総額的組成規定」（1990年）。
68　労働和社会保障部「関於建立労働力市場工資指導価位制度的通知」（1999年）。
69　労働和社会保障部「関於建立行業人工成本信息指導制度的通知」（2004年）。
70　国家統計局「関於工資総額組成的規定」若干具体範囲的解釈（1990年）。
71　中国における「労働法」上の賃金と「賃金総額規定」における賃金の比較検討については，拙稿「中国における賃金の概念と賃金支払いをめぐる法規制」労働法律旬報1771号（2012年），26-39頁を参照いただきたい。

計画，統計，会計上の賃金総額範囲に関する計算において全て「賃金総額規定」を遵守しなければならないとされ（同規定2条），私営企業や外資系企業についても「賃金総額規定」を参照して計算するよう規定されている（同規定13条）。

　このように，何が賃金総額に含まれる賃金なのかを国家として確定させることは，前述した賃金総額に対する管理や賃金水準に対する管理制度の適正な実施にとって不可欠となる。この意味で，「賃金総額規定」は賃金管理制度の実効性を担保するための基礎となる規定といえるため，目的規定において「賃金管理の円滑実施」という文言が盛り込まれていると考えられる。

2　労働市場の賃金指導のための価格調査制度

⑴制度の趣旨目的

　「労働力市場の賃金指導のための価格調査」（以下「価格調査」という）は，企業の自主的な賃金水準の決定に対する国家のマクロ指導と調節の一環として実施されるものであり，賃金マクロコントロール体系の重要な一部分として位置付けられている（価格調査通知一）。「価格調査通知」によれば，「価格調査」は，労働行政部門が定期的に各種企業の職業（職種）の賃金水準に調査，分析，取りまとめ，加工を行い，各種職業（職種）の賃金額を公表することにより，企業における従業員の賃金水準と賃金関係の合理的な確定を指導し，労働市場価格の調整を内容とする制度と定義されている（同通知一）。「価格調査」制度は，大都市など一部の大都市等から試行的に実施され，その後適用範囲を拡大していく試点方式で推進が図られた。このため，各省，自治区，直轄市の労働行政部門は「価格調査」制度の実施手順や方法等を内容とする「価格調査」の作業計画を制定し，中央政府の労働・社会保障部に報告することとされた（同通知三（一））。

　この点，「価格調査」の内容を一見すると，日本の厚生労働省が実施している賃金構造基本統計調査に類似する調査であるように思える。しかし，日本の賃金構造基本統計調査は，労働者の種類，職種，性，年齢，学歴，勤続年数，経験年数等と，賃金との関係を明らかにすることを目的としているのに対し[72]，

---

[72]　賃金構造基本統計調査は，「統計法」2条4項3号に基づき，総務大臣が指定する基幹統計の一つである。基幹統計一覧は，http://www.soumu.go.jp/main_content/000348507.pdf 参照（2015年9月24日最終アクセス）。

「価格調査」は上述のとおり賃金水準に対する国家のマクロ指導に関する制度の一つとして位置付けられており，両制度の趣旨に根本的な違いがある[73]。また，後述するように統計手法も異なっていることを認識しておく必要がある。

(2)調査対象，方法等

統計調査の統一性を保証するために，「価格調査通知」の付属文書である「労働力市場の賃金指導のための価格調査およびその手法」（以下「賃金価格調査方法」という）[74]および労働・社会保障部と国家統計局が制定した「企業従業員の賃金調査表」[75]の規定に基づき統計調査を実施することが求められている。調査方法を規定することで，地方政府に地域間での比較可能性の確保を厳格に求めるとともに，賃金水準は高位値，中位値，低位値[76]の別に公表することとされている（価格調査通知三（二）（三））。なお，日本の厚生労働省の賃金構造基本統計調査には，職種別，事業規模別，雇用形態別の賃金データは公表されているが，職種の賃金水準の高低別の分類は行われていない。これは，中国の「価格調査」が国家の賃金管理を支える制度の一つとして位置付けられていることによる違いと推察される。

そして，調査方法と対象は，「賃金価格調査方法」に基づき，前年度の在職従業員の賃金状況について，原則としてサンプル調査の手法を用いて調査が行われる。産業分類については，農林牧漁業，採掘業，製造業，建設業，小売貿易飲食業，金融保険業，不動産業など10の産業を重点調査対象としつつ，地域の産業構造に基づき選択することとされている（賃金価格調査方法一（二））。職種については，当地の産業構造に基づき調査対象を決定することが認められているが，特に一般的あるいは市場における流動性が比較的高い職種を重視するよ

73 　王（前掲注（4）359頁）は，「価格調査」制度について，企業における従業員の賃金水準と賃金関係の合理的な確定を指導し，労働市場価格を調整する重要な措置であるとコメントするとともに，企業の社会平均賃金水準および企業の経済利益に基づく自主的な賃金水準の決定を引導し，国家の企業の賃金水準に対するマクロ指導および調整を強化するために重要な意義を有するものと評価している。

74 　「価格調査通知」付属文書1「労働力市場工資指導価位調査和制訂方法」（1999年）。

75 　「価格調査通知」付属文書2「企業在崗従業員工資調査表」（1999年）。

76 　「労働力市場工資指導価位調査和制訂方法」三において，全ての従業員の賃金収入を高い順から低い順に並べたときに，上位5％の平均値を高位値，中間に位置する数値を中位値，下位5％の平均値を低位値というものと規定されている。

う規定されている（同方法一（二））。

⑶調査結果の公表

　価格調査結果は毎年1回，6月末以前に公表しなければならず，公共職業紹介機関に単独で公表し，条件が整った都市は労働力市場情報ネットワークを通じて発表する義務がある（価格調査通知三（三））。「価格調査」を通じて取りまとめた職種ごとの賃金水準については，マスメディア等の活用により，大々的に宣伝し，企業，従業員，求職者，職業紹介機関等に広く周知し，公表された賃金水準が企業の賃金配分および労働者の就職に対して指導的な役割を十分発揮するようにしなければならない（同通知四（三））。

　このように，公表された調査結果が，企業の賃金決定において積極的な機能を果たす指標として位置付けられるよう，地方政府に取り組みを求めている。具体的には，「価格調査」結果は賃金団体交渉において重要参考指標となっており[77]，既述のとおり「賃金団体交渉試行弁法」8条に明確にそのことが規定されている。そして，地方政府は価格調査結果の公表後10日以内に，価格調査結果一式を5部用意し，労働賃金局に報告することとされている（同通知四（四））。

⑷地方政府における制度運用状況（青島市の例）

　「価格調査」制度の地方政府における実施状況を確認するため，2011年の青島市の「2011年青島市人的資源市場の一部職位の賃金指導のための価格調査の公表に関する通知」（以下「青島市2011年価格調査公表通知」という）[78]を例として挙げておきたい。表3-5のとおり，市の人力資源・社会保障局が503の企業と6.2万人の従業員についてサンプル調査を行い，合計242の職位の賃金水準を公表していることがわかる。

　統計の対象となる賃金は，国家統計局「賃金総額規定」の定める賃金総額であり，賞与，補助・手当，割増賃金などが含まれている。調査結果に基づき，各職位の賃金水準は高位値，中位値，低位値および平均値が算出されることとなる（青島市2011年価格調査公表通知一，二）。

77　範・前掲注(52)68頁。
78　青島市「関於発布2011年青島市人力資源市場部分職位工資指導価位的通知」（2011年）。

162

表3-5：青島市2011年一部職位の賃金指導のための価格表（抜粋）

（単位：元/年）

番号	職位	高位値	中位値	低位値	平均値
1	企業理事	728,225 （60,685元/月）	70,270 （5,856元/月）	24.910 （2,076元/月）	147,665 （12,305元/月）
13	レストラン 責任者（店 長）	102,011 （8,501元/月）	43,059 （3,588元/月）	21,108 （1,759元/月）	48,481 （4,040元/月）
101	レストラン 従業員	41,627 （3,469元/月）	21,360 （1,780元/月）	13,309 （1,109元/月）	22,809 （1,901元/月）

（出所）青島市2011年価格調査公表通知（2011年）。
（注）筆者和訳。カッコ内の数値は年数値を12で割ることにより筆者算出。

　こうして算出された平均賃金額等は，使用者と労働者に参考のための指導性情報として提供され，青島市政府は，企業の採用や労働者の求職の際に賃金基準を確定させるときの参考情報として用いることや，賃金団体交渉を行う際に賃金水準を確定させるときの参考基準として用いることを期待している（同通知三）。このほか，例えば広州市では，理事だけでなく理事長や監事，また労働組合主席（2012年の高位値：40,815元/月，中位値：13,976元/月，低位値：3,368元/月，平均値：16,566元/月）の賃金水準も公表するなど，地域によって調査対象とする職種には違いがみられるとともに，年間賃金だけでなく月額賃金も公表するというように，必ずしも国内で統一されているわけではない[79]。

3　産業別人的コスト情報指導制度

　2000年の労働・社会保障部の「企業内部分配指導意見」を踏まえ，2004年に「人的コスト指導制度の創設に関する通知」（以下「人的コスト指導制度創設通知」という）[80]の付属文書として「産業別人的コスト情報指導制度実施弁法」（以下「人的コスト指導制度実施弁法」という）[81]が出され，産業別の人的コストが地方政府

79　広州市「関於発布広州市2012年労働力市場工資指導価位的通知」（2012年）。
80　労働和社会保障部「関於建立行業人工成本信息指導制度的通知」（2004年）。
81　労働和社会保障部「関於行業人工成本信息指導制度実施弁法」（2004年）。

単位で調査公表されることとなった。

⑴制度の趣旨目的等

「産業別人的コスト情報指導制度」(以下「人的コスト指導制度」という) は，「政府の機能を転換し，現代企業制度に合わせた企業賃金配分のマクロコントロール体系の創設を加速させるため，企業賃金の配分に対して情報指導およびサービスを提供することにより，企業の人的コスト管理を促進し，賃金水準の合理的な確定を行う」ことを目的とするものである (人的コスト指導制度創設通知前文)。また，「人的コスト指導制度」は，「賃金指導ライン」制度および「価格調査」制度と一体となって，共同して企業の賃金配分を指導する (同通知三 (一))。

このように，人的コスト予測の意義は，異なる産業や企業の人的コストを算定比較し，企業に主体的に調整を行わせることにより，製品の競争力を高めることにある[82]。すなわち，人的コストが過度に高い場合には，国家が企業に対して予防的な警告を発し，経済発展に不利な事態を引き起こさないようにするものである[83]。なお，本制度は，2005 年にチベット自治区のラサを除く全国大中規模都市で実施され，3 ～ 5 年以内に全国各中心都市で前面的に創設していくとされている (同通知二 (一)，(三))。中国における法政策の推進形式は，ここでも「試点方式」と「漸進方式」を採用している。

⑵調査対象，方法等

調査内容は，人的コスト総額 (従業員の労働報酬総額，社会保険費用，福利費用，教育費用，労働保護費用，住居費用およびその他人的資本の 7 項目からなる)，企業付加価値 (原語：企業増加値)，企業従業員 (在職従業員数を含む) の平均人数，企業販売収入，企業利益総額，企業コスト (費用) 総額となっており，生産経営が正常な独立採算を採る企業に対するサンプル調査により実施される (人的コスト指導制度実施弁法一 (一)，(二))。調査対象産業は製造業に重点を置いた調査が求められる (同法一 (二))。

---

82 範・前掲注(52)70 頁。
83 範・前掲注(52)70 頁。

(3)中央労働行政部門への結果報告，宣伝と企業への警告等

　地方政府は，「人的コスト指導制度」を実施するための手順や方策を定めた作業計画を策定し，労働・社会保障部の労働賃金局（現在は人力資源・社会保障部の労働関係局）に報告する（人的コスト指導制度創設通知三（二））。各省および中心都市は，人的コスト情報の発表後10日以内に労働・社会保障部労働賃金局および計画財務局[84]に報告が求められる（同通知三（五））。そして，マスメディア等を十分活用し，大々的に制度を宣伝することにより，企業，労働者，公衆の理解を促し，「人的コスト指導制度」が企業の賃金分配および人的コスト管理に対して指導的機能を発揮するようにすることが求められている（同通知三（四））。人的コストの公表にあたり，当該指標が産業の平均値を一定程度上回っているサンプル企業に対しては，当該企業の各指標の順位や指標の乖離状況等を示して注意を促す（人的コスト指導制度実施弁法四（一）前文）。

　また，人的コストの予防的警戒として，人的コスト指標が過度に高い企業には警告を発し，企業に企業競争力の観点から深刻な影響が出ていると予測されることを理解させる（同法四（二））。具体的には，当該企業の人的コスト利益率[85]または人事費用率[86]が全国（または当該地域）の同一産業の同類指標との乖離が30％以上（各都市が地域の状況に応じて調整を実施）の場合がこれに該当する（同法四（二）1）。

(4)地方政府による制度運用状況（アモイ市の例）

　「人的コスト指導制度」の地方政府における実施状況を確認するため，2014年の福建省アモイ市人力資源・社会保障局の「2014年アモイ市企業人的コスト水準および構成状況に関する通知」[87]を例として検討する。本通知で公表されている情報は表3-6のとおりとなっている。そして，企業に対する人的コスト情報運用時の注意事項として，まず，人的コストの算定を強化し，「賃金指導

84　計画財務局は，人力資源・社会保障事業発展計画および年度計画の企画立案や関係情報計画や統計管理業務等を担う部署である。（「人社部職責等編成規定」三（四））。
85　人的コスト利益率＝人的コスト総額が企業の最終的に得る利益総額に占める割合×100％（人的コスト指導制度実施弁法二（四）3）。
86　人事費用率＝人的コストが販売収入（営業収入）に占める割合×100％（「人的コスト指導制度実施弁法」二（四）2）。
87　厦門市人力資源和社会保障局「関於発布2014年市企業人工成本水平及構成状況的通知」（2015年）。

第3章　賃金管理制度の構造 165

表3−6：2014年アモイ市企業人的コスト水準および構成状況

	従業員一人当たり人的コスト（元）	総コストに占める人的コストの割合（%）	人事費用率（%）	人的コスト利益率（%）	人的コスト構成（%）						
					従業員労働報酬	社会保険費用	福祉費用	教育経費	労働保護費用	住居費用	その他人的コスト
	1	2	3	4	5	6	7	8	9	10	11
総計	79,147	18.13	35.18	2.39	78.94	9.07	3.76	0.69	1.88	1.54	4.12
一，製造業[88]	48,176	15.71	17.24	2.45	83.11	8.96	4.52	0.49	0.88	1.48	0.56
二，電力，ガス，水の生産供給業	80,156	8.01	9.13	1.37	81.01	12.13	2.84	0.33	1.11	2.14	0.44
三，建設業	77,156	17.25	9.81	2.07	66.15	6.39	3.45	0.27	1.18	0.85	21.71
四，交通運輸，倉庫および郵便業	68,416	13.88	10.74	2.39	74.39	8.57	4.54	0.41	0.83	4.12	7.14
五，情報配信，コンピュータサービス，ソフトウェア業	81,687	12.97	7.81	1.57	84.36	8.07	2.92	0.53	0.09	3.59	0.44
六，卸売小売業	65,717	16.11	27.17	3.84	78.39	9.11	6.85	0.58	1.06	3.84	0.17
七，旅館飲食業	60,454	32.39	4.33	1.94	73.88	8.17	10.38	1.24	1.19	2.38	2.76
八，金融保険業	214,687	24.27	52.97	5.67	79.21	11.13	3.83	1.11	0.05	4.24	0.43
九，不動産業	71,387	15.17	39.17	6.93	80.11	8.49	4.92	0.33	0.21	4.64	1.30
十，賃貸商務サービス業	55,471	32.54	11.28	4.28	80.89	9.05	3.57	1.87	0.35	3.99	0.28
十一，住民サービスその他サービス業	57,138	50.17	37.24	2.99	84.18	7.09	3.99	0.96	0.84	2.66	0.28
十二，その他の産業	57,161	17.98	10.84	2.16	86.36	9.11	2.19	0.24	0.08	1.16	0.86

（出所）アモイ市「2014年アモイ市企業人的コスト水準および構成状況に関する通知付属文書1。筆者和訳。

　ライン」や「価格調査」等の情報を参照して，合理的な賃金配分政策を実施するものとされている（同通知1）。また，調査結果の比較を通じて客観的に企業人的コストの真実の状況と水準を把握するとともに，人的コスト管理業務を改善強化し，人的コストの総水準を有効にコントロールすることが求められている（同通知二）。

　加えて，企業「賃金指導ライン」，産業別「賃金指導ライン」，「価格調査」，企業人的コスト水準等の情報に「依拠して」賃金団体交渉制度を推進し，賃金

団体交渉を通じて賃金分配水準の確定を行い，賃金の正常な上昇システムの確立完成を促進するものとする（同通知四）。ここで，企業が賃金団体交渉を行う際には，「賃金指導ライン」等を単に参考にするのではなく，「依拠する」よう規定しており，賃金団体交渉の実施にあたり，政府の賃金管理制度が拘束力を有していることが，ここからも読み取れる。

4　小括

　本節では，賃金管理制度の適切な実施を支える重要な制度である，中国における賃金（総額）の定義や「価格調査」制度および「人的コスト指導制度」について検討した。ここで注目を要するのは，「価格調査」制度および「人的コスト指導制度」はともに国家による賃金管理のための手段の一つとして，制度の根拠規定に明確に位置付けられており，その目的が単なる統計情報の把握と提供だけにとどまらないということである。

　そして，例えば，労働者の採用時や労使間の賃金団体交渉時に，労働行政部門が取りまとめた職種ごとの賃金情報を参考とすることが「価格調査通知」に規定されていること等により，運用において調査結果が指導的役割を果たせる制度的枠組みとなっている。また，「賃金総額規定」においても，賃金管理の円滑な実施に資することが目的の一つに列挙されている。

　以上を踏まえれば，一見すると，政府による統計情報把握の一環としての調査に過ぎないように見えるが，制度目的や調査結果の活用方針に係る規定とを併せて総合的に考察すると，賃金管理の観点から，これらの制度が形成されていることが理解できる。

第6節　賃金決定関係法における賃金管理制度の位置付け（第3章の総括）

　ここまでの分析検討を踏まえると，中国労働法における賃金決定関係法体系において，最低賃金制度，団体交渉制度や労働協約制度といった市場化に対応

88　製造業については，さらに25業種ごとの人的コストの情報が公表されている（食品製造，紡績，家具製造，医薬製造，金属製品，電気機械機材製造業等）。

するための法制度が形成される一方で，今なお厳然として，いわゆる社会主義的な理念に由来する，地域や企業に対する賃金水準と賃金総額に対する政府の管理が「恒常的に」実施されていることが確認できる。具体的には，まず，地域と企業の賃金総額管理として，①「台帳」制度による企業ごとの賃金総額管理，②「弾性賃金計画」制度による地域単位での賃金総額管理，が実施されている[89]。次に，労働者の賃金上昇水準の管理を目的として，③「賃金指導ライン」制度が実施され，地域，産業，そして企業の各単位での賃金団体交渉に対する拘束力及ぼせる法的仕組みとなっている。さらに，④職業別の賃金額や企業の人的コストに関する統計調査の結果についても，国家による賃金指導の一環として位置付けている。

　これらの法制度は，社会主義体制を採用する国家として，「労働に応じた分配」原則の徹底を図るため，国内総生産の伸びと賃金総額伸びとの比例的連動の実現（「二つの抑制原則」）を目的とした，賃金管理の法制度体系を構築している。主要な賃金管理制度の根拠法令に規定されている「二つの抑制原則」は，マクロでは企業利益の伸びよりも賃金総額の伸びを低く抑え，ミクロでは労働生産性の上昇よりも平均賃金の伸びを低く抑えるという意味で，社会主義体制において重視される「労働に応じた分配」を具体化したものとして位置付けられる。

　このように，中国労働法における賃金決定の法構造を俯瞰してみてみると，政府として，一方で市場による賃金決定を推し進めながら，他方で政府による賃金に対する管理指導は現在でも変わらず継続しており，これを強化し重視していることがわかる[90]。このことは，これまで指摘してきた「阮報告」（1992 年）および「企業内部分配指導意見」（2000 年）の内容ならびに「労働法」の関係条文のほかにも，例えば，人力資源・社会保障部が第十二次 5 か年計画に基づき策定した所管事業の計画（以下「第十二次計画人社部事業発展通知」という）において，「市場システムによる調整，企業の自主配分，労使の対等交渉による決定，

89　ただし，「弾性賃金計画」制度については，先に述べたとおり，1997 年の「賃金指導ライン」制度の実施以降，国有企業を除き，「賃金指導ライン」制度を中心とした管理に移行してきていることに留意する必要がある。

90　中兼（2014）は，経済学の観点から中国の賃金にアプローチしており，その際，「賃金水準は，市場のみによっては決まらず，政府が関与した価格も大きく影響している」と指摘している（中兼和津次「まえがき」『中国経済はどう変わったか──改革開放以後の経済制度と政策を評価する（早稲田現代中国研究叢書 3）』早稲田大学出版部，2014 年，10-11 頁）。

政府の監督指導の原則」[91]に沿った賃金決定システムおよび上昇システムを形成する旨規定していることからも見てとれる。すなわち，賃金決定に関しては，「労働法」（47条）に基づき企業が自主配分権を有するが，この自主配分権は国家が管理指導する対象となっており，その範囲内で認められているものとして捉えられる。詰まるところ，市場の需給と労使による賃金決定に対して，法的根拠をもって国家が恒常的に関与する法体系になっているといえる。

　このように，本章における個別の賃金管理制度の検討を通じて，中国の賃金決定に係る法制度は，まさに，市場経済に対応するための法秩序と社会主義的な法秩序が存在して一つの体系を形成していることが，確認できたのではないか。市場不信や市場利用の概念から導かれる賃金管理の原則に立つ社会主義体制と，市場と労使による賃金決定を原則とする市場経済体制の双方の存在をともに許容し整合を図っている中国労働法ならではの法構造がここに存在している。

91　人力資源・社会保障部「人力資源・社会保障事業発展『第十二次5か年』計画綱要に関する通知」（人力資源和社会保障部「関於印発人的資源和社会保障事業発展第十二五規劃綱要的通知」）6章1節「企業賃金収入配分制度の確立」より抜粋。なお，同章3節では，「賃金収入配分に対するマクロコントロールおよび指導の強化」（2011年）を項目名とし，最低賃金制度の確立や最賃額の上昇路線，「賃金指導ライン」や「価格調査」制度等の確立の方向を表明している。

第 4 章

最低賃金制度の構造

序

　最低賃金制度は現在，中央労働行政部門の定める規章（部門規則）で実施され
ているが，その根拠法として「労働法」があり，制度の骨格が示されている。
すなわち，「労働法」48 条 1 項において，「国家が最低賃金保障制度を実施」し，
「最低賃金の具体的基準は省，自治区，直轄市人民政府が規定し，国務院に報告
記録する」こととされるとともに，同条 2 項で使用者が当地の最低賃金額を下
回る賃金を労働者に支払うことを禁じている。そして，最低賃金制度の目的や
具体的な実施方法等を定める中央労働行政部門の規章としては，1993 年に「企
業最低賃金規定」[1]を制定したのが最初であり，その後 2004 年に労働・社会保障
部がこれまでの実施結果を踏まえ，「企業最低賃金規定」を補足，修正する形で
「最低賃金規定」[2]を制定している。

　したがって，本章では，「最低賃金規定」を中心に据えながら，制度の目的，
適用範囲，賃金範囲，効力，類型，決定方式，考慮要素，違反責任等について，
分析検討を行う。分析検討に当たっては，政府，労使各主体の最低賃金の決定
に対する関与のあり方や，社会主義体制に根源を有する特質について重点的に
検討しつつ，最低賃金制度の全体像を明らかにしていく。

　このほか，中国の最低賃金制度の全体的構造を把握しやすくするために必要
な範囲において，中国における最低賃金制度の歴史的形成過程および運用実態
についても概観することとする。なお，最低賃金制度は，市場経済の導入に伴
い制度整備が進められてきた法領域である[3]ものの，中国労働法における賃金

1　労働部「企業最低工資規定」（1993 年）。
2　労働和社会保障部「最低工資規定」（2004 年）。

決定関係法全体からみると，「賃金指導ライン」との連携の必要性が指摘されたり[4]，賃金のマクロコントロール体系を含めた政府の賃金管理の中で論じられたりする[5]等の理由から，賃金管理制度の次章で論じることとした。

第1節 最低賃金制度の形成過程

1 中華人民共和国建国前後から改革開放前までの状況[6]

中華人民共和国建国の約1年前に共産党が開催した第6回全国労働大会において「職工運動決議」が定められ，その3章4節5項において，全ての普通従業員の最低生活水準を保障し，最低賃金は本人を含めて2人の生活を維持し得る水準であると定義付けられた。翌1949年には臨時憲法の性格を有する「綱領」において，「人民政府は各地域の企業の状況に照らして最低賃金を定めなければならない」(32条)と規定されている。さらに，同年の「私営企業労働管理暫定規定」でも「私営企業労働者の最低賃金は，その土地の同業種の集団企業[7]の同等条件の労働者の最低賃金水準より低くしてはならない」と規定されており[8]，中華人民共和国建国前後においても，政府は最低賃金を意識していたことがわかる。

このように，建国初期には私営経済が存在していたため，必然的に労働者の

3　「企業最低賃金規定」1条では，「社会主義市場経済の発展の必要に対応するため」に最低賃金が制度化されたと規定されていることから明らかである。

4　李明生「工資指導線：宏観調控的新方法」貴州社会科学6期（1998年），38頁参照。李（前掲注（4）38頁）は，「賃金指導ライン」を発表する際に，最低賃金額と一定の倍数または比例関係を保持し，発表時期を調整するなど査定賃金と相互に調整・補完しなければならないと指摘している。

5　「阮報告」（第2編第3章注（1））4頁では，最低賃金法による保障は，直接企業の行動を拘束するものとして，国家のマクロコントロールとともに，労働者と企業の賃金決定に対し，政府が果たすべき役割であると言及されている。また，宋関達（「工資指導線：内涵，方法和実施意見」経済研究参考4期（1996年），40頁）も，最低賃金を社会主義市場経済の賃金マクロコントロール体系形成の手法の一つと整理している。

6　本研究の直接の検討対象ではないため割愛するが，中華民国期においても，最低賃金制度に関連する法令は散見され，1928年に国民政府がILO26号条約を批准し，1936年に「最低賃金法」が施行されている。中間民国期の最低賃金制度については，楽宗福「国民政府最低工資立法述論」『社会法評論（第二巻）』中国人民出版社，2007年，104-110頁や蔡禹龍・張微・金紀玲「民国時期的最低工資立法及現代啓示」蘭台世界2015・1月上旬（2015年），79-80頁を参照されたい。

賃金を保障する最低賃金制度の規定が置かれていた。しかし，社会主義計画経済体制への移行に伴い，企業が国有化された結果，労働関係は行政化，政治化されることとなった。この結果，市場経済体制下では当然の雇用契約関係は中国から一時消滅することとなり，賃金制度も国家によって決定される中で，最低賃金制度も導入根拠を失うこととなった。なぜなら，企業は国家であり，労働者は国家の労働者という意識の下では，理念上，労使の利益は一致し，労働者，企業という独立した主体として存在し得ないからである（利益共同体）[9]。

したがって，国家（国有企業）が労働者に対し，統一的に職場の割り当てや労働管理を行うことから，不完全競争かつ不完全情報が存在する労働市場において賃金の底抜けが生じることを防ぐために，政府が賃金の最低ラインを定める最低賃金制度を導入する必要性がなかった。最低賃金以上の支払いを遵守させるべき対象たる使用者は，国家以外に存在しなかったのであり，一言で表せば，社会主義計画経済において「最低賃金は存在意義がなくなった」[10]のである。

なお，計画経済期において市場経済に存在理由を見出す最低賃金制度は消滅したものの，国家が決定する賃金等級制度の初任賃金（原語：起点工資）が実質的には最低賃金の代替的な役割を果たしていたとする見解もあるが，資本主義市場経済における最低賃金と社会主義計画経済における初任賃金は，決定原則や調整方式に違いがあるため，完全に同じものだということはできないと評価されている[11]。

2　改革開放から「企業最低賃金規定」（1993 年）の制定までの状況

1978 年以降，中国は計画経済から市場経済への方針転換を図ったことで，労働の領域においても市場化が推進された。労働市場の出現は，政府に最低賃金

7　集団企業（原語：集体企業，集体所有制企業）とは，企業財産について労働者の共同所有形態をとる経済組織である。

8　王全興『労働法（第 4 版）』法律出版社，2017 年，344 頁。

9　常凱主編『労動関係・労動・労権──当代中国的問題』中国労動出版社，1995 年，41-45 頁。

10　林原『経済転型期最低工資標準決定机制研究　公共選択与政府規制』知識産権出版社，2012 年，43 頁。林（前掲注(10)43 頁）は，最低賃金は実質的には資本主義社会における労働者階級と資産階級の対決の産物であり，社会主義社会ではそのような矛盾は存在しないため，最低賃金はその存在意義を失ったとしている。

11　夏積智・張再平「対制定最低工資法的探討」『当代法学』1988 年，43 頁参照。

制度を再び意識させるきっかけとなった。すなわち,「非公有制企業の出現による不当な低賃金等の労働者からの過度の搾取現象を克服する」[12]ために,最低賃金制度の立法化が課題として顕在化した。

こうした状況の変化を踏まえ,1984年5月には中華民国期（1928年）に批准していたILO26号条約「最低賃金決定制度の創設に関する条約」を中華人民共和国として追認している。そして,1988年には,経済特区となった広東省で全国に先駆けて「広東省経済特区労働条例」[13]に基づき,特区の人民政府が従業員最低賃金を決定し,市労働局が実施にあたるとともに,使用者に対しては月額最低賃金を下回る賃金を従業員に支払うことが禁止された（39条）。本条例に基づき,1989年には珠海市,その後,深圳,広州,江門等の各市で順次最低賃金制度が実施されていくこととなった。なお,経済特区における試験的実施では,最低賃金の決定主体は政府単独となっている。

ただし,この段階での最低賃金を巡る動きは,いずれも最低賃金を「制度」として全国的に実施するレベルには至っておらず,その意味での最低賃金制度が出てくるのは,1993年に労働部が制定した「企業最低賃金規定」を待たなければならなかった。「企業最低賃金規定」は,中国国内の各種企業および賃金労働者に適用され,最低賃金水準の決定手順とその考慮要素,最低賃金の内容,最低賃金水準以下の賃金を支払った場合の責任等,最低賃金制度を実施する場合に必要な事項が定められているため,中国における正式な意味での最低賃金制度はこのとき始まったといえる。

「企業最低賃金規定」の制定を受け,1994年に労働部は「最低賃金保障制度に関する通知」（以下「最賃制度通知」という）[14]を発出し,地方政府は1995年1月の「労働法」施行前までに最低賃金を設定する旨規定されたことから（一）,年末までには国内の大部分の地域で最低賃金が実施されるに至っている。このように,中央労働行政部門の強力な推進および主導の下,広東省での試行実施からは4年,「企業最低賃金規定」の制定からはわずか2年という短期間で最低賃金の全国レベルでの実施をほぼ達成した。

---

12 史探径「論社会主義市場経済与労動法」法学研究1994第1期総90期（1994年）, 60頁。
13 広東省人民代表大会常務委員会「広東省経済特区労働条例」（1988年）。
14 労動部「関於最低工資保障制度的通知」（1994年）。

また、「企業最低賃金規定」とほぼ同時期に制定された「労働法」でも、先に触れたとおり、5章「賃金」で最低賃金制度の実施について原則的な規定を置いている（48条1項、2項）。また、同法49条において、最低賃金水準を確定・調整するにあたっては、①労働者本人および平均扶養者数の最低生活費用、②平均賃金、③労働生産性、④就業状況、⑤経済発展レベルの地域間格差、の五つの要素を総合的に考慮しなければならないとしている。

ここで、政府が1993年に最低賃金制度を実施した背景には、主に次の二つ要因があると考えられている[15]。まず、政府の労働力価格の形成における機能の低下を補うためである。二つ目は、1979年以来インフレーションが始まり、住民の収入上昇率が物価上昇率を大きく下回っていたことや、1992年に大量の私営企業の出現が従業員利益の深刻な侵害をもたらしていたことがある。すなわち、労働市場の出現によって労働者は使用者より弱い立場に置かれ、賃金に関する労働者の権利侵害が頻発するようになったことを踏まえた法的措置だったことがわかる[16]。この意味で、中国における最低賃金制度は、市場経済の導入に伴い生じた問題に対応するため、形成されてきた制度であるということができる。

3 「最低賃金規定」（2004年）の制定以降の状況

2000年代に入ると、政府は社会公平や正義の促進、社会安定の維持といった側面を国家目標として掲げ、バランスの取れた経済発展や所得再配分など社会経済問題に力を入れることとなった。2002年の党第16回全国代表大会報告において、初めて社会の「和諧」（調和）の必要性が提唱され、2006年の中央中共「社会主義和諧社会の構築における若干の重大問題に関する決定」[17]では、和諧社会の建設を明確に提案するとともに、経済社会発展の不均衡等の社会の和諧に少なからず影響を与える中国国内に存在する矛盾や問題について指摘した。

15　3名の労働保障研究専門家（楊涛中国社科院金融所貨幣理論与政策研究室副主任、常凱中国人民大学労働関係研究所長、張麗賓労働和社会保障部労働科学研究所研究員）による最低賃金制度に関する座談会（2006年10月9日）における、楊副主任の発言。中華人民共和国人民政府「三位労動保障研究専家就最低工資制度接受専訪」（2006年10月9日：http://www.gov.cn/zwhd/2006-10/09/content_407877.htm〔2015年11月3日最終アクセス〕）。
16　前掲注(15)の座談会における張研究員の発言を参照。
17　中国共産党中央委員会「関於構建社会主義和諧社会若干重大問題的決定」（2006年）。

こうした政府，党の方針の変化を踏まえ，2004 年 3 月，労働・社会保障部は「企業最低賃金規定」を廃止し，「最低賃金規定」を新たに制定した。「最低賃金規定」の詳細は後述するが，「企業最低賃金規定」との概括的な比較をすると以下のとおりである。まず，「最低賃金規定」では，適用範囲を各種企業だけでなく，被用者のいる自営業者，非営利事業組織と労働関係にある労働者にも拡大している（2 条）。また，最低賃金を決定する際の考慮事項として，社会保険費用や住宅積立金，都市居民の消費物価指数を明示列挙するとともに（同規定 6 条），最低賃金の調整回数を，従来の毎年多くても一度から（企業最低賃金規定 15 条），少なくとも 2 年ごとに一度調整を行う等の変更が行われている（最低賃金規定 10 条）。このほか，罰則規定についても，従前は最低賃金以下の賃金を支払っていた場合，使用者は最大で最低賃金との差額の倍額を追加的に支払えばよかったが（企業最低賃金規定 27 条），「最低賃金規定」施行後は最高で 5 倍の賠償金を労働者に支払わなければならなくなり（13 条），違反使用者への罰則が強化された。

他方で，「企業最低賃金規定」から削除された文言も一部にみられる。例えば，1 条の目的規定について，「企業最低賃金規定」に明示されていた「労働者の質および企業の公正競争の向上」部分等が削除されている。また，最低賃金水準は，従来，「社会救済金」[18] と「待業保険金」[19] より高く，平均賃金より低い金額とする旨規定されていたが（企業最低賃金規定 7 条），2004 年以降，当該部分は削除され，考慮要素から外されている（最低賃金規定 6 条）等である。このように，「最低賃金規定」は「企業最低賃金規定」を基礎にしつつも，社会経済情勢の変化を踏まえ，上述のように目的規定，最低賃金の調整回数，考慮要素等に重要な補足，修正を行っている。

最後に，2004 年 11 月，チベット自治区で最低賃金が定められたことにより，中国国内全ての省，自治区，直轄市で最低賃金制度が実施されるに至った。ここを起算点とすれば，最低賃金制度が全国実施されてから 2017 年で 13 年を迎えることになる。

18　日本でいう生活保護給付に相当。
19　日本でいう失業等給付に相当。

4　小括

　中国における最低賃金制度は，中華人民共和国成立前後にも公有化前の私営企業の存在に伴う動きはあったが，計画経済期への本格移行により，一度その存在根拠を失った。その後，最低賃金制度の整備が本格的に開始されたのは，労働市場の形成が行われた二十数年前からであり，一貫して政府主導で急速な普及推進が図られてきた。

　したがって，中国における最低賃金制度の形成は，市場経済の導入に伴うものであったと結論付けられる。ただし，本章冒頭で言及したとおり，最低賃金制度には，政府による賃金管理の一環として位置付けが与えられていることや，個別条文における社会主義的な秩序の中で位置付けられる規定の存在について，詳細に検証すべく，次節において検討を行う。

第2節　最低賃金制度の構造

1　最低賃金制度の目的

(1)「企業最低賃金規定」と「最低賃金規定」の目的規定の比較

　「最低賃金規定」は，その目的を「労働者が得る労働報酬の合法的権益を維持するため，労働者個人およびその家族の基本的生活を保障する」こととしている（1条）。この点，1993年の「企業最低賃金規定」1条では，「社会主義市場経済の発展需要に適応し，労働者個人およびその家族の基本的生活を保障するとともに，労働者の質および企業の公正競争の向上を促進する」ことが目的とされていた。

　両条を比較すると，2004年の「最低賃金規定」では低賃金労働者の保護という最低賃金制度の基本的な機能が全面に出され[20]，「企業最低賃金規定」にあった労働者の質的向上や企業間の公正競争といった最低賃金制度の経済政策的機

20　国際労働機関編（労働省賃金時間部訳）『世界の最低賃金制度』産業労働調査所，1981年（訳年1989年），60頁および78頁によれば，一般最低賃金の基本的な機能は低賃金労働者の保護にあり，あらゆる産業に従事する労働者を容認しがたいと考えられる低賃金から守るために一般的適用できるような最低限度が定められているとしている。

能に関する文言は目的規定から削除され，その経済政策的色彩が薄められている[21]。すなわち，1993 年の「企業最低賃金規定」の施行時期においては，低賃金を武器にした労働密集型企業にとって最低賃金の影響は大きく，その調整が中国の国際貿易戦略に直接的な影響を与えることから，政府は最低賃金保障について比較的慎重な態度を採ってきた[22]。

　しかし，2000 年以降，和諧社会の提唱をはじめとする調和のとれた社会の実現が目指されるとともに，労働紛争の増加や格差拡大など高度成長に伴う社会矛盾の深刻化を背景として，政府が最低賃金制度に期待する機能として，低賃金労働の改善という社会政策的側面をより一層強調するように変化してきたことがうかがえる。

⑵政府および労働法学者の見解

　ここで，立法者意思としての政府の政策決定層の考え方と，その周縁部に位置する労働法学者の中国の最低賃金制度に対する考え方をみると，地方政府の一部では中央政府と異なる目的で最低賃金制度を運用していることがわかる。まず，中央政府については，最低賃金制度は，一般従業員の賃金を底上げし，所得分配格差の縮小を実現するための重要な政策手段の一つだと捉えている。例えば，人力資源・社会保障部の楊志明副部長は，2011 年 4 月，全国労働関係工作座談会において新華社の記者のインタビューを受けたときに，「企業の一般従業員の賃金水準の上昇をもって核心とし，企業の賃金配分制度改革のさらなる深化を図る中で次のプロジェクトを重点的に推進しなければならない。第一に適当な時期に適当な程度，最低賃金を調整すること，第二に積極的かつ穏当に賃金団体交渉プロジェクトを推進すること，第三に国有企業の責任者に対する報酬額と賃金総額管理を強化すること，第四に，企業報酬調査制度の試行を全面的に展開すること」[23]と発言している。

21　王全興・侯玲玲（「中国最低工資法政策研究」労働関係学院学報 VOl.22 No.1，2008 年，90 頁）は，中国の最低賃金制度は，短期的な経済に与える影響が過度に強調されているが，社会的機能や経済への長期的な影響は軽視されているため，バランスを失しており，中国経済社会の調和のとれた発展に不利益をもたらしているとしている。

22　王・侯・前掲注(21)88 頁参照。

23　人力資源和社会保障部「詳解 2011 年労動関係工作重点」(http://www.gov.cn/jrzg/2011-04/18/content_1847194.htm〔2011 年 10 月 6 日最終アクセス〕)。

また，労働法学界の主流派も，低賃金労働者の保護を最低賃金制度の第一の目的として挙げている。例えば，史探径は，労働報酬に関する法律制度を整備し，一部の企業，特に非公有制企業において生じている低賃金状態，賃金の未払いや支払遅延，割増賃金の不払い等，過度に労働者を搾取する現象を克服するため，中国は「最低賃金法」や「賃金法」を制定する必要があるとし，最低賃金立法は市場経済条件下で労働者の最低収入を保障し，社会公平原則を適切に体現する重要立法であるとしている[24]。また，王全興・侯玲玲も，最低賃金制度には，①低賃金労働者とその家族の基本的生存を維持し経済発展に資する安定した社会・政治環境を提供すること，②一定の労働力を保持，育てることで労働力市場に十分かつ高い素質をもつ労働力資源を提供すること，③政府が直接的に経済を調整する手段として，最低賃金を通じて一定の購買力を維持し需給のマクロ均衡を保つこと，④企業間の公正競争の維持，であると指摘し，低賃金労働者の保護を第一の機能として位置付けている[25]。

　しかし，地方政府レベルでは，例えば，2010年3月5日広東代表団全体審議の「政府工作報告」後の記者会見において汪洋書記（当時）[26]は，「我々は珠海三角デルタ地域の最低賃金ラインをさらに上昇させることを考えている。労働力資源の供給状況および欠乏性を有機的に統一させるべく，労働力の供給が足りない状況が生じたときに労働力価格を適切に上昇させることは，労働力供給の状況を緩和させるのにある程度の効果がある」と発言している。このように，沿岸部の地方政府の政策決定層は，最低賃金制度を労働力の流動性を促進するための手段の一つと考えていることがわかる[27]。

　以上を踏まえると，中央政府と（少なくとも沿岸部の）地方政府は最低賃金の引き上げ方針に違いはないものの，その目的は中央が労働者の賃金の底上げ，地方が地域労働力の確保と大きく異なっていることがわかる。すなわち，地方

24　史・前掲注(12)60-61頁。
25　王・侯・前掲注(21)86-87頁。
26　当時，中共中央政治局委員，広東省党委書記。現在，国務院副総理。
27　このほか，最低賃金制度そのものに反対する観点として，盧光霖（当時，広東省人民代表大会代表）は広東省の両会で，「政府の機能を変えなりればならない。…（中略）…現在政府は中小企業を助けようとしているが，一部の法令は中小企業を圧迫しており，最低賃金は不要だ。より多くの人に仕事を分配することが最重要である」と発言している（新京報「経済困難不是圧縮権利的『契機』」〔2009年2月16日〕：http://news.stockstar.com/info/darticle.aspx?id＝SS,20090216,30058255〔2013年9月22日最終アクセス〕)。

政府レベルでは，制度の運用の局面において，地域間の労働力獲得競争の手段として最低賃金制度が利用されている側面がある。

(3)「労働者とその家族を含めた基本的生活の保障」の規定趣旨

社会主義的な秩序との関係では，「最低賃金規定」1条において，労働者本人だけでなく，その家族の基本的生活の保障を法目的として明確に謳っている点について，検討しておく必要がある。この文言の解釈にあたり，そもそも，1970年のILO131号条約「開発途上にある国を特に考慮した最低賃金の決定に関する条約」3条では，最低賃金水準の決定にあたって考慮すべき要素として，「労働者および家族の必要であって国内の賃金の一般的水準，生計費，社会保障給付および他の社会的集団の総体的な生活水準を考慮に入れたもの」[28]を列挙している。この国際的基準に照らせば，労働者の家族を含めた最低賃金水準とすると規定することは当然のこととの整理も可能である。

しかし，中国はILO26号条約は批准しているが，ILO131号条約は現在に至るまで批准していないことからすれば，家族を含めた基本的生活を保障する旨を1条で規定した背景に，ILO131号条約は関係がないかあっても非常に薄いことがわかる。このため，本規定の背景を探るには，ILO条約ではなく，建国初期の1948年の「職工運動決議」まで遡る必要があると考えられる。すなわち，既述のように，「職工運動決議」では，最低賃金は本人を含めて2人の生活を維持し得る水準であるとしていた（3章4節5項）。この規定の解釈について小嶋(1988)は，日本における「賃金制度における単身者賃金プラス扶養家族手当とは，本質的に発想が異なる労働力商品化廃絶の証しで」あり，「最低賃金に含まれる労働者本人の生活を維持するに足る金額は」，「抽象的な規範規定ではなく，その時点・その場所に応じて一労働力を維持するのに必要な生活費用を現実に具体的に計算されて」おり，「さらに，最低賃金に含まれるもう一人（被扶養者）の生活費は，当然一人でも二人でも同額かほとんど同額という費目（たとえば家賃や光熱水道費等）もあるから，本人よりも低く算定されたが，それでも人間の最低生存費を下回ってはならない」と指摘している[29]。

28　ILO駐日事務所訳文抜粋（http://www.ilo.org/public/japanese/region/asro/tokyo/standards/c131.htm）。

また，社会主義社会における最低賃金水準の合理的な確定にあたって，「最低賃金によってお年寄りを養い，子どもを養育し，次世代に繋げることを軽視しては決してならない」と再生産によるさらなる生産発展の観点が重視されており，この考え方は「社会主義制度下の最低賃金は資本主義社会のそれとは本質的に異なる」とされている[30]。

したがって，「最低賃金規定」において，労働者本人とその家族を含めた基本的生活の保障が明記されている趣旨は，生産力向上のための再生産を促進し（生産主義），将来的に社会全体の「必要に応じた分配」の実現を目指す社会主義的賃金の考え方に根源を有するものと考えるべきだろう。

2　最低賃金の適用労働者の範囲

最低賃金の適用範囲は，国内の企業，被用者のいる自営業者，非営利事業組織と労働関係にある労働者となっているが（最低賃金規定2条1項），それだけにとどまらず国家機関，事業単位，社会団体と労働契約関係にある労働者に対しても本規定が参照される（同規定2条2項）。

試用期間中の労働者については，使用者の所在地の最低賃金を下回ることは許されず（労働契約法20条），派遣労働者の待機期間（中国は常用型の派遣を採用しており，派遣先がない期間もある）中，派遣元事業主は当地の最低賃金によって月ごとに報酬を支払わなければならない（同法58条2項2号）。地区を跨って派遣された労働者の最低賃金額は派遣先事業主の所在地の基準で支払わなければならない（同法61条）。障がい者については，少なくとも中央政府の法令のレベルでは例外措置は採られていないため，労働者全体と同様の最低賃金基準が適用されることとなる。ただし，従業員が疾病または非業務起因で負傷療養している期間において，企業が支給する病気療養中の賃金，疾病救済費は，当地の最低賃金水準を下回ることができるが，最低賃金額の80％を下回ることは許されない（労働法若干問題意見59条）。

以上のように，中国の最低賃金は基本的に全ての労働者に適用され，例外措置が適用される範囲は相当狭くなっていることがわかる。

29　小嶋正巳『中国社会主義賃金の展開』千倉書房，1988年，81頁。
30　張揚「社会主義制度下的最低工資」学術界総47期（1994年），62-63頁。

3　最低賃金の対象となる賃金の範囲

⑴正常労働の対象範囲

「最低賃金規定」における最低賃金とは，労働者が法定時間または法律に基づき締結された労働契約に定められた労働時間内に提供した正常労働を前提とする，使用者が法に基づき支払わなければならない最低限の労働報酬のことをいう（最低賃金規定3条1項）。

ここでいう「正常労働」とは，労働者が合法的に締結した労働契約に照らし，法定労働時間または労働契約の労働時間内に従事した労働を意味し，労働者が法に基づき享受できる有給休暇，帰郷休暇，冠婚葬祭休暇，育児・出産休暇，避妊手術など国が定める休暇期間および法定時間内の法に基づく社会活動への参加期間は正常労働を提供したものとみなされる（同規定3条2項）。なお，本規定における「社会活動」とは，具体的には，①選挙権または被選挙権の行使，②人民法院の法廷の証人としての出廷，③代表として郷（鎮），区以上の政府，党派，工会，青年団，婦女連合会等の組織が開催する会議への出席，④労働模範，模範従業員（原語：先進工作者）大会への出席，⑤「工会法」に規定する一時休職せずに工会基層委員会委員が生産または労働時間中に行う工会活動，が対象となる（賃金支払暫定規定[31]10条）。

⑵最低賃金の積算根拠に含まれない賃金

そして，労働者の正常労働の提供があったという前提の下，①残業による割増賃金，②遅番勤務，深夜勤務，高温，低温，坑道内，有毒有害など特殊な労働環境・条件下での手当，③法律法規および国家が定める労働者への福祉的給付等を控除した後の賃金，の額が，その地域の最低賃金を下回ってはならない旨規定されている（最低賃金規定12条1項）。また，「最賃制度通知」によれば，使用者が労働者に支給する賄い，住居等の非貨幣性の収入（現物給付）は最低賃金に含まれない（三，3）。当該通知は当初，「企業最低賃金規定」を補足する位置付けで発出されたものだが，現在でもなお参照可能と考えられる。

31　労働部「工資支付暫行規定」（1994年）。

これらの諸規定は，使用者が残業代や各種手当を上乗せして賃金を支払うことにより，最低賃金額を上回る額を支払っているようにみせかける脱法行為を防止する趣旨であると解される。しかし，現実には，例えば広東省東莞市の電線ケーブル会社において，額面上最低賃金770元（2008年当時）と同額の賃金が労働者に支給されていることになっているものの，300元の賄い費，30元の宿舎費等が控除された結果，実際の手取り金額は最低賃金を下回ってしまうという賃金制度に起因した労使紛争が発生，ストライキに至る事例[32]等が発生している。地方政府は近年，最低賃金規定の実施状況の検査監督を強化している傾向にあるものの，このような事例が散見されることからもわかるように，規定があってもそれが実際に徹底されているとはいい難いという，中国の法施行の実情を垣間見ることができる。

　一時金に関しては，「最低賃金規定」に規定はないが，全日制労働者の最低賃金が月を単位としていることに鑑みれば，月ごとに一時金を支払っているような場合にのみ，使用者は最低賃金上の賃金計算に算入することができると解すべきである。なお，創造発明一時金，自然科学一時金，科学技術進歩一時金，合理化提言および技術改善一時金，中華技能大賞一時金等ならびに原稿料，講義料，翻訳料等の定期的でなく一時的な奨励的性質を有する賃金は最低賃金に含まれるべきではないと解されている[33]。

　最低賃金に労働者個人負担部分の社会保険料および住宅積立金を含めることができるかという問題については，地方政府の決定によるため統一的な基準はなく，地方政府によって違いがみられる。現在のところ，北京市，上海市など一部の都市では最低賃金に含めることを認めていないが，多くの都市では最低賃金に含めることを認めている状況にある。この点については，社会保険料と住宅積立金の個人負担部分を最低賃金の積算に含むことを認めない方向での立法提案[34]が労働賃金研究所から所管の人力資源・社会保障部に対してなされている。

32　南方網｜公司玩文字遊戯，最低工資一分未漲」（2010年3月8日）参照（http://news.163.com/10/0308/10/618D2JV7000146BB.html〔最終アクセス：2015年11月3日〕）。
33　劉軍勝『中国工資支付保障立法研究』法律出版社，2014年，115頁参照。
34　劉・前掲注(33)114頁。

4 最低賃金の効力

使用者が当地の最低賃金を下回る賃金を支払った場合，労働契約に規定されている当該部分は無効となり（労働契約法26条1項3号），最低賃金に基づき支払わなければならない。

5 最低賃金の類型

(1)地域別最低賃金の原則

最低賃金は月と時間によって定められており，全日制で就業する労働者については月単位の，非全日制で就業する労働者については，時間単位の最低賃金を適用することとされ（最低賃金規定5条），フルタイム労働者とパートタイム労働者で適用する最低賃金額を規定上明確に区別している。

現在のところ全国統一の最低賃金は導入されていない。地域別最低賃金が採られることは，「労働法」48条1項で明記されているが，「最低賃金規定」7条において，改めて省，自治区，直轄市の範囲内において，異なる行政区域で異なる最低賃金を定めることができることを明確に規定している。なお，中国において地域別最低賃金が採用されている背景には，経済発展や所得水準についての地域間格差が依然として大きく，現段階で全国一律の最低賃金を適用することは困難との中央政府の認識があるとされている[35]。

表4-1で北京市など6都市の最低賃金を示しているが，沿岸3都市と内陸3都市では最低賃金に開きがあり，地域間で最低賃金の差があることを読み取ることができる。このうち，北京市および上海市を除く4都市では最低賃金に年金保険費，医療保険費，失業保険費等の社会保険料および住宅積立金を最低賃金に含めることが認められているため，実質的な金額はさらに低くなり，北京市や上海市とその他の都市との差は額面以上の差となる点に注意が必要である。このような地域間の明らかな格差に関しては，合理性がある一方で地域間の労働力の過度な移動を促してしまうのではないかという懸念があるとの指摘もある[37]。

---

35 王・前掲注(8)295頁参照。

表 4 - 1 : 北京等 6 都市最低賃金一覧 (調査時期:2015 年 11 月 1 日)[36]

都市名	月額最低賃金	都市名	月額最低賃金	都市名	月額最低賃金	
北京市	1,720 元	西寧市	1,250 元	西安市	最高額	1,480 元
					最低額	1,190 元
上海市	2,020 元	広州市	1,895 元	蘭州市	最高額	1,470 元
					最低額	1,420 元

　また，最低賃金の調整を労働力確保の手段として用いている地方政府の要請も，地域別最低賃金が維持される要因の一つと考えられる。すなわち，既述のとおり，広東省では中小企業の人手不足を緩和するための手段として珠江デルタ地域の最低賃金を引き上げていくことに政府幹部が言及しており[38]，沿岸地区の経済発展が進んでいる都市では最低賃金を引き上げて労働力不足に対処している状況がみられる。さらに，内陸部の都市では，逆に最低賃金を低く抑えて域外の企業誘致を図る[39]という構図が存在している。ただし，ここ数年は国家全体の最低賃金の引き上げ目標の設定を受けて，内陸部においても，最低賃金の引き上げが加速しており，大都市との差が縮まってきている。

⑵産業別最低賃金の設定の動き

　以上のように法定の最低賃金は地域別に定められているが，これとは別に，2009 年の総工会「産業別賃金団体交渉業務の積極展開に関する指導意見」において，団体交渉を通じた産業別最低賃金の推進方針が示されている。具体的には，産業別の賃金労働協約の中で最低賃金を約定するというものであり（産別賃金団体交渉指導意見一），例えば，大連市の飲食業について，2015〜2016 年度を対象期間とする賃金労働協約が締結された結果，経営状況が正常な企業の従

36　各都市の労働行政部門の公表資料をもとに筆者作成（2015 年 11 月 1 日調べ）。同一市内で地域ごとに異なる最低賃金が設定されている場合，最高額と最低額のみを記載している。

37　鄒庭雲「第 4 章　中国の労働基準はどうなっているか」山下昇・龔敏編著『変容する中国の労働法』九州大学出版会，2010 年，54 頁。

38　広東省財政庁「珠三角将提高最低工資標準」(2010 年 3 月 6 日：http://www.gdczt.gov.cn/topco/2010lh/201004/t20100415_21413.htm〔最終アクセス：2015 年 11 月 3 日〕)。

39　葉姍「最低工資標準的社会法解析」甘粛政法学院学報総 126 期（2013 年），94 頁。

業員は 2015 年の大連市の最低賃金額を 21.3％上回る最低賃金額となったと報道されている[40]。

6 最低賃金の決定方式

中国における最低賃金は政府主導の決定方式を採用している[41]。地域別最低賃金の決定手順は，①省，自治区，直轄市人民政府（以下「省級政府」という）労働保障行政部門の原案策定，②中央政府労働行政部門への原案提出，③省級政府への報告・批准，公布，④人力資源・社会保障部への報告，⑤少なくとも２年に１度の調整，という過程がとられており，具体的には図 4-1 のとおりである。

⑴決定プロセス

最低賃金額の調整原案は省級政府の労働保障行政部門が工会，使用者団体（企業連合会／企業家協会）と研究策定し，当該原案は人力資源・社会保障部に送られる。策定された原案は最低賃金の確定，調整根拠，適用範囲，策定基準および説明を含んでいる必要がある。人力資源・社会保障部は原案を受け取ってから総工会，全国レベルの使用者団体である中国企業連合会／企業家協会に意見を求めなければならない。人力資源・社会保障部は修正意見を提出することができるが，省級政府労働保障行政部門から案を受け取ってから 14 日経過すると原案に同意したものとみなされる（最低賃金規定 8 条 1 項，2 項）。

そして，省級政府労働保障行政部門は，人力資源・社会保障部の同意を得た案を省級政府に報告し，その批准を受ける。批准後 7 日以内に当該省級政府の公報および当該地区全域に発行されている新聞のうち少なくとも 1 紙に最低賃金を公表する。省級労働保障行政部門は公表後 10 日以内に最低賃金を人力資源・社会保障部に報告しなければならない（同規定 9 条）。なお，使用者の義務として，公表後 10 日以内に企業内の労働者全体への公示が規定されており（同

40　遼寧日報「大連餐飲従業員最低工資標準提高 5 ％」（2015 年 9 月 29 日：http://liaoning.lnd.com.cn/htm/2015-09/29/content_4318204.htm〔最終アクセス：2015 年 11 月 3 日〕）。

41　王・侯（前掲注(21)87 頁）は，最低賃金の決定に関し，中国の民主集中制原則により，政府が主導的役割を果たしていると評価している。また，羅小蘭（『中国企業最低工資制度研究』立信会計出版社，2009 年，186 頁）も最低賃金の決定プロセスにおいて政府が決定権を掌握していると指摘している。

図4-1 中国における最低賃金決定方式の流れ[42]

規定11条），適用対象となる労働者への周知徹底が図られている。

最低賃金確定後，都市居民の消費者物価指数，労働者平均賃金など「最低賃金規定」6条に列挙されている考慮要素に変更があった場合は適切な時期に最低賃金の調整を行わなければならず，少なくとも2年に一度調整することとされている（同規定10条）。最低賃金の調整回数は2004年の「最低賃金規定」制定以降，毎年多くて一度の調整という上限を定める従来の方式から，少なくとも2年ごとに一度の調整という下限を定める方式へと変更が行われているが，直轄市では重慶市を除き，金融危機の影響で調整が見送られた2009年を例外とし，1年に一度調整を行うことが一般的な傾向となっている。ただし，調整時期は年ごと，地域ごとに異なっている状況がみられる[43]。

(2)政府主導の決定と労使の参画

以上のように，中国における最低賃金制度は省級政府が原案の作成を行い，中央政府の承認を受けるという政府決定方式を採用している。ただし，その過程で地方レベルでは，原案を当地の工会，企業連合会／企業家協会と共同策定し，全国レベルでは総工会および企業連合会／企業家協会に原案に対する意見を求めるという形が採られていることから，政府主導型ではあるが，労使の参加が全くないというわけではない。しかし，労働者や使用者の意見反映としては不十分であり，主体性のある積極的な参画に欠けるとともに，地方労働行政

---

42 「企業最低賃金規定」の条文に基づき，筆者作成。
43 各直轄市の調整時期の傾向は以下のとおり。北京市では2015年は4月に2013と2014年は1月に調整が行われている。上海市では2010年以降は4月に調整が行われているが，それ以前は一般的に7月に行われている。天津市では2006年以降は毎年4月に調整が実施されている。

部門が最低賃金額を決定する際の根拠や指標，データは明示されていないと指摘されている[44]。

この点，まず，「最低賃金規定」の条文に名前が挙がっている使用者団体の企業家協会は公有制企業を主に代表し，非公有制企業に対する代表性が足りないという問題点が指摘されている[45]。また，非公有制企業における使用者団体については，全国工商連合会，中国外商投資企業協会，中国民営企業家協会，中国個体労働者協会等があり，使用者団体は多元化している[46]。このような環境の中で，最低賃金改定案について意見を求める対象を企業連合会／企業家協会に法令上の限定を加えている。次に，労働者団体についてみると，中国では，既述のとおり，資本主義市場経済国家では一般的な労働組合組織の多元化は存在せず，工会は一元的に組織化されており，労働者代表性および執政党である共産党からの独立性に問題が存在している。行政機関的性格も有しているため，政府の方針に反する行動を採ることは難しい。

このほか，地方政府の一部では三者構成方式の導入の兆しがみられている。例えば広州市では政府，市総工会代表，市企業連合会代表からなる三者構成システムによる共同研究論証を実施し，2010年に制定した市の最低賃金額が，省が決定した最低賃金額を超えることとなった[47]。

(3)政府による賃金管理の一環としての最低賃金額の調整

ただいずれにしても，政府が最低賃金の案の策定，批准，決定の各プロセスで権限を有しており，主導的役割を果たしていることに疑問の余地はない。こうした制度の構造は，最低賃金を経済社会の変化に基づき迅速かつ弾力的に調整できるため，マクロコントロールの円滑な実施に資するものと解されている[48]。具体例として，2008年8月に人力資源・社会保障部から通知[49]が出され，

44　羅・前掲注(41)186-187頁参照。
45　孫翊，李恩平「我国労働関係三方協商機制存在的問題及完善対策」山西高等学校社会科学学報第21巻第4期（2009年），48頁参照。
46　程多生「第9章　雇用者組織」常凱主編『労働関係学』中国労働社会保障出版社，2005年，211-214頁参照。
47　三方協商機制讓広州最低工資標準首次超過省定標準（2010年4月27日，新華網参照：http://news.xinhuanet.com/2010-04/27/c_1259916.htm〔2012年5月7日最終アクセス〕）。
48　王・侯・前掲注(21)87頁参照。
49　人力資源和社会保障部「関於進一歩做好失業保険和最低工資有関工作的通知」(2008年)。

最低賃金を 2008 年中に必ず調整することや，合理的かつ適当な最低賃金額の調整に向けて，都市住民消費者物価指数の上昇幅より低くしてはならないことを指示している（通知二）。これは，「最低賃金規定」に委任規定など根拠条文がない内容をそれより下位の部門規範性文書によって指示し，地方政府に義務付けているのであり，政府がいつでも必要に応じて最低賃金額の調整に介入できる広い裁量を有していることがわかる。さらに，同年 11 月には金融危機の発生を踏まえ，「当面の経済情勢に対し人的資源および社会保障関係業務を適切に実施することに関する通知」[50]三（八）で，経済情勢を踏まえ，一転して最低賃金額の調整を見合わせるよう改めて指示を出している。

　また，中国国内の先行研究をみても，宋関達は，最低賃金の調整を社会主義市場経済体制における賃金マクロコントロール体系の中に位置付けて考えているし[51]，夏積智・張再平も，企業の賃金配分合理化のために，国家のマクロコントロールシステムを強化し企業の自主配分権を法令で規制する一環として，最低賃金制度を位置付けている[52]。さらに，馮文君も，一般的に国家の賃金コントロール権の主要な表現は，最低賃金水準の確立と保障，賃金総量のコントロール，「価格調査」，労働者の賃金請求権の救済等にあるとしている[53]。

　以上を踏まえると，最低賃金制度は市場経済的秩序の中で形成されてきた制度であることは間違いがないといえるが，最低賃金額の調整については，やはり国家の賃金管理の一環として整理され，政府の賃金コントロール目標達成の手段として捉えられているとの見方が成り立つのではないかと考えられる。

7　最低賃金の考慮要素と算定

⑴最低賃金の考慮要素と算定

　「最低賃金規定」では，「労働法」49 条に列挙されている五つの考慮要素（労働者本人および平均扶養者数の最低生活費用，平均賃金，労働生産性，就業状況，地域間の経済発展の差）を踏まえ，月単位の最低賃金の調整・決定にあたっては，

50　人力資源和社会保障部「関於応対当前経済形勢做好人力資源和社会保障有関工作的通知」（2008 年）。
51　宋関達「工資指導線：内涵，方法和実施意見」経済研究参考 4 期（1996 年），40 頁参照。
52　夏積智・張再平「対制定最低工資法的探討」『当代法学』1988 年，42 頁。
53　馮文君「第十章　工資法」常凱主編『労動法』高等教育出版社，2011 年，362-363 頁。

①当地の就業者およびその扶養者数の最低生活費用，②都市居民の消費者物価指数，③労働者個人納付部分の社会保険料および住宅積立金，④労働者平均賃金，⑤経済発展水準，⑥就業状況等の要素，を参考にしなければならないとしている（最低賃金規定6条1項）。また，時間単位の最低賃金の確定・調整にあたっては，月単位の最低賃金を基礎としつつ，基本年金保険料および基本医療保険料の使用者負担分を考慮するとともに，非全日制労働者の雇用の安定性，労働条件，労働強度，福利厚生等について全日制就業者との差異を適切に考慮しなければならない（同規定6条2項）。

しかし，これらの考慮要素を踏まえた最低賃金額の算定における就業者の扶養係数や調整係数は，裁量の余地がかなり大きく，かつ地方労働行政部門自身でこれらの係数を確定することができるとされており[54]，政府がそのときどきの要請に応じて臨機応変に最低賃金額を調整することが可能な仕組みとなっている。

このほか，「企業最低賃金規定」との比較でみると，「最低賃金規定」には，社会保険料が考慮要素として新たに加えられている。この背景には，1993年の「企業最低賃金規定」施行以降，「企業労働者出産保険試行方法」[55]，「統一的な企業労働者基本年金制度創設の決定」[56]，「都市居民医療保険制度創設の決定」[57]，「失業保険条例」[58]等，市場経済下における社会保険制度が都市部を中心に順次整備されていったことに伴い，社会保険料の賃金に対する位置付けの重要性が増してきたことの表れだと推測される。

(2)最低賃金の上昇水準の目標値設定

1993年の「企業最低賃金規定」（7条）においては，最低賃金は社会救済金および待業保険金の給付水準より高く平均賃金より低い金額とする旨規定されていたが，「最低賃金規定」では削除されている。しかし，「最低賃金規定」の附属文書「最低賃金の算定方法」[59]二では，「国際的にみて，一般的に月額最低賃金

54　王・侯・前掲注(21)90頁参照。
55　労働部「企業職工生育保険試行办法」（1994年）。
56　国務院「関於建立統一的企業職工基本養老保険制度的決定」（1997年）。
57　国務院「関於建立城鎮職工基本医療保険制度的決定」（1998年）。
58　国務院「失業保険条例」（1999年）。
59　最低工資標準測算方法。

は月平均賃金額の 40〜60％相当である」と規定されていることを鑑みると，従前の上限値と下限値で最低賃金額を縛るという手法ではなく，具体的な目標値を示し，最低賃金の上昇の方向性を明確に打ち出していることがわかる。

8 違反責任等

⑴使用者の周知義務違反

違反責任に関し，「最低賃金規定」では，まず，最低賃金確定公布後 10 日以内の労働者への周知を怠った使用者に対し，労働保障行政部門は期限を定めて是正させることとしているが（最低賃金規定 13 条），過料等の行政罰は置かれていない。

⑵最低賃金基準違反

当地の最低賃金を下回る賃金を支払った使用者[60]に対しては，最低賃金と実際の支払い賃金額の差額の支払いを労働保障行政部門が期限を定めて命令するとともに，最低賃金との差額（不足賃金）の 1〜5 倍の賠償金の労働者への支払いを命じることができる（最低賃金規定 13 条）。しかし，「労働契約法」等に基づくと，労働行政部門が期限を定めて当地最低賃金額との差額部分の支払いを命じ，定められた期限を過ぎても支払いを行わなかった場合，使用者に対して，労働者に支払うべき金額の 50％以上 100％以下の範囲で賠償金の支払いを命じるとされており（労働契約法 85 条，労働保障監察条例[61]26 条 2 項），「最低賃金規定」13 条といずれが優先適用されるのかが不明確となっている問題がある。

この点について，「労働契約法」は 2007 年 6 月に公布された法律であり，「労働保障監察条例」は 2004 年 11 月に公布された国務院制定の条例であるが，「最低賃金規定」は 2004 年 1 月に公布された部門規章にとどまる。したがって，法令のレベルや公布時期から考えれば，「労働契約法」および「労働保障監察条例」の規定内容が優先的に適用されると解するのが自然となる。これらの違反責任には，過料や罰金といった行政責任もしくは刑事責任については定められてい

60　なお，「労働契約法」55 条では，労働協約における労働報酬や労働条件等の基準は当地人民政府が規定する最低基準を下回ってはならないとし，最低賃金額を下回る約定を禁止している。

61　国務院「労働保障監察条例」（2004 年）。

ない。このため，使用者の最低賃金違反のコストが低いという批判があり[62]，一層の厳罰化を主張する声もある[63]。そして，これらの行政の決定に不服がある場合は，「人力資源・社会保障行政復議弁法」[64]7条1項2号に基づき，行政に対し不服を申し立てていくこととなる。

　また，上述の条文は行政部門に司法部門に類似する権限を付与している点が特徴的である。賠償金の請求関係は通常当事者間に生じる関係であり，労働者と使用者の両者で処理すべき民事案件となるが，中国では，行政の介入を通じて使用者に強制的に労働者に対する賠償を行わせることが可能となっている。この背景には，労働者が単独で権利を守ることが相当程度困難であるという現状を踏まえ，行政が低賃金労働者を弱者層とみなし，直接民事関係に介入して労働者を助ける必要性が高いという判断があると考えられる。ただし，最高人民法院の司法解釈（三）[65]により，労働者が「労働契約法」85条に基づき，人民法院に訴えを提起し，使用者に賠償金の支払いを求めたときは，人民法院はこれを受理しなければならないとされている（3条）。

　なお，「企業最低賃金規定」にあった「未払い分の賃金および賠償金の支払いを拒否した場合，企業および責任者を経済罰に処する」との両罰規定は，2003年の改正時に削除されており，現行規定では，行政と企業責任者との間には処罰関係は生じないこととなっている。

(3)最低賃金制度の執行体制

　中国では，県級以上の地方労働保障行政部門が最低賃金額を下回る賃金支払い等の法執行を担当する（労働法85条，労働保障監察条例11条1項6号，最低賃金規定4条1項）。そして，人力資源・社会保障部が全国の労働保障監察業務を主管し，具体的な執行は地方政府が当地の行政区域内を主管する。このように，「最低賃金規定」の執行状況に対する監督や検査を実施する労働保障監察員は，地方公務員である（同条例4条）。監督，検査に当たっての具体的な職責，手続

62　王全興・侯玲玲「中国最低工資法政策研究」労働関係学院学報 VOL. 22 No. 1（2008年），90頁。
63　喩木紅・黒婷婷「中国最低工資制度存在的問題及其完善」『社会法評論第二巻』中国人民大学出版社，2008年，57頁参照。
64　人力資源和社会保障部「人力資源和社会保障行政復議弁法」（2010年）。
65　最高人民法院「関於審理労働争議案件適用法律若干問題的解釈」（2010年）（三）。

き，実施内容等については，「労働保障監察条例」による。

このほか，行政機関的性格を有している工会も，使用者の執行状況を監督し，「最低賃金規定」違反行為を発見した場合には，当地の労働行政部門に対応を求めることができる（最低賃金規定 4 条 2 項）。

第 3 節　最低賃金の実態

1　最低賃金未満で働く労働者の割合

最低賃金未満で働く労働者の割合に関しては，現在までのところ，中国の行政機関が公表している統計データはない。しかしながら，中国では，工場や建設現場などで働く出稼ぎ労働者を中心に，最低賃金で働く者は少なくないとされている[66]。さらに，労働行政部門の幹部の会合での発言を参照すると，農民工[67]の収入レベルは低く，全国には 20％以上の従業員の賃金が当地の最低賃金額前後の水準にとどまっているとのことである[68]。

このほか，農民工の数が全国最多の広東省を例にしてみると，2010 年末時点で広東省の農民工の月平均賃金は 1,440 元であり，多くは製造業，卸売・小売業，旅館・飲食業，建設業等の労働集約型産業に就業しており，このうち製造業の占める割合が最も多く，65.8％とされている[69]。2011 年の広東省の最低賃金は最高額で 1,300 元，最低額で 1,100 元となっており，広東省の農民工の平均賃金は最低賃金より 140 元高くなっている。なお，広東省の最低賃金には社会保険料を計算に含むことが認められている。

統計資料がない以上，ここで結論を出すことはできないが，以上の文献および政府幹部の発言を踏まえれば，中国において最低賃金未満で働く労働者数は農民工を中心として相当に上ると考えられる。

66　日本衆議院調査局「中国における労働事情──労働契約法制定の影響を中心に」調査報告 Vol.5（2008 年），11 頁。
67　農民工の定義については，序論の注(84)を参照されたい。
68　王振麒（人社部労働争議調解仲裁管理司副司長）の 2012 年 3 月 8 日中国人民大学において開催された農民工労働争議予防調解工作研究項目論証会での発言（会議記録から引用）。
69　広東省調解仲裁処「広東省農民工労働争議予防調解工作状況滙報」中国人民大学労動関係研究所編『農民工労働争議予防調解工作研究項目論証会交流材料』（2012 年）1-2 頁。

2 最低賃金制度の執行状況

⑴最低賃金違反の賃金支払い事案等

　中国では，行政部門が公表している資料の中に「最低賃金規定」違反企業数や，労働監督部門が実施した本規定に基づく検査件数等のデータはない。しかしながら，中国では「最低賃金規定」に違反する報道は枚挙に暇がない。例えば，2008年から菓子販売に従事していた宋某の賃金は常州市の月額最低賃金960元を下回る800元（残業代300元を含む）であり，訴訟が提起された事案[70]や，深圳市のカフェレストランで楊某に支払われた賃金が当地の最低賃金より低く，人民法院が最低賃金との差額を支払うよう判決した事案[71]等がある。このように，使用者が最低賃金を下回る賃金を支払うケースは中国においてしばしば発生している。

　次に，現場の実情を把握するため，羅小蘭が2007年に労働者と企業側に実施したアンケート調査結果を紹介したい[72]。まず，労働者の有効回答は1,328件であり，地域別では江西29.4%，広東27%，上海25%，貴州18.6%で，企業形態別では民営企業42.9%，香港やマカオ等を含めた外資系企業が28%と上位を占め，職種別では工場で生産に従事する労働者が66.5%と最も多く，戸籍別では農村戸籍が79.8%，都市戸籍が20.2%であり，農民工が多い。アンケート結果をみると，最低賃金制度について聞いたことがないと回答した割合は42.9%，最低賃金額を知らないと回答した割合は64.9%，所属企業が最低賃金額を執行していない割合は64%となっており，労働者の最低賃金に対する意識の低さと最低賃金を実施していない企業が半数以上に達していることがわかる。

70　江蘇省常州市戚墅堰区人民法院，(2011) 戚民初字第110号。人民法院は最低賃金額とそれを下回る賃金との差額分の支払いを命じた。北大法律信息網（引証碼：CLI.C.462780：http://vip.chinalawinfo.com/Case/displaycontent.asp?Gid＝117903292&Keyword＝宋霏訴常州金苹苹食品戚墅堰加盟連鎖有限公司追索労働報酬糾紛案〔2012年3月15日最終アクセス〕)。

71　広東省深圳市中級人民法院，(2010) 深中法民六终字第5085号。北大法律信息網（引証碼：CLI. C. 374198：http://vip. chinalawinfo. com/Case/displaycontent. asp? Gid ＝117814710&Keyword＝楊某某与深圳市某某茶餐厅追索労働報酬及経済補償金糾紛上訴案〔2012年3月15日最終アクセス〕)。

72　羅・前掲注(41)88-98頁参照。

次に，企業側の有効回答は，564件で，地域別では江西36.3％，広東24.8％，上海21.5％，貴州17.4％で，企業形態別では，民営企業が最も多く次いで香港やマカオ等を含めた外資系企業となっており，産業別では製造業58.9％，建設業25.9％，卸売・小売業が15.2％である。アンケート結果をみると，最低賃金をそもそも知らない企業が7.8％，労働者への周知義務を果たしていない企業は21.9％，法令で禁止されている割増賃金を最低賃金に含めている企業が14％存在していた。

⑵労働監督処理件数

表4-2にあるように，賃金支払いと最低賃金額に関する労働監督事案は増加傾向にあり，2009年には18,231件となっている。2005年までは最低賃金の支払いに関する事案の処理件数が単独で公表されていたが，2006年以降その他の賃金関連事案処理件数と合算して計算されるようになっているため，このうち「最低賃金規定」違反の案件がどの程度含まれているのか不明確な状況となっている。ただし，2005年までの統計を踏まえると，賃金関連事案全体のうち，10％程度が最低賃金額関連の案件だと，ある程度推測することができるため，全体の件数が増えている以上，「最低賃金規定」違反件数も増加傾向にあるという立論は一定の信憑性はあるといえる。

政府は労働監督業務，特に労働報酬未払いもしくは支払拒否事案についての業務を強化しているが[73]，上述の分析議論および最低賃金を下回る収入しかない労働者が相当数存在する状況を踏まえると，少なくとも，「最低賃金規定」の執行状況が十分でないという推論が可能であろう。

3　平均賃金に占める最低賃金の割合等

「最低賃金規定」の付属文書に，国際上，一般的に月額最低賃金は月平均賃金額の40～60％相当である旨規定されていることから，以下，2003年，2006年および2010年以降の北京市，上海市，広州市3都市の最低賃金額，平均賃金およ

73　人力資源和社会保障部「関於加強対拒不支付労働報酬案件査処工作的通知」（2012年）。

表 4 − 2：労働監督案件処理状況（賃金支払いと最低賃金額関連）[74]

（単位：件）

	2003 年	2004 年	2005 年	2006 年	2007 年	2008 年	2009 年
賃金支払いに関する労働監督事案の処理件数	96,811 (7,463)	160,192 (10,168)	147,719 (12,998)	170,494	172,918	200,619	183,231

（注）2003〜2005 年のカッコ内の件数は最低賃金額に関する事案（全体の内数）。

び平均賃金が最低賃金に占める割合の推移をみていくこととする（表 4 - 3）。まず，3 都市の平均賃金は一貫して上昇している。しかし，最低賃金の平均賃金に占める割合をみると，2010 年以降，北京市は 18％のまま，上海市についても 20％前後で，それぞれ低水準で横ばいとなっている。広州市は 3 都市の中で最低賃金が占める割合が最も高く，2003 年以来，常に 3 割以上を保っている。

ただし，これらの数値をみる際には，北京と上海の最低賃金には社会保険料と住宅積立金が含まれていないことに留意する必要がある[75]。上海市人力資源・社会保障局は 2011 年 3 月 2 日にプレス発表会において，2011 年の上海市最低賃金は 1,280 元だが，個人負担分の社会保険料と住宅積立金を加えると，実質的な最低賃金額は 1,600 元を超えるだろうと発表している[76]。しかし，仮に 1,600 元で計算したとしても，2011 年の最低賃金は平均賃金の 25％にとどまる。さらに，本データをみる際の注意点を付け加えるとすれば，ここで用いている平均賃金は非私営企業が対象となっているため，労働市場全体の平均賃金額より高めの数値になっているといえる（国家統計局から私営企業を含めた平均賃金は公表されていない）。

74　各数値の出所：国家統計局人口就業統計司，人力資源和社会保障規劃財務司編『中国労働統計年鑑（2004-2010）』中国統計出版社，2003〜2005 年のカッコ内件数は最低賃金の支払いに関する件数。

75　董保華「最低工資立法之“提水平”与“統範囲”」労働経済与労働関係 2011 年第 2 期（2011 年），23-34 頁参照。本論文の中で，董は 2010 年の上海市の最低賃金額と社会保険費，住宅積立金を合算した金額は，平均賃金の 41.7％になると試算している。

76　市政府新聞発布会介紹自 4 月 1 日起本市将調整部分民主保障待遇標準相関状況（上海市政府網站：http://www.shanghai.gov.cn/shanghai/node2314/node9819/node9822/u21ai485227.html〔2012 年 5 月 7 日最終アクセス〕）。

表 4-3：北京，上海，広州 3 都市の最低賃金が平均賃金に占める割合[77]

		2003 年	2006 年	2010 年	2011 年	2012 年	2013 年	2014 年	2015 年
北京	①	495	640	960	1,160 前年比 20.8%増	1,260 前年比 8.6%増	1,400 前年比 11.1%増	1,560 前年比 11.5%増	1,720 前年比 10.3%増
	②	25,312	40,117	65,683	75,834	85,307	93,997	—	—
	③	23	19	18	18	18	18		
上海	①	570	750	1,120	1,280 前年比 14.3%増	1,450 前年比 13.2%増	1,620 前年比 11.7%増	1,820 前年比 12.3%増	2,020 前年比 11.0%増
	②	27,304	41,188	71,874	77,031	80,191	91,447	—	—
	③	25	22	19	20	22	21		
広州	①	510	780	1,100	1,300 前年比 18.2%増	1,300 前年同	1,550 前年比 19.2%増	1,550 前年同	1,895 前年比 22.3%増
	②	19,986	26,186	40,358	45,152	50,557	53,611	—	—
	③	31	36	33	35	31	35		

（注1）①は月額最低賃金額（人民元），②は都市部就業人員平均労働報酬（2010 年以降は都市部在職従業員平均賃金に名称変更）（人民元/年），③は最低賃金が平均賃金に占める割合（③＝①÷（②÷12））（％）。
（注2）広州市の平均賃金は広東省全体のものを用いている。
（注3）③の小数点以下は四捨五入している。

　そして，人力資源・社会保障部が 2011 年に発出した「第十二次計画人社部事業発展通知」1 章 3 節では，「最低賃金を年平均 13％以上上昇させ，大多数の地区における最低賃金額を都市部で就業する人員の平均賃金の 40％以上とする」としている。年平均 13％以上の最低賃金額の上昇目標については，初年度の 2011 年は表 4-3 の 3 都市ともに達成しているものの，その後は 10％程度の上昇率で推移しているため，目標は未達成となっている。ただし，中国全体でみると，「第十二次計画」期間（2011〜2015 年）において最低賃金の年平均上昇率は 13.1％となり，政府目標を達成したと発表されている[78]。

77　表中②の平均賃金額は，中国国家統計局『中国統計年鑑』（2004-2014 年）を参照し筆者整理。各地の月額最低賃金は地方政府労働行政部門の関連通知を基礎としている。

4 最低賃金と平均賃金の上昇率の推移

図4-2は，「最低賃金規定」制定直前の2003年を基準とした最低賃金額と従業員年平均賃金の上昇率の推移を整理している。まず，北京と上海にはほぼ同様の傾向がみられる，すなわち，2003年から2013年までの平均賃金の上昇率は，最低賃金のそれよりも高い。この結果，平均賃金と最低賃金の上昇率の差は少しずつ広がる傾向がみられる。しかし，広州市の最低賃金と平均賃金上昇率については，ほぼ歩調を合わせて伸びており，2010年以降，対2003年比で最低賃金の上昇率が平均賃金のそれを一貫して上回っている。

また，図4-2からは，2010年以降，3都市ともに最低賃金の上昇傾向がそれまでと比較して顕著になっていることを読み取ることができる。2009年まで最低賃金の上昇率が抑制されてきた背景には，政府と企業がいわゆる「世界の工場」の地位を守り，低賃金コストを維持してきた影響が存在する。しかし，2010年以降，北京市を除いて，最低賃金の上昇率が平均賃金の上昇率を上回っている。これは，先ほど述べた「第十二次計画人社部事業発展通知」のほか，2013年に国務院が批准し人力資源・社会保障部等関係部が共同して出した規範性文書である「収入分配制度改革に関する若干の意見」（意見三，5）においても，中低収入の従業員賃金の合理的な上昇促進のため，経済発展や物価変動等に基づき，大多数の地区における平均賃金に占める最低賃金額の割合40％以上とする目標が重ねて掲げられたことも，多分に影響していると考えられる。しかしながら，全体としてみれば，最低賃金額が平均賃金に占める割合は，依然として低い状況にあるといえる[79]。

第4節　第4章の総括

本章での検討を踏まえ，中国における最低賃金制度について総括を行う。最低賃金制度は，制定経緯や根拠規定から明らかなように，市場経済の導入をきっ

78　人力資源和社会保障部「人力資源和社会保障事業発展『十三五』規劃綱要」(2016年) 表1「第十二次計画」主要指標の達成状況を参照。

79　喩木紅・黒婷婷「中国最低工資制度存在的問題及其完善」『社会法評論第二巻』中国人民大学出版社，2008年，43頁参照。

図4-2 北京市，上海市，広州市の最低賃金と平均賃金の伸びの比較

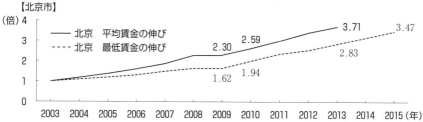

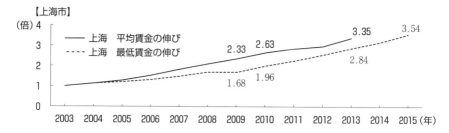

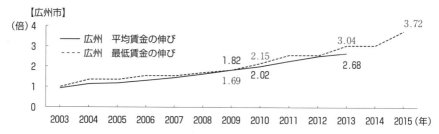

かけとして，低賃金労働等の問題に対応するために整備されたものとして位置付けられる。

しかし，「最低賃金規定」の中には社会主義的な秩序に根源を有する規定や構造も存在している。具体的には，まず，「最低賃金規定」の目的規定および額の調整にあたっての考慮要素として，労働者本人とその家族を含めた基本的生活の保障が掲げられている点である。これは，ILO131号条約を批准していないことや，建国初期段階において私営経済が許容されていた時期の規定に同様の記載があること等を踏まえれば，生産発展のための再生産を促進し，将来的な社会全体の「必要に応じた分配」の実現を目指すという社会主義的な賃金の考

え方に根源を有するものと捉えられるからである。

　次に，最低賃金の決定あたっては，政府が直接関与し決定する方式が採られている。すなわち，最低賃金額の調整にあたり，労働行政部門が，工会および使用者団体と共同で原案を作成する旨規定されているものの，工会と企業連合会／企業家協会に参画主体が法令で限定されている。また，工会，企業連合会／企業家協会ともに労働者，使用者の代表性に疑問があり，政府や党の影響を強く受けざるを得ないため，その独立性にも問題が存在している。さらに，中国の三者構成システムは深刻な形式主義に陥っていると指摘されている[80]。このような社会主義的な特質を踏まえると，法制度の構造全体としてみると，最低賃金額の決定における三者構成が，実質的に政府の単独決定とあまり変わりがないことになる。要するに，政府は根拠法令上，最低賃金の案の作成，批准，決定の各プロセスにおいて政府に決定権限があり，主導的役割を果たす制度的枠組みとなっている。

　さらに付言すると，最低賃金の算定については，2008年の金融危機前後の政府の対応をみても明らかなように，結局は中央政府の労働行政部門の裁量が相当幅広い仕組みになっている上，額の決定に至る議論の過程も公開されていない。このような制度構造により，そのときどきの党や政府全体の要請に応じて，労働行政部門による最低賃金額の迅速かつ弾力的な調整が可能となっている。この帰結として，中国における最低賃金制度はしばしば政府の賃金管理手法の一環として説明されることとなるのである。

　したがって，本章の最低賃金制度の構造に関する検討結果と，前章で得た政府の賃金管理制度は社会主義的な秩序の中で位置付けることができるという結論，そして，最低賃金は賃金コントロール体系の中に位置付けられるという中国人研究者の見解を踏まえると，中国の最低賃金制度は，一方で，市場経済とともに形成された制度でありながら，他方で，社会主義的な賃金決定原則である「労働に応じた分配」から導かれる賃金コントロール体系の枠の中に組み込まれ，政府の賃金管理の目標達成のための手段の一つと位置付けられていると結論付けることができる。

80　劉元文「第15章　三方協商機制」常・前掲注(46)342-343頁参照。

第5章

賃金団体交渉制度と労働協約制度の構造

序

　市場経済の導入によって，労使による賃金決定が認められるようになると，これに対応した法制度体系構築の一環として，労使間の集団的な賃金決定関係法の形成が必要不可欠となった。このため，現在では，「労働法」や「労働契約法」といった法律レベルにおいて労働協約制度についての基本的な規定が置かれるとともに，労働協約の締結のために経なければならない団体交渉のプロセスを具体的に規定した「労働協約規定」や「賃金団体交渉試行弁法」が労働行政部門によって制定されるに至っている。

　本章では，賃金団体交渉制度の全体像を明らかにすることを目的とし，その限りにおいて労働協約制度についても論じることとする[1]。以下，まず，中国における賃金団体交渉制度と労働協約制度の歴史的形成について検討した上で，団体交渉による賃金決定をめぐる法制度について，「労働協約規定」および「賃金団体交渉試行弁法」を中心に検討する。併せて，賃金団体交渉および労働協約の執行実態についても言及する。なお，本章における検討にあたっては，特に賃金団体交渉制度における政府の関与の在り方や，団体交渉における工会の法的位置付けと役割，そしてその他社会主義的な秩序によって基礎付けられる規定に着眼しながら，分析していくこととする。

1　中国の労働協約制度に関する主な先行研究としては，彭光華「中国の労働協約制度における労働行政」九大法学 80 号（2000 年），105-168 頁，彭光華「中国労働法下の労働協約制度——労働協約の締結過程を中心に」九大法学 77 号（1999 年），201-241 頁等がある。

第1節　賃金団体交渉制度と労働協約制度の形成過程

1　中華人民共和国建国初期の関係法

(1)「綱領」および「労資関係暫定処理弁法」の制定

　第1編での検討を踏まえると，中華人民共和国建国初期段階では，一方で企業の公有化が推進されていたものの，他方で私営経済の存在が認められていたことから，1949年の「綱領」32条で，私営企業において労働協約を締結し，「労資(使)両利」を実現していく旨の規定が置かれるとともに，同年の「労資関係暫定処理弁法」では，15条で賃金の増減について労働協約の締結によることや，当該労働協約は労働行政部門の批准を要件とすること等が定められていた。さらに，1950年の「工会法」においても，企業内労働者の代表としての工会に，使用者側との労働協約締結権が認められており(5条，6条)，賃金等の労働条件を政府が関与しつつ，集団的な労使交渉の中で決めていこうという方針があったことがわかる。

(2)「私営企業労資労働協約暫定弁法」の制定による協約締結過程の具体化

　こうした党や政府の方針の中で，1949年の「労資関係暫定処理弁法」と同年同月に総工会によって「私営工商企業の労資双方の労働協約の締結に関する暫定弁法」(以下「私営企業労資労働協約暫定弁法」という)[2]が制定された。本弁法は，計画経済の本格実施前の労働協約の締結に関し具体的な規定を置いている。まず，「私営企業労資労働協約暫定弁法」1条では，「労資関係を正確に処理し，労資争議を解決するため，各産業の労資双方が組織する団体が，平等かつ自主的な交渉原則に基づき労働協約を締結し，労資双方の権利義務および労働条件を明確に規定することをもって，従業員の労働への熱意と使用者側の生産経営への積極性を発揮し，『生産発展，労資両利』の目的を実現する」と規定している。

2　中華全国総工会「関於私営工商企業労資双方訂立集体合同的暫行弁法」(1949年)。

そして，労働協約への規定事項の一つとして賃金を列挙するとともに（同法2条），労資同数の代表による交渉や，交渉の際には当地人民政府の労働局員の参加を要請すること，さらに，効力発生のためには労働局への申請批准が必要であることなど協約締結に向けた交渉プロセスについて細かく規定している（同法3条一甲〜丁，二）。また，紛争処理については，特殊な理由により労資の一方が労働協約の修正や廃止を求めたときは，双方が推挙する代表が協議し解決するが，意見の一致をみない場合には労働局に調停または仲裁を申請し，解決しなければならない（同法5条）。

以上のように，市場経済体制から社会主義計画経済体制への移行を目指すという，現在とは逆の意味での過渡期においても，労働協約の締結を推奨し，労働行政部門の批准を労働協約の有効性要件として設定していたこと等は，後に現行の労働協約制度を解釈検討する際に参考になるといえる。しかしながら，私営経済の公有化が進み企業が社会主義改造される中で，国家による一元的な賃金管理と配分による賃金決定体制へと移行していくこととなった[3]。このため，いったん，団体交渉はその存在の基礎と実質的な意義を失う結果となった[4]。

2　改革開放と労働協約制度の芽生え

文革期が終了し，改革開放の方針が明確に打ち出されたものの，直ちに市場経済体制のシステムである賃金を含めた労使団体交渉を中国全土で一律にスタートさせることは困難であった。そこで，政府は企業内ないしは社会的な混乱を防ぐため，労働協約制度の普及定着について，私営企業や外資系企業等の非国有企業，工会のある企業から順次広げる「漸進方式」を採用した[5]。「漸進方式」および「試点方式」によって推進を図るという考え方は，例えば，1994年の労働部「試験的に団体交渉を実施し労働協約を締結することに関する意見」（以下「団体交渉および労働協約試験実施意見」という）[6]四（一）において明らかに

3　改革開放前における中国の賃金制度は賃金等級制度（8級賃金制）が採られていた。8級賃金制は従業員を技術の複雑性，熟練度に照らして8等級（一部職種には6等級や7等級もある）に分けた制度（8級が最高等級）で，多くの企業で採用されていた。当該制度は賃金基準，賃金等級表および技術等級基準を内容とし，これらは労働行政部門によって決定されていた（史探径『労働法』経済科学出版社，1990年，127-137頁参照）。

4　鄭橋「第十章　集体協商和集体合同制度」常凱主編『中国労働関係報告──当代中国労動関係的特点和趨向』中国労働社会保障出版社，2009年，423頁。

5　彭・前掲注（1）202-203頁参照。

されている。

こうした考え方に基づき，1988年の国務院「中華人民共和国私営企業暫定条例」[7] (33条) や1989年の労働部「私営企業労働管理暫定規定」[8] (7条2項) において，私営企業の工会が従業員を代表し，企業と労働協約を締結する権利を有する旨の規定が置かれることとなり，私営企業を端緒として，試験的に労使による団体交渉が進められていくこととなった[9]。したがって，1980年代には，今日みられるような賃金団体交渉から労働協約の締結に至るまでの詳細な規定の整備は行われていない。

3 「労働協約規定」の制定 (1994年) と賃金団体交渉の先行実施

⑴「労働法」と「工会法」の制定

1990年代に入ると，関連規定の整備が本格的に進められるようになる。まず，法律レベルでは，1992年に「工会法」，1994年に「労働法」が制定され，労働協約に関する原則的な規定が置かれることとなった。まず，「工会法」は，工会が従業員を代表して企業と労働協約を締結することができること，労働協約の草案について従業員代表大会又は従業員全体の討議・採択を経なければならないこと等の規定を置いた (18条2項)。

次に，「労働法」には，労働協約の内容および締結プロセス，行政審査，効力，争議処理について1条ずつ概括的に規定されている。具体的には，企業従業員が労働報酬や労働時間等の事項について，企業と労働協約を締結することができると規定するとともに，締結主体については，労働協約は従業員を代表する工会と企業が締結するか，工会のない企業は従業員が推挙する代表と企業が締結することとした (労働法33条1項，2項)。工会を労働者代表として想定しつつも，工会が設置されていない企業も想定した規定となっているのは，現状，工会が設置されていない企業が多くあることを踏まえた措置であるといえよ

---

6 労働部「関於進行集体協商签訂集体合同試点工作的意見」(1994年)。なお，本意見は，「労働協約規定」(1994年) と同時に出されている。

7 国務院「中華人民共和国私営企業暫行条例」(1988年)。

8 労働部「私営企業労働管理暫行規定」(1989年)。

9 さらにいえば，私営企業の中でも，①健全な工会組織があり団体交渉による労働協約の締結をしたいという要望があること，②健全な企業管理体制と比較的良好な管理基礎ができていること，③明確な使用関係が存在すること，という条件を満たす企業が試験実施の対象になるとされている (「団体交渉および労働協約試験実施意見」三)。

う[10]。

　そして，労働協約締結後の労働行政部門への送付義務や，当該協約を労働行政部門が受け取ってから 15 日以内に異議を提出しない限り，当該労働協約は即時発効することを規定するとともに，従業員個人と企業が締結した労働契約の労働条件や労働報酬等の基準が労働協約のそれを下回ってはならないと規定した（同法 34 条, 35 条）。最後に，「労働法」84 条で労働協約に関する紛争処理について規定置いている。すなわち，当事者間で解決できない場合は当地人民政府の労働行政部門が関係者を組織して調整処理にあたり（同法 84 条 1 項），労働協約の履行に関する紛争については，労働争議仲裁委員会に仲裁申請できる（同条 2 項）。

　以上のように，「労働法」は労働協約制度の適用について国有企業，非国有企業を区別した規定を置いていない。ただし，1995 年の労働部「労働法若干問題意見」では，当面の労働協約締結の重点は，非国有企業や試験実施している現代企業制度の企業であり，経験を蓄積し，順次範囲を拡大していくとしている[11]。このことからすれば，政府としては，制度導入当初から，将来的には企業の所有形態を問わず労働協約を広く全国に普及させていく方針であったことがわかる。なお，「労働法」，「工会法」ともに労働協約についての規定はあるものの，団体交渉の進め方等についての規定は置かれていない。

(2) 1994 年「労働協約規定」の制定

　次に，労働行政部門の制定する規章レベルでは，1994 年に労働部により「労働協約規定」（以下「94 年協約規定」という）が制定された。本規定は，改革開放後，団体交渉の開始から労働協約の締結，争議処理に至るまでの一連の流れについて具体的かつ詳細な内容を法令上初めて置いたものであり，各種企業の団体交渉および労働協約制度全体を規律する存在となった。この中で，団体交渉が労働協約の締結手段として初めて位置付けられた（94 年協約規定 3 条）。「94

10　1996 年時点での工会の会員数は 1 億 212 万人だが，都市部従業員数だけをみても 1 億 9,815 万人であることを踏まえれば，工会が組織されていない企業が多数存在していたことがわかる（数値は中華人民共和国国家統計局『中国統計年鑑 2000』中国統計出版社，2001 年参照）。
11　「労働法若干問題意見」（1995 年）51。

年協約規定」と同時に出された労働部「団体交渉および労働協約試験実施意見」では，制度目的や労使が遵守すべき原則が詳細に規定されている。すなわち，団体交渉および労働協約制度の目的は，労働市場の形成と発展を中心に据えた上で，国家によって団体交渉による労働協約締結行為を規範化し，企業工会の自主的な労働関係の調節機能を十分に発揮させ，政府が法に基づき労働関係協調システムを調整コントロールすることで，調和のとれた労働関係を打ち立てること等にあるとしている（団体交渉および労働協約試験実施意見一）。

したがって，団体交渉および労働協約制度は，市場経済的な法秩序の形成の一環として整備されたものであることは明らかである。ただし，政府が労働関係を管理することとしているため，団体交渉および労働協約の実施は，政府による指導や管理という枠の中で許容されていると捉えることができよう[12]。

また，団体交渉と労働協約の試験実施の際に守るべき三つの原則が挙げられている（同意見二（一）～（三））。第一に，自主交渉の原則である。すなわち，工会または企業のいずれか一方が団体交渉による労働協約の締結を求めた場合，他の一方は回答し，労働行政部門はこれを支持し，指導と相談サービスを行わなければならない。第二に，労使対等交渉の原則である。工会または企業側は強制的に自己の要求や条件を飲ませてはならず，脅迫や誘惑等の不正当な手段を用いることはできない。労使双方が相互に尊重し，相手方の意見や要求に真剣に耳を傾け，相手方の意見や提案を真剣に研究しなければならない。第三に，調和安定保持の原則である。交渉の過程において，過激行為を採ることは禁物である。交渉で意見の隔たりが生じた場合は，労使双方が冷静さと自己抑制を保ち，必要なときは労働行政部門に調整処理を求めることができる。なお，団体交渉における過激行為が具体的にどのような行為を指すかについては，社会主義的な考え方との関係で団体行動権が認められていない中国労働法においては，極めて重要な問題となるが，これについては本章第2節2で改めて検討することとしたい。

12　鄭橋（前掲注（4）418-419頁参照）は，計画経済期の管理方式に慣れ，労使双方の高度な自治が存在していない現状では，政府労働行政部門の積極的な指導・誘導が不可欠であり，この結果，中国の団体交渉および労働協約制度の推進過程では，政府労働行政部門の直接介入が行われており，政府主導の下で推進されていると評価している。

⑶賃金団体交渉制度の先行実施

こうして団体交渉および労働協約制度の具体化がひとまず形になった段階で，続いて，特に賃金団体交渉の普及に重点が置かれるようになった。例えば，1997年の第九次5か年計画を受けて出された労働部の通知[13]では，労働力市場の整備のため，外資系企業を皮切りに非国有企業を中心に賃金団体交渉による賃金決定システムを試験的に推進していくことが主要目標として盛り込まれている（同通知一，二（二））。

そして，これと前後して労働部から「外資系企業の賃金団体交渉に関するいくつかの意見」[14]が出され，企業工会または従業員全体の過半数が賃金団体交渉を要求したこと等の条件を満たすことを前提に，賃金団体交渉が外資系の各企業に導入されていくこととなった[15]。本意見は，賃金団体交渉にあたり労使が遵守すべき原則として，①企業内賃金収入の配分における「労働に応じた分配」および「同一労働同一報酬」原則，②従業員の実質賃金の水準が当該地域および当該企業の経済発展の基礎として適度な上昇であること，③賃金団体交渉の過程において，企業と従業員双方の利益に配慮すること，④団体交渉期間において，過激行為を採らないこと，を挙げている（同意見四）。外資系企業であっても，社会主義的な理念に基づく賃金配分の原則である「労働に応じた分配」に従うことをあえて示している点については，政府の「賃金指導ライン」等の賃金管理の範囲内に団体交渉の合意結果をとどめることを政府が求めていることを暗に示していると考えられる。

なお，労働部が外資系企業に賃金団体交渉を先行的に導入するとした背景には，市場経済体制に合わせた団体交渉システムの導入を急ぎたい中央政府と，その任務を負いきれず反発する工会側との対立があり，それならば工会の協力を得ずとも賃金団体交渉を行える外資系企業[16]に優先的に導入していこうという政府の考えがあったとされる[17]。

13　労働部「第九次5か年計画期間における企業賃金業務の主要目標および政策措置に関する通知」（労動部「関於"九五"時期企業工資工作的主要目標和政策措施的通知」〔1997年〕）。
14　労動部弁公庁「外商投資企業工資集体協商的几点意見」的通知（1997年）。
15　当該意見は，「労働法」および「労働協約規定」に基づく賃金団体交渉の実施，賃金団体交渉の内容，交渉を行う際の参照指標（地区・産業における従業員の平均賃金，政府の公布する賃金指導ライン等10項目），労働協約の効力，違約責任など賃金団体交渉を進めるために必要な事項について規定している。

(4)「94年協約規定」や賃金団体交渉の先行実施に付随する関連通知

　このほか，「94年協約規定」の施行に関連して，労働協約制度における労働行政部門の審査については，労働部から「労働協約の審査管理業務の強化に関する通知」（以下「協約審査管理業務強化通知」という）[18]，「労働協約の審査業務の力量強化に関する通知」（以下「協約審査業務力量強化通知」という）[19]，および「労働協約の審査管理業務のフロー図および系列表に関する通知」（以下「協約審査管理業務系列表等通知」という）[20]が出されている。

　また，総工会からは，「工会の賃金団体交渉の参加への指導意見」（以下「工会賃金団体交渉参加指導意見」という）[21]が発出されているが，これらの通知や意見については，政府による賃金決定への関与や工会の法的役割に係る部分であることから，本章で重点分析すべき事項であるため，本節ではなく，次節において改めて検討することとしたい。

4　「賃金団体交渉試行弁法」の制定（2000年）と　改正「工会法」（2001年）における労働協約制度

(1)「賃金団体交渉試行弁法」の制定

　2000年代に入ると中国のWTO加盟の動きを契機にさらなる市場化要求の流れが生まれ，集団的な賃金決定の普及も加速されていく。まず，外資系企業だけでなく，工会のある非国有企業全体に賃金団体交渉を積極的に普及させていくことが目指され，国有企業も順次積極的にモデル企業に指定していく方針が示されるとともに[22]，2000年には賃金団体交渉の制度化を目的とする「賃金

16　外資系企業では，工会を設置していない企業が多いことが問題視されている。外資系企業の工会設立問題については，例えば，陶文忠「第四章　中国工会的市場化転型及現状」常凱『中国労働関係報告——当代中国労働関係的特点和趋向』中国労働社会保障出版社，2009年，197-198頁を参照されたい。

17　団体交渉の推進に関する中央政府と総工会との対立は，2000年初頭まで続いた。そして，2004年の新協約規定施行と同年に，労働・社会保障部と総工会等が連名で「『労働協約規定』の徹底実施に関する通知」を発出したことで（それまでの関連通知は労働・社会保障部単独名での発出），工会は賃金団体交渉を中心に実施，推進するという形で一応の決着がついた。

18　労働部「関於加強集体合同審核管理工作的通知」（1996年）。

19　労働部「関於加強集体合同審核工作力量的通知」（1997年）。

20　労働部弁公庁「関於印発集体合同審核管理工作流程及系列表格的通知」（1997年）。

21　中華全国総工会「関於参加工資集体協商的指導意見」（1998年）。

22　労働・社会保障部「企業内部の分配制度改革のさらなる深化についての指導意見通知」（労動和社会保障部「進一歩深化企業内部分配制度改革指導意見的通知」〔2000年〕）四。

団体交渉試行弁法」が施行されるに至った。本弁法により，賃金事項について個別に締結する労働協約を賃金協定（原語：工資協議）と呼称することとされ，既に労働協約が締結されている場合は，新たに締結された賃金集団協定は労働協約の附属文書として労働協約と同様の効力が有するものとされた（賃金団体交渉試行弁法3条2項）。さらに，個々の労働者が締結した労働契約のうち，賃金報酬に関する基準が賃金協定に定められた基準より低くなってはならないことを規定し（同法5条），個別の労働契約を規律する効力があることを明確にした。これらの条項は「94年協約規定」には規定されていなかったため，賃金団体交渉の結果として締結される賃金協定の拘束力の実効化に資するものといえよう。

　このほか，「94年協約規定」に準拠して，賃金団体交渉の内容，交渉代表，交渉手順，賃金協定の審査といった各項目についての規定も置いている。両規定を簡単に比較すれば，賃金団体交渉は通常1年に一度実施（同法24条），賃金団体交渉の際の参考要素の個別列挙（同法8条），賃金集団協定の効力発生後5日以内の従業員等への公表（同法23条）[23]といった賃金団体交渉という性質に鑑みた追加・修正のほか，団体交渉の代表に学者や弁護士等の企業外の専門家を就任させるときは書面委託が必要であり，企業外の代表が委託側代表の3分の1を超えてはならないこと（同法12条），企業内部者が交渉代表となる場合の賃金等の保障と従業員側代表への差別行為の禁止（同法14条）といった，今後の団体交渉制度と労働協約制度全体の一層の充実を見据えた追加・修正も行われている。「賃金団体交渉試行弁法」の施行を受け，各地方でも中央政府の意向を踏まえ，関連通知を出す等して積極的な推進を開始した。例えば，北京市の通知[24]では賃金協定の見本を企業向けに付属文書として添付している。

(2)「工会法」の改正（2001年）と労働協約制度

　2001年に改正された「工会法」[25]において，先に紹介した「工会法」18条は20

23　「94年協約規定」では，「直ち」に公表することとされていた（29条）。
24　北京市労働・社会保障局「労働・社会保障部の『賃金団体交渉試行弁法』の徹底実施に関する問題についての通知」（北京市労動和社会保障局「貫徹実施労動和社会保障部『工資集体協商試行弁法』有関問題的通知〔2001年〕）。
25　全国人大常委会「関於修改『中華人民共和国工会法』的決定」（2001年）。

条となった。そして，新たに追加された事項としては，まず，工会が労働協約を締結する際に，上級工会が支持，支援を行うことを規定した（工会法20条2項）。また，使用者が労働協約に違反し，従業員の労働権益を侵害した場合，工会が使用者の責任を追及することができるとし，さらに，労働協約の履行に関する紛争が生じ，労使交渉によっても解決できない場合の工会の仲裁申請権を規定するとともに，仲裁機構が受理しないまたは仲裁裁決に不服があるときは，工会が訴訟を提起することができると規定した（同法20条3項）。労働者に代わって工会が原告となる資格を賦与されていることから，20条3項の追加は，市場経済において使用者に対して弱い立場に置かれる労働者の権益の保護にとって，有利な改正が行われたといえる[26]。

5　「04年協約規定」の制定（2004年）以降の状況

(1)「04年協約規定」の制定

2004年に，「94年協約規定」が廃止され，新たな「労働協約規定」（以下「04年協約規定」という）が施行された。本規定は，「94年協約規定」の内容を概ね引き継いでいるが，賃金だけでなく，労働時間，労働安全衛生など他の領域も含む専門事項労働協約に関する規定を追加したり，団体交渉の代表，手順に関する規定を充実させたりする等，これまでの試行結果を踏まえた追加，修正を行っている。このような制度形成過程は，中国の団体交渉・労働協約制度が，いわば走りながら適宜修正を加えて，よりよいものにしていくという「漸進方式」を採用している一端の表れといえる。この方式は短期間で制度の普及を図れるというメリットはあるものの，労働協約の内容が形式化するといった弊害も引き起こしているとされる[27]。

同じく2004年，労働・社会保障部，総工会，企業連合会および企業家協会が連名で「労働協約規定の徹底実施に関する通知」[28]を出し，賃金団体交渉の展開を団体交渉全体の普及の先鞭と位置付けつつ，3〜5年以内に大多数の企業で

26　ほかにも，法に基づき職責を履行する工会職員に対する正当な理由のない人事異動，労働契約の解除等の制限規定，正当な理由なく平等な協議を拒否した場合に政府が改善命令を出すことなど，団体交渉を想定した規定が追加されている（工会法51〜53条）。
27　鄭・前掲注（4）418頁参照。
28　労働和社会保障部，中華全国総工会，中国企業連合会，中国企業家協会「関於貫徹実施『集体合同規定』的通知」（2004年）。

賃金団体交渉を実施することを目標に掲げるとともに（四），非公有制企業，特に小企業が集中している地区における地域別，産業別団体交渉の推進を求めた（五）。つまり，従来の企業レベルでの団体交渉の実施や労働協約の締結から，一段上のレベルでの交渉，協約の締結の推進という新たな展開がみられることとなった。

(2)「労働契約法」における労働協約制度

こうした流れを受け，2007 年の「労働契約法」では，「労働法」にはなかった地域別労働協約（原語：区域性集体合同）と産業別労働協約（原語：行業性集体合同）の締結に関する条文が追加されている（53 条）[29]。この背景には，建築業や飲食業等の業種では大多数が中小企業であり，かつ農民工が多く，書面の労働契約自体が締結されていないことがしばしばあって，企業の取り組みも熱心ではないため，賃金等の労働条件に関する問題が生じることも往往にしてあることや，労働者の流動性も高いことから個別労働契約や企業単位での労働協約の締結ではこうした問題に対処することができない，といった点がある[30]。

また，「労働契約法」では，これまで労働行政部門の規章レベルの規定だった労働報酬や労働時間等の特定事項に関する労働協約の締結を専門事項労働協約として，法律レベルの規定に引き上げている（52 条）[31]。さらに，紛争処理に関しては，「工会法」20 条 3 項の規定とほぼ同様の規定が置かれている。つまり，使用者が労働協約に違反し，従業員の労働権益を侵害した場合，工会が使用者の責任を追及できるとともに，労働協約の履行に関する紛争が生じ労使交渉によっても解決できないときは，工会が仲裁申請し訴訟を提起することができると規定している（同 56 条）。「労働法」84 条では，工会が主体として明記されな

29　「労働契約法」に先立ち，2006 年に労働・社会保障部は「地域別産業別賃金団体交渉業務の展開に関する意見」（労働和社会保障部「関於区域性行業性集体協商工作的意見」）を発出し，その意義，交渉内容，交渉プロセス，争議処理等について詳細に規定している。また，総工会も 2009 年に「産業別賃金団体交渉業務の積極展開に関する指導意見」（中華全国総工会「関於積極開展行業性工資集体協商工作的指導意見」）を出している。

30　拙稿「中国における集団的賃金決定システムの現状と課題」労働法律旬報 1762 号（2012年），18 頁および労働・社会保障部「地域別産業別賃金団体交渉業務の展開に関する意見」（2006 年）一参照。

31　専門事項労働協約の方がより簡便，柔軟，実効性を有しており，企業労働関係の実情と客観的なニーズに基づき締結できると評価されている（黎建飛主編『中華人民共和国労動合同法』最新完全釈義」中国人民大学出版社，2008 年，177 頁参照）。

い形で労使の紛争当事者双方の仲裁申請権や訴訟提起権が置かれていたが,「労働契約法」では,労働者側代表かつそのうちの工会に限定して規定されていることからすると,労働者保護に力点が置かれていることがわかる。

(3)工会による賃金団体交渉の推進

全国レベルでの賃金団体交渉の推進については,総工会が主に(賃金)団体交渉制度の創設や(賃金)労働協約の締結件数の増加を目指し,かつ労働者側代表の交渉主体としての質向上に向けた人材育成に重点を置いた取り組みを行っている。まず,2008年に「団体交渉指導員隊の創設に関する意見」(以下「指導員創設意見」という)[32]を出している。詳細は本章第2節10において後述するが,団体交渉指導員は工会組織の指導,任用,管理の下,従業員を代表する基層工会と企業側代表組織との団体交渉,労働協約または賃金等の専門事項労働協約の締結を指導,支援,参与することを任務とし(同意見一),団体交渉業務のさらなる推進を目指すことを目的としている。

また,同年に「団体交渉の要約行動に関する意見」[33]を出している。「要約行動」とは,簡単にいえば,書面によって団体交渉の実施を使用者側に求める行為のことをいう(一,1)。「要約行動」の目的は,労働協約のカバーする範囲を高めることであり,重点行動の対象となる企業として,①賃金団体交渉を展開し労働協約を締結していない企業,②労働協約の期限が到来したため,協約を継続または新たに締結する必要がある企業,③賃金団体交渉を展開し,賃金労働協約を締結していない企業,④企業従業員の賃金が長期にわたって上昇していないか低上昇または半数の従業員の賃金が当地の従業員平均賃金額の50%である企業,⑤年棒制を実施している国有および国有持株企業,集団企業,の5類型を挙げている(同意見8)。工会としては,やはり,団体交渉と労働協約全体の普及促進の中で,賃金団体交渉の実施とその先にある賃金労働協約の締結を特に重要視していることがわかる。

さらに,2011年には,「2011～2013年の賃金団体交渉のさらなる推進業務計画」[34]を出し,2013年末において,工会組織のある企業の80%以上で賃金団体

32　中華全国総工会「関於建立集体協商指導員隊伍的意見」(2008年)。
33　中華全国総工会「関於開展集体協商要約行動的意見」(2008年)。

交渉制度を創設すること等を目標に掲げるとともに，地域別，産業別の賃金団体交渉，非公有制企業の賃金団体交渉，世界500強に入る在中企業における賃金団体交渉制度創設を重点的に実施することとしている。なお，産業別の賃金団体交渉制度の創設にあたっては，県級以下の地域内の労働集約型企業や中小企業が集中している産業に特に重点を置いているとされている[35]。

(4)最近の動向

「第十二次計画人社部事業発展通知」では，2015年までに企業レベルの労働協約の締結率を2010年の50％から80％に引き上げること，労働協約制度を国務院が定める条例レベルに引き上げること，および賃金団体交渉を積極的に普及させることを目標に掲げている。この数値目標は，国務院が批准して2013年に出した「収入分配制度改革に関する若干の意見」[36]三の5でも，中低収入の従業員賃金の合理的上昇の促進に資するものの一つとして設定されている。また，地方政府レベルでも，近年，天津市，大連市等で賃金団体交渉に関する規定が制定され，その他の市でも指導意見が出される等，賃金団体交渉の定着に向けた取り組みが一層活発になっている[37]。2010年7月の総工会の張建国労働協約部長のインタビューによれば，その時点で全国23省（区，市）において「労働協約規定」等が制定され，中でも河北省は全国で率先して賃金団体交渉のためだけの法規をつくったと紹介している[38]。そして，これらの地方や現場レベルでは，政府の意向を受けた工会が積極的に賃金団体交渉の普及に努めている[39]。

　このように導入段階での政府との意見の不一致はあったものの，工会が積極

34　中華全国総工会「2011-2013年深入推進工資集体協商工作規劃」(2011年)。
35　「人民網就工資集体協商専訪全総集体合同部長張建国(5)」『中国工会新聞』(2010年7月20日：http://acftu.people.com.cn/GB/67583/12192840.html〔2015年10月21日最終アクセス〕)。
36　国務院転批発展改革委，財政部，人力資源和社会保障部「関於深化収入分配制度改革的若干意見」(2013年)。なお，同意見二，1では，主要目標の第一番目に2010年を基準値として，2020年の都市部居民収入倍増を目標に設定している。
37　ほかに，吉林省(2010年)，広東省(2010年)，遼寧省(2011年)，湖北省(2011年)，貴州省(2011年)，新疆ウイグル自治区(2011年)，瀋陽市(2011年)，無錫市(2011年)等で近時賃金団体交渉関連規定が制定されている。
38　「人民網就工資集体協商専訪全総集体合同部長張建国(3)」『中国工会新聞』(2010年7月20日：http://acftu.people.com.cn/GB/67583/12192838.html〔2015年10月21日最終アクセス〕)。

的に普及活動を行っている点は，中国労働関係における一つの大きな特色である。すなわち，工会は党および政府の意向を宣伝・実施を支援するため，ある種の行政機関として行動している。

6　小括

中国の賃金団体交渉制度と労働協約制度の歴史的形成過程を概観すると，まず，中華人民共和国建国前後に一時的に存在していた労働協約制度の規定にある，労働協約に対する労働行政部門の事前審査は「04 年協約規定」にも規定されている。さらに，団体交渉の際の労働行政部門職員の参加は直接的には受け継がれてはいないものの，工会の団体交渉指導員として形を変えて残っていると捉えることが可能といえる。このため，これらの社会主義的な原則から導かれる賃金管理の観点から存在していると考えられる規定については，次節において詳細に検討していく。

次に，外資系企業への賃金団体交渉の導入推進の際には，「労働に応じた分配」原則に従うことが労働部の規範性文書において明記されており，社会主義的な原則である「労働に応じた分配」が，私企業の賃金団体交渉においても適用されることが明らかにされている。最後に，工会については，政府から独立した主体としてではなく，政府の宣伝や政策実施を支援するための執行機関的役割を果たしていることがわかる。

第2節　賃金団体交渉制度と労働協約制度の構造

1　主要法令間の適用関係等の整理

(1)「04 年協約規定」と「賃金団体交渉試行弁法」の適用関係

労使による集団的な賃金決定に関しては，「04 年協約規定」および「賃金団体

39　北京市総工会賃金団体交渉業務のさらなる加速推進に関する通知（北京市総工会関於進一歩加快推進工資集体協商工作的通知〔2010 年〕）や，上海市総工会賃金団体交渉要約行動の意見に関する通知（上海市総工会「関於開展工資集体協商要約行動的意見」〔2008 年〕）等工会単独名での文書のほか，地方労働行政部門および使用者団体との連名文書も各地で多数出されている。

交渉試行弁法」に詳細な規定が置かれているが，その規定振りには若干の不一致がある[40]。そこでこのような場合に，いずれの規定が優先適用されるのかについて，本節の検討を始める前に整理しておく必要がある。

　この点，「立法法」83条によれば，同一機関が制定した規定について不一致が生じる場合は制定された日がより新しいものを優先適用するものとされている（新法優先の原則）。また，「賃金団体交渉試行弁法」25条では，「賃金団体交渉試行弁法」に規定されていない条項は労働協約規定によることとしているため，「賃金団体交渉試行弁法」は労働協約規定に対する特別規定としての性格を有していると考えられる。しかし，同法制定当時の労働協約規定とは「94年協約規定」であり，既に「04年協約規定」の制定に伴い廃止されている（04年協約規定57条）。加えて，「04年協約規定」は，賃金も含めた専門事項労働協約も想定している。以上を踏まえれば，規定内容に不一致がある場合，基本的に「04年協約規定」が優先適用されると解され，本章ではこの考え方に基づいて検討を行うこととする[41]。

⑵団体交渉および労働協約制度の形成の現状

　中国における団体交渉に関する成文規定は極めてわずかなものしか用意されておらず，交渉のルールに関する解釈もほとんどないとされている[42]。したがって，本節の研究は，限られた労働行政部門の規章や意見等が分析の中心になる。また，団体交渉および労働協約制度については，労働行政部門の規章等を踏まえ，各地方政府で内容をより具体化した法規等が出されており，これらが中央政府の規定を解釈する際の重要な手がかりになるため，積極的に参照する。

40　例えば，労働協約の締結に当たり行政部門の審査が必要となるが，「協約規定」43条では双方首席代表が署名後10日以内の報告・送付義務が課されているが，「賃金団体交渉試行弁法」21条では労働協約締結後7日以内の報告・送付義務となっている点である。なお，「94年協約規定」では7日以内とされていた。

41　ただし，労働者保護という労働法の趣旨に鑑みれば，労働者に有利な手続き，規定の場合には「賃金団体交渉試行弁法」の規定を「04年協約規定」に優先適用させる余地も残されているといえよう。

42　彭・前掲注（1）215頁。

2　団体交渉の交渉原則

まず，団体交渉を実施するにあたり遵守すべき原則について，「労働契約法」では，対等交渉（原語：平等協商）原則が規定されるのみであるが（51条1項），「04年協約規定」5条において，5原則が示されている。すなわち，①法律，法規，規章および国家の関連規定を遵守すること（適法原則），②相互尊重，対等交渉（対等交渉原則），③信義誠実，公平協力（信義誠実原則），④労使双方の合法的権益の考慮（労使の合法的権益考慮原則），⑤過激行為を採ってはならないこと（調和安定保持原則），である。このうち，②の対等交渉原則および⑤の調和安定保持原則は，1994年の団体交渉および労働協約制度の試験実施開始当初から示されており，かつ社会主義的な考え方との関係でも重要な原則であることから[43]，特に検討を加えることとする。

(1)対等交渉原則

市場経済導入後も，中国は社会主義体制を維持しているため，理念上，労働者は国家および企業の主人公として位置付けられている。したがって，本原則は，このような労働者の政治的地位の具体的発現[44]として捉えることもできる。しかし，市場経済という側面に着目すると，おのずから労働者は使用者と使用従属関係にあることとなる。そうであるとすれば，労働三権について，何ら具体的な権利保障のない現在の中国労働法においては，本原則は非常に理念的なものとして位置付けざるを得ないと考えられる[45]。

(2)調和安定保持原則（過激行為の禁止）

団体交渉における過激行為の禁止は，団体行動権が認められていない中国においては非常に重要な問題となるが，中央労働行政部門の関連規定や意見等に

43　労働部「団体交渉および労働協約試験実施意見」二（二），（三）。

44　例えば，第1編第2章で述べたとおり，常凱（常凱「第1章　導論」常凱主編『労動関係・労働者・労権──当代中国的労働問題』中国労働出版社，1995年，21頁）は，労働者の国家の主人公としての「地位と権利は労働問題において体現されなければならない」と解している。

45　彭・前掲注（1）216頁）は，労働協約制度における対等交渉原則の設定について，「市場経済体制における使用従属関係のもとで，どこまで意義を有するか問題である」と評価している。

はその具体的解釈は示されていない[46]。ただし，1996年に労働部，総工会，企業家協会等の連名で出された「団体交渉および労働協約制度の漸進的な実施に関する通知」[47]八は，過激行為を禁止した上で，「労使双方は労働関係の安定および正常な生産経営秩序を維持する義務を負う」としていることからすれば，サボタージュや怠業，ロック・アウトも含めた行為を過激行為として捉えているように考えられる。

　この点，まず，中国労働法研究者の見解をみると，常凱は，「労働者の団体行動の範囲と内容は職場でのサボタージュに限定され，街に出たり，道を塞いだり，公共物を破壊する等」の行為を過激行為と解している[48]。他方，鄭橋は，「一般的に大部分の地方法規では団体交渉期間中の過激行為を禁止して」おり，過激行為とは「生産，作業秩序および社会安定に影響を与える行為」と定義し，1996年の労働部等の通知の内容に近く，常（2013）よりも幅広く過激行為の範囲を捉えている[49]。

　次に，2014年に制定された広東省「企業労働協約条例」[50]は，団体交渉から労働協約の締結，争議処理まで幅広く規定している地方性法規であるため，これを例にして地方政府の規定をみる。同条例24条では，過激行為という文言は用いていないものの，団体交渉にあたり従業員が採ってはならない行為として，①労働契約の約定に違反し，労働任務を完成させないこと，②労働紀律に違反または様々な方法で企業のその他従業員を職場から離れさせること，③企業への通路や交通要路の出入りができないよう塞ぎ，邪魔し，または封鎖し，人員，物資等の出入りを阻止し，企業設備，道具を破壊または企業の正常な生産経営秩序や公共秩序を破壊すること，を規定している。

　以上を踏まえれば，中国の団体交渉における過激行為とは，正常な生産経営

46　彭・前掲注（1）217頁）は，過激行為の解釈について，「これに対する解釈としては立法および司法の方ではまだない」としている。

47　労働部，全国総工会，国家経貿委，中国企業家協会「関於逐歩実行集体協商和集体合同制度的通知」（1996年）。

48　常凱「労働関係的集体化転型与政府労工政策的完善」中国社会科学6期（2013年），103頁。また，常凱「関於罷工的合法性及其法律規制」当代法学5期（2012年），116頁においても同様の見解を示している。

49　鄭橋「中国集体合同制度法律建設的思考——从地方立法看発展走向」中国労動関係学院学報25巻2期（2011年），12頁参照。

50　広東省人民代表大会常務委員会「企業集体合同条例」（2014年）。

の維持を脅かす行為であり，ロック・アウトのほか，ストライキ，怠業，ピケッティング，サボタージュなどの争議行為を幅広く指すものと考えられる。社会主義の理念上，労使の利益対立がないものとされていることから，利益一体と労使協調を基本路線とし，労働者の団体行動権を法令において明確に認めていないだけでなく，さらに過激行為として禁止する状況が存在している。

3 労働協約の類型

(1)包括的な労働協約と専門事項労働協約

中国の労働協約はその内容面から，各労働条件を包括して締結する労働協約と，労働安全衛生，賃金調整システム等の個別事項に対象を絞って締結する労働協約の2種類に分かれている。前者は，使用者と当該事業所の従業員が法令の規定に基づき，労働報酬，労働時間，休憩・休暇，労働安全衛生，職業訓練，保険福利等の事項に関し，団体交渉を通じて締結する書面合意と定義され（04年協約規定3条），後者は，使用者と当該事業所の従業員が法令に基づき，団体交渉の特定の事項を内容とする専門事項書面合意を締結する専門事項労働協約と定義されている（同条）。そして，賃金に関する専門事項労働協約は，賃金協定，賃金専門事項労働協約または賃金労働協約（以下，総称して「賃金労働協約」という）と呼ばれており，法令間で名称は統一されていない。

(2)産業別および地域別労働協約

また，締結対象の範囲からみると，前述したとおり，企業別の労働協約のほか，産業別労働協約および地域別労働協約を締結する道も開かれている（労働契約法53条）。また，労働契約法に先立ち，2006年に労働・社会保障部から「地域別産業別賃金団体交渉業務の展開に関する意見」（以下「地域産別賃金団交業務展開意見」という）が出されており，労使代表の選出，交渉プロセス，紛争処理等について具体的規定を置いている。

①主として想定されている範囲

地域別産業別団体交渉は，一般的に小規模の企業または同業種の企業が比較的集中している郷鎮，街道，社区および工業園区（経済技術開発区，高度新技術産業園区）において実施することとされている（同意見二）。そして，条件が整っ

た地域は，その実情に基づき，県（区）級において産業別の団体交渉を展開していくこととされており（同二），まずは省レベルの広範囲ではなく，範囲を限定して実績を積み上げていく「漸進方式」を採用している。

②労使代表の選出方法

従業員側の交渉代表は地域内の工会組織または産業別工会組織が選出派遣し，首席代表には工会主席があてられる（同三）。企業側の交渉代表は，地域内の企業連合会／企業家協会またはその他企業組織，産業別協会が選出し派遣する（同三）。上級の企業連合会／企業家協会の区域内の事業主が民主的な選出または授権による委託等を経て企業側代表を選出することも可能である。企業側の首席代表は民主的な選出によって選ばれる（同三）。労使双方の人数は同数でなければならず，一方を一般的に3〜10名で構成することとされている（同三）。なお，「04年協約規定」23条と同様に，3分の1を超えない範囲で専門家，学者，弁護士等に交渉代表を委託することができる（同三）。

③団体交渉の重点

現段階では，従業員の賃金水準，労働時間およびこれと直接関係のある労働ノルマ，出来高払い単価等の労働基準を地域別産業別団体交渉の重点とし，団体交渉を通じて利益配分関係を円滑に処理し，企業における正常な賃金決定システムの創設を推進することとされている（同四）。

④その他

紛争処理については，団体交渉の過程において発生した紛争で当事者間での解決ができない場合，当事者の一方が当該地域を管轄する労働保障行政部門に調整処理申請を提出するほかは，後述する「04年協約規定」と基本的に同様の対応が行われることとなる。また，地域別および産業別の団体交渉を推進するにあたっては，当地の党委員会および政府の指導の下に行うこととされている（同七）。さらに，工会は，各級政府が主導する賃金団体交渉業務に注力して推進し，政府の企業の賃金配分に対するマクロ調整コントロール[51]の強化に協力支援することとされている（産業別賃金団体交渉業務の積極展開に関する指導意見[52]二，6）。

51　具体的には，最低賃金制度，「賃金指導ライン」制度，「価格調査」制度および人的コスト情報発表制度を指す。

4 賃金団体交渉の交渉事項（一般的内容）等

団体交渉の内容については，「労働法」および「労働契約法」では労働報酬，安全衛生等大括りの列挙にとどまっているが，「04 年協約規定」では，団体交渉の対象となり得る事項をより具体的に示している。このうち，労働報酬については，①企業の賃金水準，賃金配分制度，賃金基準，賃金配分方式，②賃金支払いの方法，③超過勤務，割増賃金および手当，補助手当基準，賞与の配分方法，④賃金調整方法，⑤試用期間および病気休暇等休暇期間の賃金待遇，⑥特殊な状況下にある従業員賃金（生活費）の支払い方法，⑦その他労働報酬の配分方法，が挙げられている（同規定 9 条）。この点，「賃金団体交渉試行弁法」7 条では，賃金団体交渉の際，一般的に含まれる交渉事項として，①賃金労働協約の期限，②賃金配分制度，賃金基準，賃金配分方式，③従業員の年度平均賃金水準とその調整幅，④賞与，手当，補助等配分方法，⑤賃金支払いの方法，等を規定している。各事項の表現振りは多少異なるものの当該部分に関する両規定の不一致はないといってよいだろう。

また，団体交渉によって従業員の年度平均賃金水準を決定する際には，賃金配分のマクロコントロール政策に適合させるとともに，地域・産業・企業の人的コストおよび従業員の平均賃金，当地の都市住民消費者物価指数，当地の政府が発表する「賃金指導ライン」および「価格調査」制度，前年度の企業従業員賃金総額，従業員平均賃金等 8 項目[53]を参考にするものとされている（賃金団体交渉試行弁法 8 条）。賃金団体交渉にあたって，自社企業の賃金，当地の他の企業や従業員賃金，消費者物価指数を参照することは当然だが，「賃金指導ライン」等のマクロコントロール政策への適合が求められている点から，労使による賃金決定とはいっても，完全にその決定に委ねるつもりはないという立法者意思が存在していることがうかがえる。

さらに，実際に交渉を担う工会に関する指導意見でも，非公有制企業の団体交渉にあたっては，労働力の需給状況，当該企業の経済力，労働生産性のほか，

---

52 中華全国総工会「関於積極開展行業性工資集体協商工作的指導意見」（2009 年）。

53 このほか，企業労働生産性と経済効果および利益，国有資産価値の維持および増加，その他の賃金団体交渉に関連する事情が参考とされる。

当地政府が発表する「賃金指導ライン」を参照し，当地の同一産業の従業員平均賃金よりも高い賃金労働協約を締結しなければならないとされている（工会賃金団体交渉参加指導意見八（一）3）。このように，中国における賃金団体交渉による賃金決定は，政府のコントロールの範囲内で行われ管理性が強い制度になっているといえる。

5 賃金団体交渉の当事者

⑴労使代表の選出方法

団体交渉の労使代表は同数であり，各方少なくとも3名選出し，1名の首席代表をあらかじめ決めておかなければならない（04年協約規定19条2項）。従業員側の交渉代表は当該企業工会から選出し，工会が設立されていない場合，当該企業従業員の半数以上の同意を得て推薦される（同規定20条1項）。そして，従業員首席代表は企業工会の主席がなるが，工会が設立されていない場合は，交渉代表の中から選挙により選出されることとなる（同条2項）。このように，原則として，工会が従業員を代表し労働協約を締結する（同条2項）。

使用者代表は法定代表者が指名し，使用者首席代表は法定代表者または法定代表者から書面委託された管理職でなければならない（同規定21条）。双方の首席代表は書面により企業外の弁護士，大学教授等の専門家に交渉代表としての参加を求めることができるが，3分の1を超えることはできない（同規定23条1項）[54]。こうして選出された交渉代表は団体交渉に参加し，関連資料の提供，紛争が発生した場合の処理への参加，労働協約の履行監督等の職責を果たすこととなる（同規定25条各号）。

⑵労働者側代表の保護規定

従業員側代表は交渉代表としての職責の履行期間が終了するまでの間，刑事責任を追及された場合等を除き労働契約は自動延長されるとともに，その職責期間中，使用者は正当な理由なく異動させることはできない（04年協約規定28条1項，2項）。このほか，地方政府の規定にも目を向けると，例えば，「天津市

54　なお，首席代表については企業外の専門家への委任は認められていない（04年協約規定23条2項）。

企業賃金団体交渉条例」[55]では，団体交渉代表の待遇についても具体的な保護規定を置いている（30条）。すなわち，企業がこの条例に違反し，正当な理由なく，交渉代表の賃金や福利厚生の待遇を下げた場合に，労働行政部門が，得べかりし賃金等を支払うよう企業に命じること，交渉代表の労働契約を解除した場合には労働行政部門がもとの業務に戻すとともに，労働契約が解除されていた期間の労働報酬を支払うよう命じることとされている。このように，近年，中央政府の規定を補う形で，地方政府レベルでは労働者側の代表が企業側から干渉を受けずに交渉にあたれるよう，法規等に規定を置くケースもみられてきている。

6 賃金団体交渉から効力発生までのプロセス

　団体交渉から労働協約の締結に至るまでのプロセスは，「労働法」（33から35条）および「労働契約法」（51から54条）にその骨子が盛り込まれており，①労使代表による交渉→②労働協約草案の従業員代表大会または従業員全体への提示・議論・採択→③労働協約締結後の労働行政部門への提出・審査→④労働協約の効力発生，の順となる（図5-1）。以下，個別に分析を加えていく。

⑴団体交渉の事前準備

　団体交渉が開始される前に通常どのようなことを行っておくべきかについては，「労働法」等に規定はない。すなわち，「04年協約規定」では，団体交渉の内容に関する法律等への精通や関連する状況，資料，使用者および従業員の交渉の方向性に対する意見の集約を求めているが，具体的な準備内容については明らかでない（33条1項1，2号）。そこで，労働者側代表として工会がどのようなことを準備すべきか規定している，総工会の「工会賃金団体交渉参加指導意見」（1998年）を検討する。

　まず，工会は小グループによる会合や座談会等により，異なる職務，職場，職種の従業員の賃金に対する要望を幅広く理解した上で，賃金要求の計算書を整理する（同意見七（一）1）。これをもとに工会の交渉の立場と交渉の重点事

55　天津市人民代表大会常務委員会「天津市企業工資集体協商条例」（2010年）。

第5章　賃金団体交渉制度と労働協約制度の構造　221

図5−1　賃金団体交渉から労働協約締結・効力発生までの流れ

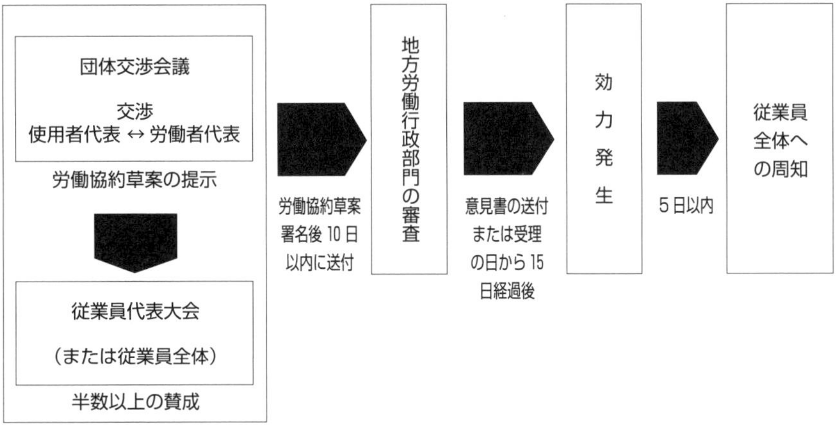

団体交渉会議
交渉
使用者代表 ↔ 労働者代表
労働協約草案の提示
↓
従業員代表大会
（または従業員全体）
半数以上の賛成

労働協約草案署名後10日以内に送付 →

地方労働行政部門の審査

意見書の送付または受理の日から15日経過後 →

効力発生

5日以内 →

従業員全体への周知

（注）「04年協約規定」をもとに筆者作成。

項を確定させていく（同意見同項）。また，工会は，国家，地域，企業等の労働，統計，財務部門が提供する資料を把握理解し，国家のマクロ経済情勢やミクロの企業の経済利益状況および負担能力を分析し，工会としての賃金労働協約草案を策定しなければならい（同意見七（一）2）。

　そして，団体交渉の双方は相手方に対し，関連情報，資料およびデータを直ちに提供する義務を負うとともに，相手方が提供する情報やデータの秘密保持義務を負う（同意見七（一）3）。さらに，労使双方は交渉における重要な問題があるときは，交渉前に先行して交流し，コミュニケーションをとって，双方の要求を理解し，感情を通わせ，次の段階の正式交渉をうまく運ぶための準備を行うことができる（同意見七（一）4）。労使双方が団体交渉という法令に位置付けられた制度的手法によらず，いわゆる労使コミュニケーションないし労使協議といった形式により，労使双方の交流を普段から行っておくことが重要であるという規定が置かれている。このような取り組みは賃金に関する問題だけに囚われない形で，例えば，深圳市で実践されており，成果を挙げていると報告されている[56]。団体行動権が認められていない状況や集団的労働紛争の予防の観点からは，このような取り組みは有効な手段の一つと位置付けられる。な

お、総工会が発出した文書にもかかわらず、一部の規定は労使双方に対する内容となっており、工会の行政機関としての性格がうかがえる規定内容であることを示している。

⑵団体交渉の要求

①団体交渉の求め

まず、労働協約の締結に関し、団体交渉当事者のいずれか一方は、書面により相手方に団体交渉の要求を行うことができる（04年協約規定32条1項）。当該要求を受けた場合、相手方は要求の日から20日以内に書面回答しなければならず、正当な理由なく団体交渉を拒否してはならない（同規定同条2項）。ただし、一部の地方政府の規定、例えば、「天津市企業賃金団体交渉条例」では、交渉意向書を受け取った相手方は5日以内の書面回答義務を負うものとされており（同規定17条2項）、中央政府の規定をより厳しくする形で修正している事例もみられる。

本条のいわゆる団体交渉応諾義務は労使双方に対する義務となっているが、実際には、使用者側が拒否に遭うことは相対的に少ないと予測されることから、労働者側が交渉を申し入れ使用者に拒否された場合の保護を主な目的としていると解される。もちろん、本規定は団体交渉権を明確に認めたものではないが、正当な理由のない拒否を禁止することにより、団体交渉の門前払いを防ぎ、実効性を担保しているといえる。

②団体交渉応諾義務規定の創設と地方政府への広まり

「04年協約規定」31条2項に規定されている団体交渉応諾義務は、法律レベルで承認された権利にはなっておらず、部門規章で規定されるにとどまっている。すなわち、「労働法」および「労働契約法」ともに労働協約に関する規定を置いているものの、協約締結のために必要とされている団体交渉については何ら関係規定を置いていない。これについて、例えば、鄭（2011）は、法律には雇用主の団交応諾義務について厳格な規定がなく、多くの企業はこれを理由に団

56　姚文勝・翟玉娟主編，彭光華・石秀印副主編『労資協商制——中国労働関係改善的路径選択』中国法制出版社，2012年において，深圳市宝安区の非国有企業における労資協議システムの実践例が紹介されている。

体交渉の実施に抵抗したり，回避したりしていると指摘し，その原因は，「労働法」33条が企業従業員の一方が企業と労働協約を締結「することができる」としているため，企業に団体交渉に応じることを選択的なものだと解釈させてしまっている結果だと評価している[57]。

　確かに，団体交渉義務規定は法律レベルでは盛り込まれていないのが実情であるが，正当な理由のない場合の団体交渉応諾義務は「94年協約規定」にはなかった規定であり，「04年協約規定」で初めて盛り込まれた条文であるという意味で画期的といえる。そして，「04年協約規定」制定以降，地方政府の規定においても，正当な理由のない場合の団体交渉応諾義務規定が盛り込まれる傾向にある[58]。

　③義務的交渉事項の範囲

　そこで次に問題となるのが，「正当な理由」がどのようなものであるか，すなわち，いかなる事項が団体交渉の義務的な対象事項になるのかということである[59]。「04年協約規定」には規定がないため，地方政府で制定されている規定を参照すると，まず，2005年の北京市「労働協約条例」[60]32条2項において，正当な理由なく団体交渉を拒否または遅延してはならない場合として，「労働報酬，労働条件，人員削減等の事項について団体交渉の求めがある場合」としている。また，2009年の海南省「労働協約条例」[61]20条において，正当な理由のない団体交渉の拒否または遅延にあたるものとして，①相手方の合理的かつ適当な交渉についての内容，時間，場所および方式に対する拒絶，②団体交渉に必要な資料の提供を拒否した場合，を規定するとともに，団体交渉を拒否または遅延してはならない場合として，①20名以上の人員削減または使用者の従業員の10%以上の人員削減，②5名以上の集団性サボタージュ（原語：群体性停工）および陳情，③生産過程で判明した隠れた重大事故または重大な労働災害，を規定している。これらの地方政府の条例は義務的交渉事項とそうでない事項を初

57　鄭・前掲注(49)9頁参照。
58　例えば遼寧省「企業賃金団体交渉規定」（遼寧省「企業工資集体協商規定」〔2011年〕）16条3項，大連市「賃金団体交渉規定」（大連市「企業工資集体協商規定」〔2009年〕）23条。
59　中国では，賃金団体交渉の締結に関する紛争の処理制度がそもそも確立していないため，人民法院の判例の蓄積を待って解釈が形成されるという流れの実現は，困難な状況にある。
60　北京市人民代表大会常務委員会「集体合同条例」（2005年）。
61　海南省人民代表大会常務委員会「集体合同条例」（2009年）。

めて区分，明確化したものとされている[62]。

　以上を踏まえると，義務的交渉の対象事項とは，従業員にとって重要な利益に関する主要問題と整理できる[63]。また，「賃金団体交渉試行弁法」では，関連法律，法規に違反しないという前提の下，双方に相手方の賃金団体交渉の要求に応じる義務があるとされている（18条）。したがって，少なくとも，労働者の賃金に関することは団体交渉の義務的交渉事項に入ると解してよいだろう。ただし，中国では，団体交渉過程での過激行為は禁止されるとともに，争議行為に対し明確な保障は与えられていないため，実際に使用者が正当な理由なく団体交渉を拒否したような場合には，行政の介入がなければ対抗することは実際上困難な状況にある。

⑶団体交渉の実施

　団体交渉の実施にあたっては，その開始前に必要な準備を行った上で，団体交渉会議において具体的な交渉を行い，首席代表が意見をまとめていくこととなる。交渉の準備段階で相手方から要求があった場合，関連する法律法規に違反しない限り，交渉開始5日前までに賃金団体交渉に関連する真実の状況および資料を提出しなければならない（賃金団体交渉試行弁法18条）。交渉を経て合意を得た場合には労働協約の草案を策定し，首席代表が署名する。合意に至らなかった場合や事前に予測し得なかった問題が生じた場合，団体交渉を中止することができる（04年協約規定35条前段）。なお，このような場合，中止期限，次回の交渉開始の時間，場所，内容等を労使双方で相談の上で確定するが（同規定35条後段），総工会の意見によれば，中止期間が最長で60日を超えることは適当でないとされている（工会賃金団体交渉参加指導意見七（二）3）。

　この点，団体交渉前に行うべきこととして，議題の起草，交渉時間，場所等の確定，団体交渉代表ではない記録員1名を労使共同で選定することなど細かく規定するとともに，実際の団体交渉の場における議事の進め方についても定めが置かれている。すなわち，団体交渉会議は双方の首席代表が持ち回りで進行し，①議事進行予定や会議の紀律の宣言，②一方の首席代表が交渉の具体的

62　鄭・前掲注(49)11頁。
63　鄭・前掲注(49)11頁。

内容と要求を提出したときは，もう一方の首席代表は相手方の要求に回答すること，③交渉にあたる労使双方が交渉協議事項について各々の意見を発表し，十分に議論すること，④双方の首席代表が意見を集約整理し，合意に至れば，労働協約草案または専門事項労働協約の草案を起草し，双方の首席代表が署名すること，としている（04年協約規定34条1項1～4号）。

　このような交渉における具体的な手順については，本来的には市場経済における労使自治の原則に基づき，労使が話し合い自主的に具体的ルールを作成するのが理想形と考えられる。微に入り細に入る規定内容となっている背景については，市場経済の推進に重きを置いた視点に立てば，現段階では，労使ともに交渉主体としてそこまで成熟していないという認識に基づいたものといえるが，他方で，市場調整と政府の調整コントロールをともに実施し，低収入者を減らし，高過ぎる収入を調整するという中国の賃金配分における基本姿勢[64]を踏まえると，市場はあくまで利活用するものであって，労使の決定に対し政府による恒常的な管理が不可欠という認識に基づいたものであると理解することも可能であろう。ただいずれにしても，改革開放から約40年がたった現在でも，依然として賃金決定に関し，政府の管理が賃金決定において大きな役割を担う仕組みになっている状況は，単純に政府が労使をリードする役割からの関与であるという解釈のみに立脚することは無理があるように思われる。

　そして，交渉の結果，意見の一致に至らなかった重要事項については，当地の労働行政部門や上級工会，上級の主管部門または企業内党委員会に調整を要請することができるとし（工会賃金団体交渉参加指導意見七（二）4），党や政府による調整を想定している。

⑷労働協約の草案合意後

①労使合意後の手続き

　団体交渉を経て合意した労働協約の草案については，従業員代表大会[65]に提

64　国務院転発，国家発展改革委，財政部，人力資源・社会保障部「収入分配制度改革に関する若干の意見」（2013年）では，収入分配制度改革の深化にあたり，「市場調整と政府の調整コントロールを堅持する。市場システムが要素の配置や価格形成において基礎的機能を十分発揮し，政府の収入配分に対する調整コントロール機能をよりよく発揮」し，「収入分配秩序を規範化し，低収入者の収入を増加させ，高過ぎる収入を調整する」との方針を示している。

出もしくは従業員全体の議論を行う。具体的には，3分の2以上の従業員代表または従業員が出席する従業員代表大会，ないしは従業員全体で議論し，従業員代表の半数以上または従業員全体の半数以上の賛成を得る必要がある（04年協約規定36条1項，2項）。従業員代表大会または従業員大会の同意を得た労働協約には，団体交渉時の首席代表が署名を行う（同規定37条）。

このように，団体交渉を経て労使代表の合意を得た労働協約の草案について，さらに従業員代表大会ないし従業員大会への提出が義務付けられている。工会が従業員側の代表として交渉にあたった結果であるにもかかわらず，再度，従業員代表大会ないし従業員全体での議論を要件としているのは，一方で社会主義理念を由来とする従業員代表大会制度が市場経済を由来とする労使代表による団体交渉制度の結果をチェックしているものとして捉えられるし，他方で従業員代表大会の現代的意義を重視する観点に立つと，工会の代表性への不信感の現れという解釈も成り立ち得る。

②団体交渉と団体行動権

労働協約草案を議論する団体交渉が決裂した場合の争議行為が法的正当性を持ち得るかという点については，これを肯定する学説もあるものの，そもそも団体行動権について法令上明確な定めが置かれておらず，「一般的には，ストライキ（罷工）権は認められないと解されている」[66]のが現状である。ただし，現在に至るまでストライキ権に関する規定が全くなかったというわけではなく，1975年の「中華人民共和国憲法」（28条）および1978年の「中華人民共和国憲法」（45条）では公民がストライキの自由を有することを規定していた。しかし，「82年憲法」では削除されている。当該条項の削除には賛否両論あったとされるが，中国憲法学者の許崇徳によれば，「公民にストライキの自由があれば，安定的な団結にとって不適当であり，さらに，文化大革命の動乱が終結したばか

---

65 従業員代表大会は，「中華人民共和国企業法」（中華人民共和国公司法）51条によれば企業民主管理（わかりやすく言い換えるとすれば，従業員の経営参加）の基本形式と定義されている。この点，彭光華（「中国における従業員代表制度」山田晋ほか編『社会法の基本理念と法政策』法律文化社，2011年，140，150-151頁）は，従業員代表大会は「建国初期の生産管理委員会の流れを引いて」いるものであり，「国有企業の従業員が，①企業の重要施策に対する審議，②経営者に対する監督と③労働者利益の保護を図るため」の「非常設の権利機構」であり，「企業工会を常務機関」と定義している。
66 山下昇「中国における集団的労働紛争の実態とその解決手続の課題」季刊労働法236号（2012年），95頁。

りということを考えれば，国家がひどく破壊された後に，次第に再建されよう
としているときに，ストライキを起こしてかき乱すことは許容できない」とい
う主張が通った結果だとされている[67]。他方で，許（2005）自身は，我が国には
官僚主義，専制主義，封建的特権等の弊害が依然として存在し，人民の利益を
実際上侵害しているという条件の下で，自発的なストライキまたは怠業は不可
避であり，禁止することは難しいとして，ストライキの自由を認めるべきと主
張している[68]。

　また，現行法における団体行動権を肯定する学説として，例えば，常（2012）
は，中国が「経済的，社会的および文化的権利に関する国際規約」8条1項（a）
の「同盟罷業をする権利。ただし，この権利は，各国の法律に従って行使され
ることを条件とする」[69]を留保または特別の説明なく批准していることや2001
年に改正後の「工会法」27条で「企業，事業単位で操業停止や怠業事件が発生
した場合，工会は従業員を代表して企業，事業単位または関係方面と交渉し，
従業員の意見および要求を反映するとともに，解決に向けた意見を提出しなけ
ればならない」と規定されていること等を理由に，ストライキ権は明確に規定
されていないものの，禁止されてはおらず，合法性があり，政府もストライキ
権を認めていると主張している[70]。

　しかし，公有制を主体として企業は人民全体に所属し，労使の利益を一体的
に捉える社会主義社会の理念から考えれば，労働者と使用者の対立は理論上想
定されないため，実際にストライキは発生しているかどうかは別として，少な
くとも，ストライキ権を正面から認める立法を直ちに構築することは難しいと
考えられる。さらに，先に検討したように，「04年協約規定」において，労使双
方の過激行為の禁止原則が定められていることからすれば（5条5号），少なく
とも団体交渉から労働協約の締結過程における，ストライキやピケッティング
を含めた争議行為については，政府が黙認するか否かは別として，本条項違反
を構成する可能性があると解される。以上を総合すると，現行法において明確

67　許崇徳『中華人民共和国憲法史下巻（第2版）』福建人民出版社，2005年，494頁。
68　許・前掲注(67)495頁。
69　邦訳は外務省訳文を参照（http://www.mofa.go.jp/mofaj/gaiko/kiyaku/2b_004.html
　〔2015年10月24日最終アクセス〕）。
70　常・前掲注(48)111-113頁。

な規定がない以上，ストライキ権が認められていると考えるのは困難といえる[71]。

(5)労働行政部門の審査等

①法律レベルの規定状況

団体交渉を経て締結された労働協約と労働行政部門との法的関係性については，「労働法」（34条）と「労働契約法」（54条1項）ともに，協約締結後の労働行政部門への送付を協約の効力発生要件とすることを規定するにとどまり，労働行政部門に送付された協約がどのように扱われるのかについては，労働行政部門の制定する規章に委ねられている。

②労働協約の労働行政部門への提出

そこで，「04年協約規定」をみると，労働行政部門の労働協約に対する審査が予定されている。具体的には，審査を受けるため，首席代表の署名後10日以内に使用者は，労使間で締結した労働協約を労働保障行政部門[72]に提出する（04年協約規定42条1項）。なお，「94年協約規定」および「賃金団体交渉試行弁法」では，協約締結後7日以内の提出が義務付けられていたが，「04年の協約規定」により10日以内に期限が緩和されている。これは，労使双方の負担を軽減する観点による改正と推察される。

協約の提出にあたっては，①企業の所有制の性質，従業員数，「企業法人営業許可書」の写し，工会の社団法人証明のための資料，②労使双方の首席代表，交渉代表または委託者の身分証の写し，代理授権書，③従業員側の交渉代表の労働契約書の写し，④交渉状況および労働協約について従業員から意見聴取した記録，⑤従業員代表大会または従業員全体の大会において労働協約草案を採択した決議，⑥労働協約の説明，について，関連資料として併せて送付する必要がある（協約審査管理業務強化通知二）。

71　彭光華（「中国における労働紛争処理システムの現状と課題」日本労働法学会誌116号〔2010年〕，46頁）も，「中国においては労働協約制度が予定されているものの，団体交渉権を含むいわゆる『労働三権』は保障されていない」と解している。

72　ここでいう労働保障行政部門とは，地方労働保障行政部門を指し，具体的な管轄範囲は各省労働保障部門の規定によることとなる。また，中央政府管轄の企業，2以上の省，自治区，直轄市にまたがる使用者の労働協約については，中央の人力資源・社会保障部または人力資源・社会保障部が指定する省級労働保障行政部門の審査を受けることとされている（04年協約規定43条）。

③労働協約審査のための専門機関の創設要請

1996年の「協約審査管理業務強化通知」は，締結される労働協約の増加への対応や労働協約審査管理業務のさらなる強化と規範化等を目的として，各地方の労働行政部門に対し，人員の充実，期限内の登記審査の完了の保証を求めるとともに，条件の整った地域では労働協約審査管理のための専門機関を創設することができること，条件が整わない場合は労働関係主管部門が先頭に立って，賃金，就業，職安，保険，訓練等の機関が参加する労働協約事務所または合同会議を設置することができるとしている（前文，一）。

翌1997年には，各地域の労働行政部門の審査についての力量不足や締結された協約に対する審査率の問題が表面化したことを踏まえ，審査能力を上げるため，地方労働行政部門の審査専門作業員の配置や審査業務の訓練強化を求めるとともに，各地の労働行政部門は労働協約審査管理のための機関を設置しなければならないとした（協約審査業務力量強化通知前文，一～三）。1996年時点では，条件の整ったところが労働協約審査管理のための機関を「創設することができる」規定だったが，97年の通知では，当該機関の創設を義務付ける規定となっている。これは，1996年末の審査率が51％にとどまったことを踏まえ，政府として団体交渉の実施と労働協約の締結の普及推進に深刻な影響が生じていると判断したことが背景にある[73]。

④労働協約の審査プロセス

労働行政部門の労働協約の審査プロセスは，「協約審査管理業務強化通知」三に基づき，以下のとおりとなっている。まず，労働協約管理機関は審査対象の労働協約を受け取った後，番号を付して登記を行い，協約の提出元に受け取った日付を通知する。次に労働協約管理機関は，代表資格，締結プロセス等に対し第一次審査を行う。第三に，第一次審査に合格した労働協約は，労働行政部門所属の労働協約審査の関係機関に送付される。そして，協約の関係条項に対して専門的な審査が行われ，当該機関の主管責任者は署名後，労働協約管理機関に協約を返送する。第四に，労働協約管理機関は労働協約審査意見書を作成

---

73 「協約審査業務力量強化通知」前文では，1996年末で13.5万の企業が労働協約を締結したが，労働行政部門が審査した労働協約は6.8万，審査率は51％となっているとの指摘がある。

する。当該意見書は，労働協約の名称，使用者の住所，労使双方代表者の姓名，労働協約を受け取った時間，確認を経た労働協約の有効な条項と無効な条項およびその原因，意見書の日付，労働行政部門の労働協約審査印を内容とする。最後に，労働協約管理機関は審査後の労働協約，企業が送付した資料，労働協約審査意見書の写し，審査を経た有効な労働協約の一覧を上級労働行政部門に報告し記録する。

仮に労働行政部門の審査の中で比較的大きな対立またはその他重大問題が生じた場合には，労働行政部門の責任者または労働協約の審査を主管する機関の責任者が合同会議を主催し，関係機関の責任者も共同参加し，協約の関連条項を研究し，審査意見を提出し，主管の領導者に署名報告する。

なお，全国レベルで労働協約制度を所管しているのは，人力資源・社会保障部の労働関係局である（人社部職責等編成規定三（十二））。労働関係局は，序章で述べたとおり，賃金管理制度も所管しているため，本書が分析対象としている賃金決定関係法全般を所管している部局といえる。

⑤労働協約の審査内容

労働行政部門は，①団体交渉双方の当事者資格が法令に適合しているか（資格審査），②団体交渉の手続きが法令に違反していないか（手続き審査），③締結された労働協約が国家規定に抵触していないか（内容審査），について，適法性審査を行う（04年協約規定44条）。具体的規定は「協約審査管理業務強化通知」四にあるため，これに沿ってみていくこととする。

まず，資格審査にあたっては，企業の法人資格，工会の社団法人資格，従業員交渉代表と企業との間に労働関係が存在しているか等を審査する。次に，手続き審査については，労働協約が団体交渉，従業員代表大会または従業員代表大会の審議，交渉代表の署名などのプロセスを踏んでいるかをみる。

内容審査では，協約条項が国家法律，法規規定，国家または地域のマクロ調整コントロール政策と合致し，協約の条項が公平・平等かどうかを確認する。法令に加えて，国および地方政府の賃金管理制度が含まれるマクロコントロール政策との合致を明確に謳っているということは，厳格な制度執行を前提とした場合には，各地方政府の設定する「賃金指導ライン」からかい離するような賃金上昇率は認められないということになるといえる。すなわち，政府による

賃金管理制度は，労働協約に約定される賃金の内容にまで影響を与え得ることがわかる。

　以上の審査の結果，労働協約に無効または一部無効の条項があったときは，労働行政部門は修正意見を出し，双方の参考に供すことができるが，協約修正を直接したり，企業に審査意見の修正または執行を強く求めたりしてはならないと規定されている。

　⑥審査結果の通知等

　審査の結果，当該労働協約に異議がある場合，労働保障行政部門は審査意見書を作成し，労働協約の受理日から起算して15日以内に団体交渉の代表者に送付することとなる（同規定45条1項）。その後，改めて団体交渉を行い，再度労働協約案の合意を得た場合には，使用者は労働保障行政部門に対し労働協約を再度送付し審査を受ける（同規定46条）。なお，15日以内に異議が提出されなかった場合には，労働協約は効力を生じることとなる（同規定47条）。

　なお，1997年に労働行政部門の労働協約審査管理業務を円滑に進めるために，「協約審査管理業務系列表等通知」が出され，協約の提出を受けてから報告・記録までの審査管理業務の流れをわかりやすく図で示すとともに，審査表，審査意見書，審査通知書，変更・解除表，報告記録登記表等の様式を作成し，地方労働行政部門に対して通知している。

⑹労働協約の従業員への周知

　効力が生じた労働協約は，団体交渉の代表者によって直ちに適当な形式で従業員全体に周知されなければならず（04年協約規定48条）[74]，「賃金団体交渉試行弁法」では5日以内の周知を義務付けている（同規定23条）。「賃金団体交渉試行弁法」23条の方が期限を明確にしており労働者保護に厚いと解されること，また企業実務の紛争回避の観点からも，同法23条に照らして対応するのが確実といえよう。

　また，ここでいう「適当な形式」について，広東省の例をみると「賃金団体

74　地方政府レベルの賃金団体交渉規定では，従業員全体への周知とともに上級工会への報告を定めているところも散見される（遼寧省企業賃金団体交渉規定21条3項，大連市賃金団体交渉規定33条）。

交渉の指導手引」[75]において業務公開（原語：廠務公開）の形式で行うよう指導している（11（4））。この点，国務院弁公庁の通知[76]によると，業務公開は従業員の企業経営・管理への参加の一形態として推進されており，リストラや破産案等企業の重大方針決定，企業の生産経営管理に関する問題，従業員の重要な利益に係る問題等に関する情報公開を行うことを内容とするものと定義されている。当該通知では，公開の形式として従業員代表大会のほか，業務公開掲示板，業務状況発表会，企業内部の情報ネットワーク，放送，テレビ，社内報，壁新聞等が挙げられていることからすると，使用者は賃金労働協約をこれらの手段を通じて従業員全体に周知する義務を負うといえる。

7 労働協約の効力

労働協約は，使用者および従業員全体に対して法律と同様の効力を有することとなり（04年協約規定6条1項），規範的効力が認められている。具体的には，使用者と従業員が締結した労働契約の労働条件と労働報酬が，労働協約の定める基準を下回ることは許されない（労働契約法55条前段，04年協約規定6条2項）。したがって，労働協約の基準を下回る労働契約の約定内容については無効となり，労働協約の内容が強制適用されることとなる[77]。

なお，労働契約の内容が労働協約を上回ることをも禁止する旨の規定はみられないことから，個別労使間で別途労働協約を上回る賃金を設定する労働契約を締結することは許容されていると解される。このほか，労働協約にある労働報酬および労働条件等は当地人民政府の最低基準を下回ることは許されていないことが確認的に規定されている（労働契約法55条後段）。したがって，例えば労働協約における賃金水準が最低賃金を下回る場合，その部分の労働協約は無効となり，当該無効部分は当地の最低賃金額によることとなる。

---

75 広東省人力資源和社会保障庁「広東省企業工資集体協商指引」（2010年）。
76 中共中央弁公庁，国務院弁公庁「関於在国有企業，集体企業及其控股企業深入実行廠務公開制度的通知」（2002年）を参照。
77 国務院法制弁公室編『現行労働社会保障法規大全』中国法制出版社，2009年，229頁。ただし，実際の訴訟上，労働者が「労働契約法」55条の規定を知らないで労働契約に約定している基準に基づいた主張を行っている場合に，人民法院が労働協約の適用を告知した後も労働者がその要求内容を変更しないときは，人民法院は労働契約に約定した上回る部分の賃金について審理しない扱いとなる（同229頁）。

8 労働協約の変更・解除・期間

労働協約は当事者双方の代表が合意した場合に変更，解除することができるが（04年協約規定39条），①使用者が合併，解散，破産等の原因によって労働協約を履行できなくなったとき，②不可抗力等により労働協約の全体が履行できなくなったもしくは一部履行できなくなったとき，③労働協約にあらかじめ約定していた条件が生じたとき，④法令に規定するその他の事由が発生したとき，のいずれかに該当する事由が生じた場合，双方の合意を経ず一方的に変更，解除することができる（同規定40条）。なお，労働協約の変更，解除にあたっては，先に検討した協約規定に定めるプロセスを踏まなければならない（同規定41条）。

労働協約の期間に関する制限はないものの，通常1～3年の範囲で設定され，期間満了またはあらかじめ約定した協約終了の条件が生じた場合に終了するものとされている（同規定38条1項）。しかしながら，賃金団体交渉はその性質上，通常1年に一度行うことが求められていることから（賃金団体交渉試行弁法24条），賃金労働協約の有効期間は一般的には1年とすることが求められていると解される[78]。なお，労働協約の期限満了3か月前までに当事者の一方が相手方に対し契約の再締結，更新の要求を行うことができる（04年協約規定38条2項）。

9 紛争処理

「労働法」84条は労働協約に関する紛争処理について，①労働協約の締結過程での紛争（いわゆる利益紛争）と②締結後の履行段階での紛争（いわゆる権利紛争）の二つのケースに対し，概括的な手順を規定しているが，より詳細な規定は「04年協約規定」等を参照することとなる。

---

[78] 例えば，前掲「天津市企業賃金団体交渉条例」では，賃金集団協定の有効期限は通常1年とする旨規定されている（26条2項）。また，総工会の「工会賃金団体交渉参加指導意見」（1998年）においても，有効期間は最短1年とされている（七（三））。

⑴労働協約の締結過程における紛争の解決手続き

　まず，労働協約の締結過程において当事者で解決できない紛争が生じた場合，当事者の一方または双方が書面で労働保障行政部門[79]に調整（原語：協調）処理申請を行うことができる（04年協約規定49条）。また，当事者からの申請がない場合であっても，労働保障行政部門が必要と認めるときは調整処理を行うことを認め（同規定同条），行政の裁量による幅広い介入権を認めている。行政が調停を行うときは，労働保障行政部門は同級の工会および企業組織など三者構成からなる組織をつくり，共同で調整にあたる（同規定50条）。当該調整は，調整申請を受理してから30日以内に終了させなければならないが，調整期限は15日以内の適当な範囲で延長することができる（同規定52条）。調整処理のプロセスは，①調整処理申請の受理，②紛争状況の調査理解，③紛争の調整処理の案の研究作成，④紛争に対する調整処理の実施，⑤調整処理協定書の作成，の順に進められる（同規定53条）。調整の最終段階で紛争の事実，調整結果，当事者が合意に至らなかった事項および継続交渉事項を明確にした上で，調整処理担当者と双方の首席代表が調整処理協定書に署名押印し，効力が発生する（同規定54条）。

　この点，中国では，日本の「労働関係調整法」のような集団的労使紛争を解決するための法的枠組みは存在していない。このため，上述の規定に基づき，賃金団体交渉中に紛争が起こった場合には行政がその都度出ていき解決を図るという手法を採っており，当事者の申請がない場合であっても，労働行政部門の判断により，当該紛争に強制的に介入することが可能な枠組みとなっている。本規定がどのような趣旨目的をもって定められているかという点については，「明文の規定もおかれていないだけでなく，具体的解釈もされていない」[80]ため，断定することはできないが，少なくとも賃金管理を含む労働行政部門の定める関係法令や通知等に明確に違反するような団体交渉が行われている場合は，強

79　団体交渉に関する紛争処理についての管轄は属地主義を採用している。具体的な管轄範囲は省レベルの労働保障行政部門の規定によって決まる。なお，中央管轄の企業および二つ以上の省，自治区，直轄市に跨る使用者に関する団体交渉に関する争議については，人力資源・社会保障部が指定する省レベルの労働保障行政部門が工会，企業組織等の三者構成を組織し，調整が行われる（04年協約規定51条１項および２項）。

80　彭（前掲注⑴）163-164頁）は，労働行政部門が関与する必要に当たる場合とは，どのような場合を指すのかということに関しては，「明文の規定もおかれていないだけでなく，具体的解釈もなされていない」としている。

制関与を行うケースにあたるのではないかと推察される。なお，そもそもこのような解決方式は法治国家としては不安定であり，集団的労使紛争の調整システムの制度化は急務と指摘されている[81]。

また，操業停止や怠業事件が発生した場合について，「工会法」により工会に主体的な役割が課せられている。すなわち，工会は従業員を代表して企業，事業単位または関係方面と交渉し，従業員の意見および要求を反映するとともに，解決に向けた意見を提出しなければならず，企業や事業単位と協力し，できる限り早期の生産・作業秩序の回復にあたる（工会法27条）。本条項をみてもわかるように，団体交渉の場だけでなく，紛争処理時においても，工会は一面では従業員の代表の立場として交渉にあたり，一面では労使の調整者として解決に向けた意見を練るために双方の意見を聴き，さらに他の一面では企業の協力者として，生産経営秩序の回復にあたるという三面性を有しており，法制度上も単純な労働者の利益代表として位置付けられていないことがわかる。

したがって，このような枠組みの下での，工会の団体交渉および紛争処理の現場での役割は，「労働協約の締結過程において，労働者に企業側の条件を受けさせようと動員することや，集団紛争処理過程において，企業を代表して労働者を説得することなどのことが現実に行われている」[82]というものになるのである。まさしく，中国における工会は，その社会主義計画経済からの歴史的な経緯と市場経済の導入の狭間の中で，団体交渉の場において，労働者の代表，企業の協力者，調停者たる行政機関という三役を担っているのである。

そして，労働行政部門の調整による集団的労働紛争の解決の具体的なプロセスや結果は，報道を通じて一部伝えられるものの限られており，詳細な内容はほとんど明らかにされることはない。広州ホンダのストライキ事件のように，その解決過程が詳細に報告されるケースは稀である[83]。

81　中国における集団的労働紛争解決に関する法制度整備を課題として指摘している先行研究として，例えば，彭・前掲注(71)46頁や山下・前掲注(66)101頁がある。

82　彭・前掲注(71)45頁。

83　広州ホンダ事件は，「本田汽車零部件製造公司因労資糾紛停工　本田在華車企業全線停産」『人民日報』（2010年5月28日第15版）でも報道されるとともに，日本国内でも，実際に紛争解決手続きに直接関わった常凱（胡光輝訳）が執筆した「南海本田スト現場からの報告」中国研究月報64巻8号（2010年），1頁等により報告されている。

(2)労働協約の履行に関する紛争の解決手続き

① 「労働争議調解仲裁法」に基づく解決

労働協約の履行に関する紛争に関しては，当事者間の交渉による解決が困難な場合，政労使三者によって構成する労働争議仲裁委員会に仲裁申請を行うことができる（04年協約規定55条）。その際は，本章の第1節4の(2)で言及したとおり，工会に対し，従業員に代わって使用者の労働協約の未履行について責任を追及する権利を与え，さらに，当事者間で紛争解決ができない場合の工会の仲裁申請権も認めている（工会法20条3項，労働契約法56条）。したがって，個別的労働紛争の処理と同じく「労働争議調解仲裁法」[84]に基づく解決が図られることとなる。具体的には，同法7条に基づき，「発生した労働紛争に係る労働者が10名以上であって，同じ内容の請求を行う場合は，その代表が調停，仲裁または訴訟活動に参加することができる」との規定を根拠として，紛争解決が図られることとなる。

② 「企業労働争議協商調解規定」に基づく解決

企業内部での解決方法としては，大規模・中規模企業の労働者は，2011年に制定された「企業労働争議協商調解規定」[85]に基づき，労使代表で構成される企業労働争議調解委員会に調停申請することができる（4条2項）。なぜなら，同条例4条2項で，「労働者は…（中略）…労働協約等の履行に問題が生じたと考えるときは，企業労働争議調解委員会に申し出ることができる」と規定されているからである。そして，同条1項は，「企業は労資双方のコミュニケーション対話システムを設立し，労働者の利益訴求を表現する手段を確保しておかなければならない」とし，集団的労働紛争に至る前段階での日常的な労使対話の重要性を謳っている。さらに，同規定34条では，「企業が本規定に基づく調解委員会を設置していない場合に，労働争議または集団性事件（原語：郡体性事件）が頻発したときは，労働関係の調和に影響を与え，社会に重大な影響をもたらすことから，県級以上の人力資源・社会保障行政部門に通報する」ことを求めている。これらの規定を踏まえると，近年のストライキ事件等の頻発する事態を踏まえ，企業内部においてできる限り紛争の発生を防ぎたいという立法者の

---

84 「中華人民共和国労働争議調解仲裁法」（2007年）。
85 人力資源和社会保障部「企業労働争議協商調解規定」（2011年）。

考えが看取できる[86]。

10　総工会による団体交渉指導員の派遣

団体交渉指導員隊は，2008年の総工会の「指導員創設意見」によって開始された工会の取り組みであり，総工会の張建国労働協約部長の発言によれば，現場で賃金団体交渉にあたる基層工会幹部の経験や能力不足の問題を解決することを目的としている[87]。指導員は，法律に精通して従業員を代表し，交渉調整に長けた工会の賃金団体交渉に関する幹部集団で，現在，既に江蘇，河北，上海，遼寧，吉林，黒竜江，福建，山西，山東，北京，広東等の省市で指導員隊が創設され，全国で6万人あまりいる[88]。

本指導員は，総工会の文書により創設された制度であるため，厳密にいえば法制度ではないが，総工会の意見等は一般に行政部門の出す規範性文書と同様の性質をもつものとして理解されている[89]。また，政府の団体交渉の普及推進方針と軌を一にした工会の取り組みであり，かつ，工会と党，政府や企業との関係性を明らかにするために有益であることから，ここで検討を行う。

⑴指導員の職責，任務

まず，団体交渉指導員は基層工会の要請，上級工会の委託を受けて，基層工会と企業側との団体交渉を指導支援するとともに，地方工会の委託を受けて派遣され，従業員側代表として基層工会と企業側の団体交渉に直接参画する（指導員創設意見二，1）。具体的な業務内容としては，基層工会の従業員意見の集約の指導や支援，協約締結の要求，交渉の進め方の策定，交渉戦略の研究，交

86　山下（前掲注(66)96頁）は，「企業労働争議協商調解規定」34条の「制定の背景に，集団的労働紛争の予防という側面もあることが指摘できる」と評価している。

87　「人民網就工資集体協商専訪全総集体合同部長張建国（4）」『中国工会新聞』（2010年7月20日：http://acftu.people.com.cn/GB/67583/12192840.html〔2015年10月24日最終アクセス〕)。

88　「人民網就工資集体協商専訪全総集体合同部長張建国（3）」『中国工会新聞』（2010年7月20日：http://acftu.people.com.cn/GB/67583/12192840.html〔2015年10月24日最終アクセス〕)。

89　範紹華編著『工資集休協商指導員速査手冊（第2版）』中国工人出版社，2010年，4頁は，賃金団体交渉を指導する主要文書として，「労働法」や「賃金団体試行弁法」等の法律や規章とともに，総工会の「指導員創設意見」等も含めた形で，賃金団体交渉を展開するための政策根拠を提供していると整理している。

渉内容の確定，労働協約または賃金協定など専門事項労働協約草案の起草を行うとともに，工会の団体交渉に関係する企業の経営生産状況，資料，データおよび情報の収集整理を行う（同意見二，1）。このように，団体交渉指導員は団体交渉の現場における重要業務の指揮を執り，協約の草案作成等にも携わることから，労働者側代表のブレーンとしての役割が求められていることがわかる。

　次に，指導員は，企業の団体交渉共同決定システムの創設を推進するため，基層工会の賃金団体交渉，賃金労働協約の締結を重点的に指導，支援し，企業従業員の賃金が正常に上昇するシステムおよび支払いを保障するシステムの創設を促進する役割を担う（同意見二，2）。このことからも，工会が団体交渉の中でも，とりわけ賃金団体交渉を重視していることがわかる。さらに，指導員は，基層工会の団体交渉実施のための照会対応にあたるとともに，従業員側の団体交渉代表に研修訓練も行う（同意見二，3）。

　なお，「指導員創設意見」には明示の規定はないものの，総工会に所属する中国工人出版社が発行している賃金団体交渉指導員のための教本によれば，団体交渉指導員は，国家収入の配分政策の執行に真剣に取り組むことや，労働行政部門，総工会および企業家協会の業務指導を積極的に受けること，定期的にこれらの機関に業務状況を報告し，積極的に業務研修・訓練に参加すること等の義務を負っているとされている[90]。したがって，賃金団体交渉の現場では，工会が派遣する団体交渉指導員は政府の方針に沿って団体交渉を進める現場指揮官のような役割が求められているといえるし，労働者側だけでなく，労働行政部門さらには企業側の指導にも服するものとされていると評価できる。

⑵指導員の採用条件

　団体交渉指導員は労働関係分野の専門家で，学者，弁護士，教師，ソーシャルワーカー，企業管理業務に従事する者等から採用される（指導員創設意見二，4）。採用の基本的条件としては，以下の4条件[91]となっている。

　①党の路線，方針，政策をひたむきに徹底し，大衆に関する業務に熱心に

90　範・前掲注(89)20頁。
91　「指導員創設意見」二4．1〜4。

取り組み，喜んで従業員達のために交渉し事をなすこと。

②国家および地方の労働法律法規，政策に精通するとともに，企業の人的資源管理，労働賃金や社会保障，労働安全衛生等に専門知識を有すること。

③工会業務に精通するとともに，一定の団体交渉に関する知識や実践経験を有し，比較的高い組織調整能力，言語表現能力および分析能力を有すること。

④比較的強い社会への責任感を有し，業務に真面目に取り組み，態度が真摯で，行動が正義にかなっており，勇気をもって従業員の合法的な権利利益を維持，保護し，従業員利益をアピールするのに長けていること。

このようにしてみると，工会が党の指導下にある以上，党の方針や政策に反してはならないことが第一条件として掲げられていることがわかる。つまり，中国において，党の政策は基本的に政府の法政策に反映されることから，これに反した行動は採れないよう拘束されている。また，交渉の指導にあたることから専門知識や経験のほか，コミュニケーション能力や協調性といった能力も重視されていることがわかる。

11　地方政府の動き

最後に，地方の動きに目を向けてみる。既にいくつかの点は，本節で指摘してきたが，労働者保護を強める形で制度整備を行う傾向が散見される。例えば，大連市では，①労働者の団体交渉の申し入れを使用者が拒否または規定に定める期限以内に回答しない場合，②労働者に対し団体交渉に係る真実の資料を提供していない場合，③労働者の合法的権益を侵害した場合，④労働保障行政部門の賃金団体交渉に関する紛争処理を妨害した場合，の四つの事由のいずれかが生じたときは，行政から使用者に対し是正命令が行われ，それでも是正されない場合，当該行為の公表および記録がなされる旨規定しており（大連市賃金団体交渉規定[92]37 条各号），「04 年協約規定」や「賃金団体交渉試行弁法」にはない

92　大連市政府「大連市工資集体協商規定」（2009 年）。

規定を新たに追加している[93]。

第3節　賃金団体交渉と集団的労働紛争の実態

1　賃金労働協約締結件数と賃金団体交渉

(1)労働協約締結件数の推移

中国において賃金団体交渉は，賃金労働協約を締結する手段として位置付けられていることから，労働協約がどの程度普及しているのかをみることで，団体交渉がどの程度行われているのかをある程度摑むことができる。そこで，以下，労働協約および賃金労働協約の締結状況をみていく。総工会の統計によると，「04年協約規定」施行の翌年以降，労働協約全体の締結状況および賃金労働協約の締結状況は表5-1と5-2，そして図5-2と5-3のとおりで，2010年時点で労働協約は140.7万件（うち企業別109.6万件，地域別18.1万件，産業別13万件）であり，賃金労働協約は60.8万件（うち企業別55.3万件，地域別3.8万件，産業別1.7万件）となっている[94]。対2005年比でみると，労働協約全体では約2倍，賃金労働協約では約2.4倍増加している。また，労働協約の適用対象従業員数は2010年で1億8,465.1万人であり，これが全国従業員数に占める割合は2009年で65.2％となっている[95]。そして，直近の数字をみると，企業における労働協約締結率は，「第十二次計画」期間における政府目標の2015年時点での80％をちょうど達成したと発表されている[96]。

このことは一面では政府および工会による主導の下，賃金団体交渉および労働協約制度の普及が進められた結果を示していると捉えることができる。しか

93　例えば「天津市企業賃金団体交渉条例」においても，大連市の規定と若干異なるものの同様の規定がみられる（29条）。

94　中華全国総工会研究室「2010年工会組織和工会業務発展状況統計公報」中国工運，2011年をもとに筆者整理。

95　前掲「2009, 2010年工会組織和工会業務発展状況統計公報」中国工運，2010年，2011年参照。なお，2010年は全国の従業員数に占める割合は公表されていないため，2009年の数値を使用している。

96　人力資源和社会保障部「人力資源和社会保障事業発展『十三五』規劃綱要」（2016年）表1「第十二次計画」主要指標の達成状況を参照。同表によると，2010年の労働協約締結率は65％とされている。

表5-1　労働協約の締結状況[97]

(単位：万件)

	2005年	2006年	2007年	2008年	2009年	2010年
労働協約全体の締結件数	75.4	86.2	97.5	110.7	124.7	140.7
企業単位での締結件数	64.1	77.7	81.7	90.8	99.8	109.6
地域別協約の締結件数	8.4	6.6	10.3	12.5	15	18.1
産業別協約の締結件数	2.9	1.9	5.5	7.4	9.9	13.0

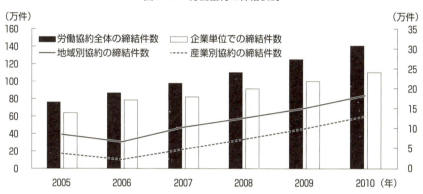

図5-2　労働協約の締結状況

し，他方で，賃金団体交渉および労働協約を通じた賃金決定システムの実現という政策目標が強調されるあまり，本来，労使関係の安定に重要な役割を発揮する場であるはずの団体交渉というプロセスが軽んじられたり，労働協約の内容の誠実な履行が疎かになっていたりという問題も生じている[98]。すなわち，とりあえず労働協約の締結という結果さえ残せれば，使用者は政府から指導されることもないし，工会としても上級の工会に報告でき体面を保つことができるという意識の下での集団的賃金決定システムの形式化，形骸化の問題が生じている。

97　前掲「2005～2010年工会組織和工会業務発展状況統計公報」中国工運，2006～2011年参照。
98　鄭・前掲注(4)420-421頁参照。

表 5-2 賃金労働協約の締結状況[99]

(単位：万件)

	2005 年	2006 年	2007 年	2008 年	2009 年	2010 年
賃金労働協約全体の締結件数	25.2	30.5	34.3	41.7	51.2	60.8
企業単位での締結件数	22.8	28.1	31.5	38.0	46.0	55.3
地域別協約の締結件数	1.6	1.9	2.3	2.9	4.2	3.8
産業別協約の締結件数	0.8	0.5	0.5	0.8	1.0	1.7

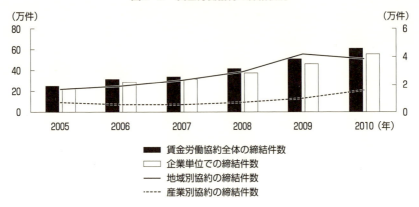

図 5-3 賃金労働協約の締結状況

(2)賃金団体交渉の具体例

　政府が普及を目指しているようないわゆる賃金団体交渉の好事例として，西安市の飲食娯楽，総合サービス，貿易，自動車バイク等 68 の企業に関係する地域レベルの賃金団体交渉の例がある。本事例では，当初，物価上昇や西安市の「賃金指導ライン」[100]の上昇，経済回復といったことを理由に 15～20％の賃金上昇率を従業員代表側が要求し，企業側は賃金上昇を望まず交渉現場は紛糾し

99　前掲注(94)参照。
100　陝西省の 2011 年の賃金指導ラインは 15％を基準ラインとし 7％を下限ライン，20％を上限ラインとして設定されている。なお，具体的な指導ラインについては，①前年度の 1 人当たり平均賃金が省内の企業平均賃金水準以下の企業の場合，②同水準以上 3 倍未満の企業の場合，③同水準の 3 倍以上の企業の場合で異なっている（陝西省「2011 年度企業賃金調整コントロール目標に関する通知」〔2011〕〔関於印発陝西省「2011 年度企業工資調控目標的通知」〕)。

たものの，2010年9月から5度の労使代表による協議を経て，徐々に双方が譲歩した結果，11月に賃金上昇率を7〜10％とすることで最終合意し，賃金労働協約草案の締結に至ったことを陝西省人民政府が報道を転載する形で発表している[101]。

　本事例に関し特に触れておきたいのは，第3章第4節で賃金団体交渉と「賃金指導ライン」の関係性を検討した際に紹介した事例と同様に，省政府の設定した「賃金指導ライン」が大きな役割を発揮していることである。すなわち，賃金団体交渉の場で当初工会が賃上げ根拠として基準ラインの15％から上限ラインの20％を要求し，労使交渉の結果，最終的に下限ラインの7％から10％で妥結しているとの結果をみれば，賃金交渉による賃金上昇率の妥結可能な範囲は，交渉前から政府の「賃金指導ライン」によって決定されており，その範囲内で労使が賃金を交渉決定する自由が与えられているという制度的構造が，実際に発現している事例と整理できよう。

(3)公表されている労働協約締結件数に対する疑問の提起

　このほか，根本的な問題として，統計データが労働協約の実態を正確に表しているのかという点に対し，疑問が呈されている[102]。具体的には，工会が公表する労働協約等の件数が労働行政部門のそれよりも大幅に多い点である。例えば政府の公表資料[103]によると，2009年末までに各地の人力資源・社会保障部門の審査を経た有効な労働協約数は70.3万件で従業員数の9,400万人をカバーしているとされているが，工会の公表資料[104]では124.7万件，従業員数の1億6,196.4万人をカバーしているとしており，それぞれ1.5倍，1.7倍程度の差がある。この原因には，工会の公表している労働協約件数には労働協約それ自体の件数だけでなく，団体交渉制度の創設それ自体も件数に含めていることにあると指摘されている[105]。

101　西安首開工資集体協商5次談判最後漲7〜10％（陝西省人民政府ホームページ：http://www.shaanxi.gov.cn/0/1/9/42/91625.htm〔2011年12月5日アクセス〕）。
102　鄭・前掲注(4)422頁および呉清軍『『国家主導』与統計数字『遊戯』——中国集体協商的模式与実践』『労資沖突与合作：集体労働争議処理与規制国際研討会論文集』2011年，545-556頁参照。
103　国家統計局，労働社会保障部「2009年度人力資源和社会保障事業発展統計公報」。
104　中華全国総工会研究室「2009年工会組織和工会業務発展状況統計公報」中国工運，2010年。

したがって，工会の考え方に基づけば，賃金団体交渉制度のみ設立し，団体交渉を実施していないケースまたは労働協約未締結のケースも労働協約締結件数に含まれていることとなる。こうした状況の背景には，工会業務の成果として1件でも多く報告してよい評価を得たいということがあるとも推察できるが，公表数値がどのようなものを含んでいるかという定義付けは工会資料に明示されていないため，ミスリードを生じさせるおそれがある。

2 賃金に起因する労働関係紛争と賃金団体交渉

賃金団体交渉および労働協約に起因する労働関係紛争の件数については，政府の統計データでは公表されていないため，正確な数値をここで示すことはできない。しかし，中国では労働争議件数は全体として増加傾向にあり，その規模および影響は増大しているものの，労働協約に関する紛争は非常に少なく，労働協約の労働関係の調整に対する効果は不明確であるとの指摘がされている[106]。この点，労働争議は「94年協約規定」が施行された1995年の2,588件から2009年には13,779件と5倍以上に増えており[107]，また，賃金に起因する紛争についても，表5-3に示すとおり，「賃金団体交渉試行弁法」が施行された翌年（2001）以降も一貫して増え続け，社会保険，労働契約の解除，変更，終了といった他の要因を抑えて，常に紛争原因のトップを占めている。

もちろん，ここでいう賃金に起因する紛争は，労働協約の履行に関する紛争，未払い賃金の問題，最低賃金規定違反等であり，労働契約の締結過程での紛争は含まれていない。したがって，賃金団体交渉および労働協約制度が機能しているかを評価する指標として，これのみを直接引用して論じることは必ずしも適切でない。加えて，かつて日本もそうであったように新制度の導入は短期的には関係紛争の増加をもたらすこともあり，現実に労使関係の安定に繋がる効果を得るには一定期間観察することが必要といえる。つまり，集団的賃金決定システムが期待する効果を上げられるか否かについては，ある程度長いスパンでみなければならないといえる。

105　鄭・前掲注（4）422頁。
106　鄭・前掲注（4）424頁。
107　『中国労働統計年鑑』中国統計出版社，2006年および2010年を参照。

表 5 - 3　労働報酬に起因する労働関係紛争の状況[108]

(単位：件)

2001 年	2002 年	2003 年	2004 年	2005 年	2006 年	2007 年	2008 年	2009 年
45,172	59,144	76,774	85,132	103,183	103,887	108,953	225,061	247,330

3　集団的労働紛争の実態

　集団的労働紛争の実態については，前節で述べたように報道を通じて知るしかない。この点，参考として，2004 年から 2011 年までの紙面メディアで報道された操業停止（停工）事件について分析した研究結果を紹介することとしたい[109]。2004〜2010 年までの中国国内の紙面メディアでは，73 の操業停止事件が報道されている。そのうち，華南地区（広東省，広西チワン族自治区，海南省）が 45.21％と最も多く，また，32 件が広東省で発生している。また，産業別にみると，約半数の 39 件が製造業であり，サービス業では 30 件発生している。企業の所有制別にみると，香港・台湾出資の企業や合資企業も含めた外資系企業で 37.9％，私営企業 37.9％，国有企業で 24.2％となっており，外資系企業および私営企業で発生する割合が高い。操業停止事件の主要な原因については，44 の事件が賃金や福利の問題に関連しており最も多く，このうち，24 の事件が賃金問題のみを要因として事件が発生している（内訳：賃金未払い 17 件，低賃金 8 件，賃金格差 4 件）。

　そして，73 件のうち工会が指導して起こしたストライキ事案は 1 件もなく，極めて一部の事案（7 件）に，工会がストライキの調停活動に介入しているものがあった。大連開発区の操業停止事件では，地方総工会の介入調整が労資双方の対立を激化させ，企業工会幹部と企業の中国人の管理職員層が操業を停止する労働者に希望者は業務を継続できると勧めたり，地方総工会が労働者の賃金上昇要求を支持せず，労働者に操業停止は不法行為だと宣言したりしており，

108　前掲注(107)・『中国労働統計年鑑』参照。当該数値には集団的労使紛争だけではなく，個別労働紛争も含まれている点に留意されたい。

109　李麗林・苗苗・胡夢潔・武静雲「2004-2011 年我国典型停工事件分析」中国人力資源開発 3 期（2011 年），80-83 頁。

工会の機能は限られたものだったとされている。

以上の李らの研究を踏まえれば，中国の経済発展をリードし，外資系企業も多く進出している沿岸部，そして賃金を起因とする操業停止事件が割合として多く発生していることが推察される。また，紛争予防や処理の場面で，法令上は大きな期待をかけられている工会の機能は極めて限定的なものであり，ともすれば事態を悪化させる方向に向かわせてしまっていることがわかる。このように，実態として工会に頼ることができない以上，政府主導で労働関係の調整を行わざるを得ず[110]，それが「04年協約規定」にある労働行政部門による介入調整規定として法的に措置されているという側面もあると考えられる。

第4節　第5章の総括

1　中国賃金決定関係法の基本原則（市場調整と政府管理）

本章では，社会主義市場経済体制の導入に伴い，中国において普及推進が図られてきた賃金団体交渉制度および労働協約制度の構造を明らかにするため，その形成過程および内容について分析を行うとともに，法制度がどのように実態に反映されているかについても補足的に言及した。ここまでの検討を踏まえると，現代中国労働法における賃金決定は，「市場調整と政府調整コントロールの堅持」という国務院の規範性文書[111]で表されるように，市場における労使の賃金決定が政府による指導，コントロールを受けているという法的関係性が存在していることがわかる。

ここで強調したいのは，中国の賃金決定関係法は，資本主義市場経済国家とは異なり，市場が基本でこれを政府により修正するという，いわば市場が賃金決定の主たる調整システムであり，政府がこれを尊重しつつ補うという思想（補完的関係）に基づく法体系になっていないということである。すなわち，中国

110　常・前掲注(48)105頁は，政府主導の労働関係の調整が必要だとしながらも，最終的には，労働協約制度の実施や工会機能の発揮などにより，政府調整の下で労資自治の実現を目指すべきだと述べている。
111　国務院転批国家発展改革委員会，財政部，人力資源和社会保障部「収入分配制度改革に関する若干の意見」（2013年）。

における賃金決定関係法は，政府による賃金管理が枠として存在し，その範囲内で労働市場における労使による賃金決定が許容されているという関係性にあるといえる。

2 賃金決定関係法における賃金団体交渉制度，労働協約制度の位置付け

このような認識に立った上で，賃金団体交渉制度と労働協約制度の法的位置付けを検討すると，一方で，市場経済に対応した労使による賃金決定システムの根幹を担う制度として位置付けられていることは明らかであるが，他方で，政府による賃金管理の存在を反映した規定も当然ながら制度に内在している。

⑴個別条文の検討結果

具体的な条文レベルでこれを確認すると，まず，「04年協約規定」と「賃金団体交渉試行弁法」において，賃金団体交渉の実施および労働協約の締結の一連の流れについて詳細な規定を置くとともに，労働行政部門による労働協約の内容を含めた事前審査規定が置かれている。当該審査の際には，政府の賃金マクロコントロール政策との適合性を含めて確認されることとなっており，賃金管理制度と齟齬のある労働協約は認められない仕組みとなっている。

さらに，一部の都市では，団体交渉の会議録を労働行政部門に送付することまで求めているところもある[112]。そして，第2編第3章でも論じているが，「賃金団体交渉試行弁法」で，従業員の平均賃金の水準を政府のマクロコントロール政策に適合させるよう規定されるとともに，「賃金指導ライン」や「価格調査」にという政府の賃金管理制度が賃金交渉の際の考慮要素の一つとして明記されていることにより，労使が妥結する賃金上昇率を法的に拘束する構造となっている[113]。加えて，労働協約の締結過程で発生した集団的労働紛争の処理にあっても，具体的な規定がない中で，紛争当事者の申請によらない労働行政部門の強制的な介入調整権限規定が置かれており，行政に広範な裁量が与えられている。したがって，個別条文レベルの分析結果を踏まえても，政府の賃金に対す

---

112 「天津市企業賃金団体交渉条例」27条1項。
113 第2編第3章で検討した「賃金指導ライン試行弁法」五（二）に規定されている「賃金指導ライン」に依拠した団体交渉実施義務によっても，直接的に拘束されている。

る管理指導の範囲内での労使の賃金団体交渉制度であり，労働協約制度であると結論付けることができる。

　続いて，工会の特殊性という観点から論じるならば，工会は一方で「04年協約規定」や「賃金団体交渉試行弁法」では，労働者側の交渉代表としての位置付けを与えられている。他方で，「工会法」や総工会の意見（規範性文書），団体交渉指導員向けの教本の内容を踏まえれば，地方工会が組織する団体交渉指導員は，交渉の場面で政府や企業団体から積極的に指導を受け，工会は政府の賃金管理の方針や党の方針に基づき，団体交渉にあたるよう求められているし，さらに，紛争処理時には，労働者側の代表として交渉にあたる工会が，企業の協力者や労使間の意見調整を行う調停者の役割をも負わされ，多面的な性格を有する存在として法的に位置付けられている。

(2)背景分析と考察

　では，以上のような法制度の枠組みが形成されている背景には何があるのだろうか。この点，まず，政府の役割については，制度導入から間がなく市場経済下の独立した交渉主体として労使の形成が未成熟な段階においては，政府が労使に箸の上げ下げまで教えて指導役を務める必要があり，また，純粋に労使による団体交渉に任せ，対立が先鋭化した場合の紛争の頻発や社会混乱をできる限り回避するため，政府の管理，関与が必要との見解がある[114]。ただ，そもそも，社会主義体制下での市場経済という特殊なスタイルをとっている中国では，市場経済への不信や生産発展のために暫定的に市場を活用しているに過ぎないという社会主義的理念を頂点とする法体系が存在していることからすると，「労働に応じた分配」原則の実現のため，政府が労使の集団的な賃金決定に対して恒常的かつ継続的に管理や指導を行い，紛争発生時には政府がいつでも直接介入する余地を残しているという解釈も当然に成り立つ[115]。

　ここで，改革開放から約40年が経過し，80年代後半から労働協約制度や団

114　このような見解に立つものとして，例えば，常・前掲注（4）105頁。
115　王全興（『労働法（第4版）』法律出版社，2017年，336-338頁）は，現代の市場経済の下で，国家は一定の賃金管理権を有し，企業の賃金自主配分権は制約されるとしつつ，政府の賃金総量のマクロコントロールの実施趣旨について，「労働に応じた分配」原則の実現の観点を挙げている。なお，社会主義的な理念と政府の賃金管理制度の関係性の詳細は，第1編第2章第3節3で論じている。

体交渉制度の試験的実施が始まったことを考えると，制度導入当初で形成途上であるという理屈付けをいつまでも続けることはできないように思われるし，政府にも賃金団体交渉に対する指導監督を緩和する気配はみられず，むしろ「強化」する方向に向かっている[116]。また，労働協約に対する労働行政部門の批准や紛争処理時の労働行政部門の介入調整規定は，中華人民共和国建国初期の私営経済から公有経済への過渡期にもみられていた。

さらに，特に工会については，利益一体型の労使関係という社会主義計画経済体制に由来する機能を前提として，法的位置付けが与えられているとみることができる。もし仮に，市場経済体制下での労使による賃金決定を真の意味で実現しようとすれば，工会を労働者代表に特化した形で法的に位置付ける必要があるが，そのためには，工会を党，政府，企業の指導を受け，それらに協力する組織として捉える社会主義体制そのものに対する大きな変革が必須となるため，現行の体制を採る限りは困難であると考えられる。

加えて，労使の賃金団体交渉を対等なものとするために不可欠な団体行動権は現行の法制度の枠組みでは保障されていない。なぜなら，国家，企業，労働者を含めた社会全体の団結を重視する伝統的な社会主義理念を理由として，「78年憲法」から削除されたストライキ権は，現行の「82年憲法」でも依然として復活していないからである[117]。

このように考えると，既存の法令や文書だけでは断定的に結論付けることはできないものの，歴史的な経過や現在の国家体制とを併せてみると，賃金団体交渉制度および労働協約制度における政府の管理指導に関する条文の内容を規定する主たる説明変数は，制度が軌道に乗るまでの暫定的な政府の関与であるという考え方よりは，むしろ社会主義的な秩序を重要な説明変数と捉えるべきである。そして，このことにより，政府の賃金に対する恒常的な管理指導が実施されていると整理することが適当といえる。

116　例えば，労働・社会保障部「企業内部の分配制度改革のさらなる深化についての指導意見通知」（2000年）五では，社会主義市場経済の要求に照らして，企業配分自主権を尊重しつつ，企業内部分配に対する指導業務のさらなる強化を行うとの方針が示されている。また，人力資源・社会保障部の「第十二次計画人社部事業発展通知」6章3節の項目名が「賃金収入配分のマクロコントロールおよび指導の強化」とされている。

117　香川孝三（「アジアにおけるストライキ中の賃金問題」菅野和夫ら編『労働法が目指すべきもの』信山社，2011年，121頁）は，「社会主義体制では労使の対立が存在しないので，ストライキ権の保障は必要ないとして削除された」と指摘している。

(3)その他の社会主義的な秩序と関係規定等

なお，中国の賃金団体交渉および労働協約制度は，他の多くの制度と同様，政府が工会の協力を得ながら，制度普及をリードする上から下への普及方針が採られるとともに，その定着の程度をみつつ制度設計を行っていく「漸進方式」を採用している。この結果，今日では相当の普及をみたが，実質面では賃金団体交渉や労働協約の形式化・形骸化といった弊害も引き起こしている。この背景には，先に述べた工会の独立性や代表性といった中国の労使関係の根幹に関わる問題のほか，利益一体型を基本とする社会主義的な労使関係の考え方との関係で，①団体交渉権や争議行為に対する明確な保障がないままで賃金団体交渉が実施されていることや，②賃金団体交渉時に紛争が生じた場合の解決手続きが制度化されていないこと，など，労使による集団的な賃金決定を機能させるための制度による保障がないという点を挙げることができる。

第6章

第2編の総括

ここでは，第2編における中国の賃金決定関係法の個別制度に対する分析結果についての総括を行う。まず，各制度の連関関係を改めて明確にするため，これまで検討した賃金管理制度，最低賃金制度および賃金団体交渉制度（労働協約制度）の相互の法的関係性について整理を行う。次に，本書における重要な分析対象である社会主義的な秩序が，個別制度においてどのように発現しているのかについて，網羅的に整理を行う。最後に，2016年より「第十三次5か年計画」（以下「第十三次計画」という）期間（2016〜2020年）に入ったことを受けて，同年7月に人力資源・社会保障部が「人力資源・社会保障事業発展『第十三次5か年』計画綱要」（以下「第十三次計画人社部事業発展通知」という）[1]を制定していることから，直近の中国政府の賃金決定全般に関する考え方と今後の法政策の方向性を理解するため，特にここで取り上げて分析することとする。

第1節 制度相互間の法的関係性の整理

1 賃金管理制度と賃金団体交渉制度，労働協約制度

賃金管理制度と労働協約制度を含めた賃金団体交渉制度との法的関係性の分析にあたり，特に着目すべきは，賃金団体交渉制度と，「賃金指導ライン」制度（1997年），「価格調査」制度（1999年）および「人的コスト指導制度」（2004年）との関係性である。なぜなら，これら三つの賃金管理制度の目的規定等において，賃金団体交渉との関係性が明記されていることにより，賃金団体交渉が政府によって管理された交渉化されているといえるからである。すなわち，「賃

---

1 人力資源和社会保障部「人力資源和社会保障事業発展『十三五』規劃綱要」（2016年）。

金指導ライン弁法」では，「賃金指導ライン」に依拠した団体交渉の実施を求めるとともに（五（二）），「価格調査通知」では，公表された職種ごとの賃金水準が企業の賃金配分に対して指導的役割を十分発揮するようにしなければならないとしている（四（三））。さらに，「人的コスト指導制度実施弁法」においても，「賃金指導ライン」制度や「価格調査」制度と一体となって企業の賃金配分を指導すると規定している（三（一））。

　また，賃金団体交渉制度の観点から賃金管理制度との関係をみると，「賃金団体交渉試行弁法」8条では，賃金団体交渉により確定される賃金水準について，国家の賃金配分に関するマクロコントロール政策への適合が規定されるとともに，賃金団体交渉時の参考にすべき考慮要素として「賃金指導ライン」と「価格調査」が列挙されている[2]。さらに，総工会の指導意見[3]では，賃金団体交渉の考慮要素の中に，「賃金指導ライン」が列挙されている。

　加えて，前章までで検討した地方政府の規定内容をみると，「2014年アモイ市企業の人的コスト水準および構成状況に関する通知」では，「賃金指導ライン」，「価格調査」および企業人的コスト水準等の情報に依拠して賃金団体交渉制度を推進することが規定されるとともに（三，四），「青島市2011年価格調査公表通知」では，賃金団体交渉を実施する際の参考基準として「価格調査」結果を用いることとされている。このように，賃金管理の関係規定と賃金団体交渉の関係規定の双方において，賃金団体交渉にあたり，賃金配分に関するマクロコントロール政策への適合や「賃金指導ライン」等に依拠ないし参考とすることを求めていることがわかる。

　ただし，果たして「賃金指導ライン」等が賃金団体交渉を行う際に依拠するものなのか，もしくは，参考とすべき考慮要素としての位置付けにとどまるのかについては，地方政府を含めて関係法令の規定ぶりにバラつきがあり，必ずしも完全に一致していない。この点，「立法法」83条では新規定と旧規定が一致しない場合，新規定を適用することとされていることからすれば（いわゆる

2　「人的コスト指導制度」は参考要素に列挙されていないが，これは当該制度の制定年が2004年であり，2000年の「賃金団体交渉試行弁法」より後のためだと考えられる。実際，2010年の賃金団体交渉指導員向けの書籍では，賃金水準の調整幅の検討のための手法の一つとして，人的コスト比較法が挙げられている（範韶華『工資集体協商指導員速査手冊』中国工人出版社，2011年，114頁参照）。
3　全国中華総工会「工会の賃金団体交渉の参加への指導意見」五（一）5。

後法優先原則），「賃金団体交渉試行弁法」が「賃金指導ライン弁法」の後に制定されているため，優先適用されることになる。しかし，「賃金団体交渉試行弁法」8条は，「賃金指導ライン」制度や「価格調査」制度を意味する，国家の賃金マクロコントロール政策に賃金団体交渉を適合させるよう求めている。したがって，そもそも，本弁法の中ですら「賃金指導ライン」や「価格調査」への適合が賃金団体交渉の際の「義務」なのか「参考」なのか明確でなく確定することができない。このような条文の表現ぶりの不統一や矛盾は中国法の特徴の一つといえるが[4]，いずれにしても，先に言及したとおり，規定上，賃金管理制度としての「賃金指導ライン」，「価格調査」および「人的コスト指導制度」が，賃金団体交渉に対して指導的役割を果たすことが求められていることや，賃金団体交渉の結果としての従業員の賃金水準の確定にあたり，国家の賃金配分に関するマクロコントロール政策に適合させることが求められていることは明らかである。

また，「04年協約規定」44条および「協約審査管理業務強化通知」四に基づき，労働協約に対する労働行政部門の事前審査の際にマクロコントロール政策への適合性の有無が確認されることとなっている。そして，地方政府が設定した「賃金指導ライン」に基づき，各企業は年度の賃金総額使用計画の編成または調整を行い，これをもとに「台帳」に記入のうえ，労働行政部門の審査を受けることとされている（賃金指導ライン弁法五（三））。加えて，例えばアモイ市では，当該地域の「賃金指導ライン」の決定主体たる地方政府の規範性文書において，賃金団体交渉は「賃金指導ライン」等に「依拠」して行われるものとの規定がみられ，また，済南市では企業に「賃金指導ライン」実施案を提出させ審査することとされている。

これらの関係規定の内容を総合すれば，政府による賃金管理は，賃金団体交渉を管理指導する存在として，法的に上位に位置付けられており，労使の賃金団体交渉に対する拘束力を有しているといえる。すなわち，労使には賃金管理

---

4 中国人民代表大会が運営する「中国人大網」において，「立法法」83条の解説として，「あるものはどの法規範が廃止されたと明確に宣言されるが，あるものは明確ではない」ため，「新法と旧法には矛盾が生じている」としている。中国人大網「中華人民共和国立法法解釈」（http://www.npc.gov.cn/npc/flsyywd/xianfa/2001-08/01/content_140410.htm〔2015年11月22日最終アクセス〕）。

制度の範囲内での交渉の自由が与えられているに過ぎず，賃金団体交渉を経て
も国家の賃金管理制度によって設定される賃金上昇基準や賃金総額等を逸脱す
ることのできない制度的枠組みが構築されていると結論付けられる。

2 賃金管理制度と最低賃金制度

第2編第4章で検討したように，最低賃金制度は，計画経済期においては，
国家そのものが企業・使用者となる中でその存在意義が失われていたが，市場
経済の導入により私営企業等が出現し，国家以外の使用者が賃金決定の一方の
主体として形成されることとなった。最低賃金制度はこのような状況の変化に
伴い，整備されてきた制度であることから，市場経済的な考え方に立脚して形
成されてきたものといえる。

ただし，中国労働法において最低賃金制度は，政府による賃金管理の一環と
してしばしば整理されている。これは，これまで言及してきた「阮報告」(1992
年) や，馮彦君をはじめとする中国労働法研究者が最低賃金制度を国家の賃金
コントロール体系の一制度として位置付け，「企業と労働者の賃金に関する権
利は，国家の賃金コントロール権の制限を受けなければならない」[5]としている
こと，また，法的には「労働法」47条が，使用者の賃金配分方式と賃金水準の
自主決定権について，あくまで法の範囲内で認めると規定していることから根
拠付けられる。さらに，先にみたように，最低賃金制度は，2008年のリーマン
ショック前後に，中央労働行政部門が地方政府の判断を待たず，「最低賃金規定」
に規定のない最低賃金の調整回数の指定や上昇幅の方針について，部門規章で
ある「最低賃金規定」よりも下位の法規範である規範性文書の通知によって決
定している。これを踏まえても，中国の最低賃金制度は，政府の裁量の余地が
非常に大きく，政府による賃金管理の一環としての性格があるといえる。

したがって，中国における最低賃金制度は，賃金管理制度とともに，国家に
よる賃金コントロールの目標を達成するための手段としての色彩が強いと結論
付けられる。すなわち，中国の最低賃金制度は，一方で，市場経済とともに形
成された制度でありながら，他方で，社会主義的な賃金決定原則である「労働

---

5 馮彦君「第十章 工資法」常凱主編『労働法』高等教育出版社，2011年，363頁。

に応じた分配」から導かれる政府の賃金コントロール体系の枠の中に組み込まれており，二面性をもったものとなっている。

3 賃金団体交渉制度と最低賃金制度

賃金団体交渉制度と最低賃金制度については，賃金団体交渉の結果としての労働協約の約定内容に関してその法的関係性の規定がある。すなわち，「労働契約法」55条に基づき，労働協約で約定した労働報酬額について，当地人民政府の最低賃金額を下回ることは許されていない。そして，両制度ともに，私営企業の存在が許容されていた中華人民共和国建国初期に規定が存在したものの，社会主義計画経済期に一度その存在意義を失い，市場経済導入後に改めて整備されている。

このように，両制度ともに市場経済の導入とともに形成されたという歴史的な経緯と両制度の関係性を示す法規定の内容を踏まえれば，賃金団体交渉制度と最低賃金制度との間には，社会主義的な秩序に由来するような法的関係性はないといえる。

第2節　賃金決定関係法における社会主義的秩序の発現

1 「労働に応じた分配」原則と賃金決定関係法

社会主義市場経済体制を採る現代中国において，市場経済の導入は，あくまで過渡的なものとして理論的に位置付けられている。すなわち，市場経済はあくまで生産発展により社会主義の理想とする社会を実現するという目的の「範囲内」でのみ，一時的に存在が許されているに過ぎない。ここでいう「範囲」を規定するものが，賃金決定関係法では「労働に応じた分配」原則となる。「労働に応じた分配」原則は，労働者の賃金決定において資本主義と社会主義を区別する判断基準とされており，市場経済導入後も継続的に実現することとされている（82年憲法6条1項および2項，労働法46条）。「労働に応じた分配」原則は，本来公有制企業のもとで，国家が労働力の価格ではなく市場を排した価値（労働の量と質）によって賃金決定するというものであるため，国家ではなく私

営企業が主たる使用者として存在し，市場における労働需給による調整が行われる市場経済では，その実現をいかに図るかが問題となる。

ここにおいて，「労働に応じた分配」原則の市場経済における継続的な実現を図るため，賃金管理制度をはじめとする国家による賃金に対するマクロコントロールの法体系の存在が要請される。つまり，社会主義には，市場の無政府性や盲目性に対する批判的理解が根底に存在しているため，企業の賃金自主配分権に対する管理指導の枠組みとして，労働力の「価格」と「価値」との間のかい離をなくすべく，政府による賃金管理制度の「恒常的な」実施が正当化されている。このことは，ここまでに幾度か指摘してきたとおり，賃金決定に関する2000年の労働部の通知や2011年の人力資源・社会保障部の通知，そして2013年の国務院の通知をみても，市場調整と併せて，必ず政府による管理と指導が列挙されるとともに，改革開放後約40年を経てもなお，政府の賃金コントロールのさらなる強化の方向性が示されていることからも理解することが可能である。さらに，労働行政部門の批准を労働協約の効力発生要件とする規定が，中華人民共和国建国初期の私営経済から公有経済への過渡期にも，現行法にもみられていることからすると，少なくとも100年は続くとされている現在の過渡期において，このような恒常的な政府による賃金管理の法構造は，今後も継続すると捉えるべきである。

したがって，中国の賃金決定関係法は，市場需給と労使による調整が基本であり，政府がこれを修正する資本主義市場経済諸国における関与とは異なっているということができる。すなわち，市場に対する不信が基礎として存在し，さらなる生産発展のために市場を利活用しているのであって，賃金決定関係法全体を俯瞰して捉えると，賃金に対する管理が基本的な枠組みとして存在し，市場での賃金決定は政府の管理の範囲内で許容されていると捉えることができる。このことを個別法レベルで端的にいい換えると，中国の賃金管理制度において，労使による賃金団体交渉は，当該制度に内在・外在する賃金管理の実効性を確保するための規定により，法構造としては，これにコントロールされている。そして，最低賃金制度は，制度制定の経緯や基本的内容については市場経済的な秩序によって形成されているものの，最低賃金額の調整について政府が主導的役割を果たし，その裁量が非常に大きい構造となっており，中国労働

法では，社会主義的な秩序に由来する，政府の賃金管理体系の中に組み込まれて論じられている。

2　賃金決定関係法の個別条文における発現状況

第2編の検討により，賃金管理制度そのものが社会主義的な秩序の伝統を受け継いでいることが明確化されるとともに，市場経済の導入に伴い整備されてきた制度（賃金団体交渉制度および労働協約制度，最低賃金制度）についても，全体として政府による賃金コントロール権の影響を受けた法構造になっていることが明らかとなった。

続いて，賃金管理制度以外の賃金決定関係法の条文等について，これまでの検討を通じて，「労働に応じた分配」原則，労使の利益一体化の伝統，工会の特殊性等の社会主義的な特質を帯びていると明確に指摘できるとの結論を得られたものを改めてここで包括的に抽出整理を行う。

⑴賃金団体交渉における労働行政部門の労働協約に対する事前審査

「04年協約規定」では，労働行政部門による労働協約の内容を含めた事前審査規定が置かれている。本審査対象は形式的な審査だけにとどまらず，労働協約の内容にまで及んでいることから，政府が労使の団体交渉に賃金決定を委ねていない構造となっていることは明白といえる。内容審査では，協約の約定内容が法令等に違反していないかのみならず，マクロ調整コントロール政策と合致しているかどうかを含めて審査されるため，例えば，政府が設定する「賃金指導ライン」を全く無視した内容の労働協約を締結することができない法的枠組みになっている。また，計画経済への移行段階の中華人民共和国建国初期の「労資関係暫定処理弁法」15条や「私営企業労資労働協約暫定弁法」3条でも，労働行政部門の協約に対する事前審査が義務付けられていた。

以上を踏まえると，中央労働行政部門の賃金管理制度の範囲内での賃金団体交渉の実施について実効性を確保するための措置として，労働協約に対する事前審査が位置付けられている。

⑵賃金団体交渉における賃金マクロコントロール政策への適合規定

「賃金団体交渉試行弁法」では，賃金団体交渉を通じて従業員の賃金水準を決定する際に，政府の賃金マクロコントロール政策への適合が求められており（8条），賃金団体交渉が政府の賃金管理制度の枠を逸脱できないことが明確にされている。さらに，同条において，賃金団体交渉の際に参考すべき要素として8項目が列挙されているが，そこには，政府の「賃金指導ライン」と「価格調査」という個別の賃金管理制度が具体的に列挙されている。また，労働行政部門の関係法令を企画立案する政府の各種通知や，これまで引用してきた中国人研究者の見解においても，基本的に，市場調整による賃金決定に対して政府の賃金に対する管理や指導が必要であるという立場に立っている。

以上を踏まえると，「賃金団体交渉試行弁法」8条は，賃金団体交渉による賃金決定の自由が賃金管理制度の枠内でしか法的に許容されていないことを直接的に示しているといえる。

⑶賃金団体交渉における工会の多面的性格（労働者代表，行政機関，企業協力者）

第1編第2章において，中国における賃金決定関係法を捉える際には，工会の特殊性を社会主義的な特質の一つとして念頭に置くことが必要であることは指摘したが，第2編における個別法レベルの分析を通じ，賃金団体交渉制度での工会の法的役割において，具体的な特殊性の存在を確認した。すなわち，工会は，一方で「04年協約規定」や「賃金団体交渉試行弁法」によって労働者側の交渉代表として位置付けられている。他方で，総工会の規範性文書において，政府の賃金管理の方針や党の方針に沿った賃金団体交渉を実施するよう求めている（工会の賃金団体交渉参加に向けた指導意見および指導員創設意見二，4）。また，賃金団体交渉を普及，指導するために工会が組織している団体交渉指導員について，交渉の際に使用者団体や労働行政部門に積極的に指導を受け，定期的に報告するよう，指導員の教本に記載されている。さらに，「工会法」27条の規定において，紛争処理の際には，労働者の代弁者，労使間の調整者，企業の協力者という三つの役割を工会に求めている。

そもそも，工会は中国唯一の労働組合組織であるため，当然ながら労働者の代表組織として位置付けられている（工会法2条1項）。また，党指導下の組織

であるとともに，国家事務の管理や政府の実施する施策への協力を業務として
行うこととされている（同法5条）。さらに，計画経済期から企業の福利厚生機
関としての役割も担ってきた歴史を有している。このように，工会は，社会主
義的な特質を帯びた多面的性格（労働者代表，行政機関，企業協力者）を有する組
織として法的に位置付けられており，政府や党の方針に反することのできない
法的構造が構築されている。

⑷団体行動権に対する法的保障の不存在

　中国労働法はストライキ権を禁止しておらず，これを認めていると主張する
見解もあるものの，団体行動権を含めた労働三権について，現行法においてこ
れらを明確に保障している規定はない。そもそも，「82年憲法」6条2項は，
「国家は社会主義初級段階において，公有制を主体とする」としており，市場経
済導入後現在に至るまで，少なくとも法理念としては，公有制を主体とした経
済を原則とする旨を掲げ続けている。この点を重んじ，労使の利益を一体的に
捉え，社会全体の団結を重視する社会主義社会の理念から考えれば，労働者と
使用者の対立は想定されないこととなる。これを背景として，市場経済におい
て労使の賃金団体交渉を対等なものとするために不可欠な団体行動権は，現行
の法制度の枠組みでは保障されていない。むしろ，「04年協約規定」5条では，
ストライキ，怠業，ピケッティング，サボタージュ等の過激行為を禁止してい
るという状況にある。

⑸「最低賃金規定」の目的規定と考慮要素における社会主義的考え方の存在

　「最低賃金規定」は，労働者本人とその家族の基本的生活を保障することを法
目的として規定するとともに（1条），最低賃金額の調整時の考慮要素の最初に
「当地の就業者及びその扶養者数の最低生活費用」を挙げている（6条1項）。
この点，中国は，ILO131号条約を批准していないため，市場経済諸国の最低賃
金に対する考え方との関連性は薄く，社会主義的な考え方との関連性があると
考えられる。また，中華人民共和国建国初期の1948年の「職工運動決議」3章
4節5項において，本人を含めて2人の生活が維持し得ることが最低賃金の水
準として明記されており，現在の「最低賃金規定」に類似の内容が規定されて

いる。

　以上を踏まえると,「最低賃金規定」の労働者とその家族の生活保障の規定背
景には,生産力向上のための再生産を促進するという「生産主義」に立脚し,
究極的には必要な消費品を国内全体に供給するという「必要に応じた分配」の
実現を目指す,社会主義的考え方が存在しているといえる。

(6)最低賃金額の調整における労働行政部門の主導的役割と幅広い裁量権限

　中国における最低賃金制度は,賃金管理制度とともに,国家による賃金コン
トロールの目標を達成するための手段として位置付けられていることは既に検
討したとおりである。ここで,政府による賃金決定に対する管理指導の具体的
発現である賃金管理の一環としての,最低賃金制度の機能の発揮は,政府が最
低賃金額の調整に対し主導的役割と幅広い裁量を有することによって担保され
ている。そこで,「最低賃金規定」の条文レベルで政府による賃金管理としての
色彩が濃い規定をみると,まず,同規定6条1項で最低賃金額決定の際の考慮
要素が列挙されているものの,最低賃金額算出の計算式における係数の設定は
地方労働行政部門の裁量に委ねられている。

　また,最低賃金額の調整にあたっては,行政部門が原案作成を主導し決定す
ることとなっている。議論に参画できる労使団体はそれぞれ1団体に限定され
ており(同規定8条1項,2項),しかも,当該団体は国や地方政府の指導を受け
る工会と公有制企業主体の使用者団体であるという制度的枠組みのため,最低
賃金の調整案の作成に参画する労使団体が政府の方針に反する意見を述べるこ
とは基本的に想定できず,政府が額の調整案作成をリードし形式的に労使団体
がそれを追認する場になってしまう。さらに,2008年に人力資源・社会保障部
から出された最低賃金の調整方針を内容とする通知の例をみても明らかなよう
に,「最低賃金規定」の権限委任がない場合であっても,必要なときには,中央
労働行政部門が,最低賃金の調整回数や考慮要素に関する具体的指示を出する
ことにより,最低賃金額の決定主体である地方政府,そして関係団体である工
会,企業連合会／企業家協会を当該指示に従わせるという手法を採ることがで
きる。

　このように,最低賃金の調整において,「最低賃金規定」に基づき,労働行政

部門の主導的役割と幅広い裁量が承認されており，また，場合によっては法令の授権に基づかない形で命令的な通知を発出し，最低賃金額を調整していることを踏まえると，最低賃金制度は政府の賃金コントロール体系の中に組み込まれていることが明確化されることとなる。

第3節　「第十三次計画」期間における賃金決定法政策の重点課題

人力資源・社会保障部は，「第十二次計画」期間において，賃金収入配分制度のさらなる健全化と秩序の漸進的な規範化が進んだと評価した上で，「第十三次計画」期間では，賃金格差が依然として大きいとの認識の下，賃金収入配分制度改革を引き続き推進していくとしている（第十三次計画人社部事業発展通知1章1節「指導思想と主要目標」）。具体的には，企業における賃金決定および正常な賃金上昇システムのさらなる改善，企業賃金配分のマクロコントロール体系のさらなる健全化等により，賃金収入の着実な上昇と格差の漸進的な縮小を目指すこととしているが，定量的ではなく，定性的な目標が中心となっている（同綱要1章3節）。賃金決定に関連する数値目標は，2020年における企業労働協約の締結率90％以上のみであり（同章同節），「第十二次計画人社部事業発展通知」で掲げられていた最低賃金の上昇に関する数値目標のように賃金上昇・底上げに直接的に影響を与えるようなものは設定されていない。このため，今後，政府は（最低）賃金の上昇速度を抑制していくことも予想される。

そして，賃金については，「第十三次計画人社部事業発展通知」6章の「賃金収入の分配制度改革の深化」として，1章を割いて記載されている。そこでは，政府の賃金収入の配分に対するマクロコントロールを強化改善し，公平性と効率性の関係を正確に処理しつつ，労働報酬の上昇が労働生産性の上昇と同一歩調をとることを堅持し，労働分配率を高め，賃金収入分配の格差を縮小させる旨謳われている。このことから，少なくとも今後5年間において，政府が賃金に対するマクロコントロールを引き続き強化する方向性に変わりがないことが確認できる。また，その際には，「労働に応じた分配」から導かれる「二つの抑制原則」が，政府の賃金管理の目標として踏襲されていくものと理解できる[6]。そして，前回計画綱要にはなく，新たに入った文言として，「賃金収入の配分格

差の縮小（原語：縮小工資収入分配差距）」がある。これを文字どおり理解するならば，労働者間の格差縮小という意味というよりはむしろ，企業利益の労働者への分配を多くすることにより，企業労働者全体の賃金の底上げを目指すものと解される。

これらの目標を達成するための具体的な取り組みとしては，企業における賃金団体交渉制度の推進，最低賃金上昇システムの徹底，「賃金指導ライン」の徹底，重点産業の人的コスト情報の定期的な発表など「第十二次計画人社部事業発展通知」にもみられた事項のほか，新たな取り組みとして，最低賃金評価システムの創設，政府のマクロコントロールの一環としての企業給与調査・情報公表制度の創設が掲げられている（同綱要6章1節）。新たな取り組みの実施にあたっては，計画期間中に制度を新設するべく検討が進められていくと予想されるが，現段階ではその詳細は明らかにされていない。

以上を踏まえれば，「第十三次計画人社部事業発展通知」は，賃金決定に関する政府の姿勢として，2020年までの5年間においても，従前からの路線を継承していく方向に基本的に変更はないことが看取されるとともに，新たに企業利益の労働者への分配に対する政府のコントロールを強化することにより，生産性の向上に見合う賃金上昇を目指すこと（すなわち，「労働に応じた分配」と「二つの抑制原則」の堅持）が強調される内容になっているといえる[7]。

6　なお，「第十二次計画人社部綱要」では，「労働に応じた分配」を分配形式の主体として堅持し徹底すると明記されていたことからも（六章前文），「第十三次人社部綱要」においても，当該考え方は引き続き通用するものと考えてよいだろう。

7　なお，賃金決定に直接関係するものではないが，注目すべき点として，「第十三次計画人社部事業発展通知」（7章2節）において，賃金団体交渉とは別の労使交渉の場として，労資協議会や労資懇談会等の多様な形式の交渉制度創設を模索するとの記述が初めて盛り込まれている。賃金決定についても，法令に必ずしも根拠を有しない協議の場での話し合いが，今後普及していく可能性が大いにあるといえよう。

終 章
本書の結語

序

　ここでは，結語として，これまでの検討内容全体の総括を行うことにより，「現代中国労働法には，社会主義的な秩序に基づく賃金（決定）に対する考え方がアウトラインとして存在し，その枠内において，市場経済体制の実施に伴って新たに出現した賃金（決定）に対する考え方が許容されている。そして，個別の賃金決定関係法が両者の交錯地点となって，複雑な法構造を形成しているのではないか」という本書の作業仮説（第1編での検討結果を踏まえ一部修正）に対する検証結果を整理する。また，その際には，本書の目的である，「複雑に入り組む説明変数と被説明変数を解きほどき，中国労働法における賃金決定関係法を立体的構造として，わかりやすく浮かび上がらせること」を念頭に置く。

　このため，これまでの検討結果を総合し，まず，前提として中国労働法における賃金決定関係法の複雑性の所在について総括した上で，中国賃金決定関係法の構造全体を包括的に整理する。さらに，法構造をわかりやすく示すことが本研究の初期の目的であることから，法構造全体の連関関係の図示化を試みる。最後に，残された検討課題について述べる。

第1節　中国労働法における賃金決定関係法の複雑性の所在

1　社会主義的な秩序と市場経済的な秩序の存在（複数法秩序の存在）

　中国の賃金決定関係法構造の複雑性の論拠は，法秩序が複数存在しているということにある。その上で，一見すると市場経済的な部分ばかりが強調されて

説明・解釈されているきらいのある現代の中国労働法における賃金決定関係法について，本検討を通じて，少なくとも社会主義的な秩序と市場経済的な秩序という二つの秩序に基礎付けられる各種の説明変数が存在し，これらによって法構造が規定されていることを明らかにすることができた。

ここで，賃金決定関係法を規定する根源的な説明変数の一つである社会主義的な秩序の原点は，社会主義の政治理念や国家体制に求められる。具体的には，政治理念としては，市場に対する不信，市場の無政府性への批判や階級闘争論，労働者階級領導の国家理念，政労使の利益一体化論の伝統に基づく価値観であり，国家体制としては，共産党一党独裁体制に由来する「党規」の法令に対する優位性，市場に対する「恒常的な」計画管理が当然の前提条件として予定されているという考え方のことを意味する。これらを法的側面から端的に規定しているのが，「82年憲法」1条2項であり，「社会主義制度は中華人民共和国の根本の制度である。いかなる組織または個人も社会主義制度を破壊することを禁止する」と規定している。このことは，あくまで社会主義の制約の範囲内で，各種法令が整備されていることを表わしている。

もちろん，賃金決定関係法に社会主義的な秩序が存在しているとしても，市場経済体制の導入に伴い，企業に対する賃金配分権の付与，労働契約による賃金決定や賃金団体交渉を通じた労働協約の締結による集団的な賃金決定，そして最低賃金制度による賃金下限の設定といった市場経済体制に適応するための法制度が形成されてきていることは紛れもない事実である。しかし，中国の賃金決定関係法を検討する際には，現に生じている市場経済に対応するための価値観と，国家理念として存在している社会主義的価値観の双方が，法体系を基礎付ける秩序として存在していることを踏まえなければならない。

2　社会主義市場経済体制における賃金決定の複雑性

このため，本書では，中国労働法における賃金を捉える視点を明らかにする前段階として，社会主義計画経済期における賃金と資本主義体制における賃金について比較検討した。この結果，社会主義計画経済期の賃金論の根底には，私的所有関係の排除と公有制の確立，市場原理の排除と政府による一元的な賃金の決定と配分という原則が存在しており，これらが資本主義体制における賃

金との本質的な違いであると整理することができた。併せて，外形的に両者の類似性がうかがえるものとして，貨幣を用いた賃金の支払い，労働の量および質を賃金決定の評価要素としていること，賃金決定への国家関与の存在を指摘した。しかし，外形的類似性を指摘したこれら3点は，資本主義体制におけるそれとは，本質的には異なる性質を有している。

すなわち，社会主義体制において，賃金はあくまで過渡的・一時的に存在するものとして位置付けられ，究極的には，必要な消費品の全てを生産する能力を備えた社会である「必要に応じた分配」の実現が目指されている。このため，最終的に，賃金は不必要な存在になる。次に，賃金決定の評価要素について，社会主義体制では，市場が存在せず国家が市場に代わって賃金配分を行うため，労働需給による影響がなく，本来的には，純粋に労働者が提供した労働の質と量に対応した賃金の支払いが目指されている（「労働に応じた分配」原則の実現）。そして，国家の賃金決定への関与についても，市場の無政府性に対する批判と公有制優位の考え方が根底に存在することによって，政府による恒常的な賃金管理や関与が正当化されるというように，通常，市場経済を基本としてこれを修正するために国家関与を行う資本主義市場経済国家とは，原則と例外が倒置された関係性になっている。

このように，社会主義体制における賃金と資本主義体制における賃金との間には，本質的な違いが存在する中で，1993年の「82年憲法」改正（15条）で，生産力のさらなる発展に向けて，社会主義体制は維持したまま，社会主義市場経済体制の導入が明記されることとなった。したがって，中国の賃金決定関係法における賃金決定の全容を正確に捉えるためには，社会主義的価値観だけで捉えてはならないのはもちろん，市場経済的秩序に焦点を当てた解釈や分析を行うだけでも不十分となる。このように，中国では一つの事象を分析する視点を変えるだけで，全く別の結論を導くことが可能な国家であり，このことは，中国研究を試みる者にとって必ず気を付けなければならないことなのである。

以上を踏まえると，賃金決定関係法に対し正確な考察を行うには，まず，中国の社会主義的な理念や体制の特殊性から派生した特質を明らかにした上で，社会主義市場経済体制において，これらの特質の関係法令への具体的な発現状況の確認を行なわなければならないことが明確になる。「社会主義」と「市場経

266

済」という相反するような二つの体制をともに採用しているところに，中国の賃金決定関係法を分析する複雑性・難しさが存在している。

第2節　中国労働法における賃金決定関係法の構造の総括

続いて，第2編までの検討結果を総合し，中国労働法における賃金決定関係法の構造全体を総括する。

1　市場経済導入の理論的根拠と中国の目指す社会の姿

社会主義市場経済体制という一見すると矛盾するような体制を採用している中国の賃金決定関係法の構造を俯瞰するにあたっては，まず，社会主義体制を採り，政府による計画管理を基本としていた中国が，なぜ市場経済を導入し，どのように社会主義的考え方との整合性を確保したのかという部分を確認しておく必要が生じる。そこで，社会主義計画経済体制，特に改革開放政策の導入直前の文革期についてみると，精神的奨励による労働の促進を通じた生産性の向上と，これによる共産主義社会への移行を試みていた。そこでは，労働者は自分自身が国家，企業の主人公であるとの自覚をもって，積極的に，ときには無償で生産に参加することが要請され，物質的インセンティブ（賃金）という見返りを求めないことがよしとされた。

しかし，結果として，「必要に応じた分配」を実現できるに足る生産力の向上は達成できなかった。このため，「労働に応じた分配」という社会主義的な賃金決定原則に立ち返り，賃金による労働者への物質的な奨励を推進し，生産力の一層の向上を図るべく，市場経済体制を導入した。そして，この社会主義市場経済体制は，100年間は続く社会主義初級段階として位置付けられ，相当長期間に渡って継続することが想定されている（1992年の江沢民報告）。すなわち，理論的にみれば，中国において，貨幣による労働者への賃金の支払いや市場における労使の賃金決定は，「必要に応じた分配」の実現を担保するだけの生産力を確保するまでの間，目的達成のための手段として，「過渡的」に「許容」され，「利用」されているに過ぎない。要するに，現代中国における「賃金」や「市場」とは，理念的に捉えると，市場概念を排除した国家による一元的な賃金決定と

配分や，社会主義国家建設に向けた意欲と情熱といった精神面のみで労働への積極性を牽引するには限界があるとの考え方に基づき，社会主義市場経済体制という名のもとで暫定的に許容され，存在しているものなのである。

2　社会主義市場経済体制における賃金決定の社会主義的特質

　以上の理論構成に基づき，中国では，一見すると整合的でない社会主義と市場経済という二つの体制を同時に存在させていることが明確となった。その上で，中国の賃金決定関係法の構造の説明変数として，具体的にどのような社会主義的特質が今なお存在しているのか明らかにすべく，個別の法制度の分析に入る前に検討を加えることとした。

　この結果，中国労働法における賃金を捉える際に留意すべき，具体的な社会主義的な特質として，①市場による賃金決定の過渡的実施，②「労働に応じた分配」原則の継続的実現，③市場はあくまで「利用」するものであり，恒常的な賃金管理が必要という価値観の存在，④国家の主人公としての労働者理念と労使の利益一体化の伝統の存在，⑤圧力型システムによる命令的手法の維持，⑥工会の特殊性の存在，という六つの特質を抽出した。いずれも，先に述べた中国の社会主義的な理念や体制の特殊性から派生した特質となる。このうち，②の「労働に応じた分配」原則は，賃金決定関係法の構造を規定する原則として最も重要なものであることから，次節で改めて賃金決定関係法との関係についての総括を行うこととする[1]。以上の検討結果と先に示した「82 年憲法」1条2項とを併せて考えると，中国の賃金決定は，社会主義的な秩序に根源を有するこれらの特質の範囲内で，労使による賃金決定の自由が許容されているという法構造が形成されていると推論することが可能となる。

1　六つの特質のうち，①については終章の第2節1で既に整理しており，②については特に重要であることから次節で整理する。③は，市場の活用と賃金管理の必要性を指摘するものであることから，②の中で併せて整理する。また，④と⑥については個別条文における社会主義的特質の発現状況に触れる中で整理する。なお，⑤については，賃金に関する政府の数値目標等の方針の拘束力が，地方政府・党幹部の評価制度と一体となることによって，実質的な拘束力を帯びるという特質であり，賃金決定関係法の構造の検討にあたり念頭に置く必要はあるが，個別制度の規定に直接的に表出する性質のものではないため，総括部分においてあえて詳細に触れることはしていない。

3 「労働に応じた分配」原則と賃金決定関係法の構造

⑴恒常的な賃金管理の正当化根拠としての「労働に応じた分配」原則

「労働に応じた分配」原則と賃金決定関係法の関係を明確に論じるためには，一度，その上位概念である社会主義的な秩序に遡って理解することが不可欠となる。中国では「82年憲法」上，社会主義体制は改変できない国家の根本原則であることにより，政府が市場調整と労使による賃金の自由な決定を規制する根拠として，社会主義的な秩序から派生した理念や原則が存在することとなる。すなわち，労使による賃金決定は，国家による賃金管理を是とする社会主義の範囲を法的に越えることができない。この点が，労働市場における自由な賃金決定を基本とし，政府が必要に応じて労働者の交渉力を修正するための制度整備等を行う資本主義市場経済体制とは，根本的に異なっている部分となる。

中国において，このような特殊な枠組みが形成された背景には，社会主義体制を継続したまま市場経済を導入したことにある。すなわち，市場の無政府性に対する批判の帰結として，本来的に国家による管理や公有制経済を基本とする社会主義体制においては，市場経済はあくまで生産力の向上のために，「一時的」に「利活用」する対象として捉えられる。

したがって，社会主義体制が維持されている以上，市場経済下での労使間の賃金決定を管理指導する中核的な法的枠組みとして，賃金管理制度の存在が不可欠となる。そして，このような国家や政府による恒常的な賃金管理を正当化する具体的な根拠として挙げられるのが，社会主義体制における賃金決定に関する考え方である「労働に応じた分配」原則となる。重ねて確認すると，「労働に応じた分配」とは，本来的に，労働者が提供した労働の質と量に応じて完全に等価値の報酬が支払われることを意味しており，市場経済において労働市場で労働需給や労使交渉の影響も受けつつ，使用者から労働者に対して労働の対価として支払われる賃金を指していない。「労働に応じた分配」原則は，「82年憲法」6条1項および2項，労働法46条に明確に規定されている法的根拠のある原則であり，社会主義市場経済体制においても，法的に今なお継続的に存在していることは明らかといえる。

⑵「労働に応じた分配」原則と賃金決定関係法の形成

　「労働に応じた分配」原則に代表される「社会主義的な秩序」の枠内で，市場および労使による賃金決定の原則に代表される「市場経済的な秩序」が存在しているという関係性は，政府の賃金決定に関する基本方針（規範性文書）にも反映されている。なぜなら，国務院や中央労働行政部門が過去に発出した各種通知で，賃金決定については，市場調整とこれに対する政府による指導，管理がともに重要な手法として位置付けられているからである[2]。こうした賃金配分に関する政府の基本方針の下で，中国の賃金決定関係法が形成されていることを踏まえて，個別制度との関係を定義付けるならば，社会主義的な秩序によって基礎付けられるものとして賃金管理制度[3]が存在し，市場経済的な秩序によって基礎付けられるものとして賃金団体交渉制度と労働協約制度が存在していると整理することができる。

⑶各制度の構造の総括（賃金管理制度との関係性を中心に据えて）

　次に，賃金決定関係法の各制度の構造を総括していく。まず，政府による賃金管理の中核的な役割を果たしているものとして，「賃金指導ライン」制度がある。本制度は賃金団体交渉を管理指導する中核的な存在として位置付けられており，賃金団体交渉を通じた労使による労働者の賃金水準の決定に対し，交渉の妥結範囲を法的に拘束している。例えば，ある地域において，「賃金指導ライン」制度で決定された賃金上昇率が5〜10%の場合，その枠内での労使による団体交渉の妥結が要請されることになる。

　続いて，賃金総額の管理については，「台帳」制度による企業ごとの賃金総額

2　代表的な関連通知を重ねて列挙すれば，①労働・社会保障部「企業内部の分配制度改革のさらなる深化についての指導意見通知」（2000年）五において，賃金に対する「企業配分自主権の尊重と政府のさらなる企業内部配分への指導業務の強化」との記載があり，②人力資源・社会保障部「第十二次計画人社部事業発展通知」（2011年）6章では，賃金決定について「市場システムの調整，企業自主配分，対等交渉による決定，政府の監督指導の原則」に照らすこととされ，さらに，③国務院「収入分配制度改革に関する若干の意見」（2013年）では，賃金の配分については「市場調整，政府調整コントロールを堅持」し，「市場システムによる要素配置と価格形成における基礎的機能の十分な発揮と，政府の収入配分に対するコントロール機能のさらなる効果的な発揮」が必要であるとしている。
3　第2編第3章で検討したとおり「労働に応じた分配」原則に基づく賃金管理は，社会主義的な生産発展の考え方に基づき，「二つの抑制原則」という，マクロでは国内総生産の伸びと賃金総額伸び，ミクロでは労働者の賃金の伸びと労働生産性の伸びとの比例的連動の実現を制度目標としている。

管理および「弾性賃金計画」制度による地域単位での賃金総額管理が実施される[4]。具体的には，賃金総額について，各企業は「賃金指導ライン」に基づく賃金総額使用計画を年度ごとに作成した上で，個別企業の賃金総額と従業員数について「台帳」に記入し，地方労働行政部門に審査を受けるだけでなく，賃金総額を超えて賃金支払い用の現金を銀行から引き出すことができない制度構造となっている。さらに，賃金や企業の人的コストに関する統計調査の結果についても，国家による賃金指導の一環として，賃金団体交渉を含む企業の賃金配分を指導するものと位置付けられている（「価格調査」制度および「人的コスト指導制度」）。このように，中国における賃金管理は，目的別に複層的な制度が形成されている。

　もちろん，賃金管理に関する規定は賃金管理制度そのものだけでなく，「04年協約規定」や「賃金団体交渉試行弁法」等にも存在している。具体的には，労働行政部門の労働協約に対する事前審査における政府のマクロコントロール政策との適合性確認規定や，賃金団体交渉で賃金水準を決定する際の賃金のマクロコントロール政策への適合規定である。また，最低賃金制度については，制度の制定背景をみると，市場経済的な秩序の中で形成されてきたものであり，純粋な賃金管理制度ではない。しかし，最低賃金額の調整において政府が主導的役割を果たし，かつ相当幅広い裁量を有する制度構造となっている。さらに，労働行政部門幹部の報告（阮報告）や中国人労働法研究者が，最低賃金制度を国家の賃金コントロール権の中で整理している状況を踏まえれば，政府の賃金コントロール体系の枠組みの中に位置付けられているものとして捉えることができる。

　なお，政府による賃金管理は，労使が独立した主体として未熟な段階における一時的な措置であるとの見解もあるが，社会主義的な性格を有する「労働に応じた分配」原則は現行の「82年憲法」および「労働法」に明文化され続けているし，改革開放後40年経った現在の政府方針の内容をみても，賃金管理を強化する方向は読み取れこそすれ，緩和する方向は一切見受けられない[5]。

　4　ただし，「弾性賃金計画」制度については，先に述べたとおり，1997年の「賃金指導ライン」制度の実施以降，国有企業を除き，「賃金指導ライン」制度を中心とした管理に移行してきていることに留意する必要がある。

以上を総括すると，中国労働法の賃金決定関係法は，社会主義的な秩序に由来する「労働に応じた分配」原則が，形骸化した過去の理念としてではなく，個別法制度において具体的に発現している。その結果，労使には賃金管理の範囲内での賃金決定の自由が与えられているに過ぎず，恒常的に実施される政府の賃金管理や，最低賃金の決定によって設定される賃金上昇基準，最低賃金額等を逸脱することが許されない法構造となっていると結論付けられる。

4 その他の社会主義的な秩序から導かれる特質と賃金決定関係法の構造

「労働に応じた分配」原則から直接導かれる賃金管理制度や賃金団体交渉制度の関連規定，そして，国家の賃金コントロール権のもとに組み込まれている最低賃金制度の規定ほかにも，工会の特殊性や労使の利益一体化の伝統といった社会主義的な秩序から導かれる特質が発現している条文が存在している。本書は，中国における賃金決定関係法の構造全体を明らかにすることを主眼としていることから，これらの点についても最後に総括する。

⑴労働者側代表としての工会の多面的性格

まず，工会の社会主義的な特殊性を背景とした，賃金団体交渉における工会の多面的性格の存在がある。工会の特殊性は，党の下部組織として指導を受ける対象として法的に位置付けられるとともに（工会法4条），国家事務の管理への参画が求められており行政機関的な性格を有していることや（5条），中国では工会以外の労働組合組織は認められていないことに代表される（12条）。また，社会主義計画経済体制下で長期間，企業の福利厚生機関としての役割を果たしてきたことも，社会主義的な工会の特殊性といえる。このように工会は，純粋な労働者代表としての性格はもち合わせておらず，多面的な性格を有している。

この結果，賃金団体交渉制度において，工会は労働者側の交渉代表として位置付けられながら，関連規定や通知において，党や政府の進める政策の推進機

---

5 加えて，労働協約の有効要件として労働行政部門の批准が必要とする旨の規定は，中華人民共和国建国初期の私営経済から公有経済への過渡期にも，現行法にもみられていることからすると，過渡期においては，このような法構造は社会主義体制の下で市場経済が存在する限り，今後も継続すると捉えるべきである。

関，労使間の調整者，企業への協力者としての役割も同時に負わされている。

⑵団体行動権の未保障と労使の利益一体化の伝統

次に，賃金団体交渉にあたり，団体行動権に対する法的保障が存在していないという点が挙げられる。中国では，かつてストライキ権が憲法上規定されていた時期もあったが（75 年および 78 年憲法），労使の利益一体化という社会主義の伝統的な価値観の下，ストライキ権を規定することにより国内全体の安定的な団結に支障を来すという理由から，当該規定は削除されることとなり，改革開放から現在に至るまでストライキ権規定は復活していない。

この帰結として，現行の賃金団体交渉制度や労働協約制度では，団体行動権に対して明確な保障は与えられておらず，むしろそれに相当する行為は労使双方に対し，過激行為として禁止されている。

⑶最低賃金制度の目的規定と社会主義的考え方との関係

「最低賃金規定」は，労働者本人とその家族の基本的生活を保障することを目的として規定している（1 条）。これは，最低賃金額を調整する際の考慮要素としても列挙されている（6 条 1 項）。

「労働者本人とその家族の基本的生活」と規定されている背景については，中国が ILO131 号条約を批准していないことから，むしろ社会主義的な秩序の中にその根拠を求めることが自然である。具体的には，1948 年の「職工運動決議」3 章 4 節 5 項に扶養家族 1 名を含めた最低賃金水準を保障すべき旨が規定されていることがその根拠であると認められる。「職工運動決議」の当該条項は，生産主義と「必要に応じた分配」の考え方に基づき，扶養家族を含めて必要な生活費用を保障する趣旨で置かれた規定であると解されていることからすると，社会主義的な特質に根源を有するものといえる。

第3節　中国労働法における賃金決定関係法の構造の図示化

終章の第 1 節および第 2 節における総括の結果を踏まえると，本書の作業仮説を立証することができたと結論付けられる。ここで，本書の目的は，設定し

終　章　本書の結語　273

た作業仮説を検証することにより，中国労働法における賃金決定関係法の構造
をわかりやすく浮かび上がらせることを目指していることから，本書の検証結
果の理解に資することを幸いとし，図終－1を参考として作成した。

第4節　残された検討課題

　本書では，中国労働法における賃金決定関係法の構造として，特に社会主義
的な秩序に着眼しながら，中国の賃金決定の特殊かつ複雑な構造を明らかにす
ることに取り組んできた。中でも，社会主義的な秩序に基礎付けられる政府の
賃金決定に対するコントロール権に重点を置いて，検討を行った。しかし，本
書は，あくまで中国の法構造のみを射程としていることから，資本主義市場経
済諸国の政府関与との比較検討は基本型，いわば理念型として想定される関与
の方式との比較にとどまっている。したがって，次なるステップとしては，本
研究で明らかにした中国の賃金決定の法構造が，果たして資本主義市場経済国
家の関与のいずれの類型に近似するものなのかどうなのかを解き明かすという
ことになるだろう。このほか，本書では議論の発散を避けるために検討対象に
あえて含めなかったが，中国の賃金決定法を規定する概念の探究という意味で
は，制度に存在する伝統的な部分が何かを探っていくことも重要な論点であり，
その際には例えば，台湾の賃金決定制度との比較研究も有用な研究手法である
と思われる。
　次に，本研究では，中央政府が制定発出した法令や通知等を主たる分析の対
象としたため，各省や市ごとに特色のある地方政府の関係法規や規章を網羅的
かつ詳細に分析検討できたとはいいがたい。このため，これらの地方政府規定
を本格的に検討することについては，将来の課題として整理することとしたい。
　また，本研究の射程は賃金決定関係法の法「構造」であることから，法「執
行」の状況については，その一端を参考として紹介するにとどめ，法構造と結
び付けて詳細に分析評価を行うまでに至っていない。もちろん，法執行の状況
を明らかにすることは，法構造が実際の社会でいかなる役割や機能を発揮して
いるのかを浮かび上がらせ，次の立法措置の示唆を得るためには必要不可欠な
作業であるが，その検討には，法学的な観点からの考察だけでは，おのずから

274

図終-1　中国労働法における賃金決定関係法の構造（イメージ）

社会主義市場経済体制の導入

「必要に応じた分配」の実現に向けた
生産力向上の手段として過渡的に導入

従前から継続的に存在

市場経済的な秩序
・労働市場の存在

社会主義的な秩序
・市場に対する不信　・労使の利益一体化の伝統
・市場の「利用」　　・工会の特殊性　　　等

社会主義秩序
の枠内での許容

社会主義的特質の発現
（市場不信等）

**市場と労使による
賃金決定原則**

「労働に応じた分配」原則

市場経済導入に対応
した法制度整備の要請

政府による恒常的な
賃金管理の正当化

社会主義的
特質の発現
（工会，労使
利益の一体化）

政府方針
・市場調整と政府による賃金管理を
　ともに重視

法制度
として具体化
（市場調整）

賃金管理に
関する規定の
内在化の要請

法制度として具体化
（国家の賃金コントロール権）

賃金管理制度
・基本原則「二つの抑制原則」
・「賃金指導ライン」制度
・労働市場の賃金指導のための価格
　調査制度
・産業別人的コスト情報指導制度

指導，管
理（制度
に外在）

賃金団体交渉制度、労働協約制度
（社会主義的な秩序の具体的発現）
・労働行政部門による労働協約への事前審査
・賃金団体交渉における賃金マクロコントロー
　ル政策への適合
・工会の多面的性格（政府側，企業側，労働者側）
・団体行動権に対する法的保障の不存在

（注）最低賃金制度は，図のわかりやすさを優先する観点から除いている。中国の最低賃金
　　制度は，市場経済導入に伴う法制度整備の要請により形成された制度であるが，政府の
　　賃金コントロール体系の枠組みの中に位置付けられ，政府の賃金管理の目標達成のため
　　の手段の一つとして捉えることができる。

限界があり，社会学や経済学的側面からの研究も必須となる。加えて，特に，
法的な解決手続きが未整備な労働協約の締結過程（賃金団体交渉の過程）で生じ
た紛争については，判例の蓄積も期待できず，統計的資料も整備されていない
という中国の特殊事情も存在している。このため，現段階においては，今後の
課題として指摘するにとどめたい。

　なお，法構造と実態との関係でさらに附言するならば，賃金管理制度の枠組
みの中において，労使による団体交渉および労働協約を通じた賃金決定という

法制度の構造が，実際社会で妥当する条件が何であり，法構造と実際の賃金決定を含めた経済状況との間に，どのような矛盾（例えば，しばしば話題になるものとして都市と農村間の収入格差問題）が内包されているのかを明らかにすることも重要な課題といえよう。さらに，この矛盾に対する解決策として，法構造を変革して実態に合わせるのか，実態を法構造に即したものに正していくのか，それとも，法構造は法構造として半ば理想的な到達目標として存在させ，実態は実態として切り離して考えるのか，政府としていずれを選択するのかという点は，中国労働法の研究者として興味が尽きない部分といえる。

　そして，近時，地方政府を中心に政労使三者からなる「協商会議（原語：労働関係三方協商会議）」を設置し，労働関係の重大問題を共同で研究議論し，集団的労働紛争等の問題も調整しようとするという新たな動きが出てきている[6]。本会議で議論される内容について，例えば広州市では，最低賃金，賃金団体交渉の推進や指導，合理的な賃金の形成促進，地域や産業別の「賃金指導ライン」の設定に対する意見提出など賃金に関する議題も幅広く含まれている[7]。三者構成システムは，今後，中国の賃金決定のあり方に対して大きな影響を及ぼす可能性を有しており，その法的位置付けや今後の展開を引き続き追っていく必要がある。

　このほか，近い将来，中央政府の賃金団体交渉等の賃金決定に関する条例制定の動きが顕在化することが高い確度で予想されることから，こうした動向についても引き続きフォローし，研究していくことも重要な課題として位置付けることができる。なぜなら，人力資源・社会保障部が従前から制定を目指していた「企業賃金条例」は，2012年に利害調整が広範に渡り，調整作業に大変な労力を要することを理由として，二つの条例に分割して作業を進めることとさ

6　三者構成システムについては，法律レベルでは，例えば「労働契約法」5条に，「県級以上の人民政府労働行政部門は，工会および企業の代表と労働関係を健全に調整する三者構成システムを創設し，労働関係の重大問題を共同研究解決する」と規定されているが（「労働争議調解仲裁法」7条にも同旨の規定あり），その具体的内容や権限についての規定はない。三者構成システムの重要性について言及したものとしては，直近では中国共産党中央委員会，国務院「関於構建和諧労働関係的意見」（2015年）や人力資源和社会保障部「対十二届全国人代三次会議第8119号建議的答復」（2015年）がある。

7　広州市人力資源和社会保障局　広州市総工会，広州市企業連合会／企業家協会，広州市工商連合会「広州市労働関係三方協商会議議事規則」（2014年）2条および7条。なお，広州市の規定によれば，少なくとも半年に1回程度会議を開催することとされている（同9条）。

れ，現在「賃金支払保障条例」の研究とその制定作業が先行して行われており，その後，「企業賃金団体交渉条例」を制定し，さらに時期を待って，総合的な「企業賃金条例」ないし「賃金法」を制定する方針が示されているからである[8]。

　以上のように多くの検討課題が残されているものの，これまで市場化の流れにばかり注目が集まるとともに，個別制度単体や市場経済の枠組みの中だけで分析が完結することの多かった中国労働法における賃金決定関係法について，本書を通じて，その法構造の全体像を，社会主義的な秩序やそれに基づく賃金管理制度を検討の対象に含めた形で，俯瞰的かつ個別制度の内容と制度相互の関係性も併せて明らかにすることができたとすれば幸いである。

8　劉軍勝「自序」劉軍勝『中国工資支付保障立法研究』法律出版社，2014年，1頁参照。本書は，人力資源・社会保障部労働関係局の委託を受けた，「『賃金支払保障条例』の若干の重点問題研究」の研究成果として位置付けられている。
　　なお，本書第2編第4章「中国労働法における最低賃金制度の構造」第1節および第2節については，拙稿「中国における最低賃金制度の現状と課題」季刊労働法235号（2011年）を，第2編第5章「中国労働法における賃金団体交渉制度と労働協約制度の構造」第1節から第3節については，拙稿「中国における集団的賃金決定システムの現状と課題——賃金団体交渉と労働協約制度を中心に」労働法律旬報1762号（2012年）を大幅に加筆修正したものである。

図表等一覧

表一覧

表序－1：「立法法」における現代中国法の法体系
表序－2：社会主義社会における賃金決定の基本原則とその他の社会との対比
表3－1：当年の「弾性賃金計画」審査精算表
表3－2：次年度の「弾性賃金計画」案の申告項目
表3－3：アモイ市企業賃金総額使用台帳審査申請表（2015年）
表3－4：済南市の2013年「企業『賃金指導ライン』状況表」
表3－5：青島市2011年一部職位の賃金指導のための価格表（抜粋）
表3－6：2014年アモイ市企業人的コスト水準および構成状況
表4－1：北京等6都市最低賃金一覧（調査時期：2015年11月1日）
表4－2：労働監督案件処理状況（賃金支払いと最低賃金額関連）
表4－3：北京，上海，広州3都市の最低賃金が平均賃金に占める割合
表5－1：労働協約の締結状況
表5－2：賃金労働協約の締結状況
表5－3：労働報酬に起因する労働関係紛争の状況

図一覧

図4－1：中国における最低賃金決定方式の流れ
図4－2：北京市，上海市，広州市の最低賃金と平均賃金の伸びの比較
図5－1：賃金団体交渉から労働協約締結・効力発生までの流れ
図5－2：労働協約の締結状況
図5－3：賃金労働協約の締結状況
図終－1：中国労働法における賃金決定関係法の構造（イメージ）

参考一覧

参考序－1：労働契約書（参考様式）（抜粋）
参考3－1：賃金団体交渉協定書（抜粋）

参考文献，参照法令一覧

1 邦語文献（50 音順）

（1）著書

アジア政経学会編『文化大革命と中国の政治・経済（現代中国研究業書8）』（アジア政経学会，1970年）

アジア政経学会編『中国経済の新しい動向（現代中国研究業書9）』（アジア政経学会，1971年）

石井知章『現代中国政治と労働社会——労働者集団と民主化のゆくえ』（御茶の水書房，2010年）

伊藤誠『市場経済と社会主義』（平凡社，1995年）

伊藤正一『現代中国の労働市場』（有斐閣，1998年）

猪木武徳『戦後世界経済史——自由と平等の視点から（第12版）』（中央公論新社，2011年）

海道進『賃金論原理——資本主義と社会主義の賃金』（同文舘，1983年）

香川正俊『中国共産党と政治・行政・社会改革——貧困・格差・腐敗・人権』（御茶の水書房，2008年）

金子良事『日本の賃金を歴史から考える』（旬報社，2013年）

金子美雄『賃金論ノート』（労働法令協会，1952年）

神吉知郁子『最低賃金と最低生活保障の法規制——日英仏の比較法的研究』（信山社，2011年）

季衛東『現代中国の法変動』（日本評論社，2001年）

熊達雲『現代中国の法制と法治』（明石書店，2004年）

厳善平『中国農民工の調査研究——上海市・珠江デルタにおける農民工の就業・賃金・暮らし』（晃洋書房，2010年）

国際労働機関編，労働省労働基準局賃金時間部賃金課訳『世界の最低賃金制度』（産業労働調査所，1981年〔訳年1989年〕）

小口彦太・田中信行『現代中国法（第2版）』（成文堂，2012年）

小嶋正己『中国社会主義賃金の展開』（千倉書房，1988年）

白井泰四郎『労使関係論』（日本労働研究機構，1996年）

菅野和夫『労働法（第10版）』（弘文堂，2012年）

菅野和夫ほか編『労働法が目指すべきもの——渡辺章先生古稀記念』（信山社，2011年）

戴秋娟『中国の労働事情』（社会経済生産性本部生産性労働情報センター，2009年）

高見澤磨・鈴木賢『中国にとって法とは何か——統治の道具から市民の権利へ』（岩波書店，2010年）

塚本隆敏『中国の労働組合と経営者・労働者の動向』（大月書店，2007年）

中兼和津次編『中国経済はどう変わったか——改革開放以後の経済制度と政策を評価する（早稲田現代中国研究叢書3）』（国際書院，2014年）

濱口桂一郎『団結と参加——労使関係法政策の近現代史』（労働政策研究・研修機構，2013年）

林毅夫・蔡昉・李周著，杜進訳『中国の経済発展』（日本評論社，1997年）

菱田雅晴編『中国——基層からのガバナンス』（法政大学出版局，2010年）

平井宜雄『法政策学——法制度設計の理論と技法（第2版）』（有斐閣，1995年）

舟橋尚道『賃金論研究』（時潮社，1965年）

宮下忠雄『中国の賃金制度と賃金政策（現代中国叢書16）』（アジア政経学会，1978年）

向山寛夫『中国労働法の研究』（中央経済研究所，1968年）

毛里和子『現代中国政治——グローバル・パワーの肖像（第3版）』（名古屋大学出版会，2012年）

山下昇『中国労働契約法の形成』（信山社，2003年）

山下昇・龔敏編著『変容する中国の労働法』（九州大学出版会，2010年）

山本恒人『現代中国の労働経済1949〜2000——「合理的低賃金制」から現代労働市場へ』（創土社，2000年）

（2）論文

浅井敦「中国憲法保障の問題点」比較法研究55号（1993年）

五十嵐清「旧社会主義諸国における『西欧法』原理の導入——比較法学者からみた社会主義法の崩壊」比較法研究55号（1993年）

石井知章「中国社会主義における労働組合と労働競争の意味（上）」明治大学教養論集通巻397号（2005年）

石井知章「中国社会主義における労働組合と労働競争の意味（下）」明治大学教養論集通巻403号（2006年）

香川孝三「中国労働法の理解を深めるために」日本労働法学会誌92号（1998年）

香川孝三「アジアにおけるストライキ中の賃金問題」菅野和夫・中嶋士元也・野川忍編『労働法が目指すべきもの』信山社（2011年）

角崎信也「第7章 中国の政治体制と『群体性事件』」鈴木隆・田中周編『転換期中国の政治と社会集団』早稲田現代中国研究叢書2（2013年）

季衛東「中国の市場秩序における関係と法律」小口彦太編『中国の経済発展と法（早稲田大学比較法研究所叢書25号）』国際書院（1998年）

龔敏「労働契約における権利規制と義務創設」日本労働法学会誌118号（2011年）

國谷知史「最近の中国における企業関連立法とその問題点」比較法研究51号（1989年）

小森田秋夫「旧社会主義諸国における「西欧法」原理の導入 人権」比較法研究55号（1993年）

朱珉「第9章 労働争議と最低賃金」谷口洋志・朱珉・胡水文『現代中国の格差問題』（同友館，2009年）

常凱「中国におけるストライキ権立法」法政研究69巻3号（2003年）

常凱（胡光輝訳）「南海本田スト現場からの報告」中国研究月報64巻8号（2010年）

杉田憲治「中華人民共和国憲法の研究」広島修道大学研究叢書第27号（1984年）

高見澤磨「中華人民共和國における法源」法制史研究40号（1992年）

董璠輿「中国の立法とその手続について」外国の立法 32 号（1994 年）

日本銀行「欧米諸国における所得政策」調査月報 3 月号（1974 年）

日本労働法学会創立 60 周年記念シンポジウムの記録「東アジアにおける労働紛争処理システムの現状と課題」日本労働法学会誌 116 号（2010 年）

藤川久昭「アジア諸国の集団的労働法制の現状と特徴」日本労働法学会誌 91 号（1998 年）

彭光華「中国労働法下の労働協約制度——労働協約の締結過程を中心に」九大法学 77 号（1999 年）

彭光華「中国の労働協約制度における労働行政」九大法学 80 号（2000 年）

彭光華「工会論考——中国労働組合における自主性と民主性」九大法学 82 号（2001 年）

彭光華・菊池高志「第三章　中国における賃金決定システムに関する調査研究」アジア法研究会『アジア法の諸相——アジア法研究会報告集』名古屋大学法政国際教育協力研究センター（2003 年）

http://www.law.nagoya-u.ac.jp/cale2001/result/reports/asia_ac/2002/chapter3.html

彭光華「中国における労働紛争処理システムの現状と課題」日本労働学会誌 116 号（2010 年）

彭光華「中国における従業員代表制度」山田晋ほか編『社会法の基本理念と法政策——社会保障法・労働法の現代展開』法律文化社（2011 年）

向山寛夫「第三章　労働法」中華人民共和国法規類の研究（アジア政経学会，1965 年）

毛里和子「社会主義とは何だったのか——中国の場合」比較法研究 57 号（1995 年）

森下敏男「旧社会主義諸国における『西欧法』原理の導入　序論：社会主義法の総括と現状」比較法研究 55 号（1993 年）

森下之博「中国における集団的賃金決定システムの現状と課題」労働法律旬報 1762 号（2012 年）

森下之博「中国における賃金の概念と賃金支払いをめぐる法規制」労働法律旬報 1771 号（2012 年）

森下之博「中国における最低賃金制度の現状と課題」季刊労働法 235 号（2011 年）

山下昇「中国における「下崗」——国有企業の人員合理化策に関する研究」日本労働研究雑誌 469 号（1999 年）

山下昇「中国労働契約法の内容とその意義」日本労働研究雑誌 No.623（2008 年）

山下昇「中国における集団的労働紛争の実態とその解決手続の課題」季刊労働法 236 号（2012 年）

（3）政府等報告書

内閣府「世界経済の潮流　2002 年春」（2002 年）

公益財団法人連合総合生活開発研究所『日本の賃金：歴史と展望——調査報告書』（2012 年）

内閣府「経済の好循環実現検討専門チーム中間報告」（2013 年）

2　中国語文献（アルファベット順）

（1）著書

常凱主編『労動関係・労動者・労権——当代中国的労動問題』（中国労動出版社，1995 年）

常凱主編『労働法』（高等教育出版社，2011 年）

常凱主編『中国労働関係報告──当代中国労動関係的特点和趨向』（中国労動社会保障出版社，2009 年）

常凱主編『労働関係学』（中国労働社会保障出版社，2005 年）

董和平・韓大元・李樹忠『憲法学』（法律出版社，2000 年）

法律出版社法規中心『2014 中華人民共和国労働和社会保障法規全書（含相関政策）』（法律出版社，2014）

法律出版社法規中心『2015 中華人民共和国労働和社会保障法規全書（含相関政策）』（法律出版社，2015）

範韶華『工資集体協商指導員速査手冊』（中国工人出版社，2011 年）

国務院法制弁公室編『現行労働社会保障法規大全』（中国法制出版社，2009 年）

黄任民主編『工資集体協商代表工作指南』（中国工人出版社，2007 年）

林原『経済転型期最低工資標準決定机制研究 公共選択与政府規制』（知識産権出版社，2012 年）

劉斌『労働法律専題精解与実務指引』（中国法制出版社，2013 年）

羅小蘭『中国企業最低工資制度研究』（立信会計出版社，2009 年）

黎建飛主編『「中華人民共和国労働合同法」最新完全釈義』（中国人民大学出版社，2008 年）

史探径『労働法』（経済科学出版社，1990 年）

王全興『労働法（第 3 版）』（法律出版社，2008 年）

王全興『労働法（第 4 版）』（法律出版社，2017 年）

王全興・呂琳・候玲玲『労働法習題集』（法律出版社，2000 年）

王茂勤主編『労働法指南』（東南大学出版社，1992 年）

王梅『最低工資与労働市場』（中国経済出版社，2012 年）

王夢奎主編『中国改革 30 年』（中国発展出版社，2009 年）

王学力主編『工資与工資争議処理実務』（人民法院出版社，1997 年）

王志平・曹麟章・銭世明・童源軾『工資理論和工資改革』（上海社会科学院出版社，1984 年）

魏娜，呉愛明著『当代中国政府与行政（修訂版）』（中国人民大学出版社，2009 年）

肖蔚雲『論憲法』（北京大学出版社，2004 年）

許崇徳『中華人民共和国憲法史 上巻（第 2 版）』（福建人民出版社，2005 年）

許崇徳『中華人民共和国憲法史 下巻（第 2 版）』（福建人民出版社，2005 年）

薛暮橋『中国社会主義経済問題研究』（人民出版社，1979 年）

姚文勝・翟玉娟主編，彭光華・石秀印副主編『労資協商制──中国労動関系改善的路径選択』（中国法制出版社，2012 年）

袁守啓『中国的労動法制』（経済日報出版社，1994 年）

張湛彬・臧巨林主編『党和国家重大決策的歴程（紅旗出版社，1997 年）』

趙振洲・李全英編著『新編工会首席工作指南 工会主席工作実務培訓教材』（中国言実出版社，2012 年）

「職工法律常識読本」編写編組『職工法律常識読本』（法律出版社，1983 年）

鄭文川・謝良敏主編『工会法律手冊』（学苑出版社，1989 年）

中華人民共和国国家統計局『中国統計年鑑 2013』（中国統計出版社，2014 年）

参考文献，参照法令一覧 | 283

中華人民共和国国家統計局『中国統計年鑑 2000』（中国統計出版社，2001 年）

中国法制出版社『労働法新解読（第 2 版）』（2010 年）

中国法制出版社『労働法律政策解読与実用範本典型案例全書』（2013 年）

中国法制出版社『実用版 中華人民共和国労働合同法』（中国法制出版社，2009 年）

中国人民大学労動人事学院・剣橋大学爾文学院・首都経貿大学労働経済学院・中国人民大学
　　労動関係研究所『労資沖突与合作：集体労働争議処理与規制国際研討会論文集』（北京，
　　2011 年 12 月）

中国人民大学・北京大学・清華大学『労工三権与集体労動関係法律規制学術研討会論文集』
　　（北京，2011 年 1 月）

周長征『全球化与中国労動法制問題研究』（南京大学出版社，2003 年）

朱鋒主編・王磊副主編『「中華人民共和国憲法」釈義』（人民出版社，1993 年）

庄啓東・袁倫渠・李建立『新中国工資史稿』（中国財政経済出版社，1986 年）

（2）論文

蔡禹龍・張微・金紀玲「民国時期的最低工資立法及現代啓示」蘭台世界 2015・1 月上旬 2015
　　年）

曽凡軍「GDP 崇拝，圧力型体制与整体治理研究」広西社会科学総 216 期（2013 年）

常凱「関於罷工的合法性及其法律規制」当代法学 5 期（2012 年）

常凱「労動関係的集体化転型与政府労工政策的完善」中国社会科学 6 期（2013 年）

陳煜「中国第一次全国性的工資改革」現代審計与経済 2010 第 1 期（2010 年）

鄧智旺「人民公社早期分配制度的前因後果」湖南農業大学学報（社会科学版）11 巻 2 期（2010
　　年）

董保華「最低工資立法之"提水平"与"統範囲"」労働経済与労動関係 2011 年第 2 期（2011
　　年）

郭飛「試論社会主義市場経済中按労分配的特点」労動経済与人事管理 1993 年 5 期（1993 年）

韓春暉「従"行政国家"到"法治政府"？——我国行政法治中的国家形象研究」中国法学 2010
　　年第 6 期（2010 年）

韓大元「基本権利概念在中国的起源与演変」中国法学 2009 年第 6 期（2009 年）

江必新「試論社会主義法治的几個新命題」中国法学 2010 年第 4 期（2010 年）

楽宗福「国民政府最低工資立法述論」『社会法評論（第二巻）』（中国人民出版社，2007 年）

李端祥「対城市人民公社化運動的反思」湘潭大学社会科学学報 24 巻 1 期（2000 年）

李漢林・王奮宇・李路路「中国城市社区的整合机制与単位現象」管理世界双月刊 2 期（1994
　　年）

李漢林「変遷中的中国単位制度——回顧中的思考」社会 28 巻（2008 年）

李恵民・馬麗・斉曄「中国"十一五"節能目標責任制的評価与分析」生態経済総 243 期（2011
　　年）

李麗林・苗苗・胡夢潔・武静雲「2004-2011 年我国典型停工事件分析」中国人力資源開発 3 期
　　（2011 年）

李明生「工資指導線——宏観調控的新方法」貴州社会科学 1998 年 6 期（1998 年）

劉松山「国家立法三十年的回顧与展望」中国法学 2009 年第 1 期（2009 年）

劉泰洪「労資冲突与工会転型」天津社会科学 2 期（2011 年）

劉毅「第五講 工人的工資等級制度（続）」労動 11 期（1957 年）

彭光華「集体協商与集体合同制度」新人力——労動関係総第 272 期（2009 年）

黎建飛「従雇傭契約到労動契約的法理和制度変遷闡」（中国法学 2012 年第 3 期（2012 年）

栄敬本「"圧力型体制"研究的回顧」経済社会体制比較 2013 年 6 期総 170 期（2013 年）

邵新春・宋湛「北京市的第一次従業員工資改革」北京党史 2010.3（2010 年）

沈衛平「社会主義市場経済中的収入分配問題」労動経済与人事管理 9 期（1993 年）

史探径「論社会主義市場経済下与労働立法」法学研究 1994 年第 1 期（総 90 期）（1994 年）

宋関達「工資指導線——内涵，方法和実施意見」経済研究参考 4 期（1996 年）

孫翊，李恩平「我国労働関係三方協商机制存在的問題及完善対策」山西高等学校社会科学学報第 21 巻第 4 期（2009 年）

唐海華「"圧力型体制"与中国的政治発展」寧波党校学報 2006 年 1 期（2006 年）

王旭「労動，政治承認与国家倫理——対我国《憲法》労動権規範的一種闡釈」中国法学 2010 年 3 期（2010 年）

王全興・侯玲玲「中国最低工資法政策研究」労動関係学院学報 VOL.22 No.1（2008 年）

呉清軍「国家主導与統計数字『遊戯』——中国集体協商的模式与実践」労資冲突与合作：集体労働争議処理与規制国際研討会論文集（2011 年）

夏積智・張再平「対制定最低工資法的探討」当代法学（1988 年）

薛暮橋「論社会主義経済制度的優越性」中国人民大学政治経済学系資料室編『中国社会主義経済問題』（地質出版社，1983 年）

葉姍「最低工資標準的社会法解析」甘粛政法学院学報総 126 期（2013 年）

莒県愛国人民公社通訊組，農業会会計輔導組「'九包'加工資奨励——莒県愛国人民公社実行了半供給半工資制」労動 21 期（1958 年）

阮崇武「按照建立社会主義市場経済体制的要求転変労動部門職能深化労動領域改革——阮崇武部長在全国労動庁局長会議上的報告」労動経済与人事管理 1993 年 1 期（1993 年）

袁倫渠「労動工作基本知識介紹（十五）第十二講 従業員的賃金等級制度」労動工作 1981 年 5 期（1981 年）

袁曙宏・楊偉東「我国法治建設三十年回顧与前瞻」中国法学 2009 年 1 期（2009 年）

喩木紅・黒婷婷「中国最低工資制度存在的問題及其完善」林嘉編『社会法評論第二巻』（中国人民大学出版社，2008 年）

俞樹芳「我国労動工資問題（六）」中国労動 1984 年第 1 期（1984 年）

張中秋「伝統中国的法秩序及其構成原理与意義」中国法学 2012 年第 3 期（2012 年）

張文顕「論中国特色社会主義法治道路」中国法学 2009 年第 6 期（2009 年）

張揚「社会主義制度下的最低工資」学術界総 47 期（1994 年）

趙徳碧「「文革」時期至上世紀末工資改革的回顧」湖南工程学院学報第 12 巻 4 期（2002 年）

趙光「基本工資加奨励——遂平県衛星人民公社的分配制度」労動 18 期（1958 年）

鄭橋「中国集体合同制度法律建設的思考——従地方立法看発展走向」中国労動関係学院学報 25 巻 2 期（2011 年）

中華全国総工会党組「哈尓濱市香坊人民公社的発展状況」（1960 年 2 月 23 日）

周歩欧・胡凡・張蘭「社会主義——共産主義教育参考材料 談談社会主義和共産主義的労動」

江西教育 1959 年 7 期（1959 年）

周方「論新憲法的社会主義性質」中国法学会編『憲法論文選』（法律出版社，1983 年）

周平「中国単位体制的演変与城市社会政治控制方式的調整」思想戦線 3 期 26 巻（2000 年）

（3）党，政府報告等

中国共産党新聞「為『按労分配』正名」

　　http://cpc.people.com.cn/GB/85037/8209350.html

李思慎・劉之昆『李立三之謎』第十章在従業員工資問題上的初探索（人民出版社，2005 年）

　　http://read.jd.com/9683/468075.html

中国共産党新聞網「李富春『関於発展国民経済的第一個五年計劃的報告』（節録）（1955 年 7
月 5 日，6 日，第一回全国人民代表大会第二次会議）」

　　http://dangshi.people.com.cn/GB/151935/204121/204122/12924897.html

中国共産党新聞網「周恩来『関於発展国民経済的第二個五年計劃的建議的報告』（1956 年 9 月
16 日中国共産党第 8 回全国代表大会）」

　　http://cpc.people.com.cn/GB/64184/64186/66663/4493134.html

中国人大網「李富春『関於 1960 年国民経済計劃草案的報告』（1960 年 3 月 30 日在第二届全国
人民代表大会第二次会議）」

　　http://www.npc.gov.cn/wxzl/gongbao/2000-12/23/content_5328346.htm

人民網「胡耀邦在中国共産党第十二次全国代表大会上的報告（1982 年 9 月 1 日）」

　　http://cpc.people.com.cn/GB/64162/64168/64565/65448/4526430.html

人民網「趙紫陽在中国共産党第十三次全国代表大会上的報告（1987 年 10 月 25 日）」

　　http://cpc.people.com.cn/GB/64162/64168/64566/65447/4526369.html

人民網「江沢民在中国共産党第十四回全国代表大会上的報告（1992 年 10 月 12 日）」

　　http://cpc.people.com.cn/GB/64162/64168/64567/65446/4526311.html

中華人民共和国人民政府「三位労働保障研究専家就最低工資制度接受専訪」（2006 年 10 月 9
日）

　　http://www.gov.cn/zwhd/2006-10/09/content_407877.htm

広東省財政庁「珠三角将提高最低工資標準」（2010 年 3 月 6 日）

　　http://www.gdczt.gov.cn/topco/2010lh/201004/t20100415_21413.htm

新華網「三方協商機制譲広州最低工資標準首次超过省定標準」（2010 年 4 月 27 日）

　　http://news.xinhuanet.com/2010-04/27/c_1259916.htm

人力資源和社会保障部詳解 2011 年労働関係工作重点

　　http://www.gov.cn/jrzg/2011-04/18/content_1847194.htm

厦門市人力資源和社会保障部「企業賃金総額手冊」備案（2012 年 5 月 14 日）

　　http://www.xmhrss.gov.cn/fwzn/ldgz/gzsc/201308/t20130814_202659.htm

中国工人雑志網「在集体協商中尋求職工工資増長点——河南省三峡市黄金行業工資集体協商
案例分析」（2014/12/22）

　　http://www.chineseworkers.com.cn/d276702444.htm

中国人大網「中華人民共和国立法法解釈」

　　http://www.npc.gov.cn/npc/flsyywd/xianfa/2001-08/01/content_140410.htm

（4）新聞記事

人民日報「進行工資改革」（1956 年 7 月 6 日第 1 版）

人民日報「乗鳳破浪」（1958 年 1 月 1 日第 1 版）

人民日報「共産主義的光芒――上海解放日報 9 月 20 日社論（摘要）」（1958 年 9 月 25 日 第 5 版）

人民日報「我們取消工資了計件工資」（1958 年 10 月 18 日 第 2 版）

人民日報「要共産主義，不要計件工資」（1958 年 10 月 23 日 第 7 版）

人民日報「用共産主義精神労働生産　北京上海広大従業員自覚自愿抛棄計件工資」（1958 年 10 月 24 日 第 3 版）

人民日報「愛労動不計報酬　重協作宿已為人新人新事多　建華慶華等工廠」（1958 年 11 月 21 日 第 2 版）

人民日報「横掃一切牛鬼蛇神」（1966 年 6 月 1 日 第 1 版）

人民日報「記念毛主席的大字報――「炮打司令部」発表一周年」（1967 年 8 月 5 日 第 2 版）

人民日報「掀起革命大批判的新高潮 徹底砸烂資産階級司令部」（1967 年 8 月 5 日 第 2 版）

人民日報「堅決捍衛毛主席的革命司令部」（1967 年 8 月 5 日 第 2 版）

人民日報「一心為革命 永遠干革命――記安陽火芝廠工人趙素花堅守労働崗位，不欲勤的生動事迹」（1969 年 9 月 11 日 第 2 版）

人民日報「百煉成鋼――記馬万水工程隊在闘争中成長」（1975 年 5 月 22 日 第 3 版）

人民日報「堅決頂住「四人幇」圧力 堅持貫徹按労分配原則 広州黄埔港在闘争中堅持計件工資制」（1978 年 4 月 14 日 第 1 版）

人民日報「貫徹執行按労分配的社会主義原則（特約評論員）」（1978 年 5 月 5 日 第 1 版）

人民日報「本田汽車零部件製造公司因労資糾紛停工 本田在華車企業全線停産」（2010 年 5 月 28 日第 15 版）

人民網（人民日報）「歴史節点：建立社会主義市場経済体制」（2007 年 10 月 11 日）
http://cpc.people.com.cn/GB/104019/104740/8150356.html

新京報「経済困難不是圧縮権利的『契機』」（2009 年 2 月 16 日）
http://news.stockstar.com/info/darticle.aspx?id = SS,20090216,30058255

中華人民共和国中央人民政府「新中国 60 年：城市社会経済発展日新月異」（2009 年 9 月 22 日）
http://www.gov.cn/test/2009-09/22/content_1423371.htm

南方網「公司玩文字遊戯，最低工資一分未涨」（2010 年 3 月 8 日）
http://news.163.com/10/0308/10/618D2JV7000146BB.html

中国工会新聞「人民網就工資集体協商専訪全総集体合同部長張建国（3）」（2010 年 7 月 20 日）
http://acftu.people.com.cn/GB/67583/12192838.html

中国工会新聞「人民網就工資集体協商専訪全総集体合同部長張建国（4）」（2010 年 7 月 20 日）
http://acftu.people.com.cn/GB/67583/12192840.html

中国工会新聞「人民網就工資集体協商専訪全総集体合同部長張建国（5）」（2010 年 7 月 20 日）
http://acftu.people.com.cn/GB/67583/12192840.html

3 英語文献（アルファベット順）

ILO. *Global Wage Report 2008/09 Minimum wages and collective bargaining: Towards policy coherence*

ILO. *Global Wage Report 2010/11 Wage policies in times of crisis*

ILO. *Global Wage Report 2012/13 Wages and equitable growth*

Michael Ellman（1989）.*SOCIALIST PLANNING.Second edition*：Cambridge University Press

4 参照法令等（制定年順）

（1）憲法

「中華人民共和国憲法」（1954 年 9 月 20 日 第一届全国人民代表大会第一次会議通過）
「中華人民共和国憲法」（1975 年 1 月 17 日 第四届全国人民代表大会第一次会議通過）
「中華人民共和国憲法」（1978 年 3 月 5 日 第五届全国人民代表大会第一次会議通過）
「中華人民共和国憲法」（1982 年 12 月 4 日 第五届全国人民代表大会第五次会議通過）

（2）法律

「中華人民共和国工会法」（1950 年 中央人民政府命令）
「中華人民共和国戸口登記条例」（1958 年 中華人民共和国主席令）
「中華人民共和国工会法」（1992 年 中華人民共和国主席令第 57 号）
「中華人民共和国労動法」（1994 年 中華人民共和国主席令第 28 号）
「中華人民共和国立法法」（2000 年 中華人民共和国主席令第 31 号）
「中華人民共和国労動合同法」（2007 年 中華人民共和国主席令第 65 号）
「中華人民共和国労動争議調解仲裁法」（2007 年 中華人民共和国主席令第 80 号）

（3）行政法規

国務院「国営企業実行労動合同制暫行規定」（1986 年）
国務院「中華人民共和国私営企業暫行条例」（1988 年）
国務院「失業保険条例」（1999 年）
国務院「労動保障監察条例」（2004 年）

（4）部門規章

労動部「私営企業労動管理暫行規定」（1989 年）
国家統計局「関於工資総額組成的規定」（1990 年）
国家計画委員会「改進労動工資計画管理試行弁法（草案）的通知」（1992 年）
労動部，国家計委，国家体改委，国家経貿委「国有企業工資総額同経済効益挂鈎規定」（1993 年）
労動部「企業最低工資規定」（1993 年）【2004 年廃止】
労動部「工資支付暫行規定」（1994 年）

労働部「企業職工生育保険試行弁法」（1994 年）
労働部「集体合同規定」（1994 年）【2004 年廃止】
労働和社会保障部「工資集体協商試行弁法」（2000 年）
労働和社会保障部「最低工資規定」（2004 年）
労働和社会保障部「集体合同規定」（2004 年）
労働和社会保障部「関於実施『労働保障監察条例』若干規定」（2004 年）
人力資源和社会保障部「人力資源和社会保障行政復議弁法」（2010 年）
人力資源和社会保障部「企業労動争議協商調解規定」（2011 年）

（5）規範性文書
国務院「関於国営企業工資改革問題的通知」（1985 年）
国家統計局「関於工資総額組成的規定」若干具体範囲的解釈（1990 年）
労働部「関於従一九九三年起普遍実行動態調控的弾性労動工資計画的通知」（1992 年）
国務院弁公庁転発労動部「関於加強企業工資総額宏観調控意見的通知」（1993 年）
労動部「関於加強企業工資総額宏観調控意見的通知」（1993 年）
労動部「関於建立社会主義市場経済体制時期労動体制改革総体設想」（1993 年）
労動部「関於最低工資保障制度的通知」（1994 年）
労動部「関於進行集体協商签訂集体合同試点工作的意見」（1994 年）
労動部，中国人民銀行「関於各類企業全面実行『工資総額使用手冊』制度的通知」（1994 年）
労動部「関於貫徹執行『中華人民共和国労動法』若干問題的意見」（1995 年）
労動部「関於改進完善弾性労動工資計画弁法的通知」（1995 年）
労動部，全国総工会，国家経貿委，中国企業家協会「関於逐步実行集体協商和集体合同制度的通知」（1996 年）
労動部「関於加強集体合同審核管理工作的通知」（1996 年）
労動部「試点地区工資指導線制度試行弁法」（1997 年）
国務院「関於建立統一的企業職工基本養老保険制度的決定」（1997 年）
労動部「関於加強集体合同審核工作力量的通知」（1997 年）
労動部弁公庁「関於印発集体合同審核管理工作流程及系列表格的通知」（1997 年）
労動部「関於“九五”時期企業工資工作的主要目標和政策措施的通知」（1997 年）
労動部弁公庁「外商投資企業工資集体協商的几点意見」的通知（1997 年）
国務院「関於建立城鎮職工基本医療保険制度的決定」（1998 年）
中華全国総工会「関於工会参加工資協商的指導意見」（1998 年）
労働和社会保障部「関於建立労動力市場工資指導価位制度的通知」（1999 年）
労働和社会保障部「進一歩深化企業内部分配制度改革指導意見的通知」（2000 年）
労働和社会保障部，中華全国総工会，中国企業連合会，中国企業家協会「関於貫徹実施『集体合同規定』的通知（2004 年）
労働和社会保障部「関於建立行業人工成本信息指導制度的通知」（2004 年）
労働和社会保障部「関於区域性行業性集体協商工作的意見」（2006 年）
国務院「関於機構設置的通知」（2008 年）
国務院弁公庁「人力資源和社会保障部主要職責内設機構和人員編制規定」（2008 年）

人力資源和社会保障部「関於進一歩做好失業保険和最低工資有関工作的通知」（2008 年）
人力資源和社会保障部「関於應対当前経済形勢做好人力資源和社会保障有関工作的通知」
　（2008 年）
中華全国総工会「関於建立集体協商指導員隊伍的意見」（2008 年）
中華全国総工会「関於開展集体協商要約行動的意見」（2008 年）
中華全国総工会「関於積極開展行業性工資集体協商工作的指導意見」（2009 年）
人力資源和社会保障部「関於印発人力資源和社会保障事業発展第十二五規劃綱要的通知」
　（2011 年）
中華全国総工会「2011-2013 年深入推進工資集体協商工作規劃」（2011 年）
国務院転批国家発展改革委員会，財政部，人力資源和社会保障部「関於深化収入分配制度改
　革的若干意見」（2013 年）
人力資源和社会保障部「対山東省 2013 年工資指導線方案的函」（2013 年）
人力資源和社会保障部「人力資源和社会保障事業発展『十三五』規劃綱要」（2016 年）

（6）組織内部規則
「中国人民政治協商会議章程」（1982 年）
「中国工会章程」（2013 年）

（7）地方規定
広東省人民代表大会常務委員会「広東省経済特区労動条例」（1988 年）
北京市労動局「関於申報 1997 年弾性工資計劃的通知」（1997 年）
北京市労動和社会保障局「貫徹実施労動和社会保障部『工資集体協商試行弁法』有関問題的
　通知（2001 年）
北京市人民代表大会常務委員会「集体合同条例」（2005 年）
上海市総工会「関於開展工資集体協商要約行動的意見」（2008 年）
大連市人民政府「大連市工資集体協商規定」（2009 年）
海南省人民代表大会常務委員会「集体合同条例」（2009 年）
天津市人民代表大会常務委員会「天津市企業工資集体協商条例」（2010 年）
北京市総工会「関於進一歩加快推進工資集体協商工作的通知」（2010 年）
広東省人力資源和社会保障庁「広東省企業工資集体協商指引」（2010 年）
遼寧省人民政府「企業工資集体協商規定」（2011 年）
青島市「関於発布 2011 年青島市人力資源市場部分職位工資指導価位的通知」（2011 年）
済南市人力資源和社会保障局，済南市総工会，済南市企業連合会／企業家協会，済南市工商
　業連合会「関於進一歩落実企業工資指導線制度的通知」（2012 年）
広州「関於発布広州市 2012 年労動力市場工資指導価位的通知」（2012 年）
山東省人力資源和社会保障庁「関於発布山東省 2013 年企業工資指導線的請示」（2013 年）
山東省人民政府「関於発布 2013 年企業工資指導線的通知」（2013 年）
済南市人民政府「関於発布 2013 年企業工資指導線的通知」（2013 年）
広東省人民代表大会常務委員会「企業集体合同条例」（2014 年）
北京市人力資源和社会保障局「関於発布 2014 年北京市行業工資指導線的通知」（2014 年）

厦門市人力資源和社会保障局「関於発布 2014 年市企業人工成本水平及構成状況的通知」(2015年)

（8）改革開放前の規定
①中華人民共和国建国前
中国第六次全国労動大会「関於中国職工運動当前任務的決議」（1948 年）
「中国人民政治協商会議共同綱領」（1949 年 9 月 29 日 中国人民政治協商会議第一届全体会議通過）
②建国後から改革開放前
中華全国総工会「関於私営工商企業労資双方訂立集体合同的暫行弁法」（1949 年）
中華全国総工会「関於労資関係暫行処理弁法」（1949 年）
全国人民代表大会財政経済委員会「関於奨励工資制中若干問題的指示（草案）」（1952 年）
国務院「関於工資改革中若干具体問題的規定」（1956 年）
国務院「関於新公私合営企業工資改革中若干問題的規定」（1956 年）
国務院「関於賃金改革的決定」（1956 年）
国務院「関於工資改革方案実施程序的通知」（1956 年）
国務院「企業，事業単位和国家機関中普通工和勤雑工的工資待遇的暫行規定」（1957 年）
労動部「企業，事業単位和国家機関中普通工和勤雑工的工資待遇的暫行規定実施細則中若干問題的意見」（1958 年）
労動部「関於建立和改進綜合性奨励制度的意見」（1959 年）
国務院「関於精減従業員安置的若干規定」（1962 年）
労動部「関於城市需要就業的労動力的安置意見」（1963 年）
国務院「関於調整部分工人和工作人員工資的通知」（1971 年）
国務院「関於加強工資基金管理的通知」（1972 年）

（9）党規
中国共産党中央委員会「関於統一調整全国工資問題的几個原則的指示」（1952 年）
中国共産党中央委員会「一九五九年計劃和第二個五年計劃問題的決定」（1958 年）
中国共産党中央委員会「関於在農村建立人民公社問題的決議」（1958 年）
中国共産党中央委員会「関於人民公社若干問題的決議」（1958 年）
中国共産党中央委員会「関於城市人民公社問題的批示」（1960 年）
中国共産党中央委員会「国営工業企業工作条例（草案）」（1961 年）
中国共産党中央委員会「中国共産党中央委員会通知」（1966 年）
中国共産党中央委員会「関於無産階級文化大革命的決定」（1966 年）
中国共産党中央委員会「関於反対経済主義的通知」（1967 年）
中共中央，国務院，中央軍委，中央文革小組「関於進一歩打撃反革命経済主義和投機倒把活動的通知」（1968 年）
中国共産党中央委員会「関於経済体制改革的決定」（1984 年）
中国共産党中央委員会弁公庁，国務院弁公庁「関於在国有企業，集体企業及其控股企業深入実行廠務公開制度的通知」（2002 年）

中国共産党中央委員会「関於構建社会主義和諧社会若干重大問題的決定」(2006 年)
中国共産党中央委員会組織部「地方党政領導班子和領導干部総合考核評価弁法 (試行)」(2009 年)

主要参照条文等抜粋（邦語訳）

1 憲法

■「中華人民共和国憲法」(1982年)

第1条　中華人民共和国は，労働者階級が領導し，労農同盟を基礎とする人民民主主義独裁の社会主義国家である。

2　社会主義制度は，中華人民共和国の根本の制度である。いかなる組織または個人も社会主義制度を破壊することを禁止する。

第6条　中華人民共和国の社会主義経済制度の基礎は生産資料の社会主義公有制，すなわち，全民所有制と労働大衆の集団所有制である。社会主義公有制は搾取制度を消滅し，それぞれが能力に応じて働き，労働に応じた分配原則を実行する。

2　国家は社会主義初級段階において，公有制を主体とし，多様な所有制経済の共同発展を基本的経済制度とすることを堅持する。労働に応じた分配を主体とし，多様な分配方式が併存する分配制度を堅持する。

第7条　国有経済，すなわち，社会主義全民所有制経済は，国民経済を主導する力である。国家は国有経済の強堅と発展を保障する。

第11条　法律の規定する範囲内において，私経済，私営経済等の非公有制経済は，社会主義市場経済の重要な構成要素である。

2　国家は，私経済，私営経済等の非公有制経済の合法的権利利益を保護する。国家は，非公有制経済の発展を奨励，支持，引導するとともに，法に基づいて非公有制経済に対する監督管理を実施する。

第15条　国家は社会主義市場経済を実施する。

2　国家は経済立法を強化し，マクロコントロールを完成させる。

3　国家は法に基づきいかなる組織または個人が社会経済秩序をかく乱することを禁止する。

第42条　中華人民共和国公民は，労働の権利を有し義務を負う。

2　国家は各種の方策を通じて，労働就業条件を創造し，労働保護を強化し，労働条件を改善するとともに，生産発展の基礎の上に，労働報酬と福利待遇を向上させる。

3　労働は労働能力を有する公民全ての光栄なる職責である。国有企業および都市集団経済組織の労働者は，皆国家の主人公の態度をもって自己の労働にあたるものとする。国家は，社会主義労働競争や労働模範や先進従業者の奨励を提唱する。国家は，公民が義務労働に従事することを提唱する。

4　国家は就職前の公民に必要な労働就業訓練を行う。

2 法律

■「中華人民共和国労働法」（1994年）

第9条　国務院労働行政部門は，全国の労働業務を主管する。県級以上の地方人民政府の労働行政部門は，当該行政区域の労働業務を主管する。

第19条　労働契約は書面形式によって成立するものとし，以下の項目を備えていなければならない。

　一　労働契約期限

　二　業務内容

　三　労働保護および労働条件

　四　労働報酬

　五　労働紀律

　六　労働契約終了の条件

　七　労働契約違反時の責任

第33条　企業に所属する従業員側と企業は，労働報酬，労働時間，休憩休暇，労働安全衛生，保険福利等の事項について労働協約を締結することができる。労働協約の草案は従業員代表大会に提出または従業員全体の討議を経るものとする。

第34条　労働協約締結後，労働行政部門に送付するものとする。労働行政部門が労働協約を受け取ってから15日以内に異議を提出しなかった場合，労働協約は直ちに効力を生じる。

第35条　法に基づき締結された労働協約は，企業および企業従業員に拘束力を有する。従業員個人と企業が締結する労働契約における労働条件や労働報酬等の基準は，労働協約の約定内容を下回ってはならない。

第46条　賃金分配は労働に応じた分配原則を遵守し，同一労働同一報酬原則を実施するものとする。

2　賃金水準は経済発展を基礎として，漸進的に引き上げる。国家は，賃金総量に対するマクロコントロールを実施する。

第47条　使用者は生産経営状況の特徴と経済利益に基づき，法に基づいて自主的に賃金分配方式と賃金水準を確定する。

第48条　国家は最低賃金保障制度を実施する。最低賃金の具体的基準は，省，自治区，直轄市人民政府が規定し，国務院に報告記録する。

2　使用者が労働者に支払う賃金は当地最低賃金水準を下回ってはならない。

第49条　最低賃金基準の確定および調整にあたっては，以下の要素を総合的に参考にするものとする。

　一　労働者本人および平均扶養者数の最低生活費用

　二　平均賃金

　三　労働生産性

　四　就業状況

　五　地域間の経済発展水準の差

■「中華人民共和国労働契約法」（2007 年）

第 5 条　県級以上の人民政府労働行政部門は，同級の工会および企業側代表とともに，健全な労働関係を調整する三者構成システムを創設し，労働関係に関する重大問題について共同で研究解決する。

第 10 条　労働関係の成立にあたっては，書面をもって労働契約を締結するものとする。

第 17 条　労働契約は以下の事項を具備するものとする。

　　一　使用者の名称，住所および法定代表者または主な責任者
　　二　労働者の姓名，住所および住民身分証またはその他有効な身分証明書番号
　　三　労働契約の期限
　　四　業務内容および勤務場所
　　五　労働時間および休憩休暇
　　六　労働報酬
　　七　社会保険
　　八　労働保護，労働条件および職業危害の防止
　　九　法律，法規が規定する労働契約に記載すべきその他事項

第 51 条　企業に所属する従業員側と企業は，対等交渉により，労働報酬，労働時間，休憩休暇，労働安全衛生，保険福利等の事項について労働協約を締結することができる。労働協約の草案は従業員代表大会に提出または従業員全体の討議を経るものとする。

2　労働協約は，企業に所属する従業員を代表する工会が使用者と締結する。工会が設立されていないときは，上級の工会の指導の下，労働者が推挙した代表と使用者が労働協約を締結する。

第 54 条　労働協約締結後，労働行政部門に送付するものとする。労働行政部門が労働協約を受け取ってから 15 日以内に異議を提出しなかった場合，労働協約は直ちに効力を生じる。

2　法に基づき締結された労働協約は，使用者および労働者に対し拘束力を有する。産業別，地域別労働協約は当地の当該産業，当該区域の使用者および労働者に拘束力を有する。

第 55 条　労働協約の労働報酬，労働条件等の基準は，当地人民政府が規定する最低基準を下回ってはならない。使用者と労働者が締結する労働契約の労働報酬，労働条件は，労働協約の約定する基準を下回ってはならない。

第 56 条　使用者が労働協約に違反し，従業員の労働権益を侵害したときは，工会は法に基づき使用者に責任を負うよう求めることができる。労働協約の履行に起因する紛争が発生し，協議を経ても解決できないときは，工会は法に基づき仲裁を申請し，訴訟を提起することができる。

■「中華人民共和国工会法」（1992 年）

第 2 条　工会は，従業員が自発的に結合する労働者階級の大衆組織である。

2　中華全国総工会および各工会組織は，従業員の利益を代表し，法に基づき従業員の合法的権益を維持保護する。

第 4 条　工会は，憲法を遵守，維持保護し，憲法を根本的な活動の準則とし，経済建設を中心として，社会主義路線を堅持し，人民民主主義独裁を堅持し，中国共産党の領導を堅持

し，マルクスレーニン主義，毛沢東思想，鄧小平理論を堅持し，改革開放を堅持し，工会章程に基づき独立かつ自主的に業務を展開しなければならない。

第5条　工会は従業員を組織，教育して，憲法および法律の規定に基づき民主的権利を行使し，国家の主人公としての役割を発揮し，様々な手法や形式を通じて，国家事務の管理，経済および文化事業の管理，社会事務の管理に参画するとともに，人民政府の展開する業務に協力して，労働者階級が領導し，労農同盟を基礎とする人民民主主義独裁の社会主義国家政権を維持保護する。

第9条　（略）

5　上級工会組織は，下級工会組織を領導する。

第10条　（略）

3　県級以上の地方は，地方各級総工会を創設する。

4　同一産業または性質の近いいくつかの産業は，必要に応じ全国または地方ごとに産業別工会を創設することができる。

5　全国単位で統一の中華全国総工会を設立する。

第27条　企業，事業単位で操業停止や怠業事件が発生した場合，工会は従業員を代表して企業，事業単位または関係方面と交渉し，従業員の意見および要求を反映するとともに，解決に向けた意見を提出するものとする。従業員の合理的な求めに応じて，企業，事業単位は解決にあたらなければならない。工会は企業，事業単位に協力して作業にあたり，できる限り早く生産と作業秩序を回復させる。

第34条　（略）

2　各級人民政府労働行政部門は，同級の工会および企業側代表とともに，労働関係の三者構成システムを創設し，労働関係に関する重大問題について共同で研究解決する。

3　部門規章（部門規則）

■労働・社会保障部「賃金団体交渉試行弁法」（2000年）

第8条　交渉によって確定させる従業員の年度当たりの賃金水準は，国家の賃金配分に関するマクロコントロール政策に適合させるものとし，併せて以下の要素を総合的に参考とする。

一　地区，産業，企業の人的コスト水準

二　地区，産業の従業員平均賃金水準

三　当地政府の公表する賃金指導ライン，労働力市場の賃金指導のための価格調査

四　本地区の都市住民消費者物価指数

五　企業労働生産性および経済利益

六　国有資産の期末時点の当初からの変動額

七　前年度企業従業員の賃金総額と従業員平均賃金水準

八　その他賃金団体交渉に関連する状況

第21条　賃金集団協定締結後7日以内に，企業は，賃金集団協定一式3部およびその説明を労働保障行政部門に送付し，審査を受けるものとする。

第23条　交渉した双方は，5日以内に既に効力発生した賃金集団協定を適当な形式により，

主要参照条文等抜粋（邦語訳） 297

従業員全体に周知するものとする。

■労働・社会保障部「集体合同規定」（2004 年）

第 6 条第　本規定に適合する労働協約または専門事項労働協約は，使用者および所属する従業員全体に対し，法律と同様の拘束力を有する。

2　使用者と労働者個人が締結する労働契約の労働条件，労働報酬等の基準は，労働協約または専門事項労働協約の約定する基準を下回ってはならない。

第 8 条　団体交渉を行う双方は，以下の多くの項目またはいずれかの項目の内容について団体交渉を行い，労働協約または専門事項労働協約を締結する。

一　労働報酬

二　労働時間

三～十五　（略）

第 9 条　労働報酬は主に次の内容を含む。

一　使用者の賃金水準，賃金配分制度，賃金基準および賃金分配の形式

二　賃金支払方法

三　時間外労働の賃金および手当，補助の基準および奨学金の分配方法

四　賃金調整方法

五　試用期間，病気，私用休暇等期間中の賃金待遇

六　特殊状況における従業員賃金（生活費）の支払方法

七　その他労働報酬の分配方法

第 19 条　（略）

2　団体交渉の双方の労使代表の人数は対等で，各方少なくとも 3 名選出するとともに，1名の首席代表を確定するものとする。

第 20 条　従業員側の交渉代表は，当該企業工会から選出する。工会が設立されていないときは，当該単位の従業員の民主的推薦により，当該単位の従業員の半数以上の同意を得る。

2　従業員側の首席代表は，当該単位の工会の主席が担当する。工会首席は書面委託により，その他の交渉代表に首席代表を代理させることができる。工会首席が空席の場合，首席代表は工会の主な責任者が担当する。工会が設立されていない場合は，交渉代表の中から民主的な推薦，選挙により選出される。

第 32 条　団体交渉の一方は，労働協約または専門事項労働協約の締結および関連事項について，書面形式により相手方に団体交渉を行うよう求めることができる。

2　一方が団体交渉の実施要求を行ったときは，もう一方は団体交渉の求めを受け取ってから 20 日以内に書面形式により回答するものとし，正当な理由なく団体交渉の実施を拒絶してはならない。

第 42 条　労働協約または専門事項労働協約の締結または変更後，双方の首席代表の署名後 10 日以内に，使用者は文書一式を 3 部，労働保障行政部門に送付して審査を受けるものとする。

2　労働保障行政部門は，送付された労働協約または専門事項労働協約の登記手続きを行わなりればならない。

第 44 条　労働保障行政部門は，送付を受けた労働協約または専門事項労働協約に対して，以

下の事項の合法性審査を行う。

一　団体交渉双方の当事者資格が法律，法規および規章の規定に適合しているかどうか。

二　団体交渉のプロセスが法律，法規および規章の規定に違反していないかどうか。

三　労働協約または専門事項労働協約が国家規定に抵触していないか。

第45条　労働保障行政部門は労働協約または専門事項労働協約に異議があるときは，労働協約を受け取った日から起算して15日以内に，団体交渉の双方の代表者に「審査意見書」を送付することとなる。「審査意見書」は以下の内容について明らかにするものとする。

一　労働協約または専門事項労働協約の当事者双方の名称，住所

二　労働保障行政部門が受け取った労働協約または専門事項労働協約の日時

三　審査意見

四　審査意見作成日時

2　「審査意見書」には，労働保障行政部門の捺印がなければならない。

第46条　使用者と所属する従業員が，労働保障行政部門の提出した異議に関する事項について，改めて団体交渉を経て労働協約または専門事項労働協約を締結したときは，使用者側は本規定第42条に基づき，文書を労働保障行政部門に送付し審査を受けなければならない。

第47条　労働保障行政部門が文書を受け取ってから15日以内に異議を提出しなかったときは，労働協約または専門事項労働協約は直ちに効力を発生する。

第48条　効力が生じた労働協約または専門事項労働協約は，効力発生後，団体交渉の代表者によって直ちに適当な形式で従業員全体に周知するものとする。

第49条　労働協約の締結過程において，当事者双方で解決できない紛争が生じたときは，当事者の一方または双方が書面で労働保障行政部門に調整処理申請を行うことができる。当事者からの申請がない場合であっても，労働保障行政部門が必要と認めるときは調整処理を行うことができる。

第50条　労働保障行政部門は，同級の工会および企業組織等三者構成からなる組織をつくり，団体交渉に関する紛争に共同で調整処理する。

■労働・社会保障部「最低賃金規定」(2004年)

第1条　労働者が得る労働報酬の合法的権益を維持するため，労働者個人およびその家族の基本的生活を保障し，労働法および国務院の関連規定に基づき，本規定を制定する。

第6条　月単位の最低賃金の確定，調整にあたっては，当地の就業者およびその扶養者数の最低生活費，都市居民の消費者物価指数，労働者個人納付部分の社会保険料および住宅積立金，労働者平均賃金，経済発展水準，就業状況等の要素を参考とするものとする。

2　(略)

3　月額最低賃金および時間当たり最低賃金の具体的な計算方法は付属文書を参照する。

第8条　最低賃金の確定，調整案は，省級，自治区，直轄市の労働保障行政部門が，工会，企業連合会／企業家協会と研究策定し，策定された原案は，労働保障部に送られる。策定された原案には，最低賃金の確定，調整根拠，適用範囲，策定基準および説明が含まれている。労働保障部は原案を受け取ってから総工会，全国レベルの使用者団体である中国企業連合会／企業家協会に意見を求めなければならない。

2 労働保障部は修正意見を提出することができる。省級政府労働保障行政部門から案を受け取ってから14日以内に修正意見が提出されなかった場合，原案に同意したものとみなされる。

第9条 省級，自治区，直轄市労働保障行政部門は，当地区の最低賃金案を省，自治区，直轄市人民政府に送付し，その批准を受ける。…（後略）…

第10条 最低賃金を公表実施後，本規定第6条に規定する関連要素に変化が生じた場合，適切な時期に調整を行うものとする。最低賃金は2年ごとに少なくとも1回調整する。

4 規範性文書

■国務院弁公庁「企業賃金総額のマクロコントロールの強化の意見に関する通知」（1993年）

前文 社会主義市場経済の要求に適合した労働賃金マクロコントロール体系をできる限り早く創設し，企業賃金総額の伸びと国民経済発展の合理的かつ協調的な比例関係を確保するため，我々は党中央，国務院の関係文書および指示の精神に基づき，関係部門との研究および一部の省市の意見招請を経て，企業賃金総額のマクロコントロールの強化の問題に，以下のとおり意見を提出する。

一 各地域，部門は，労働賃金のマクロコントロール体系の創設に係る業務を十分に重視し真剣に取り組むこととし，「国家のマクロコントロール，行政単位の階層ごとの分類管理，企業の自主的配分」の原則および要求に基づき，企業賃金総額に対するマクロコントロールを全力で強化する。

六 各地域，部門は，賃金総額管理に真剣に責任をもって取り組まなければならない。全ての企業は「賃金総額使用台帳」を使用しなければならない。…（後略）…

七 各地域，部門は，健全な企業賃金総額のマクロ監視，情報フィードバックおよび早期警戒体系を創設し，各地域，部門および企業の賃金総額の変動状況に対して，「二つの抑制原則」に照らして監視を実施するものとする。…（後略）…

九 各地域，部門は企業が自主的に賃金総額管理に係る業務に取り組むよう引導しなければならず，早急に企業賃金総額の伸びの状況を把握し，年末に真剣に検査を実施する。…（後略）…

■労働部「労働協約の審査管理業務の強化に関する通知」（1996年）

四 労働協約の審査内容

（前略）

第三，内容審査。協約の条項が国家法律，法規規定に適合しているかどうか，国家または地域のマクロコントロール政策に適合しているかどうか，協約の条項が公平・平等かどうかが主に含まれる。

労働協約中の無効または一部無効な条項について，労働行政部門は修正意見を提出し，双方の参考に供することができるが，協約を直接修正したり，企業に審査意見の修正または執行を強く求めたりしてはならない。

■労働部「試点地域における賃金指導ライン制度試行弁法」（1997年）

前文　社会主義市場経済体制の要求に対応し，「市場システムでの決定，企業自主配分，政府の監督コントロール」の企業賃金配分体制を打ち立てるため，「労働法」第46条の「国家は賃金総量に対するマクロコントロールを実施する」との関連規定に基づき，本試行弁法を制定する。

一，賃金指導ライン制度は，社会主義市場経済体制の下，国家が企業賃金配分に対してマクロコントロールを実施するための一種の制度である。その目的は，国家のマクロ指導の下，ミクロの企業の賃金配分と国家のマクロ政策との間の協調を促進させ，企業の生産発展を引導し，経済利益の増加を基礎に，合理的な賃金配分を行うことにある。

三，賃金指導ラインの制定にあたっては以下の原則を遵守するものとする。

（一）国家のマクロ経済政策および賃金上昇に対する総合的な要求に適合し，二つの抑制原則を堅持する。

（二）地域，産業，企業の特徴を結合し，分級管理，分類調整コントロールの原則を実施する。

（三）交渉原則を実施し，労働行政部門を中心として，政府関係部門，工会，企業協会等の組織と共同制定する。

四，賃金指導ラインの制定にあたっては，本地域の経済成長率，労働生産性，都市居民消費者物価指数に主に依拠し，併せて，都市部の就業状況，労働市場価格，人的コストおよび対外貿易の状況等関連要素を総合考慮しなければならない。

五，賃金指導ラインの基本的内容

（二）賃金指導ライン意見

　賃金指導ラインは，本年度の企業貨幣賃金水準の上昇の基準ライン，上限ライン，下限ラインを含むものとする。

　賃金指導ラインは，異なる類型の企業に対して異なる調整コントロールを行う。

　国有企業と国有持株企業は政府の賃金指導ラインを厳格に執行しなければならず，企業は賃金指導ラインが規定する下限と上限ラインの間で基準ラインの前後とし，企業の経済利益に基づき合理的に賃金配分を行い，各企業の賃金上昇は全て指導ラインが規定する上限ラインを突破してはならない。

　（略）

　非国有企業（都市集団企業，外商投資企業，私営企業等）は，賃金指導ラインに依拠して団体交渉を行い，賃金を確定しなければならず，団体交渉制度が未確立の企業は，賃金指導ラインに依拠して賃金を配分するとともに，団体交渉制度を積極的に創設する。企業は，生産経営が正常な状況において，賃金上昇は賃金指導ラインに規定する基準ラインより低くなってはならず，業績の良い企業は相応の賃金上昇を行うことができる。

　各企業が従業員に支払う賃金は当地の政府が発表する最低賃金額を下回ってはならない。

（三）企業に対する要求

　試点地域の全ての企業は，本地域の賃金指導ラインの要求に基づき，生産発展，利益向上の基礎の上に，従業員への賃金配分を合理的に行うものとする。各企業は，政府の賃金指導ラインを発表後30日以内に，賃金指導ラインに基づき，年度の賃金総額使用計画を編

成または調整しなければならない。…（中略）…。全ての企業は，賃金総額使用計画に基づき賃金総額使用台帳を記入し，当地労働行政部門の審査を受けて署名捺印をもらわなければならない。…（後略）…

六，労働部は，責任をもって，各試点地域の賃金指導ラインを審査を行い意見提出するとともに，実施状況に対し監督検査を行う。試点地域の労働行政部門は，労働部の当年の全国賃金上昇についての指導意見に依拠して当該地域の賃金指導ラインを制定し，労働部の審査後，地方政府の批准を経て，地方政府（ないしその委託を受けた地方労働行政部門）が発表し，労働行政部門が組織的に実施する。

八，各級労働行政部門は，さらなる職能の転換に取り組み，企業の賃金配分に対する指導を強化し，企業の賃金上昇状況に対する監視，予測，迅速な調整コントロールを実施する。

■労働・社会保障部「労働力市場の賃金指導のための価格調査制度の創設に関する通知」（1999年）

一，労働力市場の賃金指導のための価格調査制度の創設作業を非常に重視する

党の十五期四中全会の精神に基づき，現代企業制度に対応した企業賃金収入配分制度を創設しなければならず，労働力市場の企業賃金配分に対する基礎的調整機能を十分に発揮させ，企業が社会平均賃金水準と当該企業の経済利益に基づき賃金水準を自主決定し，国家が企業の賃金水準に対するマクロ指導および調整を実施する。労働力市場の賃金指導のための価格調査制度は，企業賃金マクロコントロール体系の重要な構成要素である。

（略）

労働力市場の賃金指導のための価格調査制度は，…（中略）…。労働力市場が合理的な価格水準を形成することを促進し，労働力の需給双方が交渉によって賃金水準を確定させるため，客観的な参考基準を提供し，需給双方の盲目性を減少させ，…（後略）…。

■労働・社会保障部「企業内部分配制度改革の更なる深化に関する指導意見」（2000年）

一　指導思想

現代企業の賃金収入配分制度の創設をめぐる総合的な目標は，（①）「労働に応じた分配」原則を主体とし，多様な分配方式の併存と効率の優先，公平への考慮の原則を堅持し，資本,技術等の生産要素を許容し奨励して収益分配に参画する。（②）国家のマクロ指導の下，企業は…（中略）…，生産経営の特徴に基づき，科学的な規範化された賃金収入分配制度を自主的に創設する。（③）労働市場価格の調整機能を十分発揮させ，従業員の賃金水準を合理的に確定させ，各種人員の賃金収入配分の差を拡げる（注：番号は筆者追記）。…（後略）…

五　政府の職能の更なる転換，企業内部分配に対する指導業務の強化

労働保障行政部門は，社会主義市場経済の要求に照らして，賃金収入の管理に関する職能を全力で転換し，企業の分配自主権を尊重しつつ，企業内部分配に対する指導業務のさらなる強化に取り組まなければならない。企業賃金改革，従業員の株式保有，技術出資，賃金団体交渉等の分野における政策指導の強化に取り組まなければならず，併せて，実情に基づき，関係部門と合同で生産要素の配分に照らして関連政策を完全なものとする。賃

金指導ライン制度，労働市場の賃金指導のための価格調査，人的コスト早期警戒制度の創設と組織的実施を通じて，企業賃金水準と賃金関係の確定を指導する。賃金支払関係法律法規および政策を完全なものとすることにより，最低賃金保障制度の厳格な執行を企業に促し，企業賃金配分の典型例を直ちに総括普及し，企業の問い合わせや情報サービスを積極的に提供しなければならない。

■労働・社会保障部「産業別人的コスト情報指導制度に関する通知」（2004年）

三，作業要求

（一）産業別人的コスト情報指導制度を創設し，企業賃金配分のマクロコントロール体系の重要な内容の完成を確実にするものとして，人的コスト情報指導制度を賃金指導ラインと労働力市場の賃金指導のための価格調査制度と結合させ，共同して企業賃金配分を指導する。…（後略）…

■人力資源・社会保障部「人力資源・社会保障事業発展『第十二次五か年』計画綱要に関する通知」（2011年）

第6章　賃金制度改革の進化　合理的かつ秩序ある収入分配構造の形成

前文

　「労働に応じた分配」を主体とし，多様な分配方式の併存する分配制度…（中略）…を堅持し完成させる。

第1節　企業賃金収入分配制度の完成

　市場システムによる調整，企業の自主配分，労使の対等交渉による決定，政府の監督指導の原則に照らして，労働力市場の需給関係および企業経済利益を反映させた賃金決定システムと上昇システムを形成する。積極的かつ確実に賃金団体交渉のカバーする範囲を拡大する。…（後略）…

第3節　賃金収入配分に対するマクロコントロールおよび指導の強化

　最低賃金制度を完全なものとし，漸進的に最低賃金額を上昇させる。賃金指導ライン制度をさらに完全なものとし，全国企業従業員賃金上昇指導意見の発表を検討し，企業の合理的な賃金配分を引導する。人力資源市場の賃金指導のための価格調査および産業別人的コスト情報指導制度を完全なものとし，統一規範化された企業報酬に対する調査，情報公表制度を創設し，企業および労働者の賃金団体交渉の実施の際の参考としての根拠を提供する。…（後略）…

■国務院転批同意，国家発展改革委員会，財政部，人力資源・社会保障部「収入分配制度改革に関する若干の意見」（2013年）

前文

　収入分配制度は経済社会発展における一つの根本的かつ基礎的な制度であり，社会主義市場経済体制の重要な礎である。…（中略）…

　我が国はいまだに，そして今後も長期にわたって社会主義初級段階にあり，…（中略）……。

収入分配制度改革の深化し，ともに発展し，その成果の共有を堅持しなければならない。…（中略）…。市場調整を堅持し，政府が調整コントロールする。市場システムが要素の配置や価格形成において基礎的機能を十分発揮し，政府の収入配分に対する調整コントロール機能をよりよく発揮し，収入分配秩序を規範化し，低収入者の収入を増加させ，高過ぎる収入を調整する。…（後略）…。

二　収入分配制度改革の深化を正確に把握するための全体的な要求および主要目標
　　2．主要目標
　　　都市部住民の収入を倍増する。2020年までに都市居民収入の1人当たり実質収入を2010年の2倍にし，低収入者の収入の伸びをさらに加速させ，人民の生活水準を全面的に上昇させる。

三　一次分配システムの継続的完成
　　5．低収入従業員の賃金の合理的な増加を促進する。労働力市場の需給関係と企業の経済利益を反映させた賃金決定と正常な賃金上昇システムを創設する。賃金指導ライン制度を完全なものとし，統一規格化された企業報酬に対する調査，情報公表制度を創設する。経済発展や物価変動等の要因に基づき，最低賃金水準を適時調整し，2015年までに大多数の地域において最低賃金水準が当地の都市従業者の平均賃金の40％以上とする。一部の産業における産業別最低賃金について研究発表する。…（後略）…

5　改革開放前の規定

【中華人民共和国建国前】
■中国第六次全国労働大会「中国職工運動当面の任務に関する決議」（1948年）
第3章　解放区の職工運動に関する任務
　　第4節　解放区の工業を健全に発展させるため，以下の各項の問題について体系的に解決しなければならない。

（中略）

　　　第5項　賃金に関する規定は，いかなる普通従業員の最低生活水準，すなわち従業員最低賃金であり，本人を含めて2人の生活が維持し得る水準を必ず保障しなければならない。同時に，従業員の労働への情熱と技術の進歩を保障するため，等級賃金制および時間払い，出来高払い賃金制を採用しなければならない。…（後略）…

■「中国人民政治協商会議共同綱領」（1949年）
第32条　…（前略）…私営企業では，労資双方が利益を得るという原則実現のために工会が労働者および職員を代表して使用者側と労働協約を締結する。公私企業は一般的に8時間から10時間労働制を実施するものとし，特殊状況においてはこれを斟酌して処理しなければならない。人民政府は各地域の企業の状況に照らして最低賃金を定めるものとする。漸進的に労働保険制度を実施する。青少年や女工の特殊利益を保護する。鉱業の安全および衛生設備を改善に資するため，鉱業検査制度を実施する。

304

【建国後から改革開放前】
■中華全国総工会「労資関係に関する暫定処理弁法」（1949 年）
第 15 条　新たに解放された都市において，資本側は従業員の解放前 3 か月の実質賃金の平均水準を維持し，引き下げてはならならず，併せて目下生産または営業が発展しておらず利潤も少ない企業が，一般的に実質賃金を増加させてはならない。解放前の賃金が低過ぎるまたは高過ぎる場合には，労働協約の締結の際にこの増減について交渉し斟酌するが，当地人民政府労働極の批准を経て有効となる。

■中華全国総工会「私営企業労資間の労働協約に関する暫定弁法」（1949 年）
第 1 条　労資関係を正確に処理し，労資争議を解決するため，各産業の労資双方が組織する団体が，平等かつ自主的な協商原則に基づき労働協約を締結し，労資双方の権利義務および労働条件を明確に規定することをもって，従業員の労働への熱意と使用者側の生産経営への積極性を発揮し，『生産発展，労資両利』の目的を実現する。
第 3 条　労資労働協約の締結にあたっては，以下の原則および手続きによるものとする。
一，労資双方が討議し労働協約を締結するためには，以下の手順を採るものとする。
　甲　各産業各業種の労資双方が所属する組織団体は，全体会議または代表会議を開催し，選挙委員会がそれぞれの労働協約草案を策定する。
　乙　労資双方は全体利益を代表できる者を同数，各自選任し，双方がそれぞれ策定した労働協約案に基づき，平等自主を基礎に民主的な交渉方法を採用し，逐条で研究し協議する。交渉の際，当地の人民政府労働局に職員派遣参加を要請するものとする。
　丙　初歩的な協議の後，労資双方は各自全体会議または代表会議を開催し討議修正し，双方代表で修正意見をもとに議論交渉し，再度交渉を行う。
　丁　双方代表は各人の代表する全体に責任を負い，労資双方は再び，それぞれ二次協議として全体会議または代表会議で議論し，採択された後，双方代表が署名し労働局に批准施行を申請する。
第 5 条　労働協約の有効期間内において，特殊な理由により労資の一方が労働協約の修正や廃止を求めたときは，双方が推挙する代表が協議し解決する。意見の一致をみない場合には，労働局に調停または仲裁を申請し解決しなければならない。

■「中華人民共和国工会法」（1950 年）
第 5 条　国営および合作社が経営する企業において，工会は，雇用されている労働者，職員大衆を代表し，生産管理および行政方面に参加し，労働協約締結権を有する。
第 6 条　私営企業において，工会は，雇用されている労働者，職員大衆を代表し，資本家側と交渉，談判し，労資協商会議に参加するとともに，資本側との労働協約締結権を有する。

6　党規

■中共中央「経済体制改革に関する決定」（1984 年）
前文　中国共産党第 12 期中央委員会第 3 次全体会議において，我が国の当面の経済政治情勢を分析し，我が国社会主義建設の正負両面の経験，特にここ数年の都市と農村の経済体

制改革の経験を総括し，一致した見解として，マルクス主義基本原理を中国の実情と結合させ，中国特有の社会主義の総合的な要求を有し，対内経済の更なる活性化と対外開放方針を徹底的に実行し，都市に重点を置いて経済体制全体の改革の歩みを加速し，もって社会主義現代化建設の新局面をよりよく切り開いていくこととした。

四．価値法則を意識的に運用する計画体制を創設し，社会主義商品経済を発展させる

　…（前略）…。商品経済の十分な発展は，社会経済発展の飛び越えることのできない段階であり，我が国の経済現代化実現の必要条件である。商品経済が十分発展して初めて，経済を真の意味で活性化し，各企業の生産性を向上を促し，経営を機敏にし，複雑多変な社会の求めに迅速に応えることができるのであって，これは単純な行政手段や指令性計画では実現することはできない。併せてみなければならないのは，たとえ社会主義の商品経済であっても，その広範な発展は，ある種の盲目性（資本主義社会における生産の無政府性状態）を生み出すことが予想されるため，計画的な指導，調整，行政的管理を行わなければならず，これは（公有制を基礎とし搾取制度が消滅している）社会主義条件の下で実行することができるのである。このため，計画経済と価値法則の実施や商品経済の発展は，相互排他的なものでなく，統一できるものであり，対立的なものとするのは誤りである。商品経済と価値法則の問題において，社会主義経済と資本主義経済の区別は商品経済の存在や価値法則の機能発揮によるのではなく，所有制の差異，搾取階級の存在，労働人民が主人公であるかどうか，どのような生産目的があるのか，全社会規模で意識的に価値法則を運用することができるかどうか，商品関係の範囲の差異にある。我が国の社会主義条件の下では，労働力は商品ではなく，土地，鉱山，銀行，鉄道等の一切は国有企業と資源もまた全て商品ではない（注：カッコ内は筆者補足）。…（後略）…

7　その他

■阮崇武労働部長の全国労働庁局長会議における報告「社会主義市場経済体制の要求に照らした，労働部門の職能転換と労働領域改革の深化」（1992 年 12 月 15 日）

一．労働業務の基点を社会主義市場経済体制に転換する。

　（二）健全に市場に適応した労働賃金マクロコントロール体系の創設

　　上述の要求に照らして，労働部門，特に省級および中心的都市以上の労働部門は，健全に市場に適応した労働賃金マクロコントロール体系を重要任務とし，市場を労働力資源配置の基礎的手段としつつ，同時に計画の全体性，長期性，前置性を用いて市場手段の不足を埋めなければならない。

　　1．労働賃金のマクロ分析，予測および計画を強化する。…（後略）…

　　2．労働賃金の階層，分類別の管理体制を実行する。…（後略）…

　　3．賃金収入に対するマクロコントロールを強化し改善する。「労働に応じた分配」は，社会主義社会の主体的な分配方式である。市場が形成され成熟した条件の下では，個別労働者の賃金収入水準は，社会の範囲内における同類の労働者の社会平均の再生産費用と同類の労働力の市場需給関係により決定されるとともに，企業における労働者が提供した労働の量と質により決定され，企業の賃金総量は，企業が平均利潤率の規律に照らして，生産物または労務の市場における交換により取得した収益により形成分配されるも

のである。政府が労働者と企業の賃金決定において果たす役割は，第一にマクロ経済政策を用いて労働力の需給関係を調整し，市場を引導し，間接的に企業の分配決定に影響を及ぼすことである。第二に，立法を用いて企業の分配行為を直接的に規範化することであり，最低賃金法による労働者の基本収益に対する保障を含む。第三に，税収によって社会の成員の収入関係を調整する。…（中略）…

あとがき

　本書は，2016 年 9 月に早稲田大学から博士学位を授与された学位申請論文「中国労働法における賃金決定関係法の構造」を基礎として，加筆・修正を行ったものとなっている。

　そもそも私が中国労働法について研究を始めたのは，行政官長期在外研究員として中国人民大学修士課程に在籍してからのことである。折しも，私が北京に渡った 2010 年当時は，2007 年に「労働契約法」をはじめとする重要立法が相次いで施行される中で，労働者の権利意識が高まり，2010 年 5 月の南海本田のストライキ事件に象徴されるように，労働紛争が急増し，中国の労働法制と労働関係が大きな変化をみせた直後だった。また，経済面では，中国は年率 10%超の成長率を達成する高度成長期の最終局面にあり，GDP では日本を追い越し世界第 2 位の経済大国になった時期だった。こうした状況の中で，政府，企業，労働者各主体の重要な関心事項の一つが「賃金」であり，具体的には，賃金上昇であり，最低賃金額だった。

　しかし，中国での「賃金」についての報道や論評を丁寧に観察してみると，市場経済国家と何ら変わらない分析の枠組みの下で「賃金」を論じ，関連法制を整理しているものが多いことが気になった。なぜなら，市場経済という中国の一部分だけを切り取りそれが全てであるかのように捉えた論評等は，中国が「社会主義」市場経済体制を採る国であるという前提に立っている以上，本質的には正しくないのではないかと考えたからである。この点を解明し，事柄の本質を理解するためには，目の前で起きている実態に囚われ過ぎることなく，まずは法構造そのものを検討分析の対象とすることが重要と考えた。そこで，日本帰国後，法令分析という切り口から中国の賃金決定を研究することに決めた。

　このような経緯を経て，今回，出版刊行の機会を得た研究成果には，まだまだ残された検討課題がある。このことは本編でも言及しているが，中国経済が安定成長へと移行する中で，賃金関係を含む中国労働法についても，今後，さ

らなる変革が予想される。差し出がましいかもしれないが，本書の出版を通じて，中国の賃金決定に関する将来の変革に対し，客観的かつ冷静な分析ができる環境を少しでも充実させるため，また，本書を第一歩として，自分自身が研究者としてさらなる高みを目指すきっかけとするためにも，ここで本書を刊行し，諸賢のご意見，ご批判を賜りたいと考えた次第である。

　本書の出版に至るまでの一連の研究過程では，多くの方のご助力があった。とりわけ，帰国後も研究を継続したいという私の思いを受けて，早稲田大学法学研究科博士後期課程在籍の３年半，指導教官を快く引き受けて下さった島田陽一先生にはどれだけの言葉を列ねたとしても感謝し尽くせない。先生には，研究を進めていく中で，私が壁にぶつかる度に，逐一丁寧に相談にのっていただき，研究が納得のいくものになるよう最後まで温かいご指導を頂戴した。

　また，早稲田大学労働判例研究ゼミでは，石田眞先生から中国の賃金決定関係法を検討する際に整理しておかなければならない根本的な論点についての示唆をいただき，竹内寿先生からは研究報告の際の文書構成や心構えなど研究者の基礎的能力として必要な条件について丁寧にご指導いただいた。さらに，中国労働法を専門とする日本人唯一の研究者であろう九州大学の山下昇先生からは，その豊富なご見識をもとに中国労働法の基本的な考え方や特殊性について多くの教えを頂戴した。中国人民大学で指導教官を引き受けて下さった彭光華先生からは，講義，研究会等の場を通じて，中国労働法だけでなく中国という国そのものについて，ときに厳しくときに温かくお教えいただいた。諸先生からの教えは，研究を深めるためにはどれもなくてはならなかったものであり，ここに記すことで，心から感謝の意をお伝えしたい。

　本書の出版に当たっては，早稲田大学出版部の木内洋育氏と武田文彦氏に多くの支援をいただいた。筆者に原稿の入稿から出版刊行に至るまでの作業プロセスについての知見が乏しい中で，丁寧な助言をいただき，深く御礼を申し上げる。

　最後に，私の研究を常に応援し続けてくれた家族への感謝を記したい。本業が別にある中で，研究に取り組んだ期間は子育てのタイミングと重複する期間が長くあった。「仕事」，「研究」，「育児」をいかに並行して行うかという問題に直面する中で，諦めるという選択もできた「研究」を今日に至るまで継続し，

本書の刊行の日を迎えることができたのは，ひとえに家族のあたたかい励まし
と惜しみないサポートがあってこそだと思っている。

　なお，本書は，執筆者が早稲田大学において自主研究した成果について，個
人の責任で発表する個人的見解であり，著者の現在所属する内閣官房および先
に所属していた内閣府としての見解を示すものではないことを申し添える。

　2017 年 5 月　双子の息子の 2 歳の誕生日に

森下　之博

索　引

●あ行

圧力型システム　118

●か行

過激行為　224,259,272
　―の禁止　214
下限ライン　145,147,148
過渡期　103,256
関係主義的概念　86
間接管理　102
幹部の評価管理制度　118
企業『賃金指導ライン』状況表　150
企業家協会　238
企業最低賃金規定　172,174
企業賃金総額使用計画　138,141
企業の主人公　45,72,97
企業連合会／企業家協会　186,217,260
企業労働争議調解委員会　236
基準ライン　145,147,148
規章　10,11,169,189
吃大鍋飯　127
規範的効力　232
義務的交渉事項　223
共産主義社会　27
　―における賃金　77,110
　―への移行　54,59,266
行政法規　10
（94年）協約規定　203
（04年）協約規定　208,213
計画経済　35,105
経済主義　66
経済体制改革に関する決定　100
現物支給　35

（54年）憲法　43
　―1条　64
　―91条　44
（82年）憲法
　―1条2項　84,121,264
　―6条1項および2項　112,268
　―42条1項　83
権利紛争　233
工会
　9,21,38,104,119,157,186,217,235,249,
　258
　―の代表性　226
　―の多面的性格　258,271
　―の特殊性　120,248,271
工会賃金団体交渉参加指導意見　220
工会法
　―5条　21
　―27条　227
公共食堂　57,62
工業七十条　61
公有制の優位性　98
綱領
　―26条　45
　―32条　39,200
国有化　47
戸籍登記条例　62
国家
　―および企業の主人公　214
　―の主人公　39,43,101,116,117
　―の賃金コントロール権　270
　―のマクロコントロール　125
固定工　20,21,64
個別的労働紛争　236

●さ行

再生産　179
最低賃金　37
　―の適用範囲　179
最低賃金規定　174
　―1条　178
　―の付属文書　193
最低賃金制度　169
済南市賃金指導ラインの確立に関する通知
　148
産業別最低賃金　183
産業別人的コスト　162
産業別労働協約　209,216
三者構成システム　198,275
私営企業労資労働協約暫定弁法　200
時間給賃金制　59
指示的計画　106
市場経済的（な）秩序　7,264,269
市場の無政府性　268
　―への批判　114
市場不信　98,125,168
市場利用　168
私的所有　95
試点地域における賃金指導ライン制度試行弁法
　142
試点方式　12,163,201
指導性情報　162
資本主義市場経済　92
社会主義計画経済　92
社会主義市場経済　103,106,265
社会主義社会　27
　―における賃金　77,109
社会主義商品経済　100
社会主義初級段階　101,102,109,113,266
社会主義的価値観　86
社会主義的（な）秩序　7,264,269
集体協商　24
集体合同　25

従業員側代表　219
従業員計画　72
従業員代表大会　225
集団的労使紛争　234
収入分配制度改革に関する若干の意見
　196,211
上限ライン　145,147,148
使用者代表　219
剰余価値　97
職工運動決議　36
所得政策　90
人事費用率　164
人的コスト総額　163
人的コスト利益率　164
人民公社　55,56,60
人民公社化運動　54
人民民主主義独裁　84
人力資源・社会保障行政復議弁法　190
人力資源・社会保障部　22
ストライキ　181,245
ストライキ権　227,249,272
生産主義　75,93,260
生産性向上　42
生産の無政府性　96,115
　―への批判　106
生産要素の公有制　95
正常労働　180
精神的な奨励　68,76
政府決定方式　185
政府
　―による恒常的な賃金管理　268
　―による賃金管理　247,253
漸進主義　12
漸進方式　163,201,250
専門事項労働協約　209,216
争議行為　224,226
操業停止事件　245
総工会　238

●た行

第一次 5 か年計画　46
第一次賃金改革　41,42
第十三次 5 か年計画　251
第十二次計画人社部事業発展通知
　　167,195,196,211,261
第十三次計画人社部事業発展通知　261
「台帳」制度　167
対等交渉原則　214
第二次 5 か年計画　53
第二次賃金改革　49,51
大躍進政策　53,58
単位　19,64
弾性賃金計画　131,143,144,167
弾性賃金総額計画　129
弾性労働賃金計画弁法の改善と完成に関する通
　　知　131
団体交渉応諾義務　222
団体交渉指導員　210,212,237,238
団体交渉の形式化・形骸化　155
団体行動権　214,216,226,249,259
地域「弾性賃金計画」　141
地域別最低賃金　182
地域別労働協約　209,216
地域労働力の確保　177
地方性法規　10,11
中華全国総工会　22
中国人民政治協商会議共同綱領　38
調和安定保持原則　214
賃金改革に関する決定　47
賃金管理制度　8,127
賃金協定　154,207
賃金指導ライン
　　30,104,112,141,143,144,153,167,243,253
　　―実施案　149
賃金上昇制御数値　50,52
賃金水準上昇原則　126
賃金総額計画　72,73

賃金総額使用計画　138,146,253
賃金総額使用台帳　137
賃金総額の構成に関する規定　158
賃金増加量　134
賃金団体交渉試行弁法　199,206,213
　　―8条　153,218,252,258
賃金団体交渉制度　199,247
賃金等級制度　1,36,44,48,51
賃金
　　―に起因する紛争　244
　　―の計画管理　73
　　―（の）マクロコントロール
　　　107,115,126,187,218,247
賃金労働協約の締結状況　240
低賃金労働者の保護　177
出来高払い（の）賃金制　48,51,61
党規　15,82,99
　　―の優位性　85
党
　　―の指導　85
　　―の領導　84
党派性原則　105
都市と農村の賃金格差　64
都市部住民収入の倍増　119

●な行

南巡講話　102
農民工　32,191

●は行

破私立公　70
半供給半賃金制　55,56
必要に応じた分配　44,74,111,197,260
「必要に応じた分配」原則　27,56
二つの抑制原則　128,134,139,144,157,167
物質的刺激　65
物質的（な）奨励　76
部門規則　11
部門規範性文書　24,187

文化大革命　65
平均主義　48,97
法執行と法制度との間にかい離　156
法秩序の複数性　17,18,82
保護主義　89

●ま行

マクロコントロール　　2,114
　—政策への適合　252
三門峡市総工会　154
目標責任制　118

●や行

唯心主義　70
用人単位　19,21
要約行動　210

●ら行

利益一体型の労使関係　249
利益紛争　233
立法形成過程の不透明性　14
労資関係暫定処理弁法　39
労使協議　221
労使コミュニケーション　221
労使による賃金決定原則　88
労使の利益一体化　117,272
労資（使）両利　200
労働・社会保障部　23
労働関係局　22,230
労働協約制度　199,247
労働協約締結率　240

労働協約
　—に対する審査　228
　—の形式化・形骸化　250
　—の審査プロセス　229
労働契約制度の導入　29
労働契約の書面形式　29
労働契約法 55 条　255
労働権　82
労働者階級の領導　116
労働者の低賃金状態　77
労働生産性　47,52
労働に応じた分配
　　5,25,74,91,102,110,111,129,167,198,
　　205,248,255
「労働に応じた分配」原則　　4,26,28
　—原則の継続的な実現　157
労働部　23
労働法
　—46 条　112,268
　—46 条 1 項　　4,26,129
　—46 条 2 項　142
　—47 条　254
　—48 条 1 項　169
　—49 条　187
労働保障監察員　190
労働保障監察条例　189
労働力市場の賃金指導のための価格調査
　　159

●わ行

和諧社会　173,176

Structure of Wage Determination Acts in Chinese Labor Law

Legal analysis of wage determination in the socialist market economy system

MORISHITA Yukihiro

This study aims to clarify the entire structure of wage determination Acts in Chinese Labor Law. In order to achieve this goal, I analyze in detail the related legislation regarding the wage determination system and their historical development after China implemented some reforms and opened-up the economy (around the start of China's socialist market economy system).

The details of this book are as follows:

The introduction brings attention to the problem discussed in this study: that in thinking about the structure of Chinese wages determination, we will have to consider not only matters related to the market economy system but also issues related to the socialist regime. Moreover, basic and important words such as labor union (*Gonghui*), employer (*Yongren-danwei*), collective bargaining agreement (*Jiti-hetong*), and labor contract (*laodong-hetong*) are explained in order to understand Chinese labor laws.

The first part is entitled "Basic Analysis of Wage in Chinese Labor Law." In Chapter 1, I research on the development of the wage determination Acts and policies during the socialist planned economy of China, and extract the principle of "distribution according to work" as the concept of fixed-wage determination. In Chapter 2, I consider Chinese wages around the introduction of the reform and the opening-up theoretically, and I deduced the six characteristics of wage determination in Chinese Labor Law (e.g. transitional wage determination in the market, the value of "utilizing" market, and the specificity of labor union) from that result of my analysis.

The second part is entitled "Analysis of Wage Determination Acts in Chinese Labor Law." In Chapters 1 to 3, I analyze the structures of the four legislative systems in China: the wage control system (Chapter1), the minimum wage system (Chapter2), and the collective bargaining system and the collective agreements system (Chapter3). Based on the analyses in these three chapters, I consider the legal relationship between the four legislative systems, and lead to the conclusion that the Chinese government can control wages anytime based on regulations (Chapter4).

The final part entitled "Conclusions" summarizes and links together the discussion in the preceding chapters. Specifically, this study concludes that the wage determination system in Chinese Labor Law is not formed by the dual framework in which the socialistic and market economy ideas; rather, it is formed by the unitary framework of the primacy of the former over the latter.

Key words: wage determination, socialist market economy, principle of "distribution according to work," principle of "distribution according to need," wage control systems of the government, collective bargaining system, minimum wage system, labor union

著者略歴

森下 之博（もりした　ゆきひろ）

1985年生まれ
2007年　内閣府入府
2012年　中国人民大学労働人事学院労働関係学科修士課程修了・経済学修士
2016年　早稲田大学法学研究科博士課程修了・博士（法学）
現在　　内閣官房に出向中（参事官補佐）

（主要論文）
・「中国における最低賃金制度の現状と課題」季刊労働法235号（2011年）。
・「中国における賃金の概念と賃金支払いをめぐる法規制」労働法律旬報1771号
　（2012年）。
・「社会主義市場経済体制における中国の賃金に関する理論的考察——中国労働法
　における賃金を捉える視点」早稲田法学会誌66巻1号（2015年）。
・「中国労働法の賃金決定関係法における政府の関与に関する法的考察」日本労働
　法学会誌128号（2016年）。

早稲田大学エウプラクシス叢書 8

中国賃金決定法の構造
——社会主義秩序と市場経済秩序の交錯

2017年12月15日　　第 1 刷発行

著　者……………… 森 下 之 博
発行者……………… 島 田 陽 一
発行所……………… 株式会社 早稲田大学出版部
　　　　　　　　　　〒169-0051　東京都新宿区西早稲田1-9-12
　　　　　　　　　　TEL03-3203-1551　　http://www.waseda-up.co.jp
装　丁……………… 笠井亞子
印刷・製本………… 精文堂印刷株式会社

©Morishita Yukihiro 2017 Printed in Japan　　ISBN978-4-657-17806-0
無断転載を禁じます。落丁・乱丁本はお取替えいたします。

刊行のことば

　1913（大正 2）年、早稲田大学創立 30 周年記念祝典において、大隈重信は早稲田大学教旨を宣言し、そのなかで、「早稲田大学は学問の独立を本旨と為すを以て　之が自由討究を主とし　常に独創の研鑽に力め以て　世界の学問に裨補せん事を期す」と謳っています。

　古代ギリシアにおいて、自然や社会に対する人間の働きかけを「実践（プラクシス）」と称し、抽象的な思弁としての「理論（テオリア）」と対比させていました。本学の気鋭の研究者が創造する新しい研究成果については、「よい実践（エウプラクシス）」につながり、世界の学問に貢献するものであってほしいと願わずにはいられません。

　出版とは、人間の叡智と情操の結実を世界に広め、また後世に残す事業であります。大学は、研究活動とその教授を通して社会に寄与することを使命としてきました。したがって、大学の行う出版事業とは大学の存在意義の表出であるといっても過言ではありません。これまでの「早稲田大学モノグラフ」、「早稲田大学学術叢書」の 2 種類の学術研究書シリーズを「早稲田大学エウプラクシス叢書」、「早稲田大学学術叢書」の 2 種類として再編成し、研究の成果を広く世に問うことを期しています。

　このうち、「早稲田大学エウプラクシス叢書」は、本学において博士学位を取得した新進の研究者に広く出版の機会を提供することを目的として刊行するものです。彼らの旺盛な探究心に裏づけられた研究成果を世に問うことが、他の多くの研究者と学問的刺激を与え合い、また広く社会的評価を受けることで、研究者としての覚悟にさらに磨きがかかることでしょう。

　創立150周年に向け、世界的水準の研究・教育環境を整え、独創的研究の創出を推進している本学において、こうした研鑽の結果が学問の発展につながるとすれば、これにすぐる幸いはありません。

2016年11月

早稲田大学